- 国家社会科学基金一般项目"乡村振兴战略下留守老人福祉困境与治理研究"

  （编号：18BSH171）
- 河南省高校科技创新人才（人文社科类）支持计划项目

  （编号：2021-CX-026）
- 河南省高等教育教学改革研究与实践项目"新文科背景下'知行融通＋五社联动'社会工作人才培养创新与实践"

  （编号：2021SJGLX496）

乡村振兴战略下

# 留守老人

## 福祉困境与治理研究

秦永超 著

中国社会科学出版社

# 图书在版编目（CIP）数据

乡村振兴战略下留守老人福祉困境与治理研究／秦永超著．—北京：中国社会科学出版社，2023.9
ISBN 978-7-5227-2398-3

Ⅰ.①乡…　Ⅱ.①秦…　Ⅲ.①农村—养老—福利制度—研究—中国　Ⅳ.①D669.6

中国国家版本馆 CIP 数据核字（2023）第 143891 号

| | |
|---|---|
| 出 版 人 | 赵剑英 |
| 责任编辑 | 刘　艳 |
| 责任校对 | 陈　晨 |
| 责任印制 | 戴　宽 |

| | |
|---|---|
| 出　　版 | 中国社会科学出版社 |
| 社　　址 | 北京鼓楼西大街甲 158 号 |
| 邮　　编 | 100720 |
| 网　　址 | http://www.csspw.cn |
| 发 行 部 | 010-84083685 |
| 门 市 部 | 010-84029450 |
| 经　　销 | 新华书店及其他书店 |
| 印　　刷 | 北京明恒达印务有限公司 |
| 装　　订 | 廊坊市广阳区广增装订厂 |
| 版　　次 | 2023 年 9 月第 1 版 |
| 印　　次 | 2023 年 9 月第 1 次印刷 |
| 开　　本 | 710×1000　1/16 |
| 印　　张 | 21.75 |
| 插　　页 | 2 |
| 字　　数 | 348 千字 |
| 定　　价 | 109.00 元 |

凡购买中国社会科学出版社图书，如有质量问题请与本社营销中心联系调换
电话：010-84083683
版权所有　侵权必究

# 前　　言

党的十九大提出实施乡村振兴战略，它是实现全体人民共同富裕和提升农民群众获得感、幸福感、安全感的重大国家战略。在乡村振兴过程中，农村留守老人的福祉问题是亟待解决的关键议题。农村留守老人在经济福祉、健康福祉、心理福祉等方面都存在诸多困境。作为特殊的弱势群体，留守老人往往容易遭受较大的社会风险，他们的福利获得往往非常有限，留守老人福祉问题是关系乡村振兴战略成功与否的核心问题。因此，在乡村振兴战略背景下，探讨留守老人福祉治理问题具有重要的学术意义和政策价值。

本书要解决的问题：一是农村留守老人在经济福祉、健康福祉、心理福祉方面分别存在哪些困境；二是乡村振兴背景下各个福利主体如何履行留守老人福祉治理的责任；三是在乡村振兴过程中，如何坚持留守老人主体地位，增进留守老人福祉。根据具体的研究问题，本书以福利治理理论为分析视角，以养老福利主体为自变量，以留守老人福祉为因变量，在此基础上建立研究框架。其中，养老福利主体分为政府主体、家庭主体、社区主体、社会主体；留守老人福祉操作化为年均收入、家庭生活水平、自评健康、生活自理能力、抑郁症状、生活满意度六个具体指标。

本书采用定量与定性相结合的混合研究方法。其中，定量研究资料来自课题组于2019年7月到2020年1月在贵州省大方县、甘肃省清水县、河南省嵩县、吉林省抚松县、江苏省泗阳县、福建省石狮市和晋江市，共6个省份的7个县（县级市）收集的共计1305位留守老人的调查问卷。定性研究资料来自课题组于2020年9月到10月在河南省汝阳县收集的58名留守老人、12名留守老人子女、11名村干部、2名驻村干部、4名乡镇干部、1名养老院院长,共计88份深度访谈资料。本书通过定量与定性资料的综合运用,令其彼此验证,确保研究结果的效度,以得到真实的因果关系。

本书的研究发现包括三个方面:第一,留守老人的健康福祉和心理福祉亟须改善。在国家乡村振兴战略、精准脱贫战略,以及"两不愁三保障"等社会保障政策的帮扶下,当前我国农村留守老人在物质生活上已经脱离了绝对贫困,其经济福祉基本上得到了保障。然而,由于家庭养老功能的弱化和农村社会化养老服务的匮乏,留守老人的健康福祉水平较低,其身体健康状况非常不容乐观,他们时常经受着身体健康问题的困扰。在心理福祉方面,精神慰藉的缺失导致情感上和心理上的孤单是留守老人日常生活面临的最严重问题。

第二,各个主体履行留守老人福祉治理责任不均衡。在留守老人福祉治理的各个主体中,无论是经济福祉、健康福祉,还是心理福祉方面,家庭主体都履行着最为重要的养老福利责任。在农村社会结构变迁进程中,家庭代际关系弱化不可逆转,家庭养老面临着较大的不稳定性和风险性,家庭也不再是唯一的养老福利主体。然而,在乡村振兴过程中,家庭依然是留守老人福祉治理的最重要主体,家庭主体的功能是其他任何一个主体都不能替代的,家庭养老依然是农村留守老人的精神寄托和首要选择。在乡村振兴背景下,政府主体对留守老人福祉治理履行着非常重要的责任,尤其是在留守老人经济福祉中履行着重要的责任,而对其健康福祉和心理福祉的责任相对有限。政府主体是除了家庭主体之外最重要的福利责任主体。社区主体对留守老人福祉治理也履行着一定的责任,其责任主要在于提升留守老人的健康福祉和心理福祉方面。然而社会主体对留守老人福祉治理履行的责任比较有限。

第三,留守老人福利治理亟待转型为福祉治理。福祉治理是从管理向参与的转型。在乡村振兴过程中,必须坚持留守老人的主体地位,让每一位留守老人都可能成为参与者,兼有管理者、提供者、接收者的多元角色,从而形成使能增权的积极福利。实现留守老人福祉治理,提升留守老人幸福感、安全感和获得感是共享发展的留守老人福利治理的终极目标和价值内涵。因此,以留守老人为客体的福利治理亟须转型为以留守老人为主体的福祉治理，这也是乡村振兴战略顺利实施的重要保障措施。

本书的学术贡献在于：一是对产生于西方的福利治理理论进行了系统的梳理，并将其应用到中国农村留守老人福祉问题的分析框架之中，丰富和发展了对福利治理与留守老人福祉问题的研究；二是通过分析农村留守老人福祉与福利多元主体之间的关系，提出了坚持留守老人主体地位的福祉治理的理论和学术观点，具有较强的学术价值。另外，本书通过对留守老人福祉与福利多元主体的关系分析，对各个主体的责任履行进行准确的定位，为乡村振兴背景下留守老人福祉治理提供一个可以借鉴的政策模式。

# 目 录

## 第一章 导论 (1)
### 第一节 研究背景 (1)
一 乡村振兴战略的实施 (1)
二 家庭结构变迁与留守老人问题 (4)
### 第二节 研究问题与研究对象 (7)
一 研究问题 (7)
二 研究对象 (8)
### 第三节 研究目的与研究意义 (8)
一 研究目的 (8)
二 研究意义 (9)
### 本章小结 (10)

## 第二章 文献回顾 (11)
### 第一节 留守老人问题研究 (11)
一 留守老人基本状况 (11)
二 乡村振兴视角下的留守老人研究 (17)
### 第二节 福利治理的相关研究 (20)
一 国外福利治理的研究 (20)
二 我国福利治理的研究 (22)
### 第三节 福利主体与留守老人福祉的相关研究 (26)
一 老年人福祉的研究 (26)
二 农村老年人主体地位的相关研究 (29)

三　不同主体与留守老人福祉的关系研究 …………………… (30)
　本章小结 …………………………………………………………… (45)

**第三章　研究设计** ……………………………………………………… (46)
　第一节　研究框架与研究内容 …………………………………… (46)
　　一　研究框架 ……………………………………………………… (46)
　　二　研究内容 ……………………………………………………… (47)
　第二节　研究方法与调研过程 …………………………………… (49)
　　一　量性结合的混合研究方法 …………………………………… (49)
　　二　调研过程 ……………………………………………………… (49)
　　三　定量研究的变量测量 ………………………………………… (53)
　第三节　研究创新性与研究局限性 ……………………………… (64)
　　一　研究的创新性 ………………………………………………… (64)
　　二　研究的局限性 ………………………………………………… (65)
　本章小结 …………………………………………………………… (66)

**第四章　留守老人的福祉困境** ………………………………………… (68)
　第一节　留守老人福祉困境的总体状况 ………………………… (68)
　　一　经济困境 ……………………………………………………… (69)
　　二　健康困境 ……………………………………………………… (73)
　　三　心理困境 ……………………………………………………… (76)
　第二节　留守老人福祉各维度之间的关系 ……………………… (79)
　　一　经济福祉的基础性作用 ……………………………………… (79)
　　二　健康福祉和心理福祉的联系 ………………………………… (83)
　本章小结 …………………………………………………………… (86)

**第五章　留守老人福祉治理的政府功能** ……………………………… (88)
　第一节　政府主体与留守老人福祉的定量研究 ………………… (88)
　　一　定量研究假设 ………………………………………………… (88)
　　二　数据分析结果 ………………………………………………… (92)

第二节　政府主体与留守老人福祉的定性研究……………（117）
　　一　政府功能蕴含的制度与文化分析…………………（117）
　　二　乡村振兴背景下政府对留守老人福祉治理的责任履行……（130）
本章小结………………………………………………………（132）

**第六章　留守老人福祉治理的家庭功能**……………………（134）
第一节　家庭主体与留守老人福祉的定量研究……………（134）
　　一　定量研究假设………………………………………（134）
　　二　数据分析结果………………………………………（140）
第二节　家庭主体与留守老人福祉的定性研究……………（174）
　　一　家庭功能蕴含的制度与文化分析…………………（174）
　　二　乡村振兴背景下家庭对留守老人福祉治理的责任履行……（192）
本章小结………………………………………………………（194）

**第七章　留守老人福祉治理的社区功能**……………………（196）
第一节　社区主体与留守老人福祉的定量研究……………（196）
　　一　定量研究假设………………………………………（196）
　　二　数据分析结果………………………………………（199）
第二节　社区主体与留守老人福祉的定性研究……………（216）
　　一　社区功能蕴含的制度与文化分析…………………（217）
　　二　乡村振兴背景下社区对留守老人福祉治理的责任履行……（228）
本章小结………………………………………………………（230）

**第八章　留守老人福祉治理的社会功能**……………………（232）
第一节　社会主体与留守老人福祉的定量研究……………（232）
　　一　定量研究假设………………………………………（232）
　　二　数据分析结果………………………………………（235）
第二节　社会主体与留守老人福祉的定性研究……………（251）
　　一　社会功能蕴含的制度与文化分析…………………（252）
　　二　乡村振兴背景下社会对留守老人福祉治理的责任履行……（260）

本章小结 …………………………………………………………（262）

## 第九章 留守老人福祉治理的主体责任履行 …………………………（263）
### 第一节 留守老人福祉治理的责任研究 ………………………………（263）
一 留守老人福祉各指标的责任研究 ………………………（263）
二 留守老人福祉治理的总体责任研究 ……………………（290）
### 第二节 乡村振兴背景下留守老人福祉治理的困境 …………………（300）
一 乡村振兴背景下坚持留守老人主体地位的困境 ………（300）
二 乡村振兴背景下留守老人福祉责任履行的困境 ………（302）
本章小结 …………………………………………………………（306）

## 第十章 结论与展望 ……………………………………………………（307）
### 第一节 研究发现 ………………………………………………………（307）
一 留守老人的健康福祉和心理福祉亟须改善 ……………（307）
二 各个主体履行留守老人福祉治理责任不均衡 …………（310）
三 留守老人福利治理亟待转型为福祉治理 ………………（313）
### 第二节 政策建议 ………………………………………………………（316）
一 发挥政府在留守老人福祉治理中的角色和作用 ………（316）
二 完善家庭政策延续家庭养老的核心功能 ………………（317）
三 在乡村振兴过程中发展社区服务和机构养老 …………（318）
### 第三节 未来研究方向 …………………………………………………（320）

**参考文献** ……………………………………………………………………（322）

**后　记** ………………………………………………………………………（335）

# 第一章 导论

本章的第一节将着重分析在乡村振兴背景下家庭结构变迁及留守老人面临的问题。第二节将提出本书的具体研究问题、研究对象,这是本书的重点所在。第三节将讨论主要研究目的、研究的理论意义和政策意义。

## 第一节 研究背景

### 一 乡村振兴战略的实施

党的十九大提出实施乡村振兴战略,这是以习近平同志为核心的党中央着眼于国家整体事业发展的全局,深刻把握现代化建设规律和新时代乡村变化特征,顺应广大农民群众对美好生活的向往,对当今"三农"工作提出的重大战略决策部署,是新时代我国全面做好"三农"工作的总抓手。党中央在新时代提出的乡村振兴战略,将按照"产业兴旺、生态宜居、乡风文明、治理有效、生活富裕"二十字的总体目标,统筹推进农村经济建设、政治建设、社会建设、文化建设、生态文明建设的发展全局。乡村振兴战略的实施,是加快推进农业农村现代化进程和建设现代化经济体系的重要基础,是进行生态环境保护和建设美丽中国的关键举措,是传承中华优秀传统文化和农耕文明的有效途径,是推进乡村治理体系和治理能力现代化的根本之策,是实现全体人民共同富裕和提升广大农民群众获得感、幸福感、安全感的必然选择。

乡村振兴战略上升为国家重大发展战略,充分说明乡村在国家现代化建设中的重要地位，同时也意味着乡村建设将成为今后一段时期我国现代化建设的重要内容。① 乡村是兼具自然生态、经济发展、社会生活、农耕文化等多重功能和特征的地域综合体，是广大农民群众赖以生存的重要空间。然而，在近百年来中国现代化进程中，乡村不断衰败凋敝。这与近百年来中国所选取的经济发展道路有很大的关系。② 长期以来我国乡村经济社会并没有和城镇同步发展，甚至是远远落后于城镇经济社会发展。我们总是简单地将乡村与农业、农业发展、农村发展相提并论，很少把乡村看作是社会学的概念加以理解和认识，更不可能上升到共识性的社会政策层面。如果不能将重点立足于社会建设层面来推进乡村振兴战略，那么乡村振兴战略的实施就很有可能沦为一场政府推动的经济发展行为，从而衍生出更为繁多、更为复杂的社会问题。③ 也就是说，只有将乡村视为一个社会学的概念，从解决乡村社会存在的诸如社会保障制度的薄弱、熟人社会的道德和文化失范、留守儿童和留守老人的关爱缺失等社会问题出发，把乡村作为一个社会共同体来进行建设，才能真正实现乡村振兴的战略目标。

当前乡村社会面临着人才流失、公共意识淡化、环境污染严重、乡村腐败等问题，村庄呈现空心化和老龄化等现象，乡村衰败的特征凸显④，乡村振兴任重而道远。乡村的衰落和振兴，与中华民族伟大复兴的中国梦紧密相连。乡村衰落，则国家不能复兴；乡村振兴，则国家才能振兴。新时代我国人民日益增长的美好生活需要和不平衡不充分的发展之间的矛盾最为突出的就在乡村⑤，我国仍处于并将长期处于社会主义初级阶段的特征在很大程度上表现在乡村。我国经济社会发展中最大的不平衡，是城乡之间的发展不平衡；最大的不充分，是农村经济社会发展的不充分；最大

---

① 张军：《乡村价值定位与乡村振兴》，《中国农村经济》2018年第1期。
② 吴理财：《近一百年来现代化进程中的中国乡村——兼论乡村振兴战略中的"乡村"》，《中国农业大学学报》（社会科学版）2018年第3期。
③ 吴理财、吴侗：《乡村振兴社会建设应先行》，《江汉论坛》2018年第4期。
④ 刘祖云、张诚：《重构乡村共同体：乡村振兴的现实路径》，《甘肃社会科学》2018年第4期。
⑤ 梅立润：《乡村振兴研究如何深化——基于十九大以来的文献观察》，《内蒙古社会科学》（汉文版）2018年第4期。

的不同步，是农业农村现代化远远滞后于工业化和城镇化。① 因此，全面建成小康社会，最为艰巨和最为繁重的任务在农村地区。

《中华人民共和国国民经济和社会发展第十四个五年规划和2035年远景目标纲要》（简称"十四五"规划，下同）指出："坚持农业农村优先发展，全面推进乡村振兴；实现巩固拓展脱贫攻坚成果同乡村振兴有效衔接。"乡村振兴战略是我国在面临结构性问题的情况下提出的重大战略和解决之道②，是对以往农村经济社会发展政策的升华和重大创新③。实施乡村振兴战略，是新时代解决我国社会发展过程中的主要矛盾，实现"两个一百年"奋斗目标，实现中华民族伟大复兴的中国梦的战略性要求，具有重大的现实意义和深远的历史意义。

乡村振兴不仅仅是经济发展问题，更是社会建设问题。加强农村社会建设不但能支撑农村经济发展，而且能促进农村社会整合与和谐稳定。④ 中共中央、国务院《乡村振兴战略规划（2018—2022年）》指出："乡村振兴战略的二十字总方针中，产业兴旺是重点，生态宜居是关键，乡风文明是保障，治理有效是基础，生活富裕是根本。"其中，生活富裕是乡村产业兴旺、生态宜居、乡风文明、治理有效的集中体现，它体现了乡村的经济发展、绿色发展、乡风文明、有效治理的系统内涵。只有实现了广大农村居民生活上的富裕，才能改变乡村日益衰落的整体格局，才能使广大农村居民享受到国家经济社会的发展成果。⑤ 由此可见，生活富裕是实施乡村振兴战略的根本目标，更是中华民族数千年来都想实现的梦想，同时它也从社会建设层面来推进乡村振兴战略的实施。

为了实现生活上的富裕，中国农民是没有"乡愁"而只有"城愁"

---

① 周立：《乡村振兴战略与中国的百年乡村振兴实践》，《人民论坛·学术前沿》2018年第3期。
② 陈涛、徐其龙：《社会工作介入乡村振兴模式研究——以北京市Z村为例》，《国家行政学院学报》2018年第4期。
③ 叶敬忠、张明皓、豆书龙：《乡村振兴：谁在谈，谈什么？》，《中国农业大学学报》（社会科学版）2018年第3期。
④ 王思斌：《社会生态视角下乡村振兴发展的社会学分析——兼论乡村振兴的社会基础建设》，《北京大学学报》（哲学社会科学版）2018年第2期。
⑤ 李韬：《论乡村振兴战略实施中村庄结构性分化困因及其化解路径》，《社会主义研究》2019年第6期。

的，绝大多数农民都是愿意进城生活的，只要有进城条件，农民家庭往往就会毫不犹豫地进城。因为只有进了城，才能更快地实现生活富裕的目标。然而绝大多数农民并不具备全家进城定居生活的条件，他们只能采取年轻人进城打工、老年人留守乡村的家庭策略，即通过年迈父母的农业产业来支撑年轻子女的城市梦，留守在村庄的主要是老弱病残群体。对留守在村庄的老年人来说，农村收入和农业就业更大程度上不是要富裕，而是要保底。① 农民致富的主战场在城市，而为农民提供基本保障或进城失败退路的则是农村和农业。也就是说，实施乡村振兴战略，应该始终以增进农民福祉为导向②，一方面要让更多农民生活富裕，另一方面要为所有农民提供农业和农村的基本保障。只有解决好大多数农村和农民的问题，才能有乡村振兴战略的顺利实施。

在乡村振兴战略的实施过程中，留守老人就是当今乡村亟待关注的一个弱势群体和社会问题。该群体规模庞大、面临的问题较多，是新时代乡村振兴战略实施进程中面临的重要社会问题。留守老人的主观福祉水平不仅是其自身生活质量的反映，还映射出家庭的代际支持，也标志着农村社会治理水平，以及国家的社会福利制度发展水平，同时关系着乡村振兴战略成功与否的核心问题。中共中央、国务院《乡村振兴战略规划（2018—2022年）》明确指出："提升农村养老服务能力，建立健全农村留守老人关爱服务体系。"国家"十四五"规划也指出："积极发展农村互助幸福院等互助性养老；完善农村留守老年人探访关爱制度。"因此，在乡村振兴战略背景下探讨留守老人福祉治理问题具有重要的学术意义和现实意义。

## 二 家庭结构变迁与留守老人问题

家庭是以婚姻关系、血缘关系、收养关系为基础而维系起来的社会基本组成部分。自从家庭以稳定的形式出现在人类发展的历史上之后，家庭就在整个人类社会的历史进程中发挥着对婴幼儿抚养与对老年人赡养的重要功能。在中国历史上，家庭处于整个社会的核心地位，儒家学说把

---

① 贺雪峰：《大国之基：中国乡村振兴诸问题》，东方出版社2019年版。
② 姚树荣、周诗雨：《乡村振兴的共建共治共享路径研究》，《中国农村经济》2020年第2期。

"孝"当作为人处世的最高准则，教诲人们"孝"为德之本也，把"孝道"视为衡量一个人行为的最高尺度，把孝敬父母当作一个人的崇高使命，中国传统的家庭养老制度源远流长、深入人心。① 家庭养老是我国老年人重要的养老方式，家庭承担着厚重的养老期望。② 家庭作为担负养老功能的重要载体，是由家庭主要成员来完成对老年人经济上的支持、生活上的照顾、情感上的支持。家庭养老模式在我国已经绵延了数千年，家庭一直都是农村社会最为重要的养老福利主体。

然而改革开放以来，我国城市化进程在改变农村经济社会生活的同时，也打破了原有的传统农村家庭结构。③ 进入20世纪90年代以来，随着沿海出口导向型加工业的快速发展和中国城市化的加速，大量农村剩余劳动力涌向东南沿海城市，开启了大规模外出打工的潮流。到了2000年前后，我国农村剩余劳动力进城打工，在全国形成了统一的劳动力市场。因为城市就业机会多，经济收入水平远远高于农村，所以越来越多的农村青壮年劳动力进城打工。到了2010年前后，农村几乎所有青壮年劳动力都已经进城务工，留在农村的大多为老人和小孩群体。④ 再加之三十多年的计划生育政策的强力实施，我国农村家庭结构已经发生了巨大的变化。当前农村家庭结构呈现出核心化和小型化家庭趋势，家庭的规模正在逐步向两人户、三人户迈进。同时加上农村劳动人口大量外流到城市，形成了大量的留守老人家庭、独居老人家庭等典型的农村家庭结构。⑤

由于农村大量青壮年劳动力流向城市，城乡人口年龄结构发生较大变化，农村老龄化水平日益加剧。根据国家统计局公布的2020年第七次全国人口普查数据，2020年全国总人口约为14.12亿人。其中，60岁及以上人口为2.64亿人，占全国总人口的18.70%（其中，65岁及以上人口为1.91亿人，占13.50%）；与2010年相比，60岁及以上人口的比重上升了

---

① 张敏杰：《新中国60年人口老龄化与养老制度研究》，浙江工商大学出版社2009年版。
② 郭瑜、张寅凯：《代际关系、养老保险与中国城镇养老新图景》，《社会学研究》2021年第2期。
③ 张友琴：《城市化与农村老年人的家庭支持——厦门市个案的再研究》，《社会学研究》2002年第5期。
④ 贺雪峰：《大国之基：中国乡村振兴诸问题》，东方出版社2019年版。
⑤ 秦永超：《农村老年人福祉困境及多元治理机制研究》，中国社会科学出版社2019年版。

5.44个百分点。2020年我国居住在乡村的人口为5.10亿人,占36.11%;与2010年相比,乡村人口减少了1.64亿人。2020年我国流动人口为3.76亿人;与2010年相比,流动人口增长了69.73%。[①] 由此可见,我国人口老龄化程度进一步加深,未来一段时期将持续面临人口长期均衡发展的压力。

在农村老龄化日益加剧、家庭规模日益缩小的背景下,农村家庭养老资源不断缩减,子女照料父母的难度越来越大。相对于城市养老体系,我国农村地区的养老体系非常不完善。留守老人在经济供养、生活照料、精神慰藉方面都更缺乏家庭之外的制度性福利资源。[②] 在城镇化加速推进过程中,留守老人在土地增值中处于弱势地位,土地承包权流转收益很低,致使农村的土地养老保障功能也在日益弱化。另外,农村养老保险和医疗保险体系尚不健全,社区养老服务欠缺,专业化养老机构更为匮乏。因此,留守老人问题是我国经济社会发展的阶段性问题,是城乡发展不均衡、公共服务不均等、社会保障不完善的深刻反映。

作为家庭骨干成员的成年劳动力的缺位,使留守家庭成为结构不完整、功能较为弱化的家庭[③],同时使留守老人在经济供养、生活照料、情感支持、劳动负担等方面存在较多的问题。首先,留守老人在经济上主要依靠家庭供养,社会保障体系提供的经济供养资源非常有限,保障能力十分微弱。一旦由于疾病或衰老等原因失去经济自养能力,生活就会陷入贫困状态。其次,留守老人的生活照料主要依靠老人自己及配偶,政府和农村社区对其生活照料严重匮乏。由于子女的缺位,留守老人在生病时也只能依靠自己或配偶进行照料,不能及时到医院就医,经常会出现生病期间无人照顾或得不到良好的照顾。再次,子女外出务工大大减少了对其父母提供的精神赡养资源,阻碍了代际之间的情感互动。很多留守老人存在一定程度的孤独感,尤其是高龄、丧偶、独居和健康状况较差的留守老人更

---

① 中华人民共和国国家统计局:《第七次全国人口普查主要数据情况》,2021年5月11日,中华人民共和国中央人民政府网(http://www.gov.cn/xinwen/2021-05/11/content_5605760.htm)。

② 张友琴:《老年人社会支持网的城乡比较研究——厦门市个案研究》,《社会学研究》2001年第4期。

③ 周福林:《我国家庭结构变迁研究》,经济管理出版社2016年版。

容易陷入精神孤独。① 另外，由于成年子女劳动力的缺位，留守老人不但要承担农业生产的劳动负担，还要隔代抚养留守在家的孙辈们，日常生活面临较多的困难。

鉴于此，民政部等九部委于 2017 年 12 月出台《关于加强农村留守老年人关爱服务工作的意见》指出，在留守老人关爱服务体系建设中，要强化家庭的主体责任，要发挥村民委员会的权益保障作用，要发挥养老组织和设施的独特作用，要促进社会力量的广泛参与，要加强政府的支持保障。这足以说明国家对留守老人问题的重视和关注。作为农村地区特殊的弱势群体，留守老人是新时代农村精准扶贫的重要对象，同时也是关系乡村振兴战略成功与否的核心问题。因此，探讨如何在乡村振兴战略的实施进程中，构建完善的农村养老福利多元治理机制，最终破解留守老人面临的福祉困境，已成为国家政策设计和学术界理论研究关注的重要课题。

## 第二节 研究问题与研究对象

### 一 研究问题

以福利治理为理论视角和分析框架，利用实证资料来探讨福利主体与留守老人福祉之间的关系，研究福利主体对留守老人福祉的作用机制，是福利治理领域的重要课题。然而，从目前已有的相关研究来看，农村留守老人的福祉困境状况，各个主体如何履行留守老人福祉治理的责任，以及乡村振兴过程中是否坚持留守老人的主体地位等核心议题仍然不甚清晰。

基于此，本书试图探讨以下三个具体问题：

第一，农村留守老人在经济福祉、健康福祉、心理福祉上分别存在哪些困境？

第二，乡村振兴背景下各个福利主体如何履行留守老人福祉治理的责任？

---

① 叶敬忠、贺聪志：《中国农村留守人口之留守老人：静寞夕阳》，社会科学文献出版社 2014 年版。

第三,乡村振兴过程中,如何坚持留守老人主体地位,增进留守老人福祉?

### 二 研究对象

本书的研究对象为留守老人。本书把留守老人界定为:(1)所有子女长期(通常半年以上)离开农村居住地外出务工或从事其他职业;(2)身边没有赡养人或者赡养人没有赡养能力;(3)独自居住,或仅夫妻居住,或与孙辈居住;(4)年龄在60周岁及以上;(5)具有农村户籍的老年人。本书的留守老人不包括没有生育养育过子女,或子女均已离世的空巢老人。

## 第三节 研究目的与研究意义

### 一 研究目的

从上文分析可知,本书的三个具体问题是探讨农村留守老人在经济福祉、健康福祉、心理福祉上的困境;乡村振兴背景下各个福利主体履行留守老人福祉治理的责任状况;乡村振兴过程中坚持留守老人主体地位的状况。因此,结合研究问题,本书的最终目标包括:

第一,本书深入描述和分析留守老人的总体福祉困境,重点是分析留守老人在年均收入、家庭生活水平、自评健康、生活自理能力、抑郁症状、生活满意度六个指标上的基本状况,并试图解释留守老人的经济福祉、健康福祉、心理福祉之间的相关关系。

第二,本书通过探讨乡村振兴背景下福利主体与留守老人福祉之间的关系,分析各个福利主体影响留守老人福祉的具体指标,研究政府、家庭、社区、社会四个主体履行留守老人福祉治理的责任状况。

第三,本书从政策和实务角度探讨如何在乡村振兴过程中坚持留守老人主体地位,进而提升留守老人福祉水平,为政府相关部门提供参考意见和政策咨询,帮助构建留守老人的多元治理机制。

## 二 研究意义

本书从福利治理视角来分析留守老人的福祉问题，因此，研究的意义与福利治理、福祉理论及其相关实践密切相关。本书的理论意义在于：

第一，本书利用年均收入、家庭生活水平、自评健康、生活自理能力、抑郁症状、生活满意度六个指标来测量留守老人福祉，将六个指标构成的福祉从一般的社会成员集中到中国农村留守老人群体。本书通过对留守老人福祉的六个指标的分析，深化留守老人福祉问题的理论解释。

第二，本书把福利治理理论应用于经验研究框架中，演绎为由政府主体、家庭主体、社区主体、社会主体四部分组成的福利多元主体的具体分析框架。本书在乡村振兴背景下分析福利治理的具体框架，深化了福利治理的理论解释和研究，为推进乡村振兴战略提供了理论参考。

第三，本书将产生于西方的福利治理理论应用到中国农村留守老人福祉问题的讨论中，丰富和发展了对福利治理和留守老人福祉问题的研究。本书通过分析农村留守老人福祉与福利主体之间的关系，不仅具有很强的经验性和实证性，也具有比较重要的理论贡献，拓展了福利治理领域和福祉领域的本土化理论研究，具有较强的学术价值。

本书的政策意义在于：

第一，提升留守老人福祉是农村养老福利政策制定的出发点和终极目标。但是，中国既有的农村养老福利政策较少坚持留守老人的主体地位，考虑留守老人福祉方面的主观认知和情感体验，因而其政策设计也难以真正提升留守老人福祉。本书将从主客观相结合的留守老人福祉出发，提出构建农村多元化养老福利体系的政策性建议。

第二，本书的福利分析框架包括多元主体中的政府、家庭、社区、社会主体。本书关于留守老人福祉问题讨论表明，单一主体或者政策的改变并不能有效地提升留守老人的福祉水平。本书表明，政府、家庭、社区、社会四大主体应该均衡分担责任，构成养老福利多元责任分担体系，只有这样才能真正提升留守老人福祉。

第三，本书收集的定量资料是具有全国代表性的调查数据，贵州省大方县、甘肃省清水县、河南省嵩县、吉林省抚松县、江苏省泗阳县、福建省晋江市和石狮市，分别代表经济相对落后的西南地区和西北地区，经济发展一般的东北地区和中部地区，经济相对发达的东部地区和东南地区。本书通过对留守老人福祉与福利多元主体的关系分析，对各个主体的责任履行进行准确的定位，为乡村振兴背景下留守老人福祉治理提供一个可以借鉴的政策模式。

## 本章小结

本书着重分析在乡村振兴战略的实施背景下，中国农村家庭结构的变迁，以及留守老人面临的诸多问题。本书的两个具体研究问题为：一是农村留守老人在经济福祉、健康福祉、心理福祉上分别存在哪些困境；二是乡村振兴背景下各个福利主体如何履行留守老人福祉治理的责任；三是乡村振兴过程中，如何坚持留守老人主体地位，增进留守老人福祉。

本书的最终目的在于：深入描述和分析留守老人福祉困境的总体状况；探讨福利多元主体与留守老人福祉之间的关系；提出提升留守老人福祉的社会政策建议。本书的研究意义包括两个方面，其理论意义在于：从福利治理理论入手，建立政府、家庭、社区、社会主体与留守老人福祉之间关系的新框架，丰富和拓展福利治理和福祉理论。其政策意义在于：对福利主体与留守老人福祉关系的研究，将有助于社会政策更加合理地分配有限的养老资源，坚持留守老人在乡村振兴中的主体地位，旨在提升留守老人福祉水平。

# 第二章　文献回顾

根据本书的研究问题和研究目的，本章的第一节将回顾留守老人基本状况的研究、乡村振兴视角下的留守老人研究。第二节将回顾国外和国内福利治理的相关研究。第三节将分别回顾老年人福祉的研究、农村老年人主体地位的研究、不同主体与留守老人福祉的关系研究。

## 第一节　留守老人问题研究

### 一　留守老人基本状况

"留守"这一概念自古就有，中国古代的"留守"是指士官留在家乡所在地担任守卫、联系工作，因此它是作为官名而使用的；它还指部队离开原驻地时留下少数人担任守卫、联系工作。20世纪90年代，我国一些城市兴起了"出国热"，"留守"当时被用来指夫妻中一方出国经商务工，而另外一方留在国内抚育孩子、赡养老人，后来扩展为留守家庭、留守子女等。[①] 留守老人的出现也开始于20世纪90年代，随着我国城市化和工业化的加速推进，农村青壮年劳动力大规模涌向城市，而老年人不得不留在农村照看年幼的孙辈、从事农业劳动，进而形成了越来越多的留守老人群体。

在留守老人的学术研究方面，截至2021年6月12日，在中国知网上输入篇名"留守老人"，能够检索到的文献共有990篇。其中，2000年之

---

[①] 同雪莉：《抗逆力：留守儿童研究新视角》，中国社会科学出版社2017年版。

前的文献共三篇,全部都是漫谈式的学术论文。在这三篇文献中,最早的文献来自袁缉辉1996年在《社会》期刊上的《别忘了留守老人》。2000年以后,最早的文献来自杜鹏等2004年发表在《人口研究》期刊上的《农村子女外出务工对留守老人的影响》①,这是一篇标准的实证研究的学术论文。杜鹏等在这篇论文中,通过调查数据分析了子女外出打工对留守老人家务和农业劳动负担、经济状况、情感支持状况的影响。从2004年开始,留守老人作为一个重要的研究领域,开始在中国社会学界、人口学界、经济学界、心理学界和医学界呈现出了快速的研究势头,并取得了丰硕的研究成果。本书主要梳理了留守老人在经济供养状况、生活与疾病照料状况、精神慰藉状况等方面的相关文献研究。

(一) 留守老人的经济供养状况

留守老人问题的本质是经济收入困境。② 在已有的文献中,大部分研究认为子女外出打工对改善留守老人的经济状况起到了积极的作用。③ 相关调查显示,留守老人的个人经济收入高于其他农村老人。留守老人的最主要经济来源是土地的经营性收入,占29.9%。而其他农村老人的经营性收入占25.9%,比留守老人低4%。留守老人来自子女的经济支持占其总收入的18.7%,其他农村老人占总收入的15.1%,比留守老人低3.6%。这充分说明,留守老人对子女经济支持的依赖性更强,子女成为经济收入的重要来源,留守老人家庭经济状况更好,可以为留守老人提供更多的经济支持。④ 也就是说,代际之间居住的分离并没有减弱子女对其老年父母经济上的支持,子女外出务工的收入反而提高了对其父母经济支持的力度。⑤ 杜鹏等的研究也发现,子女外出打工使得留守老人的经济状况得到

---

① 杜鹏、丁志宏、李全棉、桂江丰:《农村子女外出务工对留守老人的影响》,《人口研究》2004年第6期。
② 周祝平:《农村留守老人的收入状况研究》,《人口学刊》2009年第5期。
③ 聂志平、傅琼:《农村空巢老人的社会支持网络构建研究——基于江西部分农村地区的调查》,《农林经济管理学报》2014年第3期。
④ 国家卫生计生委家庭司:《中国家庭发展报告2015》,中国人口出版社2015年版。
⑤ Zimmer, J. and J. Kwong, "Family Size and Support of Older Adults in Urban and Rural China: Current Effects and Future Implications", *Demography*, Vol. 40, No. 1, 2003.

了相应改善。① 卢海阳、钱文荣的研究同样发现，随着子女外出务工时间的延长，留守老人获得的经济支持也得到提升，生活状况得到改善。② 孙鹃娟的研究也同样发现，子女外出打工之后，农村留守老人的经济状况有所改善，外出务工子女给其父母经济供养的数量和比例都高于留守在家的非务工子女。③

但也有一些研究的结论刚好相反，他们认为子女外出务工对留守老人经济状况的改善十分有限，其收入水平总体较为低下。钟曼丽的研究发现，大多数留守老人的经济状况并没有因为子女外出务工而明显改善，生活水平依然较低，贫困现象普遍存在。④ 卢海阳、钱文荣的研究认为，子女外出打工对留守老人的经济支持水平总体上并不高，44.30%的留守老人每年从外出子女那里得到的经济支持低于2000元。⑤ 也就是说，子女外出打工并没有实质性地改善留守老人的经济贫困状况。廖和平、付睿的研究认为新生代农民工自我意识较强，大家庭意识较弱，其收入主要用于自己的衣食住行，很少寄回给留守在家的父母。主要依靠子女提供经济供养的留守老人收入拮据，经济状况较差。⑥ 叶敬忠、贺聪志的研究也发现，绝大多数留守老人从外出打工子女那里获得的经济支持有所增加，但增加有限，而且一些隔代抚养孙辈的家庭出现了代际经济的逆向流动，留守老人的经济负担反而加重。绝大多数留守老人依然通过从事农业或其他副业来进行自养，土地的基本养老保障功能不可忽视。⑦

研究表明，经济上主要依赖国家救助和村委会帮扶等社会保障资源的

---

① 杜鹏、丁志宏、李全棉、桂江丰：《农村子女外出务工对留守老人的影响》，《人口研究》2004年第6期。
② 卢海阳、钱文荣：《子女外出务工对农村留守老人生活的影响研究》，《农业经济问题》2014年第6期。
③ 孙鹃娟：《城镇化、农村家庭变迁与养老》，知识产权出版社2018年版。
④ 钟曼丽：《农村留守老人生存与发展状况研究——基于湖北省的调查》，《湖北社会科学》2017年第1期。
⑤ 卢海阳、钱文荣：《农村留守老人生活调查与影响因素分析》，《调研世界》2014年第3期。
⑥ 廖和平、付睿：《社会转型背景下农村空巢老人面临的主要问题及原因分析——基于五省18个自然村的调查数据》，《湖南科技大学学报》（社会科学版）2012年第6期。
⑦ 叶敬忠、贺聪志：《中国农村留守人口之留守老人：静寞夕阳》，社会科学文献出版社2014年版。

留守老人的比例极低。① 这说明，在国家保障层面，追求现代化范式的制度框架在强化村庄开放性和流动性的同时，并没有采取强有力的社会保障措施来应对留守老人的经济困境，从而导致留守老人养老结构出现"断裂"，甚至成为被现代化"抛弃"的群体。② 国家社会保障体系对留守老人的经济支持十分有限，尚不足以完全满足留守老人的基本生活需求。③

(二) 留守老人的疾病与生活照料状况

进入老年期以后，人的生理机能会日益衰退，抵抗疾病能力下降，患病的可能性就会升高。国家卫计委家庭司的调查数据显示，留守老人参加健康体检的比例为45.3%，患有至少一种经医生确诊的慢性疾病的比例为52.4%。这意味着，一半以上的留守老人患有慢性疾病，其健康状况堪忧，潜在的医疗负担较重。留守老人中认为"自己病情不严重，基本不影响日常生活"的占44.8%，而其他老年人占46%；未治疗或者放弃治疗慢性疾病的占9.8%。16.8%的留守老人坚持生病需要照料时不会告诉子女们，主要是不想给在外打工的子女们增加生活照料上的负担。由于经济收入水平较低，48.4%的留守老人无法承担所需的医疗费用。留守老人面临着"没人照料、没钱看病"的双重困境。④

生活照顾是养老服务的一个重要内容，留守老人生活照料的质量直接关系到其晚年的生活质量和水平。相关调查显示，留守老人生活照顾依靠子女的仅占4.8%，依靠配偶的占34.9%，依靠农村社区的占0.6%，依靠其他的占9.6%。生病是留守老人最需要得到他人照顾的时候，然而生病期间由子女们照顾的留守老人仅占8.4%，由配偶照顾的占31.9%，由其他人照顾的占7.2%。⑤ 最需要得到照顾的除生病的留守老人外，还有80岁以上的高龄留守老人。而在日常生活照料中，61.1%的高龄留守老人

---

① 叶敬忠、贺聪志：《农村劳动力外出务工对留守老人经济供养的影响研究》，《人口研究》2009年第4期。
② 贺聪志、安苗：《发展话语下我国农村留守老人的福利之"痛"》，《中国农业大学学报》(社会科学版) 2011年第3期。
③ 高瑞琴、叶敬忠：《生命价值视角下农村留守老人的供养制度》，《人口研究》2017年第2期。
④ 国家卫生计生委家庭司：《中国家庭发展报告2015》，中国人口出版社2015年版。
⑤ 银平均、王丽：《欠发达地区农村留守老人社会支持机制建构的思考——基于江西的实证研究》，《广东工业大学学报》(社会科学版) 2012年第3期。

主要是自己照顾，43.9%的高龄留守老人即便在生病时也只能自我照料。①由此可以看出，留守老人的生活照顾主要依靠自我照料或者配偶照料，依靠子女们的比例非常低。而其他家庭成员，诸如孙辈、兄弟姐妹、外嫁女儿，以及其他亲属的照料资源可获得性更小，而且更多表现为临时性的疾病照料，其照料资源非常有限，基本上属于辅助型照料供给者。②

由于子女外出打工，留守老人既要承担繁重的农业生产劳动，又要承担照看孙辈的重任。在某种意义上说，留守老人由传统的照料接受者向照料提供者转变。③因而，留守老人自己及其配偶演变成了主体型照料供给者。纵向远距离的代际照料困难，以及横向的自我和配偶照料风险，会导致家庭照料功能弱化。因此，当家庭照料不能满足留守老人需求时，农村社区照料本应是一种重要的补充模式④，然而农村社区却在留守老人的照料服务方面严重缺位，对留守老人提供的照顾和帮助也极其有限，属于缺位型照料供给者⑤。国家经济发展的价值取向与乡村自治导致农村养老照料服务处于虚空状态。⑥

### （三）留守老人的精神慰藉状况

留守老人的家庭结构出现明显的空巢化和隔代化现象，大大减少了与子女同住或邻近居住的可能性。居住距离的拉大使得代际之间的情感互动只能依赖于通信工具，互动的方式和频率都发生了改变，大大增加了外出子女为留守老人提供情感支持的难度。⑦有调查表明，留守老人的精神生

---

① 张邦辉、李为：《农村留守老人心理需求的社会支持系统构建》，《重庆大学学报》（社会科学版）2018年第1期。
② 叶敬忠、贺聪志：《中国农村留守人口之留守老人：静寞夕阳》，社会科学文献出版社2014年版。
③ 孙鹃娟：《劳动力迁移过程中的农村留守老人照料问题研究》，《人口学刊》2006年第4期。
④ 王晓亚：《农村留守老人的生活照料问题探讨》，《郑州大学学报》（哲学社会科学版）2014年第3期。
⑤ 贺聪志、叶敬忠：《农村劳动力外出务工对留守老人生活照料的影响研究》，《农业经济问题》2010年第3期。
⑥ 钟曼丽：《农村留守老人生存与发展状况研究——基于湖北省的调查》，《湖北社会科学》2017年第1期。
⑦ 贺聪志、安苗：《发展话语下我国农村留守老人的福利之"痛"》，《中国农业大学学报》（社会科学版）2011年第3期。

活较为单调,文化娱乐生活缺失。在做完农活和家务劳动后,他们以串门聊天和看电视为主,比例分别高达65.85%和67.69%,其他休闲生活方式很少。① 由于留守老人难以得到子女的精神慰藉,导致他们感觉自己被家庭所抛弃,这很容易导致他们心理上的寂寞和孤独感。不仅如此,留守老人在农村社区中的边缘化角色,配偶的去世,以及单调的闲暇生活等也会加强留守老人的社会隔离感,因而留守老人很容易出现孤独感和抑郁症状。② 而且,居住空间距离的拉大也无形中加剧了传统孝文化的日益衰微,二者相互交织客观上降低了留守老人获得精神慰藉的几率。③

有研究发现,留守老人的轻度抑郁和中重度抑郁的比例分别为33.3%、13.7%,分别高于非留守老人的12.8%、5.7%。④ 还有研究表明,子女外出会对留守老人精神健康产生显著的负面影响。年纪较大的、来自低收入家庭的留守老人的精神健康受子女外出务工影响更为显著。随着家庭规模变小、大量劳动力外流和老龄化问题日益突出,留守老人的精神健康问题令人担忧。⑤ 另有研究发现,相对于男性留守老人来说,女性留守老人情感压力更大。她们除了与男性留守老人一样承受精神上的孤独和繁重的农业劳动外,还要更多地承担家务和照看孙辈的责任。她们承受着精神和身体上的双重压力,女性留守老人在精神生活方面成为最弱势的群体。⑥ 郑莉、李鹏辉的研究也同样认为女性留守老人比男性老人自评压力更大,精神健康更差。⑦ 然而也有研究发现,在子女不在家的情况下,孙辈的陪伴有助于缓解留守老人的孤独情绪,起到了一定的精神慰藉功

---

① 卢海阳、钱文荣:《农村留守老人生活调查与影响因素分析》,《调研世界》2014年第3期。
② 叶敬忠、贺聪志:《中国农村留守人口之留守老人:静寞夕阳》,社会科学文献出版社2014年版。
③ 方菲:《劳动力迁移过程中农村留守老人的精神慰藉问题探讨》,《农村经济》2009年第3期。
④ 李金坤等:《山东省农村留守老人生活质量及抑郁状况调查》,《中华疾病控制杂志》2015年第9期。
⑤ 敖翔:《子女外出务工对农村留守老人精神健康的影响》,《南方人口》2018年第4期。
⑥ 陈小萍、赵正:《亲子支持对农村留守老人主观幸福感的影响》,《中国老年学杂志》2017年第17期。
⑦ 郑莉、李鹏辉:《社会资本视角下农村留守老人精神健康的影响因素分析——基于四川的实证研究》,《农村经济》2018年第7期。

能,这也被称为"孙辈效应"。①

精神养老是指满足老年人的情感、娱乐、社会交往、自我实现等精神需求,使其保持积极健康的心理状态,从而提高其生活质量和水平。② 政府本应在留守老人精神养老方面承担重要的责任,然而由于思想认识和管理体制等方面的因素,政府并没有承担好相应的责任。政府对留守老人的精神慰藉,可以体现在乡村文化建设方面,但实际上各级政府对乡村文化设施的建设远远不够,很多乡镇并没有给留守老人提供任何公共文化娱乐设施。③ 中国社会的老年人精神赡养制度不健全,缺乏留守老人精神生活的制度保障。④ 然而有些研究却认为外出打工的子女对留守老人经济上的支持,以及情感互诉的较高支持度恰恰说明传统的"孝道"观念依然发挥着作用,大多数留守家庭的亲子关系良好,以"奉献"主导的代际伦理的非对称性在维系着家庭养老实践。⑤

综合上述留守老人生存状况的研究文献可以发现,留守老人在经济供养状况、日常生活照料和疾病照料状况、精神慰藉状况方面都存在较多的问题与困境,留守老人生存状况堪忧。

## 二 乡村振兴视角下的留守老人研究

### (一)经济发展、脱贫攻坚、社会保障与留守老人经济福祉

2021年2月25日,习近平总书记在全国脱贫攻坚总结表彰大会上指出:"我国脱贫攻坚战取得了全面胜利,现行标准下9899万农村贫困人口全部脱贫,832个贫困县全部摘帽,12.8万个贫困村全部出列,区域性整体贫困得到解决,完成了消除绝对贫困的艰巨任务。"我国农村反贫困的成功得益于三个方面的反贫困战略,即宏观层面的经济发展、中观层面的

---

① 叶敬忠、贺聪志:《中国农村留守人口之留守老人:静寞夕阳》,社会科学文献出版社2014年版。
② 周湘莲、刘英:《论农村空巢老人精神养老的政府责任》,《湖南师范大学社会科学学报》2014年第4期。
③ 唐踔:《构建以需求为导向的农村留守老人社会支持体系》,《中国老年学杂志》2016年第8期。
④ 王雪峤:《农村留守老人情感与精神需求困境破解》,《人民论坛》2015年第7期。
⑤ 张桂蓉、史景军:《赡养与自理的均衡:农村留守老人家庭养老的代际伦理——以湖南省新田县SH镇的调查为例》,《伦理学研究》2012年第3期。

脱贫攻坚、微观层面的社会保障。经济发展是我国农村反贫困战略取得成功的宏观基础。脱贫攻坚大大提高了农村贫困地区的经济发展水平，使得这些地区大量贫困人口得以脱贫。社会保障政策让农村贫困人口的基本生活得以保障。改革开放四十多年来，正是这三个层面的政策同时起作用，我国农村才能取得举世瞩目的反贫困成就。①

农村地区经济发展水平相对落后，不仅导致农村青壮年劳动力外流，而且使得留守老人经济供养匮乏。因此，解决留守老人养老的物质生活保障，首先就应大力发展农村经济，通过乡村产业振兴，推进农村第一、二、三产业融合发展，为产业融合积极创造条件。在乡村产业振兴的过程中，应积极推进土地的有序流转，实现土地的规模经营，这不仅使留守老人从土地劳作中解脱出来，也增加了留守老人的经济收入。② 2014 年党中央提出了精准扶贫战略，将以前以区域为重点的扶贫开发扩展到对建档立卡贫困户的精准扶贫。目前以建档立卡贫困户为主的精准扶贫政策和农村社会保障政策形成了相互补充、相互融合的扶贫保障体系，为贫困留守老人的基本生活提供了坚实的保障。

国家"十四五"规划指出："坚持农业农村优先发展，全面推进乡村振兴；实现巩固拓展脱贫攻坚成果同乡村振兴有效衔接；积极发展农村互助幸福院等互助性养老；完善留守老年人探访关爱制度。"在国家"十四五"规划力推脱贫攻坚和乡村振兴有效衔接的时代背景下，经济发展、脱贫攻坚、社会保障也同乡村振兴战略有机结合起来，为乡村振兴战略的顺利实施打下了坚实的基础，更是为解决留守老人福祉问题提供了更广阔的平台和资源。

(二) 乡村文化振兴与留守老人精神养老

在中国数千年历史上，只有进入 21 世纪的二十年时间是中国农民收入增长最快的时期，中国农民第一次真正彻底地解决了温饱问题。然而，在物质生活水平大幅度提升的同时，农村的精神文化生活水平并没有随之提升，而是呈现出了诸如彩礼横行、孝文化衰弱、厚葬薄养、老人自杀等社

---

① 贺雪峰：《大国之基：中国乡村振兴诸问题》，东方出版社 2019 年版。
② 曲延春、阎晓涵：《晚年何以幸福：农村空巢老人养老困境及其治理》，《理论探讨》2019 年第 2 期。

会失序和文化失调问题。当前农村问题的根源不是经济问题，而是文化问题，农村的衰落最根本的是文化的衰落。① 因此，乡村振兴的重点在于乡村文化振兴，在于加强乡风文明建设，同时这也是解决留守老人精神养老的政策性举措。

陈静、栾文敬的研究认为留守老人生活上安全感上的缺失反映了传统孝文化传承的断裂、社会养老文化的嬗变、代际互动关系的紧张，这正是留守老人福祉困境的深层次成因。乡村文化振兴蕴含孝治、德治、法治的"三治"相结合的新型乡村养老文化的重塑，具体应从家庭亲情关怀、社区互助关怀、社会道德关怀、老年人自我关怀四个层面给予社会关怀，帮助留守老人远离孤单和恐惧感。国家应通过家庭教育的传承、学校教育的引导、社会教育的倡导和熏陶，推动新时代乡土社会的文化振兴。② 自2018年7月中央全面深化改革领导小组会议以来，新时代文明实践中心的建设在我国农村地区被提上具体的议事日程，新时代文明实践中心正是解决当前乡村社会文化失调、提升乡风文明程度的重要平台。

（三）乡村熟人社会与留守老人互助养老

乡村是一个数千年来形成的村庄熟人社会。传统的中国农民都是祖祖辈辈生活在同一个村庄，大家基本上都是同根同祖同源，相互之间熟悉和信任。这与在城市漂泊完全不同，在村庄这个熟人社会意味着身体上的安全感和心理上的归属感。对传统的中国农民来说，父母在，人生尚有来处；父母去，人生只剩归途。留守在村庄里的父母就是最大的牵挂。一旦回到"生于斯，长于斯"的熟悉的故乡，身体上和心理上都有安全感。

在村庄这个熟人社会里，完全可能以村庄为单位，将低龄老人组织起来，为丧失生活自理能力的高龄老人提供基本照料服务，提供服务的低龄老人可以获得一定的补贴，同时所提供的志愿服务也被存入"时间银行"，当自己需要时可从"时间银行"中提取出来获得相应的照料服务。被照料的留守老人子女应承担一定照料费用，政府也应给互助养老提供一定的补贴。这样就可以形成互助养老的双赢氛围，无疑是一条解决留守老人养老

---

① 贺雪峰：《大国之基：中国乡村振兴诸问题》，东方出版社2019年版。
② 陈静、栾文敬：《变化中的孝悌：乡土文化振兴视域下留守老人的生活记忆和社会关怀研究——基于H省T村的口述史分析》，《兰州学刊》2019年第6期。

的可行途径。① 有学者通过实证数据分析也发现，在村庄的熟人社会里，积极的社会参与，增强了农村老年人的心理归属感，从而显著提升了农村老年人的心理健康水平，也就是说，乡村熟人社会为留守老人进行互助养老奠定了自然地理和心理基础。②

综上所述，乡村振兴视角下的留守老人研究融合经济学、政治学、社会学、社会保障学、文化人类学研究的优势视角，为破解留守老人的福祉困境提供了崭新的研究视角。我国农村经济的快速发展、精准扶贫战略的扎实推进、农村贫困人口的社会保障政策均为留守老人福祉困境的破解提供了强有力的支撑。乡村文化振兴视角为留守老人精神养老提供了可靠的文化氛围，乡村熟人社会之间生活照料的志愿服务为留守老人互助养老提供了可行性探索。

## 第二节　福利治理的相关研究

### 一　国外福利治理的研究

自20世纪90年代以来，治理（governance）理论成为西方学术界研究的热点，并在全球范围内掀起一股治理之风，消解了公共政策和社会福利争论中占统治地位的政府范式和市场范式，掀开了向治理范式转型的序幕。③ 治理理论的起源是20世纪90年代美国学者埃莉诺·奥斯特罗姆（Elinor Ostrom）提出的多中心治理理论。奥斯特罗姆认为，在公共事务的治理过程中，应打破传统的政府与市场二元主体禁锢，强调公共服务供给主体的多元化，即政府与市场之间并非只是非此即彼的对立状态，在政府和市场之外还存在多种供给主体，如公民的自主组织就是一种有效的供给主体，多种供给主体能够相互补充，往往能够实现公共物品的有效供给和

---

① 贺雪峰：《大国之基：中国乡村振兴诸问题》，东方出版社2019年版。
② 陆杰华、汪斌：《乡村振兴背景下农村老年人健康老龄化影响机理探究——基于CLHLS 2018年数据》，《中国农业大学学报》（社会科学版）2021年第5期。
③ 韩央迪：《从福利多元主义到福利治理：福利改革的路径演化》，《国外社会科学》2012年第2期。

## 第二章 文献回顾

公共资源的最优化配置。① 梅瑞狄斯·爱德华兹（Meredith Edwards）等认为治理涉及国家、市场、社会之间的相互关系、内部结构、权力行使及责任界定。② 治理理论具有三个基本特征：一是主体多元；二是多元主体间的相互依赖与合作；三是建立网络化的合作治理机制。③

全球治理委员会（The Commission on Global Governance）认为，治理是各种公共的或私人的机构共同管理其公共事务的多种方式的总和。治理是使相互冲突的、不同的利益得以调和并采取联合行动的过程，它既包括迫使人们服从的正式制度和规则，也包括人们统一或认为符合其利益的非正式制度安排。④ 治理意味着政府放权和向社会授权，实现多主体和多中心治理，强调弱化政府权力，实现政府与社会的多元共治，以及社会的多元自我治理。⑤ 治理理论强调治理主体的多元化，通过倡导政府、市场、社会通过相互协商与合作，组成多元主体共同治理的社会共治模式，旨在弥补各个主体单方面治理的不足和失灵。治理理论是在国家理论和市场理论的基础上演变而来的，它认为国家秩序和市场秩序都存在不足，国家和市场都不是唯一有效解决方案，从而在二者之外揭示公共事务治理之道。也就是说，国家和市场之外还存在着其他多种治理方式，只有各个治理主体优势互补，才能实现公共产品的最优配置。⑥

福利治理是20世纪90年代以来西方福利国家改革的最新趋势之一，其本质是将治理的理念与方法引入社会福利领域的一种实践模式。⑦ 福利

---

① Elinor Ostrom, *Governing the Commons: The Evolution of Institutions for Collective Action*, New York: Harvard University Press, 1990.

② Edwards, M., J. Halligan, B. Horrigan and G. Nicoll, *Public Sector Governance in Australia*, Canberra: ANU Press, 2013.

③ 王振海等：《社会组织发展与国家治理现代化》，人民出版社2015年版。

④ The Commission on Global Governance, *Our Global Neighborhood*, Oxford: Oxford University Press, 1995.

⑤ 王浦劬：《国家治理、政府治理和社会治理的基本含义及其相互关系辨析》，《社会学评论》2014年第3期。

⑥ 尚海涛、任宗哲：《公共性和效率性观点下公共产品供给模式多元化及其潜在问题》，《青海社会科学》2010年第5期。

⑦ Bode, I., "Disorganized Welfare Mixes: Voluntary Agencies and New Governance Regimes in Western Europe", *Journal of European Social Policy*, Vol. 16, No. 4, 2006；钱宁：《多方参与的社会治理创新：发展社会福利的新路径》，《山东社会科学》2014年第9期。

治理实际上是西方国家应对福利危机和社会矛盾的机制与政策性措施,它是把多主体合作治理的原则应用于社会福利供给的机制。① 福利治理强调社会和公民福利责任的回归,构建多元化的福利供给机制,重新定位政府的社会福利责任。在福利治理模式中,福利供给的主体不仅仅是政府,其他的私人企业、民间组织、志愿者组织、家庭,都可以成为不同层面的福利供给主体。

## 二 我国福利治理的研究

(一) 中国传统文化中的治理思想

中国传统文化中,早在春秋战国时期就有"治理"思想。中国古代"四书"之首的《大学》第一章就讲到:"古之欲明明德于天下者,先治其国;欲治其国者,先齐其家;欲齐其家者,先修其身;欲修其身者,先正其心;欲正其心者,先诚其意;欲诚其意者,先致其知;致知在格物。物格而后知至,知至而后意诚,意诚而后心正,心正而后身修,身修而后家齐,家齐而后国治,国治而后天下平。自天子以至于庶人,壹是皆以修身为本。其本乱,而末治者否矣。"② 这里多次出现的"治",基本上等同于现代意义上的"治理"。这个治理路径是中国传统文人和士大夫"内圣—外王"的做人和实践的路径。"修身"是做人的根本和基础,只有"修身"做好了,才能治理家庭、治理国家、治理天下。《中庸》讲到:"好学近乎知,力行近乎仁,知耻近乎勇。知斯三者,则知所以修身;知所以修身,则知所以治人;知所以治人,则知所以治天下国家矣。"③ 这里的"治",基本上也等同于现代意义上的"治理"。也就是说,只有具备了智、仁、勇三种品德,才能治理好他人、治理好国家、治理好天下。

中国古代儒家的经典著作《论语》讲到:"由也,千乘之国,可使治其赋也,不知其仁也","舜有臣五人而天下治","仲叔圉治宾客,祝鮀治

---

① Verdeyen V. and B. V. Buggenhout, "Social Governance: Corporate Governance in Institutions of Social Security, Welfare and Healthcare", *International Social Security Review*, Vol. 56, No. 2, 2003.
② 王国轩译注:《大学·中庸》,中华书局2006年版。
③ 王国轩译注:《大学·中庸》,中华书局2006年版。

宗庙，王孙贾治军旅。夫如是，奚其丧"，"无为而治者，其舜也与"。① 这里的"治"，基本上也等同于现代意义上的"治理"。这充分说明在两千多年前的春秋时代，孔子就已经意识到"治理"对国家和社会发展的重要性。《孟子》也讲到："夫天未欲平治天下也，如欲平治天下，当今之世，舍我其谁也"，"劳心者治人，劳力者治于人；治于人者食人，治人者食于人"，"尧、舜之道，不以仁政，不能平治天下"，"治人不治，反其智"，"使之主事而事治，百姓安之，是民受之也"。② 孟子所谓的"治"，基本上接近于现代意义上的"管理、治理"。这些都说明以孔子和孟子为代表的中国传统儒家思想充分认识到"治理"对国家、天下、社会安定和谐的重要作用。

　　治理国家和天下是中国传统士大夫终其一生所要追求的最终目标。《墨子》就讲到："是故先王之治天下也，必察迩来远"，"今大者治天下，其次治大国，而无法所度，此不若百工辩也"，"察天下之所以治者何也？天子唯能壹同天下之义，是以天下治也"。③《吕氏春秋》也阐述过治天下的主张："先王之所以治天下者五：贵德、贵贵、贵老、敬长、慈幼。"④《孝经·孝治章第八》把治国和治家结合起来阐述："子曰：昔者明王之以孝治天下也，不敢遗小国之臣，而况于公、侯、伯、子、男乎？故得万国之欢心，以事其先王。治国者，不敢侮于鳏寡，而况于士民乎？故得百姓之欢心，以事其先君。治家者，不敢失于臣妾，而况于妻子乎？故得人之欢心，以事其亲。"⑤ 这些以民为本的经典思想，把治理家庭、治理国家和天下紧密结合起来，为中国数千年来的治理理论和治国实践奠定了坚实的基础。

　　《荀子》讲到："善生养人者，人亲之；善班治人者，人安之；善显设人者，人乐之；善藩饰人者，人荣之。四统者俱而天下归之，夫是之谓能群。"这里说的是君子之道，善于解决人民的生产生活问题（生养）、善于

---

① 张燕婴译注：《论语》，中华书局 2006 年版。
② 万丽华、蓝旭译注：《孟子》，中华书局 2006 年版。
③ 李小龙译注：《墨子》，中华书局 2007 年版。
④ 陆玖译注：《吕氏春秋》，中华书局 2011 年版。
⑤ 胡平生、陈美兰译注：《礼记·孝经》，中华书局 2007 年版。

治理（班治）、善于任用（显设）、善于给人们有差异的待遇（藩饰），人民则会亲之、安之、乐之、荣之，于是天下归心，这就叫"能群"。其中，荀子所谓的"班治"就是现代意义上的"治理"。荀子还认为："天行有常，不为尧存，不为桀亡。应之以治则吉，应之以乱则凶"，"天有其时，地有其材，人有其治，夫是之谓能参"，"礼仪者，治之始也"，"法者，治之端也"。这里的"治"也都等同于现代意义的"治理"。荀子还强调"使天下皆出于治，合于善也"①。在这个地方，荀子所谓的"治"，是遵守社会正常秩序的意思。从"治理"到"遵守秩序"是一个渐进式的治理过程。这说明在两千多年前的战国时代，荀子就已经意识到"治理"对国家和社会发展的重要性。

到了中国近代时期，很多思想家也对治理思想进行总结阐述和发扬光大。严复曾说："群学者，将以明治乱、盛衰之由"，"示之以所以治之方也"。②梁启超在《说群序》中说："以群术治群，群乃成；以独术治群，群乃败。"③王国维说："古之所谓国家者，非徒政治之枢机，亦道德之枢机也。"④无论严复、梁启超，还是王国维，这些中国近代时期的思想家，同样都意识到了"治理"对于促进国家繁荣昌盛和社会正常秩序的重要作用，这些"治理"的相关思想也在一定程度上推动了当时中国经济社会的发展，在中国近代历史上起到了承前启后的重要作用。

（二）当代中国关于治理的相关研究

自2013年党的十八届三中全会把"推进国家治理体系和治理能力现代化"作为全面深化改革的总体目标以来，"社会治理"取代"社会管理"成为我国社会领域一个广泛的实践框架。⑤从"管"到"治"虽然只有一字之差，但其实质上是从"单一主体的管理"到"多元主体的治理"的变迁过程。参与方式由政府"自上而下"的动员式参与演变为"横向的、平行的"的伙伴式参与。李强认为社会管理是控制和统治的过程，而

---

① 方勇、李波译注：《荀子》，中华书局2011年版。
② 王栻主编：《严复集》（第1册），中华书局1986年版。
③ 张品兴主编：《梁启超全集》（第1卷），北京出版社1999年版。
④ 王国维：《殷周制度论》，载《观堂集林》，河北教育出版社2003年版。
⑤ 王名、蔡志鸿、王春婷：《社会共治：多元主体共同治理的实践探索与制度创新》，《中国行政管理》2014年第12期。

社会治理则是协商与合作的过程。社会治理强调"多元的、互动的、参与的"治理方式。①王思斌认为在治理性质上，社会管理属于管制或统治的性质，而社会治理则着眼于现代国家的能力建设；在治理目标上，社会管理属于强制性的维稳式的管理，而社会治理强调标本兼治；在治理关系上，社会管理强调自上而下的权力关系，而社会治理则强调多方参与、相互补充、协商合作。②

彭华民认为人类已经进入风险社会时代，依靠任何单个治理机制都无法应对社会风险，因此需要建立起新的复合治理机制，实现风险共担和共存的秩序。复合治理由多个治理主体参与，包括政府、企业、社会组织、家庭、个人等都是治理的参与者。复合治理是一种合作互补的关系。只有相互合作，政府、市场、公民社会这三大现代治理主体才能有效地发挥作用，并弥补相互的缺陷。复合治理机制是应对当今风险社会的最有效的治理机制。③李迎生等认为一个理想的福利治理模式，应当以法治理念为根本性行动依据，以社会公正为整体性行动导向，建立起合作共治、平等协商的主体关系，提升福利治理的成效和质量。④

俞可平认为统治和治理有着实质性的区别：一是主体不同，统治的主体是单一的，即国家权力机关，治理的主体是多元的，除政府之外，还包括企业、社会组织、居民自治组织等；二是性质不同，统治是强制性的，治理更多是以协商为主的；三是来源不同，统治源于国家法律，治理除了国家法律，还来自社会的各种契约，如社会组织的自治章程、村规民约等；四是运行向度不同，统治的权力运行是自上而下的，治理更多的是横向的、平行的、协商的；五是作用范围不同，统治以政府权力领域为边界，治理则以公共领域为边界，因而治理的范围远远大于统

---

① 李强：《怎样理解"创新社会治理体制"》，《毛泽东邓小平理论研究》2014年第7期。
② 王思斌：《社会治理结构的进化与社会工作的服务型治理》，《北京大学学报》（哲学社会科学版）2014年第6期。
③ 彭华民：《西方社会福利理论前沿：论国家、社会、体制与政策》，中国社会出版社2009年版。
④ 李迎生、李泉然、袁小平：《福利治理、政策执行与社会政策目标定位——基于N村低保的考察》，《社会学研究》2017年第6期。

治的范围。①

综上所述，无论是西方国家的治理理论和福利治理理论、中国传统文化的治理思想，还是当代中国的社会治理和多元治理理论，对治理的基本内涵、参与主体、内部结构和分析框架进行了详尽的研究，这些研究为留守老人福祉治理研究提供了可供参考的理论依据和分析框架。

## 第三节 福利主体与留守老人福祉的相关研究

### 一 老年人福祉的研究

（一）福祉的概念界定

福祉是人类的一种生存状态，是一种良好的或满意的生活状态②，是指一个人的生活对其本人来说好的程度，或者个人生命存在质量的良好程度③。福祉是指在人类生活过程中，符合人类物质需求和自我精神得到满足而带来的愉悦的心理体验，它是一种积极的生活状态。④ 收入是人类获取福祉最有效的手段，收入是人类福祉最重要的组成部分。⑤ 然而福祉不仅包括收入方面的状况，也包括健康状况，还包括生活满意度等心理方面的状况。⑥

在研究指标上，福祉可分为客观和主观两类研究指标。⑦ 其中，福祉的客观研究指标将好的生活状态看作是客观的，如从收入、健康、环境、

---

① 俞可平：《走向善治：国家治理现代化的中国方案》，中国文史出版社2016年版。
② Gasper, D., "Human Well-Being: Concepts and Conceptualizations", *WIDER Discussion Papers//World Institute for Development Economics (UNU-WIDER)*, No.06, 2004.
③ Crisp, R., "Well-Being", In Zalta, E. N. (ed.), *The Stanford Encyclopedia of Philosophy*, 2013, http://plato.stanford.edu/archives/sum2013/entries/Well-Being.
④ 万树：《国民福祉理论与实证研究》，中国财政经济出版社2012年版。
⑤ 金恩焘、王圣云、姜婧、郑克强：《21世纪以来中国城乡福祉差距的时空分异与政策研究》，《公共行政评论》2019年第4期。
⑥ 骆为祥：《中国老年人的福祉：贫困、健康及生活满意度》，社会科学文献出版社2016年版。
⑦ Krishna Mazumdar, "Causal Flow Between Human Well-Being and per Capita Real Gross Domestic Product", *Social Indicators Research*, Vol.50, 2000.

## 第二章 文献回顾

教育、职业、住房等围绕人的基本生活方面展开评价。① 福祉的主观研究指标将人的良好生活状态认定为主观的：一是把生活作为整体进行主观感知或情感评价，如生活满意度、幸福感②；二是对生活的一些方面进行主观感知或评价，如对健康的自我评价。③

福祉是与幸福感、福利极为相似的概念。首先，从福祉与幸福感的关系上看，福祉远远大于幸福感，幸福感仅仅是福祉的一个组成部分。其次，从福祉与福利的关系上看，福利是实现好的生活的基本条件和保障措施，福祉则是人们实际上达到的良好的生活状况，即福祉就是人类福利制度设计要实现的终极目标。④ 综上所述，本书把福祉界定为，福祉是人类的一种生存状态；是健康的、满意的、幸福的生活状态。

### （二）老年人福祉测量的研究

在老年人福祉研究领域，虽然不同学科所使用的维度有所差异，但目前学科之间逐渐倾向于经济福祉、健康福祉、心理福祉。其中，经济福祉常用年均收入、家庭生活水平等指标来测量；健康福祉常用自评健康、生活自理能力等指标来测量；心理福祉常用抑郁症状、生活满意度等指标来测量。

西尔弗斯坦（Silverstein）等把老年人心理福祉操作化为自评健康、抑郁症状两个指标。⑤ 而他在另外一项研究中把老年人福祉操作化为生活满意度、抑郁症状两个指标。⑥ 芮默（Raymo）等在研究日本家庭结构与日

---

① 李鑫远、雷敏、郗家祺、曹晓丽、赵志卿：《生态移民福祉影响因素研究——基于陕西省蓝田县农村抽样调研》，《地理研究》2018 年第 6 期。

② Lyubomirsky, S. and H. S. Lepper, "Measure of Subjective Happiness: Preliminary Reliability and Construct Validation", *Social Indicators Research*, Vol. 46, 1999；聂鑫、汪晗、张安录：《城镇化进程中失地农民多维福祉影响因素研究》，《中国农村观察》2013 年第 4 期。

③ 檀学文、吴国宝：《福祉测量理论与实践的新进展——"加速城镇化背景下福祉测量及其政策应用"国际论坛综述》，《中国农村经济》2014 年第 9 期。

④ 彭华民、孙维颖：《福利制度因素对国民幸福感影响的研究——基于四个年度 CGSS 数据库的分析》，《社会建设》2016 年第 3 期。

⑤ Silverstein, M. and X. Chen, "Too Much of a Good Thing? Intergenerational Social Support and the Psychological Well-Being of Older Parents", *Journal of Marriage and Family*, Vol. 58, No. 4, 1996.

⑥ Silverstein, M., Z. Cong and S. Li, "Intergenerational Transfers and Living Arrangements of Older People in Rural China: Consequences for Psychological Well-Being", *Journal of Gerontology*, Vol. 61, No. 5, 2006.

本老年人福祉的关系时，把老年人福祉操作化为自评健康、抑郁症状两个指标。① 李建新、李嘉羽进行城市空巢老人研究时，把老年人福祉操作化为自评健康、生活自理能力、孤独感、生活满意度等指标。② 张若恬等在研究中国老年人养老资本、策略与福祉时，把老年人福祉操作化为自评健康、抑郁症状、生活满意度等。③ 郑晓冬、方向明把农村老年人福祉操作化为两个测量指标，即生活满意度和抑郁症状。④

经济福祉、健康福祉、心理福祉共同组成了较为完善和全面的老年人福祉的维度。陈东和张郁杨就把总体幸福感操作化为生活水平评价、总体生活满意度、自评健康状况三个测量指标；把情绪幸福感操作化为正向情绪、负向情绪两个测量指标。⑤ 骆为祥从经济状况、健康状况、生活满意度三个方面来探讨老年人福祉。其中，经济状况操作化为年家庭人均纯收入、年家庭人均消费支出两个指标；健康状况操作化为自评健康水平，从而建构了一个由经济福祉、健康福祉、社会心理福祉组成的老年人福祉测量体系。⑥

综合既有文献，本书认为老年人福祉的测量应由六个指标组成：年均收入、家庭生活水平、自评健康、生活自理能力、抑郁症状、生活满意度。第一，老年人的年均收入。年均收入是老年人的绝对收入，它代表了老年人整体生活质量和水平，它是衡量老年人经济福祉的基础性指标。第二，老年人的家庭生活水平。生活水平是老年人家庭的相对收入水平，它是衡量老年人经济福祉的重要指标。第三，老年人的自评健康。它不仅是老年人对自身健康状况的主观评价，而且是老年人客观健康状况的总体反

---

① Raymo, J. M., S. Kikuzawa, J. Liang and E. Kobayashi, "Family Structure and Well-Being at Older Ages in Japan", *Journal of Population Research*, Vol. 25, No. 3, 2008.
② 李建新、李嘉羽：《城市空巢老人生活质量研究》，《人口学刊》2012年第3期。
③ 张若恬、张丹、李树茁：《当代中国老年人养老资本、策略与福祉——基于2014年中国老年社会追踪调查数据的分析》，《西安交通大学学报》（社会科学版）2018年第4期。
④ 郑晓冬、方向明：《农村空巢老人主观福利：经济支持还是情感支持》，《华南理工大学学报》（社会科学版）2016年第6期。
⑤ 陈东、张郁杨：《不同养老模式对我国农村老年群体幸福感的影响分析——基于CHARLS基线数据的实证检验》，《农业技术经济》2015年第4期。
⑥ 骆为祥：《中国老年人的福祉：贫困、健康及生活满意度》，社会科学文献出版社2016年版。

映。① 第四，老年人的生活自理能力。生活自理能力是老年人自身健康状况的客观反映，是保证老年人晚年生活质量的前提条件。第五，老年人的抑郁症状。抑郁症状作为老年人对个人生活态度的情感层面的负向评价指标，是衡量老年人心理福祉水平的重要指标。第六，老年人的生活满意度。生活满意度是老年人对自身生活质量的整体认知，它作为老年人对生活态度的认知层面的指标，同样是测量老年人心理福祉水平的重要指标。②

## 二 农村老年人主体地位的相关研究

2018年1月的中央一号文件明确指出，实施乡村振兴战略的基本原则是坚持农民主体地位。2018年9月，国务院印发的《乡村振兴战略规划（2018—2022年）》，再次将坚持农民主体地位列为乡村振兴战略的基本原则。这里的农民，不仅包括作为农村生力军的年轻人，也包括被视为弱势群体的老年人。坚持这一原则，意味着要调动农村老年人的主体性，激发农村发展的内生动力，对于妥善解决农村养老问题、实现乡村振兴具有积极意义。因此，在乡村振兴实施过程中，要坚持留守老人的主体地位，而不仅仅是把留守老人看作纯粹的福利受助的客体。然而从以往的关于老年人群体的研究来看，常常将留守老人客体化，简单地视留守老人为需要被养的弱势群体和需求方，并没有发掘他们在家庭和社会中的重要作用，忽视了老年人自身的能动性和主体地位。③

还有一些研究专门探讨了乡村振兴战略中坚持农民主体地位的重要性、困境和实现路径，这里探讨的"农民主体地位"就包括被视为弱势群体的"留守老人"的主体地位。在乡村振兴战略中坚持农民主体地位的重要性体现在：一是坚持农民主体地位是确立乡村振兴战略目标的根本原则；二是坚持农民主体地位是谋划乡村振兴战略布局的基本立场；三是坚持农民主体地位是评价乡村振兴战略实效的重要标准。坚持农民

---

① 王莉莉：《老年人健康自评和生活自理能力》，中国社会出版社2009年版。
② 陈功：《社会变迁中的养老和孝观念研究》，中国社会出版社2009年版。
③ 张有春、杜婷婷：《居住方式、家庭策略、老年人主动生存与乡村振兴——基于广西一个贫困村落的调查》，《思想战线》2021年第4期。

主体地位面临的困境包括：第一，农民振兴乡村的社会主体意识缺位；第二，农民振兴乡村的主体权利缺失；第三，农民振兴乡村的主体能力缺乏。

另有研究发现，当前乡村振兴战略中坚持农民主体地位面临的困境在于：一是强势社会管控"后遗症"依然对农民主体地位产生消解效应；二是保障农民主体地位的法律制度不完善；三是农民主体地位实现的组织载体功能严重退化。其实现路径有四个方面：第一，以扶志扶智激发内生动力，唤醒农民的主体意识；第二，强化法律维权功能，筑牢农民主体地位的法治保障；第三，构建"三治合一"的乡村治理体系，提升农民的主体体验；第四，支持农村社会组织建设，提升农民的主体地位。① 还有研究指出，在乡村振兴中坚持农民主体地位，要让农民享受更好的基本公共服务，实现增进农民福祉的最终目标。②

综上所述，对于乡村振兴过程中坚持农民主体地位的重要性、面临的困境及其实现路径，都进行了详尽的研究，这些研究为乡村振兴过程中坚持留守老人主体地位的研究提供了理论依据和借鉴。

## 三 不同主体与留守老人福祉的关系研究

### （一）政府主体与留守老人福祉的关系研究

政府是福利多元主体中的主导性责任主体③，它主要向老年人提供养老保险、医疗保险、社会救助、相关社会补贴，以及政府关心度等主观评价。本部分将梳理政府主体与留守老人福祉的各个维度之间关系的研究文献。

在社会保险与留守老人的经济收入水平之间关系的研究方面。伍海霞基于七省区留守老人的调查数据分析发现，农村医疗保险和养老保险对留守老人生活水平均有显著的影响。在控制了其他因素之后，参加农村医疗

---

① 李昌凤：《困境与突破：乡村振兴战略中农民主体地位的实现路径》，《领导科学》2020年第12期。
② 岳秀红：《乡村振兴战略背景下农民主体地位的有效实现途径研究》，《农业经济》2021年第8期。
③ 秦永超：《农村老年人福祉困境及多元治理机制研究》，中国社会科学出版社2019年版。

## 第二章 文献回顾

保险和养老保险均能显著提升留守老人的经济收入水平。① 这说明农村社会保险与留守老人经济收入水平之间存在一定的因果关系。

在社会保险与留守老人的自评健康和抑郁症状之间关系的研究方面。王小龙和兰永生基于中国健康与营养调查的农户数据对留守老人健康进行研究，发现医疗保险对留守老人自评健康具有显著的影响。在控制了其他因素之后，享有医疗保险能够显著提升留守老人自评健康水平。② 敖翔利用"中国农村—城市移民调查"的农村样本数据研究发现，在控制了其他因素之后，享有医疗保险对留守老人精神健康有显著的正向影响。③ 这说明享有医疗保险对留守老人自评健康和精神健康均有显著的正向影响。郑晓冬和方向明基于中国健康与养老追踪调查（CHARLS）2011年和2013年数据的实证分析同样发现，农村养老保险能够显著降低农村老年人的抑郁程度。④ 这一结果说明农村养老保险对农村老年人的抑郁症状有显著的影响。

在社会补贴与留守老人的自评健康和抑郁症状之间关系的研究方面。秦永超基于中国健康与养老追踪调查（CHARLS）2013年追访数据进行实证分析发现，各种社会补贴对留守老人自评健康和抑郁症状有显著的影响。在控制了其他因素之后，领取各种社会补贴的留守老人健康自评更好的几率比没有领取的要高27个百分点；其有抑郁症状的几率比没有领取的要低30个百分点。⑤ 因此，各种社会补贴与留守老人自评健康、抑郁症状之间存在一定的因果关系。

在社会保险与老年人的生活自理能力之间关系的研究方面。李芬和高向东的研究发现，医疗保险对农村老年人生活自理能力具有显著的影响，参加居民医疗保险的农村老年人的生活自理能力明显好于没有参加医疗保

---

① 伍海霞：《农村留守与非留守老人的生存现状：来自七省区调查数据的分析》，《财经论丛》2015年第5期。
② 王小龙、兰永生：《劳动力转移、留守老人健康与农村养老公共服务供给》，《南开经济研究》2011年第4期。
③ 敖翔：《子女外出务工对农村留守老人精神健康的影响》，《南方人口》2018年第4期。
④ 郑晓冬、方向明：《社会养老保险与农村老年人主观福利》，《财经研究》2018年第9期。
⑤ 秦永超：《生态系统视角下农村留守老人福祉的影响因素》，《社会科学家》2019年第5期。

险的农村老年人。然而，养老保险对农村老年人生活满意度的影响不显著，究其原因，可能与农村养老保险的保障水平有一定的关系，农村养老保险的保障水平较低，远远低于农村老年人的基本生活需求。①

在社会保险与留守老人生活满意度之间关系的研究方面。杨金龙基于全国五省90个村实地调查研究发现，参与新型农村合作医疗保险、农村养老保险、获得农村最低生活保障都对农村老年人的生活满意度具有显著的正向影响。②黎春娴利用福建省农村老年人抽样调查的研究发现，包含新型农村社会养老保险在内的经济支持是提升农村老年人生活满意度的最显著因素。③因此，农村医疗保险、养老保险、农村低保与留守老人生活满意度之间都存在一定的因果关系。

在政府关心程度与留守老人生活满意度之间关系的研究方面。王彦方和王旭涛基于四川泸州留守老人的研究发现，政府关心程度对留守老人生活满意度有显著的影响，在控制了其他因素之后，政府关心程度能够显著提升留守老人的生活满意度。④张化楠等的研究也同样发现，政府关心度与农村空巢老人生活满意度具有显著的正向影响。⑤因此，政府关心度这一主观评价指标也与留守老人生活满意度有一定的关系。

综上所述，政府主体所包含的农村医疗保险、农村养老保险、农村低保、社会补贴，以及政府关心程度，与留守老人福祉的收入水平、自评健康、生活自理能力、抑郁症状、生活满意度之间存在一定的因果关系。

### （二）家庭主体与留守老人福祉的关系研究

家庭主体是养老福利多元体系中最基础的主体⑥，它主要依靠子女等

---

① 李芬、高向东：《农村老年人生活自理能力性别差异分析——基于CHARLS（2015）数据的实证分析》，《人口与发展》2019年第2期。
② 杨金龙：《村域社会资本、家庭亲和对老年人生活满意度影响的实证分析》，《统计与决策》2013年第15期。
③ 黎春娴：《新农保背景下农村老年人的社会支持与生活满意度研究》，《华南农业大学学报》（社会科学版）2013年第4期。
④ 王彦方、王旭涛：《影响农村老年人生活满意度和养老模式选择的多因素分析——基于对留守老人的调查数据》，《中国经济问题》2014年第5期。
⑤ 张化楠、方金、毕红霞：《基于有序Logit-ISM模型的农村空巢老人生活质量满意度的研究》，《南方人口》2015年第5期。
⑥ 秦永超：《农村老年人福祉困境及多元治理机制研究》，中国社会科学出版社2019年版。

家庭主要成员向老年人提供经济上的支持、生活上的照料、情感上的支持,以及特殊形式的家庭居住方式。本部分集中从留守老人福祉的各个维度出发,来梳理留守老人福祉与家庭主体之间关系的相关研究文献。

1. 家庭主体与留守老人经济收入水平

经济收入水平代表了留守老人整体生活质量,它是衡量留守老人经济福祉的最基础性指标。经济收入水平所衡量的经济福祉是留守老人健康福祉和心理福祉的前提与基础。因而,首先回顾来自家庭成员的经济支持、居住方式与留守老人经济收入水平之间关系的研究文献。这里的经济收入水平既包括代表绝对收入的年均收入,还包括代表相对收入的家庭生活水平。

在家庭经济支持方面。伍海霞基于七省区留守老人的调查数据分析发现,在控制了其他因素之后,来自子女的经济支持会显著地影响留守老人的经济收入水平。① 卢海阳和钱文荣基于 2013 年 15 个省市 978 个农村留守老人的实地调查数据分析,同样发现,在控制了其他因素之后,子女打工年数和年均汇款数均显著地影响留守老人的经济收入水平。子女打工年数越多,留守老人的经济收入水平就越高;子女年均汇款越多,留守老人的经济收入水平就越高。② 慈勤英和宁雯雯利用"完善社会救助制度研究课题组"2015 年的调查数据分析,同样也发现,在控制了其他因素之后,家庭经济支持对农村贫困老人具有显著的正向影响。来自子女的经济支持每增加 1 个百分点,农村贫困老人的经济收入就会增加 0.059 个百分点。陈东和张郁杨根据中国健康与养老追踪调查(CHARLS)2011 年全国基线调查数据发现,在控制了其他因素之后,子女提供的经济支持能够显著地提升农村老年人的生活水平。③ 总的来看,来自子女的经济支持与农村贫困老人经济收入水平之间存在因果关系,农村贫困家庭成员仍在一定程度

---

① 伍海霞:《农村留守与非留守老人的生存现状:来自七省区调查数据的分析》,《财经论丛》2015 年第 5 期。

② 卢海阳、钱文荣:《农村留守老人生活调查与影响因素分析》,《调研世界》2014 年第 3 期。

③ 陈东、张郁杨:《不同养老模式对我国农村老年群体幸福感的影响分析——基于 CHARLS 基线数据的实证检验》,《农业技术经济》2015 年第 4 期。

上承担着经济赡养功能。①

在家庭居住方式方面,已有研究得出的结论并不完全一致。左冬梅和李树茁基于劳动力流入地和流出地的调查分析,发现与独居或与配偶同住相比,与孙子女隔代居住能够显著增加子女对留守老人经济支持的力度。②卢海阳和钱文荣基于农村留守老人的实地调查数据分析也发现,居住模式会显著地影响留守老人的经济收入,与子女或子女配偶同住,或者与孙子女隔代居住,意味着会得到子女更多的经济支持。③然而,慈勤英和宁雯雯对农村贫困老人的研究却发现,居住模式对农村贫困老人的经济收入并没有显著的影响,这意味着是否与子女同住不会显著地影响农村贫困老人的经济收入水平,也就是说,同住与否,与经济赡养义务的履行并没有必然的因果关系。④

综合以上研究文献,在子女提供的经济支持方面,已有的研究表明,子女经济支持会对留守老人经济收入水平产生显著的正向影响。然而在居住方式方面,已有的研究结论并不一致,这说明与子女是否同住和留守老人经济收入水平之间并没有必然的因果关系。

2. 家庭主体与留守老人自评健康

传统的家庭代际互惠关系表现为成年子女为老年父母提供经济上的供养、生活上的照料、情感上的支持,这些支持统称为家庭养老。⑤来自家庭成员的经济供养、生活照料、情感支持都会对留守老人的自评健康产生不同程度的影响。

(1)家庭成员的经济支持与留守老人自评健康

已有研究表明,子女是否提供经济支持,会对留守老人自评健康水平

---

① 慈勤英、宁雯雯:《家庭养老弱化下的贫困老年人口社会支持研究》,《中国人口科学》2018年第4期。
② 左冬梅、李树茁:《基于社会性别的劳动力迁移与农村留守老人的生活福利——基于劳动力流入地和流出地的调查》,《公共管理学报》2011年第2期。
③ 卢海阳、钱文荣:《农村留守老人生活调查与影响因素分析》,《调研世界》2014年第3期。
④ 慈勤英、宁雯雯:《家庭养老弱化下的贫困老年人口社会支持研究》,《中国人口科学》2018年第4期。
⑤ 王萍、李树茁:《代际支持对农村老年人生活满意度影响的纵向分析》,《人口研究》2011年第1期。

产生一定程度的影响。秦永超利用"中国健康与养老追踪调查"2013 年追访数据进行实证分析,研究发现,子女经济支持对留守老人自评健康具有显著的影响。在控制了其他因素之后,过去一年得到子女经济支持每多出 1 万元,留守老人健康自评更好的几率就会增加 15 个百分点。① 国内外大量关于成年子女向老年父母提供经济支持的相关研究表明,欧美发达国家通过较为完善的养老保险、医疗保险等福利制度,能够给老年人提供足够的经济收入和保障,基本可以代替子女对老年父母的经济供养。② 然而包括中国在内的广大发展中国家没有西方福利国家那样完善的养老福利体系,尤其是农村老年人,在很大程度上还要依赖子女提供经济上的供养,因而子女提供的经济支持对农村老人健康状况有着重要影响。③

(2) 家庭成员的生活照料与留守老人自评健康

已有研究表明,来自家庭成员的生活照料与老年人健康状况之间存在相关关系,但生活照料与老年人健康之间的因果问题尚有争议。秦永超利用"中国健康与养老追踪调查"2013 年追访数据进行实证分析,研究发现,生活需要时子女生活照料对留守老人自评健康具有显著的影响。在控制了其他因素之后,有子女照料的留守老人健康自评更好的几率比没有的要高出 28 个百分点。④ 然而,熊跃根的研究却得出了刚好相反的结论。⑤ 综上所述,家庭成员生活照料与留守老人健康之间的因果关系并没有统一的结论。

(3) 家庭成员的情感支持与留守老人自评健康

已有研究发现,来自家庭成员的情感支持对留守老人的自评健康有一定程度的影响。宋月萍对农村留守老人健康状况进行的分析结果发现,子

---

① 秦永超:《生态系统视角下农村留守老人福祉的影响因素》,《社会科学家》2019 年第 5 期。

② Zunzunegui, M. V., F. Béland and A. Otero, "Support from Children, Living Arrangements, Self - Rated Health and Depressive Symptoms of Older People in Spain", *International Journal of Epidemiology*, Vol. 30, No. 5, 2001.

③ 王萍、李树茁:《农村家庭养老的变迁和老年人的健康》,社会科学文献出版社 2011 年版。

④ 秦永超:《生态系统视角下农村留守老人福祉的影响因素》,《社会科学家》2019 年第 5 期。

⑤ 熊跃根:《中国城市家庭的代际关系与老人照顾》,《中国人口科学》1998 年第 6 期。

女与父母的联系频率对留守老人自评健康具有显著的影响,联系频率越多,留守老人的自评健康水平越高。在控制留守老人的社会经济和居住状态因素之后,外出务工子女如果能每周与留守老人联系,则留守老人对自身健康状况给出正面评价的几率是负面评价的 1.47 倍。即使在控制了外出打工子女的经济支持因素之后,子女的精神支持依然对留守老人的自评健康具有显著的促进作用。① 综上所述,家庭成员情感支持对留守老人自评健康总体上具有积极的影响。

3. 家庭主体与留守老人生活自理能力

在家庭支持与留守老人生活自理能力之间关系的研究方面。王萍等的研究发现,农村老年人提供经济支持和生活照料会显著减缓其生活自理能力的衰退,而农村老年人获得生活照料会显著加速其生活自理能力的衰退,农村老年人获得经济支持和感情支持对其生活自理能力没有显著的影响。② 李芬和高向东的研究发现,子女数量对农村老年人的生活自理能力有显著的影响,子女数越多,其生活自理能力相对越差。从健康视角来看,这也验证了"多子不一定多福"的观点。③ 伍小兰和刘吉的研究发现,子女孝顺程度对老年人生活自理能力有显著的影响,子女孝顺程度越高,老年人生活自理能力就越好。④ 李建新和李春华的研究发现,相对于参照组为"其他人"来说,经济来源为家人、日常聊天对象为子女和配偶,老年人的生活自理能力相对较差,这可能是一种反向因果关系,也就是说,越是生活自理能力较差的老年人越有可能获得家人的支持和帮助。⑤

在居住方式与留守老人生活自理能力之间关系的研究方面。王萍等的研究发现,农村老年人由居住在非主干家庭变动为主干家庭会使其生活自

---

① 宋月萍:《精神赡养还是经济支持:外出务工子女养老行为对农村留守老人健康影响探析》,《人口与发展》2014 年第 4 期。
② 王萍、张雯剑、程亚兰:《居住安排对农村老年人日常生活自理能力影响的跟踪研究》,《人口学刊》2018 年第 3 期。
③ 李芬、高向东:《农村老年人生活自理能力性别差异分析——基于 CHARLS(2015)数据的实证分析》,《人口与发展》2019 年第 2 期。
④ 伍小兰、刘吉:《中国老年人生活自理能力发展轨迹研究》,《人口学刊》2018 年第 4 期。
⑤ 李建新、李春华:《城乡老年人口健康差异研究》,《人口学刊》2014 年第 5 期。

理能力显著衰退，居住在非隔代家庭变动为隔代家庭显著减缓了其生活自理能力的衰退，而居住在非空巢家庭变动为空巢家庭显著减缓了其生活自理能力的衰退。① 宋洁等的研究发现，居住方式是影响空巢老人生活自理能力的重要因素，夫妻同住的空巢老人的生活自理能力明显好于独居老人，夫妻同住可以通过相互的监督和所增加的社会支持来影响老人的物质、心理和社会环境，有利于建立其健康的生活方式，从而延缓其生活自理能力的衰退。②

4. 家庭主体与留守老人抑郁症状

对于家庭主体与留守老人抑郁症状之间关系的研究文献，本书也从来自家庭成员的经济支持、生活照料、情感支持，以及作为对留守老人社会支持特殊形式的家庭居住方式，来回顾它们与留守老人抑郁症状关系的研究文献。

（1）家庭经济支持与留守老人抑郁症状

从已有的关于家庭经济支持与留守老人抑郁症状关系的研究文献中可以发现，来自家庭成员经济上的支持对留守老人抑郁症状具有不同程度的影响。秦永超利用"中国健康与养老追踪调查" 2013 年追访数据进行实证分析，研究发现，子女经济支持对留守老人抑郁症状具有显著的影响。在控制了其他因素之后，过去一年得到子女经济支持每多出 1 万元，留守老人有抑郁症状的几率就会下降 22 个百分点。③ 周俊等对湖南省 568 名农村留守老人的研究发现，子女不给予经济支持是影响留守老人轻度认知障碍患者抑郁的危险因素。④ 综上所述，来自子女的经济支持总体上会降低留守老人有抑郁症状的几率。

---

① 王萍、张雯剑、程亚兰：《居住安排对农村老年人日常生活自理能力影响的跟踪研究》，《人口学刊》2018 年第 3 期。
② 宋洁、石作荣、崔宁：《空巢老人生活自理能力及其心理、社会相关因素》，《中国老年学杂志》2010 年第 12 期。
③ 秦永超：《生态系统视角下农村留守老人福祉的影响因素》，《社会科学家》2019 年第 5 期。
④ 周俊、谢丽琴、陈晓岗：《农村留守老人轻度认知障碍患者抑郁状况》，《中国老年学杂志》2016 年第 21 期。

### (2) 家庭生活照料与留守老人抑郁症状

从家庭生活照料与留守老人抑郁症状关系的研究文献中可以发现，来自家庭成员生活上的照料对减轻留守老人抑郁症状具有积极的影响。西尔弗斯坦（Silverstein）等对中国农村留守老人心理福祉的研究表明，在控制其他因素之后，来自子女们的生活照料与帮助会显著降低留守老人有抑郁症状的可能性。[1] 秦永超利用"中国健康与养老追踪调查"2013年追访数据进行实证分析，研究发现，生活需要时子女生活照料对留守老人抑郁症状具有显著的影响。在控制了其他因素之后，生活需要时有子女照料的留守老人有抑郁症状的几率比没有的要低54个百分点。[2] 因此，家庭生活照料有助于降低老年人有抑郁症状的几率。

### (3) 家庭情感支持与留守老人抑郁症状

已有研究表明，来自家庭成员情感上的支持能够显著降低留守老人有抑郁症状的几率。宋月萍的研究发现，与外出子女未能保持每周联系的老人相比，那些能与子女每周联系的留守老人，经常感到孤独的几率会显著降低，即使在控制了外出子女的经济支持因素之后，子女的精神支持依然能显著降低农村留守老人的孤独感，增进留守老人的精神健康水平。[3] 还有学者对家庭和睦程度与留守老人心理健康的关系进行研究，认为子女回家频率和家庭和睦程度是影响心理健康的重要因素。[4] 唐丹和徐瑛的研究发现，良好的家庭网络支持能够显著降低留守老人有抑郁症状的几率。[5] 秦永超利用"中国健康与养老追踪调查"2013年追访数据的实证分析发现，子女经常看望对留守老人抑郁症状具有显著的影响。保持其他因素不

---

[1] Silverstein, M., Z. Cong and S. Li, "Intergenerational Transfers and Living Arrangements of Older People in Rural China: Consequences for Psychological Well-Being", *Journal of Gerontology*, Vol. 61, No. 5, 2006.

[2] 秦永超：《生态系统视角下农村留守老人福祉的影响因素》，《社会科学家》2019年第5期。

[3] 宋月萍：《精神赡养还是经济支持：外出务工子女养老行为对农村留守老人健康影响探析》，《人口与发展》2014年第4期。

[4] 隋佳、张会君：《辽宁省贫困地区留守老人的生存质量现状及其影响因素》，《中国老年学杂志》2017年第11期。

[5] 唐丹、徐瑛：《应对方式、社会网络对留守老人抑郁症状的作用及机制分析》，《人口研究》2019年第5期。

变，有子女经常看望的留守老人有抑郁症状的几率比没有的要低 26 个百分点。① 由此可以看出，家庭成员情感支持与留守老人抑郁症状之间存在一定的因果关系。

（4）居住方式与留守老人抑郁症状

家庭居住方式也就是家庭成员之间的空间距离，空间距离决定着家庭成员之间的心理距离。居住方式作为家庭经济支持、生活照料、情感支持的一种特殊形式，其势必会影响留守老人有抑郁症状的几率。宋月萍利用"中国流动人口问题研究课题组" 2009 年调查数据，对农村留守老人健康状况进行的分析结果发现，相对于仅与配偶同住来说，与配偶以外的其他家人同住能够显著缓解留守老人孤独的几率，从而明显提升了留守老人的心理健康水平。② 郑莉和李鹏辉对四川省农村留守老人精神健康的研究发现，独居方式将会显著增加留守老人有抑郁症状的几率。③ 唐丹和徐瑛利用 2014 年中国老年社会追踪调查数据的研究同样发现，独居会显著增加留守老人有抑郁症状的几率。④ 陈丽等的研究也认为，居住方式是影响留守老人抑郁情绪的主要因素。⑤ 综合以上文献可以发现，居住方式是影响留守老人有抑郁症状几率的重要因素。

5. 家庭主体与留守老人生活满意度

对于家庭主体与留守老人生活满意度之间关系的研究文献，本书也从来自家庭成员的经济支持、生活照料、情感支持，以及留守老人的居住方式，来回顾它们与留守老人生活满意度之间关系的研究文献。

（1）家庭经济支持与留守老人生活满意度

已有研究表明，来自家庭成员经济上的支持能够显著地提升老年人的

---

① 秦永超：《生态系统视角下农村留守老人福祉的影响因素》，《社会科学家》2019 年第 5 期。
② 宋月萍：《精神赡养还是经济支持：外出务工子女养老行为对农村留守老人健康影响探析》，《人口与发展》2014 年第 4 期。
③ 郑莉、李鹏辉：《社会资本视角下农村留守老人精神健康的影响因素分析——基于四川的实证研究》，《农村经济》2018 年第 7 期。
④ 唐丹、徐瑛：《应对方式、社会网络对留守老人抑郁症状的作用及机制分析》，《人口研究》2019 年第 5 期。
⑤ 陈丽等：《株洲地区农村留守老人抑郁水平及影响因素》，《中国老年学杂志》2017 年第 9 期。

生活满意度。西尔弗斯坦（Silverstein）的研究发现，控制了其他变量之后，成年子女经济上的支持能显著提升农村老人的生活满意度。① 这充分说明家庭经济支持对农村老人生活满意度的重要性。秦永超利用"中国健康与养老追踪调查"2013年追访数据进行实证分析，同样发现，子女经济支持对留守老人的生活满意度有显著的影响。在控制了其他因素之后，过去一年得到子女经济支持每多出1万元，留守老人生活满意度更高的几率就会增长12个百分点。② 由此可以看出，家庭经济支持对留守老人生活满意度总体上具有积极的影响。

（2）家庭生活照料与留守老人生活满意度

已有研究表明，来自家庭成员生活上的照料能够显著提升留守老人的生活满意度。高歌和高启杰研究发现，生病时有儿女来照顾显著地提升了农村老年人的生活满意度。③ 秦永超利用"中国健康与养老追踪调查"2013年追访数据进行实证分析，研究发现，生活需要时有子女进行生活照料对留守老人的生活满意度有显著的影响。在控制了其他因素之后，有子女照顾的留守老人生活满意度更高的几率比没有的要高出74个百分点。④ 因此，家庭成员的生活照料是影响留守老人生活满意度的重要因素。

（3）家庭成员情感支持与留守老人生活满意度

已有研究发现，来自包括配偶或子女的家庭成员的情感支持对留守老人生活满意度有显著的影响。徐（Xu）等研究发现，获得子女情感支持能够显著地提升农村老年人的生活满意度。⑤ 卢海阳和钱文荣基于2013年15个省市978个农村留守老人的实地调查数据分析发现，子女联系频率能显

---

① Silverstein, M., Z. Cong and S. Li, "Intergenerational Transfers and Living Arrangements of Older People in Rural China: Consequences for Psychological Well-Being", *Journal of Gerontology*, Vol. 61, No. 5, 2006.

② 秦永超:《生态系统视角下农村留守老人福祉的影响因素》，《社会科学家》2019年第5期。

③ 高歌、高启杰:《农村老年人生活满意度及其影响因素分析——基于河南省叶县的调研数据》，《中国农村观察》2011年第3期。

④ 秦永超:《生态系统视角下农村留守老人福祉的影响因素》，《社会科学家》2019年第5期。

⑤ Xu, L. and I. Chi, "Life Satisfaction Among Rural Chinese Grandparents: the Roles of Intergenerational Family Relationship and Support Exchange with Grandchildren", *International Journal of Social Welfare*, Vol. 20, 2011.

著地影响留守老人的生活满意度,子女联系频率越高,留守老人的生活满意度就越高。① 王彦方和王旭涛研究发现,子女孝顺程度能显著地影响留守老人的生活满意度,子女越孝顺,留守老人的生活满意度就越高。② 张化楠等基于山东省 546 位农村空巢老人调查数据的分析发现,家庭和睦度对农村空巢老人的生活满意度有显著的正向影响,农村空巢老人的家庭和睦度越高,其生活满意度也就越高。③ 以上文献说明,家庭成员的情感支持是影响留守老人生活满意度的重要因素。

(4) 居住方式与留守老人生活满意度

居住方式也就是家庭成员之间的空间距离,空间距离决定着家庭成员之间的心理距离。居住方式作为家庭经济支持、生活照料、情感支持的一种特殊形式,其势必会影响留守老人的生活满意度。卢海阳和钱文荣基于 2013 年 15 个省市 978 个农村留守老人的实地调查数据分析发现,居住方式能显著地影响留守老人的生活满意度。在控制了其他因素之后,隔代监护能显著地提升留守老人的生活满意度。这说明隔代监护是外出打工的子女和留守老人保持情感联络的桥梁,在照顾孙辈过程中,留守老人精神生活也得到了相应的慰藉。④

(三) 社区主体与留守老人福祉的关系研究

社区主体包含了社区医疗服务、养老服务及其相关服务设施、社区邻里之间关系等。本部分集中从留守老人福祉的各个维度出发,来梳理留守老人福祉与社区主体之间关系的相关研究文献。

在社区主体与留守老人自评健康之间关系的研究方面。张邦辉和陈乙酉基于劳动力流出地 10 省市调查数据的实证分析发现,良好的村庄邻里关系,以及邻里之间相互提供生活照顾,会对留守老人自评健康有显著的促

---

① 卢海阳、钱文荣:《农村留守老人生活调查与影响因素分析》,《调研世界》2014 年第 3 期。
② 王彦方、王旭涛:《影响农村老人生活满意度和养老模式选择的多因素分析——基于对留守老人的调查数据》,《中国经济问题》2014 年第 5 期。
③ 张化楠、方金、毕红霞:《基于有序 Logit – ISM 模型的农村空巢老人生活质量满意度的研究》,《南方人口》2015 年第 5 期。
④ 卢海阳、钱文荣:《农村留守老人生活调查与影响因素分析》,《调研世界》2014 年第 3 期。

进作用。① 在社区主体与留守老人精神健康、生活满意度之间关系的研究方面，杨素雯对山东省临沂市农村留守老人的调查发现，社区医疗卫生服务对留守老人精神健康有显著的影响，社区医疗服务水平越高，留守老人精神健康水平就越高。② 李宗华和张风的研究发现，邻里关系越友好，农村空巢老人生活满意度的总体评价就越高。③

综上所述，社区主体所包含的社区医疗服务中心、社区文化活动室、社区老年活动中心等服务设施，以及村庄邻里间关系与留守老人福祉之间存在一定的因果关系。

### （四）社会主体与留守老人福祉的关系研究

社会主体包含了社交休闲活动参与、志愿服务活动、社会养老机构等。本部分从留守老人福祉的各个维度出发，来梳理留守老人福祉与社会主体之间关系的相关研究文献。

在社会主体与留守老人自评健康和抑郁症状之间关系的研究方面。秦永超利用"中国健康与养老追踪调查"2013年追访数据进行实证分析发现，参与社交休闲活动对留守老人自评健康有显著的影响。在控制了其他因素之后，上个月参加过休闲社会交往活动的留守老人自评健康更好的几率比未参加的要高出18个百分点。④ 张邦辉和陈乙酉基于劳动力流出地10省市调查数据的实证分析发现，积极参与社交休闲活动，对留守老人自评健康有显著的促进作用，对留守老人抑郁症状也有显著的抑制作用。⑤ 郑莉和李鹏辉对四川省农村留守老人精神健康的研究发现，良好亲属关系和朋友关系能显著降低留守老人有抑郁症状的几率。⑥

---

① 张邦辉、陈乙酉：《邻里关系对农村留守老人身心健康的影响研究——基于劳动力流出地10省市调查数据的实证分析》，《管理世界》2017年第11期。
② 杨素雯：《农村留守老人健康评价及影响因素的结构分析》，《河北大学学报》（哲学社会科学版）2017年第6期。
③ 李宗华、张风：《农村空巢老人生活满意度差异及影响因素分析》，《东岳论丛》2012年第6期。
④ 秦永超：《生态系统视角下农村留守老人福祉的影响因素》，《社会科学家》2019年第5期。
⑤ 张邦辉、陈乙酉：《邻里关系对农村留守老人身心健康的影响研究——基于劳动力流出地10省市调查数据的实证分析》，《管理世界》2017年第11期。
⑥ 郑莉、李鹏辉：《社会资本视角下农村留守老人精神健康的影响因素分析——基于四川的实证研究》，《农村经济》2018年第7期。

在社会主体与留守老人生活自理能力之间关系的研究方面。伍小兰和刘吉的研究发现，休闲社会交往活动对老年人生活自理能力有显著的影响，在控制了其他因素之后，休闲社会交往活动参与数量越多，其生活自理能力就越好。① 李建新和李春华的研究发现，社会交往活动对老年人生活自理能力有显著的影响。在控制了其他因素之后，社会交往活动参加的频率越高，其生活自理能力就越好。②

在社会主体与留守老人生活满意度之间关系的研究方面。秦永超利用"中国健康与养老追踪调查"2013年追访数据进行实证分析发现，参与社交休闲活动对留守老人生活满意度有显著的影响。在控制了其他因素之后，上个月参加过休闲社会交往活动的留守老人的生活满意度更高的几率比未参加的要高出16个百分点。③ 张化楠等基于山东省546位农村空巢老人调查数据的分析发现，社交休闲活动参与度对农村空巢老人的生活满意度有显著的正向影响，农村空巢老人越经常参加社交休闲活动，其生活满意度也就越高。④

综上所述，社会主体所包含的休闲社会交往活动参与度、良好朋友关系等，对提升留守老人的自评健康水平、精神健康水平和生活满意度，降低其抑郁症状几率均具有一定的积极影响。

（五）相关研究的文献述评

通过文献梳理可以发现，学者们已经探讨过留守老人福祉的经济收入水平、自评健康、生活自理能力、抑郁症状、生活满意度等基本指标，并通过定量数据进行了实证检验，得出很多富有借鉴意义的成果。学者们也对政府、家庭、社区、社会等主体对留守老人福祉的影响关系开展了研究，形成了一些理论观点与实证成果，这些成果为本书提供了较好的借鉴。然而，以往研究仍然存在一些不足之处和可继续深入拓展的重要研究方向。

---

① 伍小兰、刘吉：《中国老年人生活自理能力发展轨迹研究》，《人口学刊》2018年第4期。
② 李建新、李春华：《城乡老年人口健康差异研究》，《人口学刊》2014年第5期。
③ 秦永超：《生态系统视角下农村留守老人福祉的影响因素》，《社会科学家》2019年第5期。
④ 张化楠、方金、毕红霞：《基于有序Logit-ISM模型的农村空巢老人生活质量满意度的研究》，《南方人口》2015年第5期。

第一，我国学术界对于福祉的研究仍然处于起步阶段，对于本土化福祉理论与测量体系的建构研究比较有限，对农村留守老人群体开展的福祉困境测量的实证研究更为稀缺，现有的福祉测量研究倾向于使用主观指标或者客观指标等单一指标来探讨。在乡村振兴战略实施背景下，如何构建由经济维度（包括绝对收入水平、相对收入水平指标）、健康维度（包括自评健康水平、生活自理能力指标）、心理维度（包括抑郁症状、生活满意度指标）构成的主客观相结合的福祉测量体系，能够避免使用单一指标，从而更为全面地、科学地、系统地探讨农村留守老人的福祉困境，成为农村留守老人福祉困境研究的重要趋势。

第二，福利治理目前对于多元主体的静态平衡研究较多，缺乏对各个福利主体在留守老人福祉提升中责任分担和替代过程的动态研究，更缺乏在福利治理中坚持留守老人主体地位的相关研究。从文献回顾可以看出，关于福利多元主体的研究，基本上都集中于从政府、家庭、社区、社会等具体的、局部的、零散的养老供给出发，来探讨养老主体与留守老人福祉之间的关系。这些研究虽然也体现出了福利治理的部分内容，却很少以福利治理为分析范式和总体框架，更少有对各个福利主体对留守老人福祉提升的责任分担和替代过程的实证性研究。国内仅有的一些对福利多元主体责任分担的研究，如胡薇基于社会福利责任结构的视角，构建了一个多元互动的框架分析了民办养老机构所嵌入的资源环境，并从不同的层次去分析国家、民间力量和家庭福利责任的重新平衡过程，最终发现了社会福利社会化领域中的国家回归的趋势[1]，但她的研究并没有对多元主体之间的动态互动和责任担当进行研究。

基于此，本书认为应该采取福利治理的多元分析框架对留守老人的福利供给进行实证性分析，坚持留守老人在福利治理中的主体地位，这不但有利于对留守老人福祉相关问题进行深入的探讨，也将推动福利治理理论与分析框架本土化和实证化的进展，同时也能大大推动乡村振兴战略的顺利实施。

---

[1] 胡薇：《国家回归：社会福利责任结构的再平衡》，知识产权出版社2012年版。

## 本章小结

本章根据研究的主要问题和研究目的，对乡村振兴视角下的留守老人状况、福利治理，老年人福祉、农村老年人主体地位、不同主体与留守老人福祉之间的关系等方面的研究文献进行了回顾和梳理，并在此基础上提炼出可供研究借鉴的理论观点和学术思想。

首先，本书梳理了留守老人在经济供养状况、生活与疾病照料状况、精神慰藉状况等方面的相关文献研究；而乡村振兴视角下的留守老人研究融合经济学、政治学、社会学、社会保障学、文化人类学研究的优势视角，为破解留守老人的福祉困境提供了崭新的研究视角。

其次，本书对西方国家的福利治理理论进行回顾，在西方的福利治理模式中，福利供给的主体不仅仅是政府，其他的私人企业、民间组织、志愿者组织、家庭，都可以成为不同层面的福利供给主体。另外，还对中国传统文化中的治理思想、当代中国关于治理的相关研究进行了文献回顾，这些研究为留守老人福祉治理研究提供了理论基础和分析框架。

最后，本书还对老年人福祉、农村老年人主体地位、不同主体与留守老人福祉的关系研究进行了文献回顾。其中，政府、家庭、社区、社会等各个主体，与留守老人福祉的六个指标，即年均收入、家庭生活水平、自评健康、生活自理能力、抑郁症状、生活满意度之间的关系研究，已经形成了一些富有理论价值和政策价值的创新性研究成果，为本书提供了较好的理论借鉴。

综观既有的相关文献研究，其存在的局限在于：一是现有的福祉测量研究倾向于使用主观指标或者客观指标等单一指标，鲜有主客观相结合的多元指标；二是福利治理目前对于多元主体的静态平衡研究较多，缺乏对各个福利主体在留守老人福祉提升中责任分担和替代过程的动态，更缺乏在福利治理中坚持留守老人的主体地位的相关研究。

# 第三章 研究设计

本章的第一节将根据具体研究问题建立研究框架,并根据研究框架介绍主要研究内容。第二节将讨论研究使用的定量与定性相结合的多元研究方法,定量研究和定性研究的具体调研过程,以及定量研究中的因变量、自变量和控制变量的测量。第三节将讨论研究可能的创新性和局限性。

## 第一节 研究框架与研究内容

### 一 研究框架

本书以提升留守老人福祉为最终研究目的,遵循"福祉困境—问题剖析—对策建议"的基本思路,探讨农村留守老人在经济福祉、健康福祉、心理福祉上的困境,通过剖析政府、家庭、社区、社会四个福利主体责任履行的经验、缺陷及其边界,提出乡村振兴战略下提升留守老人福祉的多元治理机制的政策性建议。整体研究框架可分为描述研究、制度研究、对策研究三项主体研究内容。其中,描述研究是制度研究的基础,对策研究是制度研究的目标。因此,本书的核心问题是明确各个福利主体如何履行留守老人福祉治理的责任。围绕这一核心问题,本书运用福利治理的多元分析框架,以及定量与定性相结合的混合研究方法。

首先,分析农村留守老人在经济福祉、健康福祉、心理福祉上的困境及其相互关系;其次,通过分析福利主体与留守老人福祉之间的关系,验证提出的相关研究假设,分析政府、家庭、社区、社会主体分别对留守老人福祉的影响效应;再次,在分析各种实证研究结果的基础上,讨论各个福利主体如何履行留守老人福祉治理的责任；最后，探讨在乡村振兴过程中能否坚持留守老人的主体地位，从而构建农村养老福利多元治理机制，旨在提升留守老人福祉。图3-1就是本书的总体研究框架。

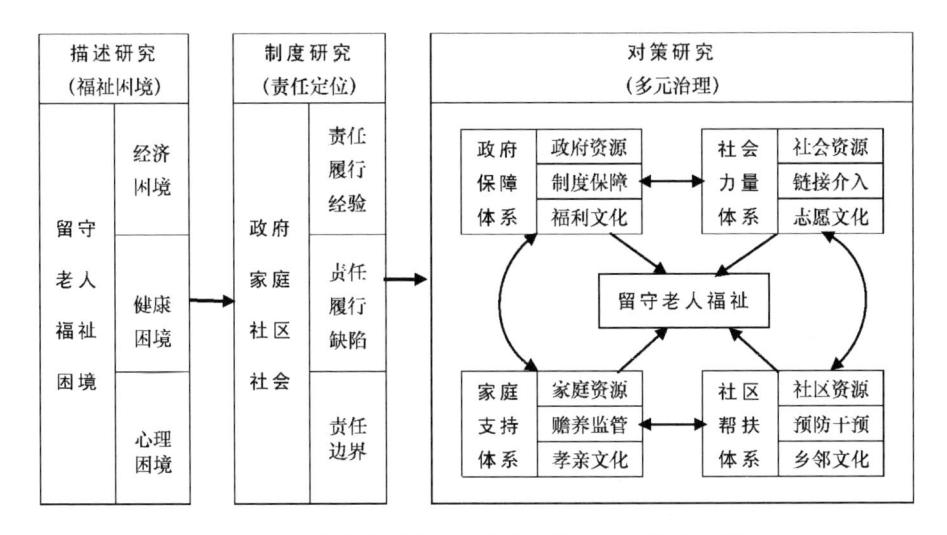

**图3-1 乡村振兴战略下留守老人福祉治理的研究框架**

本书的研究框架建立了福利主体和留守老人福祉之间的逻辑关系。该研究框架涵盖了五个主要概念，即政府主体、家庭主体、社区主体、社会主体、留守老人福祉之间的理论关系。本书旨在分析家庭主体、政府主体、社区主体、社会主体履行留守老人福祉治理的责任关系。其中，政府主体、家庭主体、社区主体、社会主体是自变量，留守老人福祉是因变量。研究框架的建立清晰地阐述了变量之间的关系，为回答研究问题提供了一个清晰的思路。

## 二 研究内容

根据研究框架的设计，本书的主要研究内容可作如下安排：

首先是农村留守老人福祉和福利主体的操作化。本书利用年均收入、家庭生活水平、自评健康、生活自理能力、抑郁症状、生活满意度六个具体指标来测量农村留守老人的福祉。本书把福利主体分为家庭主体的过去一年子女经济支持、生活需要时子女照顾、与子女见面频率、与子女通过电话（微信）联系频率四个指标。政府主体的医疗保险解决看病难问题、每月领取的养老金、过去一年得到的低保金、过去一年得到的政府补偿金四个指标。社区主体的社区老年活动中心、社区卫生服务站、村干部认可度、邻里互助文化建设四个指标。社会主体的参与社会交往活动、获得志愿服务、养老院、健康养老产业四个指标。这些测量指标为自变量和因变量之间的因果关系分析奠定了基础。

其次是提出研究假设，建立因果分析模型，检验福利主体与留守老人福祉之间的关系。本书的研究假设有：政府主体中的医疗保险解决看病难问题、每月领取的养老金、过去一年得到的低保金、过去一年得到的政府补偿金越高，留守老人的福祉水平就越高；家庭主体中的过去一年子女经济支持、生活需要时子女照顾、与子女见面频率、与子女通过电话（微信）联系频率越高，留守老人的福祉水平就越高；社区主体中的社区老年活动中心、社区卫生服务站、村干部认可度、邻里互助文化建设越完善，留守老人的福祉水平就越高；社会主体中的参与社会交往活动、获得志愿服务、养老院、健康养老产业越完善，留守老人的福祉水平就越高。在因果分析模型中，把留守老人的年龄、性别、婚姻状况、受教育程度、家庭生活水平、患慢性病数量、地区类型作为控制变量，通过控制留守老人的社会人口特征、患慢性病数量、地区类型等变量，检验福利主体与留守老人福祉之间的因果关系。

再次是定性的深度访谈资料分析。通过个案深度访谈的定性资料，从微观层面的留守老人福祉进行细致入微的观察和理解，注重留守老人个体的语境分析和意义建构，深入分析各个福利主体背后蕴含的制度和文化因素，来尽量补充和完善定量数据资料分析中不可避免的弱因果关系的天然局限，从而使研究更具参考价值和借鉴意义。

最后是根据研究发现，提出构建农村养老福利多元治理机制与旨在提升留守老人福祉的政策性建议。根据定量数据分析与定性访谈资料分析结果，讨论与界定乡村振兴中各个主体履行留守老人福祉治理责任的状况，提出构建坚持留守老人主体地位的、以提升留守老人福祉为终极目标的农村养老福利多元体系。

第三章　研究设计

## 第二节　研究方法与调研过程

### 一　量性结合的混合研究方法

以定量研究为主的关系研究，不能对量化的数据分析结果进行更深层次的阐述和解释，同时缺乏对制度和文化因素的深层次挖掘。以定性研究为主的阐释研究，却不能对事物之间的关系提供充分的数据证实和逻辑推断，也不能保证定性资料所研究问题的稳定性。① 鉴于定量研究与定性研究各有优劣，并结合研究问题和研究目的，本书采用定量与定性相结合的混合研究方法，即把定量与定性资料用于同一研究问题，令其彼此验证，确保研究结果的效度，以捕捉真实的因果关系而不是一种研究方法造成的人为事实。② 本书采用混合研究方法：一是结果互证，即通过不同资料共同验证研究结果的有效性；二是方法互补，定量研究是对变量之间相互关系的验证，定性研究是对这些关系成因的深入分析与剖析；三是理论扩展，在数据验证的基础上，结合个案资料，探讨更深层、更抽象、更隐性的制度及文化因素。③

### 二　调研过程

（一）定量研究的调研过程

根据本书的研究计划和内容，课题组于 2018 年下半年通过查阅和整理前期相关的文献，完成了定量部分的问卷设计工作。2019 年 4 月到 6 月，课题组成员在洛阳地区的偃师市和新安县进行试调研，通过试调研发现问卷存在的问题和不足，在此基础上进行修订和完善问卷，并确定最终的调查问卷。根据本书所要研究的问题和目的，定量的调查问卷共包括六个方

---

①　风笑天：《社会研究方法》，中国人民大学出版社 2013 年版。
②　张东辉：《美国教育研究方法论的最新进展：混合法研究的兴起与应用》，《教育研究与实验》2013 年第 4 期。
③　孙薇薇、景军：《乡村共同体重构与老年心理健康——农村老年心理干预的中国方案》，《社会学研究》2020 年第 5 期。

面的主要内容：一是个人相关信息；二是健康状况和功能；三是家庭经济状况；四是家庭支持状况；五是乡村建设状况；六是国家保障状况。调查问卷涵盖了本书研究的主要概念，包括政府主体、家庭主体、社区主体、社会主体，留守老人的经济福祉、健康福祉、心理福祉，留守老人的社会人口特征等方面所需要的全部变量和信息。

2019年7月到2020年1月，课题组成员分别到贵州省大方县、甘肃省清水县、河南省嵩县、吉林省抚松县、江苏省泗阳县、福建省石狮市和晋江市，共6个省份的7个县（县级市）进行问卷资料收集。其中，贵州省大方县作为经济贫困的西南地区县域代表，甘肃省清水县作为经济贫困的西北地区县域代表，河南省嵩县作为经济贫困的中部地区县域代表，吉林省抚松县作为经济一般的东北地区县域代表，江苏省泗阳县作为经济一般的东部地区县域代表，福建省石狮市和晋江市作为经济发达的东南地区县域代表。

在问卷调查样本的收集方面。实际调查问卷收集采用独立调查与当场回收的方式进行。贵州省大方县收集了长石镇、大山乡、果瓦乡3个乡镇的共计13个行政村的263位留守老人样本。甘肃省清水县收集了草川铺镇、永清镇、黄门镇、白沙镇、红堡镇5个乡镇的共计8个行政村的212位留守老人样本。河南省嵩县收集了纸房镇、旧县镇、大章镇、黄庄乡、大坪乡、闫庄镇、田湖镇、库区乡、何村乡9个乡镇的共计11个行政村的325位留守老人样本。吉林省抚松县收集了泉阳镇、兴参镇、万良镇、新屯子镇、北岗镇5个乡镇的共计8个行政村的117位留守老人样本。江苏省泗阳县收集了王集镇、张家圩镇、南刘集乡3个乡镇的共计9个行政村的289位留守老人样本。福建省收集了石狮市永宁镇、锦尚镇、鸿山镇、祥芝镇和晋江市龙湖镇5个乡镇的共计11个行政村的99位留守老人样本。

综上所述，本书的定量研究部分在半年时间内，调研收集了6个省的共计7个县（县级市）30个乡（镇）60个行政村的样本，最终共收集了1305位留守老人的有效样本（详见表3-1）。调查样本涵盖了西南地区、西北地区、中部地区、东北地区、东部地区、东南地区，基本具备了全国代表性。

# 第三章 研究设计

表 3-1　　留守老人问卷调查样本收集分布状况

| 序号 | 省 | 县 | 乡镇 | 行政村 | 样本量 |
|---|---|---|---|---|---|
| 1 | 贵州省 | 大方县 | 长石镇 | 街群村、杨柳村、水塘村、新建村、湾子村、红山村、山坝村、仲麦村、和平村、新阳村、青香村 | 263 |
| 2 | 贵州省 | 大方县 | 大山乡 | 光华村 | |
| 3 | 贵州省 | 大方县 | 果瓦乡 | 五星村 | |
| 4 | 甘肃省 | 清水县 | 草川铺镇 | 刘庄村 | |
| 5 | 甘肃省 | 清水县 | 永清镇 | 双场村、温沟村、马沟村 | |
| 6 | 甘肃省 | 清水县 | 黄门镇 | 小河村、元川村 | 212 |
| 7 | 甘肃省 | 清水县 | 白沙镇 | 白沙村 | |
| 8 | 甘肃省 | 清水县 | 红堡镇 | 西城村 | |
| 9 | 河南省 | 嵩县 | 纸房镇 | 高村 | |
| 10 | 河南省 | 嵩县 | 旧县镇 | 旧县村 | |
| 11 | 河南省 | 嵩县 | 大章镇 | 大章村 | |
| 12 | 河南省 | 嵩县 | 黄庄乡 | 庄科村 | |
| 13 | 河南省 | 嵩县 | 大坪乡 | 大坪村 | 325 |
| 14 | 河南省 | 嵩县 | 闫庄镇 | 闫庄村 | |
| 15 | 河南省 | 嵩县 | 田湖镇 | 田湖村 | |
| 16 | 河南省 | 嵩县 | 库区乡 | 汪庄村、楼上村、库区村 | |
| 17 | 河南省 | 嵩县 | 何村乡 | 何村 | |
| 18 | 吉林省 | 抚松县 | 泉阳镇 | 西顶子村、泉阳河子村 | |
| 19 | 吉林省 | 抚松县 | 兴参镇 | 榆树村 | |
| 20 | 吉林省 | 抚松县 | 万良镇 | 北山村、大方村 | 117 |
| 21 | 吉林省 | 抚松县 | 新屯子镇 | 黄泥村 | |
| 22 | 吉林省 | 抚松县 | 北岗镇 | 大川村、大顶子村 | |
| 23 | 江苏省 | 泗阳县 | 王集镇 | 集东村、张坝村、跃进村、红桥村、曙光村、花园村 | |
| 24 | 江苏省 | 泗阳县 | 张家圩镇 | 向阳村 | 289 |
| 25 | 江苏省 | 泗阳县 | 南刘集乡 | 石圩村、石渡村 | |
| 26 | 福建省 | 石狮市 | 永宁镇 | 沙堤村、西岑村、港边村 | |
| 27 | 福建省 | 石狮市 | 锦尚镇 | 东店村、厝上村、锦尚村 | 99 |
| 28 | 福建省 | 石狮市 | 鸿山镇 | 伍堡村、东埔村 | |

续表

| 序号 | 省 | 县 | 乡镇 | 行政村 | 样本量 |
|---|---|---|---|---|---|
| 29 | 福建省 | 石狮市 | 祥芝镇 | 大堡村 | 99 |
| 30 | 福建省 | 晋江市 | 龙湖镇 | 枫林村、衙口村 | |

（二）定性研究的调研过程

根据研究需要，课题组进行了定性的深度访谈的调研。访谈员是课题组成员和学生志愿者。访谈时间是 2020 年 9 月到 10 月。访谈地点是河南省汝阳县农村地区。访谈对象主要包括汝阳县 58 名留守老人，另外还包括汝阳县 12 名留守老人子女、11 名村干部、2 名驻村干部、4 名乡镇干部、1 名养老院院长，共计 88 份个案访谈资料。河南省汝阳县位于河南西部的伏牛山区，北汝河上游。其经济社会发展相对落后，属于全国 14 个集中连片特困地区（秦巴山区）连片开发工作重点县，同时也是国家扶贫开发工作重点县。[①] 汝阳县是对经济贫困地区农村留守老人福祉状况深度访谈的典型地点。

深度访谈内容主要围绕以下几个方面：留守老人子女情况、居住方式、身体健康状况、家庭经济状况、与子女关系、社会保险参与情况、获得社会救助状况、社区建设情况、社会化养老建设状况等。

对留守老人的访谈主要采用半结构式深度访谈。由课题组成员担任访谈员，访谈员在访谈前统一接受专门的培训，让访谈员熟悉访谈目的和访谈流程，掌握定性访谈的相关技巧。访谈时间根据具体情况一般在 30 分钟到 60 分钟之间。访谈地点由每位受访者根据自己的便利进行安排，由一名受到专门培训的访谈员根据准备好的访谈提纲进行提问，被访谈的受访者对访谈问题进行自由回答，没有任何限制，对待比较敏感的问题可以不作回答。访谈员只能在获得受访者的知情与同意之后，才能对谈话内容进行录音，必要时还进行快速记录访谈内容。在河南省汝阳县的付店镇、十八盘乡、三屯镇、小店镇、上店镇、陶营镇 6 个乡镇的共计 20 个行政村，访谈队员共深度访谈了 58 位留守老人（详见表 3-2）。

---

① 河南省汝阳县人民政府网（http://www.ry.gov.cn/）。

表3-2　　　　　　　留守老人深度访谈样本收集分布状况

| 序号 | 省 | 县 | 乡镇 | 行政村 | 样本量 |
|---|---|---|---|---|---|
| 1 | 河南省 | 汝阳县 | 付店镇 | 付店村、拔菜村 | 10 |
| 2 | 河南省 | 汝阳县 | 十八盘乡 | 斜纹村 | 3 |
| 3 | 河南省 | 汝阳县 | 三屯镇 | 三屯村、东堡村、北堡村、郭庄村、耿沟村 | 16 |
| 4 | 河南省 | 汝阳县 | 小店镇 | 圣王台村、黄屯村、下寺村、小寺村 | 10 |
| 5 | 河南省 | 汝阳县 | 上店镇 | 东街村、西街村、汝南村、桂柳村、庙岭村 | 12 |
| 6 | 河南省 | 汝阳县 | 陶营镇 | 陶营村、柿园村、铁炉营村 | 7 |

### 三　定量研究的变量测量

本研究共有五个主要概念：政府主体、家庭主体、社区主体、社会主体、留守老人福祉。在五个主要概念中，留守老人福祉是本研究的因变量，政府主体、家庭主体、社区主体、社会主体是本研究的自变量。留守老人的社会人口特征、患慢性病数量、地区类型是本研究的控制变量。

（一）因变量

本研究的因变量是留守老人福祉。分别从年均收入、家庭生活水平、自评健康、生活自理能力、抑郁症状、生活满意度共计六个指标去测量留守老人的福祉水平。

（1）年均收入。该变量来自本研究的调查问卷中的一个问题：您家过去一年的总收入是多少元？其中，包括家庭农业收入（家庭农林产品收入减去种子、农药、化肥等收入），家庭畜牧和水产品收入（家庭畜牧和水产品总收入减去相应投入），家庭个体经营和私营企业收入，家庭工资性收入（即外出打工的工资收入），出租土地、退耕还林补偿、种粮补贴、养家畜补贴，征地和住房拆迁补偿，养老金（包括农村60周岁以上老年人养老金以及80岁以上高龄老人补贴），政府转移支付收入（包括低保金、大病救助、危改三改补贴、赈灾救济款等），子女赡养费共九部分。如果留守老人的婚姻状态是非在婚，那么年均收入就是过去一年家庭的总收入；如果婚姻状态是在婚，那么年均收入就等于过去一年家庭总收入除以2，从而形成一个连续变量。在进行模型分析时，年均收入变量被转化为自然对数形式，从而满足正态分布的假设条件。在本研究的所有留守老人样本中，其年均收入的最小值为0元，最大值为212736元，其平均值为8428.55元。

（2）家庭生活水平。该变量来自本研究的调查问卷中的一个问题：总体来说，您怎么评价自己家的生活水平？该问题有五个答案：贫困、偏下、中等、偏上、非常高；分别赋值1、2、3、4、5，得分越高表明家庭生活水平越好，从而形成一个定序变量。

（3）自评健康。该变量来自本研究的调查问卷中的一个问题：您觉得您的健康状况怎么样？该问题有五个答案：很不好、不好、一般、好、很好；分别赋值1、2、3、4、5，得分越高表明自评健康水平越好，从而形成一个定序变量。

（4）生活自理能力。该变量由本研究的调查问卷中设计的11项活动组成，即穿衣、洗澡、吃饭、上下床、上厕所、控制大小便、做家务、做饭、买东西、吃药、管钱11项活动的自理能力。所有11项活动的提问都有四个相同的选项，它们分别是：没有困难、有困难但仍可以完成、有困难需要帮助、无法完成。本研究把所有11项活动都能够不需要帮助、自己独立完成的老年人界定为具备生活自理能力，赋值为1；把有一项及以上活动需要帮助、不能够独立完成的老年人界定为丧失生活自理能力，赋值为0，并作为参照变量，从而形成一个二分类变量。

（5）抑郁症状。该变量来自本研究的调查问卷中的10个问题：上一周，我因一些小事而烦恼；我在做事时很难集中精力；我感到情绪低落；我觉得做任何事都很费劲；我对未来充满希望；我感到害怕；我的睡眠不好；我很愉快；我感到孤独；我觉得我无法继续我的生活。设立的选项由4级构成，从1到4分别为很少或者根本没有（<1天）、不太多（1—2天）、有时或者说有一半的时间（3—4天）、大多数的时间（5—7天）。四个选项从1—4分别以0—3计分，其中，第5、8题为反向计分。其中，总分不低于10分被认为有抑郁症状；总分低于10分被认为无抑郁症状。本研究把有抑郁症状编码为1，把无抑郁症状编码为0，并作为参照组，从而形成一个二分类变量。

（6）生活满意度。该变量来自本研究的调查问卷中的一个问题：总体来看，您对自己的生活是否感到满意？该问题有五个答案：很不满意、不满意、一般、满意、很满意；分别赋值1、2、3、4、5，得分越高则表明生活满意度越高，从而形成一个定序变量。

本研究最终形成的年均收入、家庭生活水平、自评健康、生活自理能力、抑郁症状、生活满意度六个指标的具体描述统计分析如表3-3所示。

表3-3　　　　　　　　　　　　因变量的描述统计

| 变量名 | 变量赋值 | 均值 | 标准差 | 最小值 | 最大值 | 样本量 |
|---|---|---|---|---|---|---|
| 年均收入（元） | 连续变量 | 8428.55 | 12921.06 | 0 | 212736 | 1304 |
| 家庭生活水平 | 从贫困到非常高共5个级别，依次赋值1—5 | 2.803 | 0.718 | 1 | 5 | 1305 |
| 自评健康 | 从很不好到很好共5个级别，依次赋值1—5 | 2.926 | 0.924 | 1 | 5 | 1302 |
| 生活自理能力 | 生活不能自理=0<br>生活能够自理=1 | 0.743 | 0.437 | 0 | 1 | 1302 |
| 抑郁症状 | 无抑郁症状=0<br>有抑郁症状=1 | 0.393 | 0.489 | 0 | 1 | 1294 |
| 生活满意度 | 从很不满意到很满意共5个级别，依次赋值1—5 | 3.711 | 0.817 | 1 | 5 | 1304 |

（二）自变量

本研究把养老福利多元主体作为自变量，具体分为四个组成部分：政府主体、家庭主体、社区主体、社会主体。

1. 政府主体

政府主体可操作化为四个指标：医疗保险解决看病难的问题、每月领取的养老金、过去一年得到的低保金、过去一年得到的政府补偿金。

（1）医疗保险解决看病难问题。该变量来自本研究的调查问卷中的一个问题：请问农村医疗保险是否解决了您就医难看病难的问题？在该问题中，回答为"是"的编码为1；回答为"否"的编码为0，并作为参照变量，从而形成一个二分类变量。在本研究中，对于医疗保险是否解决看病难问题这一变量，答案为"1"的比例是87.71%，答案为"0"的比例是

12.29%,这一结果说明,绝大多数的留守老人认为农村医疗保险解决了其就医难看病难的问题。

(2)每月领取的养老金。该变量来自本研究的调查问卷中的一个问题:请问您每月能领取多少元养老金?从而形成一个连续变量。在进行模型分析时,该变量被转化为自然对数形式。表3-4的统计结果显示,在本研究的所有留守老人中,每月领取的养老金最小值为0元,最大值为6270元,平均值为163.25元。

(3)过去一年得到的低保金。该变量来自本研究的调查问卷中的一个问题:您过去一年得到了多少元低保金?从而形成一个连续变量。在进行模型分析时,该变量被转化为自然对数形式。表3-4的统计结果显示,在本研究的所有留守老人中,过去一年得到的低保金最小值为0元,最大值为22663元,平均值为679.93元。

(4)过去一年得到的政府补偿金。该变量来自本研究的调查问卷中的一个问题:您过去一年得到了多少元政府补偿金?从而形成一个连续变量。在进行模型分析时,该变量被转化为自然对数形式。表3-4的统计结果显示,在本研究的所有留守老人中,过去一年得到的政府补偿金最小值为0元,最大值为116000元,平均值为1194.85元。

2. 家庭主体

家庭主体可操作化为以下几个指标:过去一年子女经济支持、生活需要时子女照顾、与子女见面频率、与子女通过电话(微信)联系频率,以及集家庭成员经济支持、生活照顾、情感支持为一体的家庭居住方式。

(1)过去一年子女经济支持。该变量来自本研究问卷中的一个问题:过去一年,您从您的子女那里收到过多少元经济支持?其中,总共给钱多少元?总共给物折合多少元?从而形成一个连续变量。在进行模型分析时,子女经济支持变量被转化为自然对数形式。表3-4的统计结果显示,在本研究的所有留守老人中,过去一年子女经济支持最小值为0元,最大值为150000元,平均值为3263.32元。

(2)生活需要时子女照顾。该变量来自本研究调查问卷中的一个问题:当您的日常生活需要照顾时,是否有子女来照顾您?在该问题中,回答为"是"的编码为1;回答为"否"的编码为0,并作为参照变量,从而形成一个二分类变量。在本研究中，对于生活需要时子女照顾变量，答案为"1"的比例为86.25%，答案为"0"的比例为13.75%。这一结果说明，生活需要时绝大多数的子女还是能够为父母提供生活照顾的，这也是数千年来中华民族传承下来的优良传统。

（3）与子女见面频率。该变量来自调查问卷中的一个问题：您多长时间见到您的子女一面？该问题有七个答案：每周一次；每半个月一次；每月一次；每三个月一次；每半年一次；每年一次；几乎从来没有。其中，分别把"每周一次"转换成"52次/年"；把"每半个月一次"转换成"24次/年"；把"每月一次"转换成"12次/年"；把"每三个月一次"转换成"4次/年"；把"每半年一次"转换成"2次/年"；把"每年一次"转换成"1次/年"；把"几乎从来没有"转换成"0次/年"，从而形成与子女见面频率变量，该变量是一个计数变量（次/年）。

在本研究中，对于与子女见面频率这一变量，答案为"0"的比例为4.67%，答案为"1"的比例为32.11%，答案为"2"的比例为18.08%，答案为"4"的比例为14.56%，答案为"12"的比例为9.35%，答案为"24"的比例为8.51%，答案为"52"的比例为12.72%。这一结果说明，从来没有回家看望父母的子女是极少数的，而绝大多数子女通常是每年回家看望父母一次。

（4）与子女通过电话（微信）联系频率。该变量来自调查问卷中的一个问题：您多长时间跟您的子女通过电话、短信或者微信联系一次？该问题有七个答案：每周2—3次；每周一次；每半个月一次；每月一次；每三个月一次；每半年一次；几乎从来没有。其中，分别把"每周2—3次"转换成"65次/半年"；把"每周一次"转换成"26次/半年"；把"每半个月一次"转换成"12次/半年"；把"每月一次"转换成"6次/半年"；把"每三个月一次"转换成"2次/半年"；把"每半年一次"转换成"1次/半年"；把"几乎从来没有"转换成"0次/半年"，从而形成与子女通过电话（微信）联系频率变量，该变量是一个计数变量（次/半年）。

在本研究中，对于与子女通过电话（微信）频率变量，答案为"0"的比例为11.44%，答案为"1"的比例为2.76%，答案为"2"的比例为5.91%，答案为"6"的比例为8.29%，答案为"12"的比例为16.04%，答案为"26"的比例为20.03%,答案为"65"的比例为35.53%。这一结果说明,几乎从来不与父母通过电话(微信)联系的比例还是挺高的,每半年与父母联系一次的比例是最低的,而平均每周联系2—3次的比例是最高的。

(5)家庭居住方式。该变量来自本研究的调查问卷的一个问题:您现在的居住方式是什么?该问题有三个答案:独居;仅与配偶居住;与孙子女一起居住。回答为"与孙子女同住"的编码为"2";回答为"仅与配偶同住"的编码为"1";回答为"独居"的编码为"0",并作为参照变量,从而形成一个三分类变量。在本研究的留守老人样本中,"独居"的比例为22.15%,"仅与配偶同住"的比例为53.18%,"与孙子女同住"的比例为24.67%。这说明,在本研究的留守老人样本中,选择"独居"的居住方式的比例是最低的,而选择"仅与配偶同住"的家庭居住方式的比例是最高的。

3. 社区主体

社区主体可操作化为四个指标:社区老年活动中心、社区卫生服务站、村干部认可度、邻里互助文化建设。

(1)社区老年活动中心。该变量来自本研究的调查问卷中的一个问题:您村是否有老年活动中心?在该问题中,回答为"是"的编码为1;回答为"否"的编码为0,并作为参照变量,从而形成一个二分类变量。在本研究中,对于社区老年活动中心变量,答案为"1"的比例是47.24%,答案为"0"的比例是52.76%,这一结果说明,农村社区建有老年活动中心的比例还不到一半。

(2)社区卫生服务站。该变量来自本研究的调查问卷中的一个问题:您村是否有社区卫生服务站?在该问题中,回答为"是"的编码为1;回答为"否"的编码为0,并作为参照变量,从而形成一个二分类变量。在本研究中,对于社区卫生服务站变量,答案为"1"的比例是73.85%,答案为"0"的比例是26.15%,这一结果说明,大多数农村都建有社区卫生服务站。

(3)村干部认可度。该变量来自本研究的调查问卷中的一个问题:总体来看,您对村干部认可吗?在该问题中,回答为"认可"的编码为1;

回答为"不认可"的编码为 0,并作为参照变量,从而形成一个二分类变量。在本研究中,对于村干部认可度变量,答案为"1"的比例是74.23%,答案为"0"的比例是 25.77%,这一结果说明,农村村干部在留守老人群体中的认可度还是挺高的,只有少部分的村干部不被留守老人认可。

(4) 邻里互助文化建设。该变量来自本研究的调查问卷中的一个问题:您村里对传统孝亲敬老文化、乡邻互助文化、村规民约等建设得怎么样?在该问题中,回答为"好"的编码为 1;回答为"不好"的编码为 0,并作为参照变量,从而形成一个二分类变量。在本研究中,对于邻里互助文化建设变量,答案为"1"的比例是 19.10%,答案为"0"的比例是80.90%,这一结果说明,绝大多数留守老人对其村庄的邻里互助文化建设是不满意的。

4. 社会主体

社会主体可操作化为四个指标:社会交往活动参与、志愿服务、养老院、健康养老产业。

(1) 社会交往活动参与。在本研究的调查问卷中,询问被留守老人回答过去一个月是否进行了社会交往活动,共包括 8 项休闲社会交往活动:串门、跟朋友交往;打麻将、打牌、下棋;无偿向与您不住在一起的亲戚朋友或者邻居提供帮助;去广场或者其他场所跳舞、健身、练气功;参加社团组织活动、志愿者活动或者慈善活动;无偿照顾与您不住在一起的病人或残疾人;上老年大学或者参加培训课程;上网或者玩手机微信。上个月参加以上一种及以上活动者,视为参加社会交往活动,赋值为 1;上个月没有参加以上任何活动者,视为未参加社会交往活动,赋值为 0,并作为参照变量,从而形成一个二分类变量。在本研究中,对于社会交往活动变量,答案为"1"的比例是 73.24%,答案为"0"的比例是 26.76%,这一结果说明,大多数的留守老人经常参加社会交往活动。

(2) 是否获得过志愿服务。该变量来自本研究的调查问卷中的一个问题:您得到过来自社会各界的志愿服务活动的帮助吗?在该问题中,回答为"是"的编码为 1;回答为"否"的编码为 0,并作为参照变量,从而形成一个二分类变量。在本研究中,对于是否获得过志愿服务变量,答案为"1"的比例是5.36%，答案为"0"的比例是94.64%，这一结果说明，绝大多数的留守老人没有获得过志愿服务活动的帮助，而获得过志愿服务的留守老人只是极少数。也就是说，志愿服务活动在我国广大农村地区的普及率极其低下，亟待大力宣传和广泛普及，弘扬新时代助人为乐的"雷锋精神"。

（3）是否有养老院。该变量来自本研究的调查问卷中的一个问题：您村附近有养老院（缴费入住）吗？在该问题中，回答为"是"的编码为1；回答为"否"的编码为0，并作为参照变量，从而形成一个二分类变量。在本研究中，对于是否有养老院变量，答案为"1"的比例是19.86%，答案为"0"的比例是80.14%，这一结果说明，农村地区有专业养老院的比例极其低下，与留守老人专业化养老的目标还有一定的距离。

（4）是否有健康养老产业。该变量来自本研究的调查问卷中的一个问题：您村里是否发展了健康养老产业？在该问题中，回答为"是"的编码为1；回答为"否"的编码为0，并作为参照变量，从而形成一个二分类变量。在本研究中，对于是否有健康养老产业变量，答案为"1"的比例是2.68%，答案为"0"的比例是97.32%，这一结果说明，当今我国农村地区能够发展健康养老产业的比例还是极其低的。

在本研究中，过去一年是否得到子女经济支持、生活需要时子女照顾、与子女见面频率、与子女通过电话（微信）联系频率、家庭居住方式、医疗保险是否解决了看病难问题、每月得到的养老金、过去一年得到的低保金、过去一年得到的政府补偿金、社区老年活动中心、社区卫生服务站、村干部认可度、邻里互助文化建设、社会交往活动参与、获得志愿服务、是否有养老院、是否有健康养老产业共17个自变量的具体描述统计分析如表3-4所示。

表3-4　　　　　　　　自变量的描述统计

| 变量名 | 变量赋值 | 均值 | 标准差 | 最小值 | 最大值 | 样本量 |
| --- | --- | --- | --- | --- | --- | --- |
| 过去一年子女经济支持（元） | 连续变量 | 3263.32 | 7382.02 | 0 | 150000 | 1304 |

续表

| 变量名 | 变量赋值 | 均值 | 标准差 | 最小值 | 最大值 | 样本量 |
|---|---|---|---|---|---|---|
| 生活需要时有无子女照顾 | 没有 = 0<br>有 = 1 | 0.863 | 0.344 | 0 | 1 | 1302 |
| 与子女见面频率（次/年） | 计数变量 | 11.04 | 16.97 | 0 | 52 | 1305 |
| 与子女通过电话（微信）联系频率（次/半年） | 计数变量 | 30.87 | 26.65 | 0 | 65 | 1303 |
| 家庭居住方式 | 独居 = 0<br>仅与配偶同住 = 1<br>与孙子女同住 = 2 | 1.025 | 0.684 | 0 | 2 | 1305 |
| 医疗保险是否解决了看病难问题 | 否 = 0<br>是 = 1 | 0.877 | 0.328 | 0 | 1 | 1302 |
| 每月领取的养老金（元） | 连续变量 | 163.25 | 428.27 | 0 | 6270 | 1305 |
| 过去一年得到的低保金（元） | 连续变量 | 679.93 | 1892.43 | 0 | 22663 | 1305 |
| 过去一年得到的政府补偿金（元） | 连续变量 | 1194.85 | 6313.20 | 0 | 116000 | 1305 |
| 有无社区老年活动中心 | 没有 = 0<br>有 = 1 | 0.472 | 0.499 | 0 | 1 | 1304 |
| 有无社区卫生服务站 | 没有 = 0<br>有 = 1 | 0.738 | 0.440 | 0 | 1 | 1304 |
| 村干部认可度 | 不认可 = 0<br>认可 = 1 | 0.742 | 0.438 | 0 | 1 | 1304 |
| 邻里互助文化建设 | 不好 = 0<br>好 = 1 | 0.191 | 0.393 | 0 | 1 | 1304 |
| 过去一个月社会交往活动 | 未参加 = 0<br>参加 = 1 | 0.732 | 0.443 | 0 | 1 | 1304 |
| 得到过志愿服务 | 否 = 0<br>是 = 1 | 0.054 | 0.225 | 0 | 1 | 1305 |

续表

| 变量名 | 变量赋值 | 均值 | 标准差 | 最小值 | 最大值 | 样本量 |
| --- | --- | --- | --- | --- | --- | --- |
| 您村附近有无养老院 | 没有=0<br>有=1 | 0.199 | 0.399 | 0 | 1 | 1304 |
| 您村有无健康养老产业 | 没有=0<br>有=1 | 0.027 | 0.162 | 0 | 1 | 1305 |

（三）控制变量

（1）年龄。在本研究的调查问卷中，要求被调查者回答自己的出生年份，测量年龄采用2019减去出生年份，即得到最终的实际年龄，为连续变量。在本研究的所有留守老人样本中，年龄最小的是60岁，年龄最大的是99岁，平均年龄是70.48岁。

（2）性别。在本研究的统计模型分析中，性别作为虚拟变量，其中1代表男性，0代表女性，女性作为参照变量，从而形成二分类变量。在本研究的所有留守老人样本中，男性占48.28%，女性占51.72%。

（3）婚姻状况。在本研究的调查问卷中，询问被调查者的婚姻状况，被调查者从已婚与配偶一同居住、已婚但因工作等原因暂时没有跟配偶在一起居住、分居（不再作为配偶共同生活）、离异、丧偶五个选项进行回答，对其进行重新归类，将回答已婚与配偶一同居住、已婚但因工作等原因暂时没有跟配偶在一起居住两个选项的归为"在婚"，赋值为1；将回答分居（不再作为配偶共同生活）、离异、丧偶三个选项的归为"非在婚"，赋值为0，"非在婚"作为参照变量，从而形成一个二分类变量。在本研究的所有留守老人样本中，"非在婚"的留守老人占28.51%，"在婚"的占71.49%。

（4）受教育程度。在本研究调查问卷中，被调查者的最高学历分为未受过教育（文盲）、未读完小学但能读写、小学毕业、初中毕业、高中或中专毕业、大专毕业、大学七类。本研究将受教育程度转换为受教育年限。转换时参照吴愈晓等的换算方式，即未受过教育=0年，未读完小学但能读写=3年，小学毕业=6年，初中毕业=9年，高中毕业或中专毕业=12年，大专毕业=15年，大学毕业=16年。① 因此，受教育年限是一个连续变量。在本研究的所有留守老人样本中，受教育年限最低的是0年，最高的是15年（即大专毕业），平均受教育年限是2.798年。这一结果说明，我国农村留守老人的受教育年限极短，绝大多数的留守老人还没有达到小学毕业的文化程度。

（5）家庭生活水平。在本研究的调查问卷中，询问被调查者家庭生活水平，即询问被调查者回答总体来说，您怎么评价自己家的生活水平？是非常高、偏上、中等、偏下还是贫困？把非常高、偏上、中等归为非贫困家庭，赋值为1；把回答偏下、贫困的归为贫困家庭，赋值为0，作为参照变量，从而形成一个二分类变量。在本研究的所有留守老人样本中，其家庭生活水平为"贫困"的占25.98%，而家庭生活水平为"非贫困"的占74.02%。这一结果说明，大多数留守老人自评家庭生活水平已经脱离了贫困状态。

（6）患慢性病数量。在本研究的调查问卷中，慢性病共有14种，包括高血压病、血脂异常、糖尿病或血糖升高、癌症等恶性肿瘤、慢性肺部疾病、肝脏疾病、心脏类疾病、中风、肾脏疾病、胃部或消化系统疾病、情感及精神方面问题、与记忆相关的疾病、关节炎或风湿病、哮喘。合在一起计算留守老人患慢性病的总数量，得出患慢性病数量变量，因此，患慢性病数量变量是一个计数变量。在本研究的所有留守老人样本中，患慢性病数量最少的是0种，最多的是7种，平均值是1.657。这一结果说明，我国农村留守老人绝大多数都患有不同数量、不同程度的慢性病。

（7）地区类型。本研究的地区类型划分标准参照中华人民共和国国家统计局的标准，东部地区是指北京、天津、河北、山东、江苏、上海、浙江、福建、广东、海南10省（市）；中部地区是指山西、河南、安徽、江西、湖北、湖南6省；西部地区是指广西、云南、贵州、四川、重庆、西藏、青海、陕西、甘肃、宁夏、内蒙古、新疆12省（区、市）；东北地区

---

① 吴愈晓、黄超：《中国教育获得性别不平等的城乡差异研究——基于CGSS 2008数据》，《国家行政学院学报》2015年第2期。

是指黑龙江、吉林、辽宁3省。① 结合国家统计局对我国地区类型的分类标准，本研究把受访者所在的贵州省、甘肃省、河南省、吉林省、江苏省、福建省6个省份分为中西部地区、东部地区两大地区类型。另外，根据研究的需要把吉林省归类为中西部地区，将6个省的数据编码赋值，东部地区赋值为1；中西部地区赋值为0，并作为参照变量，从而形成一个二分类变量。在本研究的所有留守老人样本中，东部地区的占29.73%，而中西部地区的占70.27%。

以上关于年龄、性别、婚姻状况、受教育年限、家庭生活水平、患慢性病数量、地区类型七个控制变量的具体描述统计分析如表3-5所示。

表3-5　　　　　　　　控制变量的描述统计

| 变量名 | 变量赋值 | 均值 | 标准差 | 最小值 | 最大值 | 样本量 |
| --- | --- | --- | --- | --- | --- | --- |
| 年龄 | 连续变量 | 70.48 | 6.89 | 60 | 99 | 1305 |
| 性别 | 女性=0<br>男性=1 | 0.483 | 0.500 | 0 | 1 | 1305 |
| 婚姻状况 | 非在婚=0<br>在婚=1 | 0.715 | 0.452 | 0 | 1 | 1305 |
| 受教育年限 | 连续变量 | 2.798 | 3.701 | 0 | 15 | 1305 |
| 家庭生活水平 | 贫困=0<br>非贫困=1 | 0.740 | 0.439 | 0 | 1 | 1305 |
| 患慢性病数量 | 计数变量 | 1.657 | 1.057 | 0 | 7 | 1305 |
| 地区类型 | 中西部地区=0<br>东部地区=1 | 0.297 | 0.457 | 0 | 1 | 1305 |

## 第三节　研究创新性与研究局限性

### 一　研究的创新性

第一，本书系统梳理了福祉理论，并对其进行了本土化的验证，提出

---

① 中华人民共和国国家统计局：《中华人民共和国2019年国民经济和社会发展统计公报》，2020年2月28日，中华人民共和国国家统计局网（http://www.stats.gov.cn/tjsj/zxfb/202002/t20200228_1728913.html）。

并阐述了以提升留守老人福祉为终极目标的福利多元治理机制,同时也对乡村振兴背景下留守老人福祉困境背后蕴含的制度和文化因素进行了解读。本书对客观福祉和主观福祉之间关系的研究发现,客观福祉(即经济福祉,包括年均收入、家庭生活水平;健康福祉,包括自评健康、生活自理能力)优劣的评价标准最终都要落脚到留守老人主观福祉(即心理福祉,包括抑郁症状、生活满意度)的感知和体验上。客观福祉是主观福祉的物质基础,主观福祉是客观福祉的终极体验和目标。这有助于推动福祉理论研究的本土化进展。

第二,本书以福利治理为基础,将政府、家庭、社区、社会主体一并纳入乡村振兴的框架中,探讨留守老人福利治理中各个主体的责任履行状况。现有养老福利供给研究主要围绕政府、家庭、社区、社会单一主体进行阐述,对各个主体之间的互动关系和责任分担的研究极其匮乏。本书通过对福利治理框架的分析,试图在乡村振兴过程中,动态地分析各个主体的互动关系和责任分担状况,旨在构建各个主体责任分担相对均衡的福利多元合作机制,这也是福利治理研究和乡村振兴实践领域的创新。

第三,本书提出了福祉治理新概念,明确了福利治理和福祉治理的区别,并提出了坚持留守老人主体地位的福祉治理的方向和目标。福利治理的目标是建构福利体制,福利体制的生成应该遵循特定的逻辑,提升人类福祉是福利治理的价值追求和遵循的逻辑。留守老人的福祉治理并不等同于福利治理。福祉治理是把留守老人当作积极的主体,坚持留守老人的主体地位,而不是被动的客体,重在提升留守老人终极状态的幸福感和生活满意度,它是一个动态的过程。留守老人的福祉治理是从管理向参与的转型,每位留守老人都可能成为福祉治理的参与者,拥有管理者、提供者、接收者的主体地位和角色。

## 二 研究的局限性

第一,变量测量的效度问题和概念操作化的局限性。本书把留守老人福祉操作化为年均收入、家庭生活水平、自评健康、生活自理能力、抑郁症状、生活满意度六个指标,这六个指标是否顾及留守老人需求的特殊性,是否客观准确地对留守老人福祉概念进行操作化。本书把养老福利主体划分为政府主体、家庭主体、社区主体、社会主体四个主体,是否完全符合中国现有的养老福利供给体系的客观现实,是否能够准确反映出多元化养老福利供给的内在组合机制。这些都是本书存在的不足之处。

第二,福利主体与留守老人福祉之间因果关系分析的不足之处。在定量研究中,通过建立福利主体与留守老人福祉关系的模型,来分析和检验两个变量之间的因果关系。而这种因果关系具有多大程度的信度和效度,以及通过这种因果关系能否真实探寻出各个主体对提升留守老人福祉的影响作用和内在规律。另外,由于本书的数据属于单一的横向数据,因而定量因果关系的真实性是否还受到单一横向数据的影响和制约,以及内生性问题的干扰。这都是本书存在的不足之处。

## 本章小结

本书的研究框架包含了作为自变量的政府主体、家庭主体、社区主体、社会主体,以及作为因变量的留守老人福祉。这四个主要概念被操作化为16个二级变量。政府主体包括医疗保险解决看病难问题、领取的养老金、低保金、政府补偿金四个变量;家庭主体包括子女经济支持、需要时子女生活照顾、与子女见面频率、与子女通过电话(微信)联系频率四个变量;社区主体包括社区老年活动中心、社区卫生服务站、村干部认可度、邻里互助文化建设四个变量;社会主体包括参与社会交往活动、获得志愿服务、养老院、健康养老产业四个变量。留守老人福祉包括年均收入、家庭生活水平、自评健康、生活自理能力、抑郁症状、生活满意度六个变量。

本书使用的混合研究方法是以问卷调查为主、深度访谈为辅,即定量方法为主、定性方法为辅的研究方法。本书的定量研究部分使用的数据来源于对贵州省大方县、甘肃省清水县、河南省嵩县、吉林省抚松县、江苏省泗阳县、福建省石狮市和晋江市,共6个省份的7个县(县级市)的共计1305份留守老人的调查问卷。定性研究资料来源于对汝阳县58名留守老人、12名留守老人子女、11名村干部、2名驻村干部、4名乡镇干部、1

## 第三章 研究设计

名养老院院长的共计 88 份深度访谈资料。

本书分别对相关变量进行了测量。其中，在六个因变量中，年均收入是连续变量；家庭生活水平、自评健康、生活满意度三个变量均为定序变量；生活自理能力、抑郁症状两个变量均为二分类变量。在 16 个自变量中，子女经济支持、每月领取的养老金、过去一年得到的低保金、过去一年得到的政府补偿金四个变量均为连续变量；与子女见面频率、与子女通过电话（微信）联系频率两个变量均为计数变量；生活需要时子女照顾、医疗保险解决看病难问题、社区老年活动中心、社区卫生服务站、村干部认可度、邻里互助文化建设、过去一个月社会交往活动、获得志愿服务、养老院、健康养老产业 10 个变量均为二分类变量。在七个控制变量中，年龄、受教育年限两个变量均为连续变量；患慢性病数量为计数变量；性别、婚姻状况、家庭生活水平、地区类型四个变量为二分类变量。

本书的创新性在于：一是提出并阐述了以提升留守老人福祉为终极目标的福利多元治理机制；二是探讨留守老人福利治理中政府、家庭、社区、社会等各个主体的责任履行和现实困境；三是提出了福祉治理新概念以及留守老人福祉治理的方向和目标。本书的局限性在于：一是变量测量的效度问题和概念操作化的局限性；二是福利主体与留守老人福祉之间因果关系分析的局限性。

# 第四章 留守老人的福祉困境

本章的第一节将分别描述留守老人的经济困境（包括年均收入、家庭生活水平）、健康困境（包括自评健康、生活自理能力）、心理困境（包括抑郁症状、生活满意度）的基本状况。第二节将分析留守老人的经济福祉、健康福祉、心理福祉之间的内在联系和差异性，旨在更为全面地探讨留守老人福祉困境的总体状况。

## 第一节 留守老人福祉困境的总体状况

社会福祉处于人类生活的最高层次[①]，提升人类福祉是福利治理的终极目标，因此，留守老人面临的福祉困境将是本书重点探讨的内容。本书将分别描述留守老人的年均收入、家庭生活水平、自评健康、生活自理能力、抑郁症状、生活满意度六个维度上的福祉困境，并对留守老人福祉困境的六个维度进行了相应的比较分析，旨在揭示留守老人福祉困境的总体状况。

留守老人福祉困境是留守老人在福祉各个维度上存在的困境，包括经济困境、健康困境、心理困境。首先，年均收入和家庭生活水平是测量留守老人经济困境的两个维度。年均收入是衡量留守老人经济福祉的绝对收入指标；家庭生活水平是衡量留守老人经济福祉的相对收入指标。代表绝

---

① 刘继同：《现代社会福祉概念与中国特色社会福利制度框架建设研究》，《黑龙江社会科学》2012年第5期。

对收入的年均收入水平和代表相对收入的家庭生活水平所构成的经济福祉，是留守老人福祉困境最重要的经济基础和衡量标准，同时也是衡量留守老人福祉困境的权重最大的维度。① 其次，自评健康和生活自理能力是测量留守老人健康困境的两个维度。自评健康是留守老人对自身健康状况的主观评价指标；生活自理能力是衡量留守老人健康状况的客观评价指标。② 它们都是衡量留守老人福祉困境的基本维度。最后，抑郁症状和生活满意度是测量留守老人心理困境的两个维度。抑郁症状是衡量留守老人心理困境的负向指标；生活满意度是衡量留守老人心理困境的正向指标。③ 它们都是衡量留守老人福祉困境的重要维度。

留守老人福祉困境的测量由年均收入、家庭生活水平、自评健康、生活自理能力、抑郁症状、生活满意度六个维度组成。其中，年均收入是连续变量，在本部分的描述统计中分为 2600 元及以下、2601—4000 元、4001—6000 元、6001—10800 元、10800 元以上五个等级。家庭生活水平是定序变量，分为贫困、偏下、中等、偏上、非常高五个等级，分别赋值为 1、2、3、4、5。自评健康也是定序变量，分为很不好、不好、一般、好、很好五个等级，分别赋值为 1、2、3、4、5。生活自理能力是二分类变量，分为生活不能自理、生活能够自理两个类别，分别赋值为 0、1。抑郁症状也是二分类变量，分为无抑郁症状、有抑郁症状两个类别，分别赋值为 0、1。生活满意度是定序变量，分为很不满意、不满意、一般、满意、很满意五个等级，分别赋值为 1、2、3、4、5。通过列出六个维度在各个等级或类别中的比例分布，来对留守老人福祉困境进行基本的描述比较分析，具体统计结果如表 4-1 所示。

## 一 经济困境

### （一）留守老人经济福祉的定量分析

表 4-1 的统计结果显示，从留守老人福祉困境各个维度的总体状况来

---

① 秦永超：《农村老年人福祉困境及多元治理机制研究》，中国社会科学出版社 2019 年版。
② 王莉莉：《老年人健康自评和生活自理能力》，中国社会出版社 2009 年版。
③ 秦永超：《生态系统视角下农村留守老人福祉的影响因素》，《社会科学家》2019 年第 5 期。

看，留守老人福祉困境在不同的维度呈现出不同的特征。其中，年均收入和家庭生活水平构成了留守老人经济困境的基本维度；自评健康和生活自理能力构成了留守老人健康困境的基本维度；抑郁症状和生活满意度构成了留守老人心理困境的基本维度，从而形成了客观指标与主观指标相结合的，经济指标、健康指标与心理指标相结合的较为完善的福祉困境的测量维度。

表4-1　　　　　　　　留守老人福祉困境的总体状况

| 变量 | 分布状况（%） | | | | |
|---|---|---|---|---|---|
| 年均收入 | 19.86<br>(2600元<br>及以下) | 20.17<br>(2601—<br>4000元) | 20.09<br>(4001—<br>6000元) | 19.94<br>(6001—<br>10800元) | 19.94<br>(10800元<br>以上) |
| 家庭生活水平 | 5.44<br>(贫困) | 20.54<br>(偏下) | 62.99<br>(中等) | 10.34<br>(偏上) | 0.69<br>(非常高) |
| 自评健康 | 1.69<br>(很不好) | 36.18<br>(不好) | 35.33<br>(一般) | 21.43<br>(好) | 5.38<br>(很好) |
| 生活自理能力 | 25.73（生活不能自理） | | | 74.27（生活能够自理） | |
| 抑郁症状 | 60.74（无抑郁症状） | | | 39.26（有抑郁症状） | |
| 生活满意度 | 1.84<br>(很不满意) | 5.60<br>(不满意) | 24.16<br>(一般) | 56.44<br>(满意) | 11.96<br>(很满意) |

在留守老人的经济困境方面。代表绝对收入的年均收入和代表相对收入的家庭生活水平是测量留守老人经济困境的两大指标。从表4-1可以发现，留守老人的年均收入按照五等份分组，其中，年均收入在2600元及以下的占19.86%，2601—4000元的占20.17%，4001—6000元的占20.09%，6001—10800元的占19.94%，10800元以上的占19.94%。而《中华人民共和国2019年国民经济和社会发展统计公报》显示，2019年按全国居民五等份收入分组，低收入组人均可支配收入7380元，中间偏下收入组人均可支配收入15777元，中间收入组人均可支配收入25035元，中间偏上收入组人均可支配收入39230元，高收入组人均可支配收入76401元。通过2019年留守老人和全国居民的年均收入的数据对比，就可以发现留守老人在20%左右的低收入组、20%左右的中间偏下收入组、20%左右的中间收

入组、20%左右的中间偏上收入组、20%左右的高收入组共计五个组别的年均收入都远远低于全国居民的年均收入。

《中华人民共和国2019年国民经济和社会发展统计公报》还显示，2019年全国居民人均可支配收入30733元。按常住地分，城镇居民人均可支配收入42359元；农村居民人均可支配收入16021元。① 而本书的结果却显示，2019年留守老人年均收入的平均值是8428.55元。因此，2019年农村留守老人的年均收入比农村居民人均收入要低7592元左右，比城镇居民年均收入要低33930元左右，比全国居民年均收入要低22304元左右。然而，孙鹃娟基于2014年中国老年社会追踪调查（CLASS）数据的研究发现，农村老年人的年均收入是6488元，中位收入是3000元②，也就是说，2019年农村留守老人的年均收入要比2014年农村老年人高出1940元，这就意味着子女外出打工大大改善了其留守在家的老年父母的物质生活。综上所述，农村留守老人的年均收入水平虽然低于农村居民、城镇居民和全国居民的年均收入水平，但其自身纵向的经济收入水平在逐年提高。

在相对收入的家庭生活水平方面。留守老人的家庭生活水平自评为贫困的占5.44%，偏下的占20.54%，中等的占62.99%，偏上的占10.34%，非常高的占0.69%。其家庭生活水平的均值是2.803，均值还没有达到自评家庭生活水平为中等的水平。这说明留守老人自评家庭生活水平总体偏低，家庭生活水平总体上较为贫困。留守老人在经济方面存在的困境亟待政府精准扶贫政策的重点关注。

综上所述，留守老人在年均收入和家庭生活水平上都相对较低，总体上仍处于相对贫困状况，其面临着一定程度的经济困境。

(二) 留守老人经济福祉的定性分析

从前文的定量分析可知，农村留守老人在年均收入和家庭生活水平上都相对较低，总体上仍处于相对贫困状况，其面临着一定程度的经济困境，然而从其自身纵向来看，他们的经济收入水平是在逐年提高。从本书

---

① 中华人民共和国国家统计局：《中华人民共和国2019年国民经济和社会发展统计公报》，2020年2月28日，中华人民共和国国家统计局网（http://www.stats.gov.cn/tjsj/zxfb/202002/t20200228_1728913.html）。

② 孙鹃娟：《城镇化、农村家庭变迁与养老》，知识产权出版社2018年版。

的定性访谈可以发现，留守老人子女通过外出打工确实提升了其家庭生活水平，因而其父母的经济福祉也在一定程度上得到了保障。在当下农村社会，子女供养和自我劳动收入是留守老人经济来源的两大支柱，另外，农村养老保险、农村低保金、各种社会救助金等社会保障性收入也起到重要的补充作用，再加上国家在农村地区强力实施的"两不愁三保障"政策，留守老人的经济福祉基本上得到了保障。

> 我不用孩子们照顾，我自己就能顾住自己。大概前年吧，还是大前年，村里边让我去扫垃圾，每个月都有1000多块钱啊，不是太多，但也够我花的了。现在的政府真是好呐，咱没有工作，就给咱找个工作，好比再生父母。现在呢，基本上不朝（向）孩子们要钱，孩子们也不容易。我这经济条件中等水平吧，挺好的，以前哪有这生活呀，天天白面馍吃的，以前都没啥吃。不敢比，现在经济条件好太多了，国家有钱了，老百姓也有钱了。（留守老人07）

> 这地一收，征地补偿金给得也差不多。唉，这老百姓啊，也都同意了，再加上政府又给60岁以上老人发老年金，年轻人也能放心出去打工干活了，政府这托底工作做得真是木（没有）话说。看病看病有医保，种地种地有补贴，拆迁拆迁有安置房，给补偿金，养老都有养老金了，过去这（国家福利政策）哪敢想啊？震这儿（现在）日子有保障嘛。（留守老人17）

> 那搁到以前，吃还吃不饱嘞时候，哪能想到还会有政府嘞养老金呢，现在这政府啊真是做得好啊，养老金都给咱弄上了。我震这儿（现在）多少还能做点活，不要养老金也中，那你说我这过几年做不动了，又不舍得花娃子（儿子）们嘞钱，不都是委屈自己嘞？这政府一个月给咱养老金，年龄越大给得越多，都是对咱嘞照顾啊。咱得知足，你都得感谢政府给你嘞照顾，你说说你自个娃子（儿子）给你打钱，有真准时木（没有），一个月一次。（留守老人18）

> 俺俩（老伴二人）喂了两头猪，种了七八亩地，国家还发的有粮食补贴，这七八亩地，一个人大概就是一年一百多点，按人头摊，俺家按六个人头算。你看着那不少钱，但是那不抵事儿，震这儿（现

在）的钱不值钱，不过也足够花了，月月还有一百多块的养老金。俺觉着这日子就中了。（留守老人36）

俺震这儿（现在）自己能顾住（日常生活的花销），能种些地，自个能吃点，没有好的，有赖的，有些粗粮食，都是小麦、玉米这两样。还种些菜，够吃了，也不用掏钱买菜了。有时候粮食吃不完了，多少还能粜点，挣俩零花钱。加上每月的养老金再补助点，收入来源就是这些，没有其他别的收入了。娃子们有时候逢年过节了，也给点钱。这日子还中嘞。（留守老人49）

村里面对高龄老人、留守老人、残疾老人，在经济上有问题的都会给他解决，能解决低保的，就给他解决低保了，能解决建档立卡贫困户的，就给他建档立卡，经济上差点的，就给他进行生活费补助。这样，通过低保、建档立卡、精准扶贫，基本上保障了留守老人这个群体，尤其是贫困老人、残疾老人的基本生活，"两不愁三保障"嘛。现在村里面的老年人，基本的吃、穿、住房等彻底得到了保障，他们在经济上都基本上脱离了贫困，经济方面都不是问题了。（村干部02）

从上文的留守老人访谈可以发现，在当下农村社会，留守老人的经济条件日益改善，其经济福祉问题基本得到保障。正如他们所说："看病看病有医保，种地种地有补贴，拆迁拆迁有安置房，给补偿金，养老都有养老金了，过去这（国家福利政策）哪敢想啊？震这儿（现在）日子有保障嘛"，"俺俩（老伴二人）喂了两头猪，种了七八亩地，国家还发的有粮食补贴，这七八亩地，一个人大概就是一年一百多点，按人头摊，俺家按六个人头算……震这儿（现在）的钱不值钱，不过也足够花了，月月还有一百多块的养老金"，通过低保、建档立卡、精准扶贫，基本上保障了留守老人这个群体，尤其是贫困老人、残疾老人的基本生活。现在农村老年人的吃、穿、住房等彻底得到了保障，他们在经济上都基本上脱离了贫困，经济方面都不是问题了。

## 二 健康困境

### （一）留守老人健康福祉的定量分析

自评健康和生活自理能力变量构成了测量留守老人健康困境的基本维

度,自评健康是留守老人对自身健康状况的主观评价,而生活自理能力是留守老人健康状况的客观反映。从表4-1的统计结果可以发现,留守老人自评健康维度中,自评健康为很不好的占1.69%,不好的占36.18%,一般的占35.33%,好的占21.43%,很好的占5.38%。自评健康的平均值为2.926,平均值尚未达到自评健康为一般的水平,自评很不健康和不健康的比例共占37.87%。然而,孙鹃娟基于2014年中国老年社会追踪调查(CLASS)数据的研究发现,农村老年人自评很不健康和不健康的比例共占33.84%;城市老年人自评很不健康和不健康的比例共占21.65%。[①] 也就是说,留守老人自评很不健康和不健康的比例要高于农村老年人;更远远高于城市老年人。这一研究结果表明,留守老人自评健康水平总体上比较低,身体健康状况总体上比较差。这说明留守老人的身体健康状况非常不容乐观,他们时常经受着身体健康问题的困扰,亟待全社会高度关注和重视。

从留守老人福祉困境的生活自理能力维度来看,25.73%的留守老人日常生活不能自理,74.27%的留守老人日常生活能够自理,生活自理能力是对留守老人健康福祉的客观评价。留守老人生活不能自理比例为25.73%,这意味着25.73%的留守老人日常生活需要帮助,同时这也反映出在留守老人的医疗服务和提供日常基本活动帮助方面存在着巨大的需求。孙鹃娟基于2014年中国老年社会追踪调查(CLASS)数据的研究发现,我国农村日常生活不能完全自理的老年人约1066万人,其中轻度失能的666万人,中度失能的178万人,重度失能的222万人。生活不能自理却无人照料的农村老年人比例约16.7%。[②] 随着高龄化的发展,我国农村失能和部分失能的老年人规模还将进一步扩大。

综上所述,留守老人在自评健康和生活自理能力上都不容乐观,存在着较大的问题和困难,留守老人的健康困境亟待解决。在当前农村社会,失去生活自理能力而又缺少家庭照料是留守老人面临的最严重问题。由于农村合作医疗保险的报销和子女经济上的支持,留守老人的医疗和经济问

---

① 孙鹃娟:《城镇化、农村家庭变迁与养老》,知识产权出版社2018年版。
② 孙鹃娟:《城镇化、农村家庭变迁与养老》,知识产权出版社2018年版。

题反倒不是问题。然而一旦失去生活自理能力，又缺少家庭成员的照料，老年人的生活质量就得不到保障。很多失能老年人死于营养不良，甚至还有老年人去世多日而无人知道，人间伦理悲剧就成为村庄熟人社会上空最大的阴霾。①

（二）留守老人健康福祉的定性分析

从前文的定量分析可以发现，留守老人自评很不健康和不健康的比例要高于农村老年人，更远远高于城市老年人。另外，有25.73%的留守老人日常生活不能自理。这两个维度充分说明留守老人的健康福祉水平较为低下。从定性的深度访谈可以发现，留守老人由于上了年纪，大都患有不同类型的慢性病，吃药看病的费用占了他们日常生活开支的绝大部分。他们在健康福祉方面存在诸多的困境，这些困境都亟须得到关注和改进。

> 恁（你们）看，这可不是恁（你们）来了，我才给这药摆出来，这药俺俩一门齐（一起）吃，我给俺老头。俺俩浑身都是病，我是高血压、血脂稠、经常头晕。俺老头是风湿病，心脏也不好。咱这吃药比吃饭还多呢。这是软化血管的，还有痉挛发作，平常光乱晃。这人一老，浑身都是病。咱这农村老年人，平常吃饭穿衣基本上不咋花钱，主要就是生病住院，吃药买药的钱，这吃药（花销）占了日常花销的绝大部分。（留守老人19）

> 俺家这个情况也不是白说的，你看俺们这些汤药，就你们看看这锅里还熬着中药呢，这药俺吃三四年了还不管用。俺老头病了三四年了，他这个尿毒症就主要是透析，之前吃过高血压、冠心病、心脏病好多种药。老头这个眼睛也看不见了。唉，就我偏偏也有病，俺俩每次去一次医院就得花几百块钱。咱农村人，最怕的就是得病呀。没啥别没钱，有啥别有病啊。俺俩这一身病啊，生活有啥指望啊，过一天算一天吧。（留守老人55）

从上述两位留守老人的访谈就可以看出，留守老人大多患有慢性病，

---

① 贺雪峰：《大国之基：中国乡村振兴诸问题》，东方出版社2019年版。

平时都需要吃药看病，正如他们所说："俺俩浑身都是病，我是高血压、血脂稠、经常头晕。俺老头是风湿病，心脏也不好。咱这吃药比吃饭还多呢。这是软化血管的，还有痉挛发作，平常光乱晃。这人一老，浑身都是病"，"俺老头病了三四年了，他这个尿毒症就主要是透析，之前吃过高血压、冠心病、心脏病好多种药。老头这个眼睛也看不见了。唉，就我偏偏也有病，俺俩每次去一次医院就得花几百块钱"。这充分说明，留守老人在健康福祉方面存在着较大的问题和困难。

### 三 心理困境

#### （一）留守老人心理福祉的定量分析

抑郁症状和生活满意度变量构成了测量留守老人心理困境的基本维度，其中，抑郁症状是测量留守老人心理困境的负向指标，生活满意度是测量留守老人心理困境的正向指标。从表4-1的结果可以发现，39.26%的留守老人有抑郁症状，60.74%的留守老人没有抑郁症状。孙鹃娟的研究也印证了农村老年人总体抑郁水平较高的结论，孙鹃娟基于2014年中国老年社会追踪调查（CLASS）数据，同样也采用抑郁量表（CES-D）的测量结果显示，农村老年人的抑郁症状的平均分是5.04分，高于全国老年人的平均分4.42分，更高于城市老年人的平均分3.96分，说明农村老年人总体上的抑郁水平更高。[①] 因此，留守老人作为农村老年人中更为特殊的群体，其心理健康问题更应引起高度的重视，除了身体健康问题之外，很多留守老人还经受着心理问题的困扰，已经严重影响了他们的生活质量和水平。

表4-1显示，在留守老人的生活满意度指标上，很不满意的占1.84%，不满意的占5.60%，一般的占24.16%，满意的占56.44%，很满意的占11.96%，均值为3.711，均值已经超过了生活满意度为一般的水平，并接近满意的水平，这说明大多数留守老人对自己的总体生活水平还是满意的。虽然身体健康和心理健康存在很多困扰，但这并没有降低留守老人对其生活的满意程度，也就是说，留守老人对自己的基本生活是比较

---

① 孙鹃娟：《城镇化、农村家庭变迁与养老》，知识产权出版社2018年版。

容易满足的。

(二) 留守老人心理福祉的定性分析

从前文的定量分析可以发现，留守老人的抑郁症状水平总体较高。这说明，留守老人作为农村老年人中更为特殊的群体，除了身体健康问题之外，大多数人还经受着心理问题的困扰，他们的心理健康问题更应引起高度的重视。通过定性的深度访谈也可以发现留守老人的心理福祉存在着诸多的问题和困境，正如留守老人所说："我老伴，走了好几年了，对我最大的影响就是觉得孤单寂寞，没人和自己说话，再不能够和老伴聊天了，去街上转转也是一个人，其他老人都是两个人，一路来一路去，生活上互相照顾……人老了，最怕的就是孤单。"

而村干部、乡镇干部和扶贫干部在日常的帮扶工作中也同样认为留守老人经济问题基本上得到解决，他们的福祉困境主要集中在生活照料和情感缺失方面，正如他们所说："现在留守老人在物质生活上已经不是问题了，主要是子女常年不在家，导致留守老人的生活照料和情感支持上的缺失问题了"，"留守老人'两不愁三保障'解决之后，他们的生活也就是经济问题基本上就没问题了，有个最大的问题就是精神、情感方面，就是孤单，还有就是生病之类的没有子女进行照顾"。

> 我个人还有存款，吃不了多少东西，也吃不了多少好的。人这一生就这样，人老了，就要心里面舒畅，心情愉快，这样身体才能好，人最重要的是让心情愉快。我老伴，走了好几年了，对我最大的影响就是觉得孤单寂寞，没人和自己说话，再不能够和老伴聊天了，去街上转转也是一个人，其他老人都是两个人，一路来一路去，生活上互相照顾，孩子们叫我去城里，有广场可以逛公园，但我同样是一个人，有什么意思？人老了，最怕的就是孤单。（留守老人51）
>
> 在咱们村儿，我觉得留守老人不算是一个弱势群体，因为吃穿已经不成问题了，"两不愁三保障"嘛，经济上不成问题了。基础教育、基本养老、住房什么的也没问题。卫生补贴、厕所改造等很多问题都已经解决了。留守老人要说花钱，他们其实也花不了多少钱，主要是精神生活这一块儿比较缺失，平常就老两口在家，一旦老伴又不在

(去世)了,就孤单一个人,成为独居老人了。但是这也木(没)办法呀,子女都有工作,都为了生计在奔波,他们没办法时时刻刻陪在老人身边呀。(村干部09)

我们镇的留守老人挺多,我们会根据留守老人的实际情况给予相应的政策帮扶,我们是根据留守老人的经济条件,该给予低保就给低保,符合精准扶贫的条件就给予建档立卡,因为留守老人它只是一个关爱群体,不是特殊群体。因为留守老人是伴随劳动力流动产生的嘛,因为你要去发展经济,年轻人就肯定要外出务工。留守老人,它只是社会上的一种称呼。我们镇针对留守老人这个群体并没有什么特殊的照顾,主要根据家庭经济情况,对留守老人当中建档立卡的老人,根据国家扶贫标准给予政策上的支持,帮助他们养猪养牛,有时候会定期给他们发食物,冬天发棉衣或者棉被,他们都会得到不同程度的补助。现在留守老人在物质生活上已经不是问题了,主要是子女常年不在家,导致留守老人的生活照料和情感支持上的缺失问题了。(乡镇干部02)

留守老人"两不愁三保障"解决之后,他们的生活也就是经济问题基本上就没问题了,有个最大的问题就是精神、情感方面,就是孤单,还有就是生病之类的没有子女进行照顾。留守老人的子女都外出打工,反而增加了他们家庭的经济收入,那他们在经济收入上肯定有保障。因此,留守老人的问题就集中在生活照料和情感支持方面了。(乡镇干部04)

从我们这个扶贫角度来说,你像这个留守老人困难啊,一般现在这个吃穿,生活上,钱这一块,收入上这一块,他们基本上是没有困难了。但是留守老人最大的困难就是,有钱买不来菜,或者就是做不了饭,或者是洗不了衣服,或者生病了没人照顾。或者从更大的层面来说就是没人陪他说话,就是精神生活层面的困难。因为他们的孩子肯定是在外面打工,工作嘛,因为工作的原因不在父母身边,父母就缺个人照顾。钱没有,孩子会给他寄。即使孩子没钱,还有咱们精准扶贫这一块。就留守老人来说,他们的困难基本上都是在生活上的困难,以及精神层面的空缺。(扶贫干部01)

综上所述，年均收入、家庭生活水平、自评健康、生活自理能力、抑郁症状、生活满意度六个维度反映了由主观指标与客观指标相结合的，正向指标与负向指标相结合的，经济指标、健康指标与心理指标相结合的留守老人福祉困境的整体状况。总体而言，留守老人在经济福祉方面依然较为贫困，但在"两不愁三保障"等精准扶贫政策的帮扶下，留守老人的经济福祉基本上得到了保障。然而，留守老人在健康福祉和心理福祉方面都存在着较多的问题和困难，这些问题都亟待整合家庭、政府、社区和社会等主体，从而形成多元化的力量来破解留守老人的福祉困境。

## 第二节 留守老人福祉各维度之间的关系

从上节的分析中得知，年均收入和家庭生活水平构成了留守老人经济困境的基本维度，自评健康和生活自理能力构成了其健康困境的基本维度，抑郁症状和生活满意度构成了其心理困境的基本维度，从而形成了客观指标与主观指标相结合的、正向指标与负向指标相结合的留守老人福祉困境的测量体系。本节将在此基础上，分析留守老人的经济福祉、健康福祉、心理福祉之间的内在联系和差异性，旨在更为全面地探讨留守老人福祉困境的总体状况。

### 一 经济福祉的基础性作用

本书将经济福祉的年均收入、家庭生活水平与留守老人健康和心理福祉的各个维度进行关联性分析，进行不同年均收入和家庭生活水平对留守老人健康与心理福祉影响的差异比较。

（一）年均收入与留守老人健康和心理福祉

已有的一些研究发现，个人经济收入是影响农村老年人健康福祉和心理福祉提升的关键性因素与最重要基础。[①] 本部分将年均收入分别与留守老人健康和心理福祉的各个维度进行了卡方检验，旨在分析留守老人健康

---

① 秦永超：《农村老年人福祉困境及多元治理机制研究》，中国社会科学出版社2019年版。

和心理福祉在年均收入上的差异。具体统计结果如表4-2所示。

表4-2　不同年均收入分组的留守老人健康和心理福祉的差异比较　　单位:%

| 变量 | 选项 | 2600元及以下 | 2601—4000元 | 4001—6000元 | 6001—10800元 | 10800元以上 | 卡方检验 |
|---|---|---|---|---|---|---|---|
| 自评健康 | 很不好 | 2.71 | 0.76 | 0.00 | 2.70 | 2.32 | $\chi^2=60.47$ $df=4$ $p<0.001$ |
| | 不好 | 47.29 | 39.16 | 35.50 | 30.89 | 28.19 | |
| | 一般 | 34.11 | 37.64 | 38.55 | 35.14 | 30.89 | |
| | 好 | 12.79 | 19.39 | 20.99 | 23.17 | 30.89 | |
| | 很好 | 3.10 | 3.04 | 4.96 | 8.11 | 7.72 | |
| 生活自理能力 | 不能自理 | 36.82 | 28.14 | 19.47 | 26.64 | 17.37 | $\chi^2=32.41$ $df=4$ $p<0.001$ |
| | 能够自理 | 63.18 | 71.86 | 80.53 | 73.36 | 82.63 | |
| 抑郁症状 | 无 | 47.06 | 58.62 | 63.08 | 64.09 | 70.54 | $\chi^2=32.71$ $df=4$ $p<0.001$ |
| | 有 | 52.94 | 41.38 | 36.92 | 35.91 | 29.46 | |
| 生活满意度 | 很不满意 | 0.77 | 1.52 | 1.15 | 3.86 | 1.92 | $\chi^2=67.40$ $df=4$ $p<0.001$ |
| | 不满意 | 9.27 | 4.56 | 7.63 | 3.47 | 3.08 | |
| | 一般 | 31.66 | 29.66 | 23.28 | 19.31 | 16.92 | |
| | 满意 | 51.35 | 57.79 | 54.58 | 60.23 | 58.46 | |
| | 很满意 | 6.95 | 6.46 | 13.36 | 13.13 | 19.62 | |
| | 合计 | 100.00 | 100.00 | 100.00 | 100.00 | 100.00 | |

表4-2的统计结果显示，不同年均收入分组的留守老人在自评健康上存在显著的差异（$p<0.001$）。总体来看，随着年均收入的逐渐增加，留守老人自评健康水平在逐渐上升。年均收入从2600元及以下组到2601—4000元组，再到4001—6000元组，再到6001—10800元组，最后到10800元以上组，留守老人自评健康为"不好"的百分比在逐渐下降，分别为47.29%、39.16%、35.50%、30.89%、28.19%。自评健康为"好"的百分比在逐渐上升，分别为12.79%、19.39%、20.99%、23.17%、30.89%。随着年均收入的不断增加，留守老人的自评健康水平就会逐渐向好。也就是说，年均收入明显提升了留守老人的自评健康水平。

从表4-2的统计结果可以发现，不同年均收入分组的留守老人在生活自理能力上存在显著的差异（$p<0.001$）。总体来看，年均收入越多，留守老人生活能够自理的几率就会越高。年均收入从2600元及以下组到2601—4000元组，再到4001—6000元组，再到6001—10800元组，最后到10800元以上组，留守老人生活能够自理的几率整体上是在逐渐增加。除了6001—10800元组比上一组有所下降，其他组留守老人生活能够自理的几率都是在逐渐上升的。也就是说，年均收入变量是影响留守老人生活自理能力的重要因素，它整体上提升了留守老人的生活自理能力。

表4-2的统计结果显示，不同年均收入分组的留守老人在抑郁症状上存在显著的差异（$p<0.001$）。年均收入从2600元及以下组到2601—4000元组，再到4001—6000元组，再到6001—10800元组，最后到10800元以上组，留守老人有抑郁症状的百分比在逐渐下降，分别为52.94%、41.38%、36.92%、35.91%、29.46%，而无抑郁症状的百分比不断上升。也就是说，年均收入越多，留守老人有抑郁症状的几率就会越低，无抑郁症状的几率就会上升。这充分说明，年均收入是影响留守老人抑郁症状的关键因素。

表4-2的统计结果显示，不同年均收入分组的留守老人在生活满意度上存在显著的差异（$p<0.001$）。年均收入从2600元及以下组到2601—4000元组，再到4001—6000元组，再到6001—10800元组，最后到10800元以上组，留守老人生活满意度为"不满意"和"一般"的百分比整体上不断下降，而"满意"和"很满意"的百分比整体上不断上升。也就是说，年均收入越多，留守老人生活满意度就会越高。这充分说明，年均收入是与留守老人生活满意度变量高度相关的因素，年均收入越高，留守老人的生活满意度就会越高。

综上所述，年均收入对留守老人的自评健康、生活自理能力、抑郁症状、生活满意度都有显著的影响效应。年均收入越高，留守老人自评健康就越好、生活自理能力就越强、有抑郁症状的几率就越低、生活满意度就越高。年均收入是提升留守老人健康和心理福祉水平的基础性因素。

（二）家庭生活水平与留守老人健康和心理福祉

已有的一些研究发现，家庭生活水平是影响农村老年人健康和心理福祉提升的关键性因素。① 本部分将家庭生活水平分别与留守老人健康和心理福祉的各个维度进行了卡方检验,旨在分析留守老人健康和心理福祉在家庭生活水平上的差异。具体统计结果如表4-3所示。

表4-3 不同家庭生活水平的留守老人健康和心理福祉的差异比较　　单位:%

| 变量 | 选项 | 贫困 | 偏下 | 中等 | 偏上 | 非常高 | 卡方检验 |
|---|---|---|---|---|---|---|---|
| 自评健康 | 很不好 | 16.90 | 1.12 | 0.73 | 0.75 | 0.00 | $\chi^2 = 208.5$<br>$df = 4$<br>$p < 0.001$ |
| | 不好 | 50.70 | 51.12 | 32.80 | 20.90 | 11.11 | |
| | 一般 | 21.13 | 32.09 | 37.93 | 34.33 | 22.22 | |
| | 好 | 9.86 | 14.18 | 23.05 | 32.09 | 22.22 | |
| | 很好 | 1.41 | 1.49 | 5.49 | 11.94 | 44.44 | |
| 生活自理能力 | 不能自理 | 36.62 | 35.58 | 23.29 | 16.30 | 11.11 | $\chi^2 = 27.81$<br>$df = 4$<br>$p < 0.001$ |
| | 能够自理 | 63.38 | 64.42 | 76.71 | 83.70 | 88.89 | |
| 抑郁症状 | 无 | 34.29 | 33.83 | 67.40 | 86.47 | 77.78 | $\chi^2 = 154.5$<br>$df = 4$<br>$p < 0.001$ |
| | 有 | 65.71 | 66.17 | 32.60 | 13.53 | 22.22 | |
| 生活满意度 | 很不满意 | 11.27 | 0.75 | 1.09 | 2.22 | 22.22 | $\chi^2 = 273.8$<br>$df = 4$<br>$p < 0.001$ |
| | 不满意 | 21.13 | 12.36 | 2.80 | 1.48 | 0.00 | |
| | 一般 | 25.35 | 40.07 | 22.02 | 6.67 | 0.00 | |
| | 满意 | 36.62 | 43.07 | 62.65 | 57.78 | 22.22 | |
| | 很满意 | 5.63 | 3.75 | 11.44 | 31.85 | 55.56 | |
| | 合计 | 100.00 | 100.00 | 100.00 | 100.00 | 100.00 | |

表4-3的统计结果显示,不同家庭生活水平的留守老人在自评健康上存在显著的差异($p < 0.001$)。家庭生活水平从贫困组到偏下组,再到中等组,再到偏上组,最后到非常高组,留守老人自评健康为"很不好"和"不好"的百分比整体上逐渐下降;自评健康为"一般"的百分比是先上升后下降;自评健康为"好"和"很好"的百分比整体上逐渐上升。这一结果说明,家庭生活水平变量与留守老人自评健康变量之间高度相关。家

---

① 秦永超:《农村老年人福祉困境及多元治理机制研究》,中国社会科学出版社2019年版。

庭生活水平越高，留守老人的自评健康水平就会越高。

表4-3的统计结果显示，不同家庭生活水平的留守老人在生活自理能力上存在显著的差异（$p<0.001$）。家庭生活水平从贫困组到偏下组，再到中等组，再到偏上组，最后到非常高组，留守老人生活能够自理的百分比分别为63.38%、64.42%、76.71%、83.70%、88.89%，生活能够自理的百分比越来越高，而生活不能自理的百分比越来越低。这一结果表明，家庭生活水平与留守老人的生活自理能力变量之间是高度相关的。家庭生活水平越高，生活自理能力就会越强。

表4-3的统计结果显示，不同家庭生活水平的留守老人在抑郁症状上存在显著的差异（$p<0.001$）。家庭生活水平从贫困组到偏下组，再到中等组，再到偏上组，最后到非常高组，留守老人无抑郁症状的百分比整体上越来越高，而有抑郁症状的百分比整体上越来越低。这一结果表明，家庭生活水平是影响留守老人抑郁症状的重要因素。家庭生活水平越高，留守老人有抑郁症状的几率就会越低。

表4-3的统计结果显示，不同家庭生活水平的留守老人在生活满意度上存在显著的差异（$p<0.001$）。家庭生活水平从贫困组到偏下组，再到中等组，再到偏上组，最后到非常高组，留守老人的生活满意度为"不满意"和"一般"的百分比整体上越来越低，而生活满意度为"满意"和"很满意"的百分比整体上越来越高。这一结果表明，家庭生活水平与留守老人的生活满意度是高度相关的。家庭生活水平越高，留守老人的生活满意度就会越高。

综上所述，年均收入和家庭生活水平对留守老人的自评健康、生活自理能力、抑郁症状、生活满意度都有显著的影响效应。年均收入和家庭生活水平越高，留守老人自评健康就越好、生活自理能力就越强、有抑郁症状的几率就越低、生活满意度就越高。由年均收入和家庭生活水平组成的经济福祉是提升留守老人健康福祉和心理福祉水平的基础性因素。

**二　健康福祉和心理福祉的联系**

本书将健康福祉的自评健康、生活自理能力与留守老人心理福祉的两个维度进行关联性分析，探讨健康福祉对留守老人心理福祉影响的差异比较。

(一) 自评健康与留守老人心理福祉

已有的一些研究发现,自评健康是影响农村老年人心理福祉的重要因素。① 本部分将自评健康分别与留守老人心理福祉的抑郁症状和生活满意度两个维度进行了卡方检验,旨在分析留守老人心理福祉在自评健康上的差异。具体统计结果如表4-4所示。

表4-4　　不同自评健康水平的留守老人心理福祉的差异比较　　单位:%

| 变量 | 选项 | 很不好 | 不好 | 一般 | 好 | 很好 | 卡方检验 |
|---|---|---|---|---|---|---|---|
| 抑郁症状 | 无 | 9.09 | 37.74 | 68.94 | 83.33 | 88.57 | $\chi^2 = 223.3$<br>$df = 4$<br>$p < 0.001$ |
| | 有 | 90.91 | 62.26 | 31.06 | 16.67 | 11.43 | |
| 生活满意度 | 很不满意 | 27.27 | 0.64 | 1.09 | 2.87 | 2.86 | $\chi^2 = 242.2$<br>$df = 4$<br>$p < 0.001$ |
| | 不满意 | 18.18 | 8.70 | 4.36 | 2.87 | 0.00 | |
| | 一般 | 13.64 | 30.57 | 28.54 | 11.47 | 5.71 | |
| | 满意 | 27.27 | 54.35 | 55.99 | 65.23 | 47.14 | |
| | 很满意 | 13.64 | 5.73 | 10.02 | 17.56 | 44.29 | |
| | 合计 | 100.00 | 100.00 | 100.00 | 100.00 | 100.00 | |

表4-4的统计结果显示,不同自评健康水平的留守老人在抑郁症状上存在显著的差异($p < 0.001$)。自评健康水平从"很不好"到"不好",再到"一般",再到"好",最后到"很好",留守老人无抑郁症状的百分比分别为9.09%、37.74%、68.94%、83.33%、88.57%,无抑郁症状的百分比不断上升,而有抑郁症状的百分比不断下降。这一结果表明,自评健康是影响留守老人抑郁症状的重要因素。自评健康越好,留守老人有抑郁症状的几率就会越低。

表4-4的统计结果显示,不同自评健康水平的留守老人在生活满意度上存在显著的差异($p < 0.001$)。自评健康水平从"很不好"到"不好",

---

① 方黎明:《社会支持与农村老年人的主观幸福感》,《华中师范大学学报》(人文社会科学版) 2016年第1期。

第四章 留守老人的福祉困境

再到"一般",再到"好",最后到"很好",留守老人的生活满意度为"很不满意"、"不满意"和"一般"的百分比整体上越来越低,而生活满意度为"满意"和"很满意"的百分比整体上越来越高。这一结果表明,自评健康与留守老人的生活满意度是高度相关的。自评健康越好,留守老人的生活满意度就会越高。

综上所述,自评健康对留守老人的抑郁症状和生活满意度都有显著的影响效应。自评健康越好,留守老人有抑郁症状的几率就越低、生活满意度就越高。也就是说,自评健康是提升留守老人心理福祉的重要因素。

(二)生活自理能力与留守老人心理福祉

已有的一些研究发现,生活自理能力是影响留守老人心理福祉的重要因素。[①] 本部分将生活自理能力分别与留守老人心理福祉的抑郁症状和生活满意度两个维度进行了卡方检验,旨在分析留守老人心理福祉在不同生活自理能力上的差异。具体统计结果如表4-5所示。

表4-5　　　不同生活自理能力的留守老人心理福祉的差异比较　　　单位:%

| 变量 | 选项 | 生活不能自理 | 生活能够自理 | 卡方检验 |
|---|---|---|---|---|
| 抑郁症状 | 无 | 37.35 | 68.75 | $\chi^2 = 101.9$<br>$df = 1$<br>$p < 0.001$ |
| | 有 | 62.65 | 31.25 | |
| 生活满意度 | 很不满意 | 2.69 | 1.55 | $\chi^2 = 37.09$<br>$df = 1$<br>$p < 0.001$ |
| | 不满意 | 8.96 | 4.45 | |
| | 一般 | 32.24 | 21.30 | |
| | 满意 | 49.25 | 58.95 | |
| | 很满意 | 6.87 | 13.75 | |
| | 合计 | 100.00 | 100.00 | |

从表4-5可以发现,不同生活自理能力分组的留守老人在抑郁症状上具有显著的差异($p < 0.001$)。生活能够自理的留守老人有抑郁症状的百

---

① 秦永超:《生态系统视角下农村留守老人福祉的影响因素》,《社会科学家》2019年第5期。

分比要低于不能自理的留守老人 31.40 个百分点。也就是说，生活自理能力越强，留守老人有抑郁症状的几率就会越低，无抑郁症状的几率就会越高。这一结果说明，生活自理能力与留守老人的抑郁症状是高度相关的。

表 4-5 的结果显示，不同生活自理能力分组的留守老人在生活满意度上具有显著的差异（$p < 0.001$）。总体而言，生活能够自理的留守老人的生活满意度要明显高于生活不能自理的留守老人。具体来说，在"很不满意"、"不满意"、"一般"的选项上，生活能够自理的留守老人比不能自理的分别要低 1.14 个、4.51 个、10.94 个百分点；在"满意"、"很满意"的选项上，生活能够自理的留守老人比不能自理的分别要高出 9.7 个、6.88 个百分点。由此可以看出，生活自理能力越强，留守老人的生活满意度就会越高。生活自理能力与留守老人的生活满意度之间是高度相关的。

因此，自评健康和生活自理能力对留守老人的抑郁症状、生活满意度都有显著的影响效应。自评健康越好、生活自理能力越强，留守老人有抑郁症状的几率就会越低、生活满意度就越高。由自评健康和生活自理能力组成的健康福祉是影响留守老人心理福祉的重要因素。

综上所述，客观福祉（即经济福祉，包括年均收入、家庭生活水平；健康福祉，包括自评健康、生活自理能力）优劣的评价标准最终都要落脚到留守老人主观福祉（即心理福祉，包括抑郁症状、生活满意度）的感知和体验上。客观福祉是主观福祉的物质基础，主观福祉是客观福祉的终极体验和目标。

## 本章小结

本书对留守老人在年均收入、家庭生活水平、自评健康、生活自理能力、抑郁症状、生活满意度六个指标上进行描述，并对留守老人在经济困境（包括年均收入、家庭生活水平）、健康困境（包括自评健康、生活自理能力）、心理困境（包括抑郁症状、生活满意度）进行了比较分析。在经济困境方面，留守老人在年均收入和家庭生活水平上都相对较低，总体上仍处于相对贫困状况，其面临着一定程度的经济困境。在健康困境方面，留守老人自评健康的平均值为 2.926，平均值尚未达到自评健康为一般的水平，自评很不健康和不健康的比例共占 37.87%；留守老人日常生活不能自理的比例占 25.73%，也就是说，留守老人在自评健康和生活自理能力上都不容乐观，存在着较大的问题和困难。在心理困境方面，39.26%的留守老人有抑郁症状，这说明留守老人心理健康问题不容乐观，亟待关注和解决。

　　本书对留守老人福祉困境的不同维度的差异研究表明，由年均收入和家庭生活水平组成的经济福祉是提升留守老人健康福祉和心理福祉水平的基础性因素。由自评健康和生活自理能力组成的健康福祉是影响留守老人心理福祉的重要因素。客观福祉（即经济福祉，包括年均收入、家庭生活水平；健康福祉，包括自评健康、生活自理能力）优劣的评价标准最终都要落脚到留守老人主观福祉（即心理福祉，包括抑郁症状、生活满意度）的感知和体验上。客观福祉是主观福祉的物质基础，主观福祉是客观福祉的终极体验和目标。

# 第五章　留守老人福祉治理的政府功能

本章的第一节将根据黄有光的快乐论，先提出政府主体对留守老人福祉影响效应的研究假设，然后通过回归模型的分析，分别进行了验证，以检验本书提出的研究假设，旨在探讨政府主体对留守老人福祉的影响效应。第二节将通过定性访谈资料进一步了解政府主体在留守老人福祉治理中的影响效应和角色定位，深挖政府功能背后蕴含的养老福利制度和传统福利文化，从而探讨乡村振兴背景下政府主体对留守老人福祉治理的责任履行状况。

## 第一节　政府主体与留守老人福祉的定量研究

在福利主体中，政府理应是最主要的责任主体，原因在于政府是福利主体中唯一具有决策权的政治力量，是社会福利资源的拥有者和支配者。[①] 根据黄有光的快乐论，本节先提出政府主体对留守老人福祉影响的研究假设，然后通过回归模型的分析，分别进行了验证，旨在检验研究假设，探讨政府主体对留守老人福祉的影响关系。

### 一　定量研究假设

黄有光的快乐论认为，社会福祉应该是一个社会中每个人的快乐的无

---

① 雷雨若、王浦劬:《西方国家福利治理与政府社会福利责任定位》，《国家行政学院学报》2016年第2期。

权总和。从终极目标来看，政府的公共政策应该把所有个人的快乐的无权总和极大化。快乐是人生的终极目标，而且是唯一有理性的最终目标。政府的公共政策的最终目标都应该是为了增加人们的快乐。一个政策是不是好政策，最终要看是否会增加人们的快乐。① 本书认为，黄有光的快乐论适合于理解如何评判政府主体与留守老人福祉之间的关系与作用机制。因此，本书就具体的家庭主体与留守老人福祉之间的关系，提出如下假设。

（一）政府主体与留守老人年均收入

根据前文的文献回顾可以得知，政府主体在多元治理主体中处于主导地位，它主要是政府通过向留守老人提供农村医疗保险、农村养老保险、农村最低生活保障、政府补偿金等来实现对留守老人的保障。来自政府提供的农村医疗保险、养老保险、最低生活保障、政府补偿金都会对留守老人年均收入产生一定的影响效应。② 基于此，提出以下假设：

假设8：政府主体有助于提升留守老人年均收入水平。

假设8a：医疗保险解决了看病难问题的留守老人的年均收入要高于没有解决的留守老人。

假设8b：每月领取的养老金越多，留守老人的年均收入就越多。

假设8c：过去一年得到的低保金越多，留守老人的年均收入就越多。

假设8d：过去一年得到的政府补偿金越多，留守老人的年均收入就越多。

（二）政府主体与留守老人生活水平

根据前文的文献回顾部分可知，代表相对收入的家庭生活水平是衡量留守老人经济福祉的重要指标。来自政府主体提供的农村医疗保险、农村

---

① ［澳］黄有光：《福祉经济学：一个趋于更全面分析的尝试》，张清津译，东北财经大学出版社2005年版。

② 伍海霞：《农村留守与非留守老人的生存现状：来自七省区调查数据的分析》，《财经论丛》2015年第5期。

养老保险、农村最低生活保障、政府补偿金，都会对留守老人生活水平产生一定的影响。① 基于此，提出以下假设：

假设9：政府主体有助于提升留守老人生活水平。

假设9a：医疗保险解决了看病难问题的留守老人的生活水平高于没有解决的留守老人。

假设9b：每月领取的养老金越多，留守老人生活水平就越高。

假设9c：过去一年得到的低保金越多，留守老人生活水平就越高。

假设9d：过去一年得到的政府补偿金越多，留守老人生活水平就越高。

### (三) 政府主体与留守老人自评健康

根据前文的文献回顾部分可知，自评健康是衡量留守老人健康福祉的主观指标。来自政府主体提供的农村医疗保险、农村养老保险、农村最低生活保障、政府补偿金，都会对留守老人自评健康产生一定的影响。② 基于此，提出以下假设：

假设10：政府主体有助于提升留守老人自评健康水平。

假设10a：医疗保险解决了看病难问题的留守老人的自评健康好于没有解决的留守老人。

假设10b：每月领取的养老金越多，留守老人自评健康就越好。

假设10c：过去一年得到的低保金越多，留守老人自评健康就越好。

假设10d：过去一年得到的政府补偿金越多，留守老人自评健康

---

① 陈东、张郁杨：《不同养老模式对我国农村老年群体幸福感的影响分析——基于CHARLS基线数据的实证检验》，《农业技术经济》2015年第4期。
② 王小龙、兰永生：《劳动力转移、留守老人健康与农村养老公共服务供给》，《南开经济研究》2011年第4期；秦永超：《生态系统视角下农村留守老人福祉的影响因素》，《社会科学家》2019年第5期。

## 第五章 留守老人福祉治理的政府功能

就越好。

### (四) 政府主体与留守老人生活自理能力

根据文献回顾部分可知,生活自理能力为衡量留守老人健康福祉的重要指标。而来自政府主体提供的农村医疗保险、农村养老保险、农村最低生活保障、政府补偿金,都会对留守老人生活自理能力产生一定的影响。[①] 基于此,提出以下假设:

假设11:政府主体有助于提升留守老人生活自理能力。

假设11a:医疗保险解决了看病难问题的留守老人的生活自理能力要强于没有解决的留守老人。

假设11b:每月领取的养老金越多,留守老人的日常生活就越可能自理。

假设11c:过去一年得到的低保金越多,留守老人的日常生活就越可能自理。

假设11d:过去一年得到的政府补偿金越多,留守老人的日常生活就越可能自理。

### (五) 政府主体与留守老人抑郁症状

根据前文的文献回顾部分可知,抑郁症状是测量留守老人心理福祉的有效性量表,它是衡量留守老人心理福祉的一个重要维度。而来自政府主体提供的农村医疗保险、农村养老保险、农村最低生活保障、政府补偿金,都会对留守老人抑郁症状产生一定的影响。[②] 基于此,提出如下假设:

假设12:政府主体会降低留守老人有抑郁症状的可能性。

---

[①] 李芬、高向东:《农村老年人生活自理能力性别差异分析——基于CHARLS (2015) 数据的实证分析》,《人口与发展》2019年第2期。

[②] 秦永超:《生态系统视角下农村留守老人福祉的影响因素》,《社会科学家》2019年第5期。

假设12a：医疗保险解决了看病难问题的留守老人有抑郁症状的可能性要低于没有解决的留守老人。

假设12b：每月领取的养老金越多，留守老人就越可能没有抑郁症状。

假设12c：过去一年得到的低保金越多，留守老人就越可能没有抑郁症状。

假设12d：过去一年得到的政府补偿金越多，留守老人就越可能没有抑郁症状。

### （六）政府主体与留守老人生活满意度

根据文献回顾部分可知，生活满意度是衡量留守老人心理福祉的一个重要维度。而来自政府主体提供的农村医疗保险、农村养老保险、农村最低生活保障、政府补偿金，都会对留守老人的生活满意度产生一定的影响。① 基于此，提出如下假设：

假设13：政府主体有助于提升留守老人的生活满意度。

假设13a：医疗保险解决了看病难问题的留守老人的生活满意度要高于没有解决的留守老人。

假设13b：每月领取的养老金越多，留守老人的生活满意度就越高。

假设13c：过去一年得到的低保金越多，留守老人的生活满意度就越高。

假设13d：过去一年得到的政府补偿金越多，留守老人的生活满意度就越高。

## 二　数据分析结果

在本部分，把政府主体作为自变量，把留守老人福祉的年均收入、家

---

① 杨金龙：《村域社会资本、家庭亲和对老年人生活满意度影响的实证分析》，《统计与决策》2013年第15期；黎春娴：《新农保背景下农村老年人的社会支持与生活满意度研究》，《华南农业大学学报》（社会科学版）2013年第4期。

## 第五章 留守老人福祉治理的政府功能

庭生活水平、自评健康、生活自理能力、抑郁症状、生活满意度六个指标作为因变量,通过回归分析模型,逐一验证政府主体对留守老人福祉各个指标的影响效应。

(一) 政府主体与留守老人年均收入

由于因变量——年均收入(取自然对数)是连续变量,并且符合正态分布的模型假设,因此采用 OLS 回归模型来进行统计分析。为分别估计控制变量和自变量(农村医疗保险是否解决了看病难的问题、每月得到的养老金、过去一年得到的低保金、过去一年得到的政府补偿金)对因变量(留守老人年均收入)的影响效应,本书采用了嵌套模型的建模策略,模型 1 是仅包含控制变量的基准模型。模型 2 在模型 1 的基础上增加了农村医疗保险是否解决了看病难问题变量,以检验农村医疗保险是否解决了看病难问题对留守老人年均收入的影响。模型 3 在模型 2 的基础上增加了每月得到的养老金变量,以检验每月得到的养老金对留守老人年均收入的影响。模型 4 在模型 3 的基础上增加了过去一年得到的低保金变量,以检验过去一年得到的低保金对留守老人年均收入的影响。模型 5 在模型 4 的基础上增加了过去一年得到的政府补偿金变量,以检验过去一年得到的政府补偿金对留守老人年均收入的影响。具体统计结果如表 5-1 所示。

表 5-1　　　政府主体与留守老人年均收入的 OLS 回归模型

| 变量 | 模型 1 | 模型 2 | 模型 3 | 模型 4 | 模型 5 |
|---|---|---|---|---|---|
| 年龄 | -0.012 *** (0.003) | -0.012 *** (0.003) | -0.012 *** (0.003) | -0.013 *** (0.003) | -0.013 *** (0.003) |
| 性别<br>(男性 =1) | 0.088 + (0.053) | 0.085 (0.053) | 0.085 (0.053) | 0.078 (0.053) | 0.081 (0.053) |
| 婚姻状况<br>(在婚 =1) | -0.285 *** (0.056) | -0.279 *** (0.056) | -0.279 *** (0.056) | -0.297 *** (0.056) | -0.308 *** (0.056) |
| 受教育年限 | 0.030 *** (0.007) | 0.030 *** (0.007) | 0.029 *** (0.007) | 0.030 *** (0.007) | 0.028 *** (0.007) |
| 家庭生活水平<br>(非贫困 =1) | 0.306 *** (0.055) | 0.311 *** (0.056) | 0.307 *** (0.056) | 0.338 *** (0.055) | 0.336 *** (0.055) |

续表

| 变量 | 模型1 | 模型2 | 模型3 | 模型4 | 模型5 |
|---|---|---|---|---|---|
| 患慢性病数量 | 0.007<br>(0.023) | 0.006<br>(0.023) | 0.006<br>(0.023) | -0.002<br>(0.023) | -0.004<br>(0.023) |
| 地区类型<br>（东部地区=1） | 0.410***<br>(0.054) | 0.403***<br>(0.054) | 0.387***<br>(0.056) | 0.443***<br>(0.056) | 0.429***<br>(0.056) |
| 医疗保险解决了看病难问题<br>（是=1） |  | -0.117<br>(0.074) | -0.119<br>(0.074) | -0.107<br>(0.073) | -0.122+<br>(0.073) |
| 每月领取的养老金<br>（自然对数） |  |  | 0.025<br>(0.023) | 0.033<br>(0.023) | 0.030<br>(0.023) |
| 过去一年得到的低保金<br>（自然对数） |  |  |  | 0.041***<br>(0.008) | 0.041***<br>(0.008) |
| 过去一年得到的政府补偿金<br>（自然对数） |  |  |  |  | 0.018*<br>(0.007) |
| N | 1301 | 1301 | 1301 | 1301 | 1301 |
| $R^2$ | 0.105 | 0.107 | 0.108 | 0.126 | 0.130 |

注：括号里的数字为标准误；+ $p<0.1$，* $p<0.05$，** $p<0.01$，*** $p<0.001$（双尾检验）。

表5-1报告了政府主体对留守老人年均收入影响效应的模型估计结果。从模型1可以发现，三个群体因素都对留守老人年均收入有显著的效应。在控制了其他因素之后，年龄越大，留守老人年均收入就越低；相对于女性来说，男性留守老人的年均收入更高；相对于非在婚来说，在婚的留守老人的年均收入更低。两个阶层因素对留守老人的年均收入也都有显著的效应。在控制了其他因素之后，受教育年限越高，留守老人的年均收入就越高；相对于非贫困家庭来说，贫困家庭留守老人的年均收入更高。具体来看，非贫困家庭留守老人的年均收入比贫困的要高出36%左右（$e^{0.306}-1 \approx 0.358$，$p<0.001$）。因此，代表相对收入的家庭生活水平和代表绝对收入的年均收入之间是高度相关的。另外，保持其他因素不变，地区类型对留守老人年均收入也有显著的效应，相对于中西部地区来说，东部地区的留守老人的年均收入更高。这说明留守老人的年均收入存在明显的地区差异。

表5-1的模型2在模型1的基础上增加了一个变量——医疗保险是否解决了看病难问题变量,目的是检验医疗保险是否解决了看病难问题对留守老人年均收入的影响效应。模型估计结果显示,保持其他因素不变,医疗保险是否解决了看病难问题对留守老人年均收入并没有显著的效应。这里的结果没有证实假设8a。这里需要指出的是,农村医疗保险是否解决了看病难问题对留守老人年均收入的影响效应不显著,但其回归系数是负的,可能的原因在于认为医疗保险解决了看病难问题的留守老人大多是身体不健康的老年人群体,他们本身就会经常住院看病,需要支出大量的医疗费用,从而降低了其经济收入。这两个变量之间可能存在互为因果的关系。

表5-1的模型3在模型2的基础上增加了每月领取的养老金变量,目的是检验每月领取的养老金对留守老人年均收入的影响效应。结果显示,在控制了其他变量之后,每月领取的养老金对留守老人年均收入没有显著的影响效应。这里的结果没有证实假设8b。这一研究结果与慈勤英、宁雯雯的研究不一致[①]。其原因可能在于,与城镇职工养老保险相比,新型农村社会养老保险给农村老年人每月发放的基础养老金相对较低,对改善留守老人的年均收入并没有明显的成效,同时也难以真正提升农村留守老人的物质生活水平。

表5-1的模型4在模型3的基础上增加了过去一年得到的低保金变量,目的是检验过去一年得到的低保金对留守老人年均收入的影响效应。结果显示,过去一年得到的低保金对留守老人年均收入具有显著的影响效应。具体而言,在控制了其他变量之后,过去一年得到的低保金每增加一个单位,留守老人的年均收入就会增加4%左右($e^{0.041} - 1 \approx 0.042$,$p < 0.001$)。这里的结果证实了假设8c。这一研究结果与慈勤英、宁雯雯的研究保持相似性[②]。这充分说明,作为政府针对因疾病残疾、年老体弱、丧失劳动能力等原因造成生活困难的农村居民实施的最低生活保障金,它的

---

[①] 慈勤英、宁雯雯:《家庭养老弱化下的贫困老年人口社会支持研究》,《中国人口科学》2018年第4期。

[②] 慈勤英、宁雯雯:《家庭养老弱化下的贫困老年人口社会支持研究》,《中国人口科学》2018年第4期。

实施明显提升了留守老人的年均收入水平,确实保障了最底层的极度困难的留守老人的基本物质生活。

表5-1的模型5在模型4的基础上增加了过去一年得到的政府补偿金变量,目的是检验过去一年得到的政府补偿金对留守老人年均收入的影响效应。模型估计结果显示,过去一年得到的政府补偿金对留守老人年均收入具有显著的影响效应。具体而言,过去一年得到的政府补偿金每增加一个单位,留守老人的年均收入就会增加2%左右($e^{0.018}-1\approx0.018$,$p<0.05$)。这一研究结果证实了假设8d。这说明,政府提供的种粮补贴、养家畜补贴、危改三改补贴、征地补偿、住房拆迁补偿、退耕还林补偿等补偿金,对于提升留守老人的年均收入、改善其物质生活水平具有明显的成效。

值得注意的是,模型4中并不显著的医疗保险解决了看病难问题变量,到模型5中却在0.1水平上显著,并且回归系数的绝对值也在增加。这说明,模型5中新加入的过去一年得到的政府补偿金变量的部分功能被医疗保险解决了看病难问题变量所解释,也就是说,医疗保险解决了就医难看病难的问题,无形之中也就节省了很多经济上的开支,这比政府补偿金更能提升留守老人的年均收入水平。

综上所述,在政府主体的四个变量中,过去一年得到的低保金和过去一年得到的政府补偿金两个变量对留守老人年均收入都有显著的效应,而在控制了过去一年得到的政府补偿金变量之后,医疗保险是否解决了看病难问题变量也对留守老人年均收入有显著的效应。每月领取的养老金变量对留守老人年均收入有显著的效应。假设8部分得到验证。总体来看,政府主体对提升留守老人的年均收入起着非常重要的作用。

(二)政府主体与留守老人生活水平

由于因变量——家庭生活水平变量是有序的五分类变量,因此采用序次Logistic回归模型来进行统计分析。为分别估计控制变量和自变量(医疗保险是否解决了看病难的问题、每月得到的养老金、过去一年得到的低保金、过去一年得到的政府补偿金)对因变量(留守老人生活水平)的影响效应,本书采用了嵌套模型的建模策略,模型1是仅包含控制变量的基准模型。模型2在模型1的基础上增加了医疗保险是否解决了看病难问题变量，以检验农村医疗保险是否解决了看病难问题对留守老人生活水平的影响。模型3在模型2的基础上增加了每月得到的养老金变量，以检验每月得到的养老金对留守老人生活水平的影响。模型4在模型3的基础上增加了过去一年得到的低保金变量，以检验过去一年得到的低保金对留守老人生活水平的影响。模型5在模型4的基础上增加了过去一年得到的政府补偿金变量，以检验过去一年得到的政府补偿金对留守老人生活水平的影响。具体统计结果如表5-2所示。

表5-2　政府主体与留守老人生活水平的序次Logistic回归模型

| 变量 | 模型1 | 模型2 | 模型3 | 模型4 | 模型5 |
| --- | --- | --- | --- | --- | --- |
| 年龄 | 0.029*** (0.008) | 0.029*** (0.008) | 0.029** (0.009) | 0.031*** (0.009) | 0.031*** (0.009) |
| 性别（男性=1） | 0.005 (0.126) | 0.018 (0.126) | 0.024 (0.126) | 0.032 (0.126) | 0.035 (0.126) |
| 婚姻状况（在婚=1） | 0.263* (0.131) | 0.237+ (0.131) | 0.239+ (0.131) | 0.282* (0.132) | 0.273* (0.132) |
| 受教育年限 | 0.099*** (0.017) | 0.099*** (0.017) | 0.097*** (0.017) | 0.098*** (0.017) | 0.097*** (0.018) |
| 患慢性病数量 | -0.221*** (0.054) | -0.217*** (0.054) | -0.219*** (0.054) | -0.204*** (0.054) | -0.204*** (0.054) |
| 地区类型（东部地区=1） | -0.006 (0.126) | 0.013 (0.126) | -0.065 (0.131) | -0.201 (0.135) | -0.211 (0.135) |
| 医疗保险解决了看病难问题（是=1） | | 0.404* (0.168) | 0.388* (0.168) | 0.362* (0.168) | 0.351* (0.169) |
| 每月领取的养老金（自然对数） | | | 0.119* (0.053) | 0.097+ (0.053) | 0.095+ (0.053) |
| 过去一年得到的低保金（自然对数） | | | | -0.087*** (0.018) | -0.087*** (0.018) |
| 过去一年得到的政府补偿金（自然对数） | | | | | 0.013 (0.018) |

续表

| 变量 | 模型1 | 模型2 | 模型3 | 模型4 | 模型5 |
|---|---|---|---|---|---|
| N | 1302 | 1302 | 1302 | 1302 | 1302 |
| Log – likelihood | -1321.73 | -1318.86 | -1316.37 | -1305.12 | -1304.82 |
| Pseudo $R^2$ | 0.027 | 0.029 | 0.031 | 0.040 | 0.040 |

注：括号里的数字为标准误；$+p<0.1$，$^*p<0.05$，$^{**}p<0.01$，$^{***}p<0.001$（双尾检验）。

表5-2报告了政府主体对留守老人生活水平影响效应的模型估计结果。从模型1可以发现，在六个控制变量中，性别和地区类型两个变量对留守老人生活水平没有显著的影响效应，而年龄、婚姻状况、受教育年限、患慢性病数量四个变量对留守老人生活水平都有显著的影响。在控制了其他因素之后，年龄越大，留守老人的生活水平就越高；相对于非在婚来说，在婚的留守老人的生活水平更高；受教育年限越长，留守老人的生活水平就越高；患慢性病数量越少，留守老人的生活水平就越高。具体而言，患慢性病数量每增加一种，留守老人的生活水平更高的几率就会下降20%左右（$1-e^{-0.221}\approx0.198$，$p<0.001$）。这充分说明，患慢性病这一身体健康状况对留守老人生活水平有着极其重要的影响。只有提升了留守老人的身体健康水平，才能提升其生活水平。

表5-2的模型2在模型1的基础上增加了医疗保险是否解决了看病难问题变量，目的是检验医疗保险是否解决了看病难问题对留守老人生活水平的影响效应。模型估计结果显示，医疗保险是否解决了看病难问题对留守老人生活水平有显著的影响效应。在控制了其他因素之后，医疗保险解决了看病难问题的留守老人的生活水平更高的几率比没有解决的要高出50%左右（$e^{0.404}-1\approx0.498$，$p<0.05$）。这里的结果证实了假设9a。这说明，医疗保险解决了看病难问题对提升留守老人的生活水平具有主要的作用。

表5-2的模型3在模型2的基础上增加了每月领取的养老金变量，目的是检验每月领取的养老金对留守老人生活水平的影响效应。结果显示，在控制了其他变量之后，每月领取的养老金对留守老人生活水平有显著的影响效应。具体而言，每月领取的养老金每增加一个单位，留守老人生活

水平更高的几率就会上升 13% 左右（$e^{0.119} - 1 \approx 0.126$，$p < 0.05$）。这里的结果证实了假设 9b。这一研究结果与伍海霞的研究保持一致①。这充分说明，在改善和提升留守老人生活水平方面，农村养老保险发挥了应有的作用和贡献。

表 5-2 的模型 4 在模型 3 的基础上增加了过去一年得到的低保金变量，目的是检验过去一年得到的低保金对留守老人生活水平的影响效应。结果显示，过去一年得到的低保金对留守老人生活水平具有显著的负向影响。具体而言，在控制了其他变量之后，过去一年得到的低保金每增加一个单位，留守老人的生活水平更高的几率就会下降 8% 左右（$1 - e^{-0.087} \approx 0.083$，$p < 0.001$）。这里的结果与假设 9c（即过去一年得到的低保金越多，留守老人生活水平就越好）刚好相反，不能证实假设 9c。究其原因可能在于，这两个变量之间是互为因果的关系。也就是说，正因为家庭生活水平较低，所以得到的低保金才会更多。因此，才会出现过去一年得到的低保金越多，家庭生活水平反而更低的现象。

值得注意的是，模型 3 中在 0.05 水平上显著的每月领取的养老金变量，到了模型 4 却在 0.1 的水平上显著，而且回归系数也在下降。这一结果说明，每月领取的养老金变量的部分功能被模型 4 中新加入的过去一年得到的低保金所解释。这意味着对于生活水平较低的留守老人来说，由于每月领取的养老金金额非常有限，而每月领取低保金的金额相对比较多，因而低保金对保障其基本生活的作用要远远大于养老金的作用。

表 5-2 的模型 5 在模型 4 的基础上增加了过去一年得到的政府补偿金变量，目的是检验过去一年得到的政府补偿金对留守老人生活水平的影响效应。模型估计结果显示，过去一年得到的政府补偿金对留守老人生活水平没有显著的影响效应，假设 9d 没有得到证实。这说明，政府补偿金对留守老人的生活水平的提升作用有限。

综上所述，医疗保险是否解决了看病难问题和每月领取的养老金两个变量对留守老人的生活水平都有显著的影响效应；而过去一年得到的低保

---

① 伍海霞：《农村留守与非留守老人的生存现状：来自七省区调查数据的分析》，《财经论丛》2015 年第 5 期。

金变量对留守老人的生活水平具有显著的负向影响；过去一年得到的政府补偿金对留守老人的生活水平没有显著的影响。假设9部分得到验证。总体来看，政府主体对提升留守老人的生活水平起着非常重要的作用。

(三) 政府主体与留守老人自评健康

由于因变量——自评健康变量是有序的五分类变量，因此采用序次Logistic回归模型来进行统计分析。为分别估计控制变量和自变量（医疗保险是否解决了看病难的问题、每月得到的养老金、过去一年得到的低保金、过去一年得到的政府补偿金）对因变量（留守老人自评健康）的影响效应，本书采用了嵌套模型的建模策略，模型1是仅包含控制变量的基准模型。模型2在模型1的基础上增加了医疗保险是否解决了看病难问题变量，以检验农村医疗保险是否解决了看病难问题对留守老人自评健康的影响。模型3在模型2的基础上增加了每月得到的养老金变量，以检验每月得到的养老金对留守老人自评健康的影响。模型4在模型3的基础上增加了过去一年得到的低保金变量，以检验过去一年得到的低保金对留守老人自评健康的影响。模型5在模型4的基础上增加了过去一年得到的政府补偿金变量，以检验过去一年得到的政府补偿金对留守老人自评健康的影响。具体统计结果如表5-3所示。

表5-3　政府主体与留守老人自评健康的序次Logistic回归模型

| 变量 | 模型1 | 模型2 | 模型3 | 模型4 | 模型5 |
| --- | --- | --- | --- | --- | --- |
| 年龄 | -0.003<br>(0.008) | -0.003<br>(0.008) | -0.002<br>(0.008) | -0.002<br>(0.008) | -0.002<br>(0.008) |
| 性别<br>(男性=1) | 0.044<br>(0.116) | 0.044<br>(0.116) | 0.045<br>(0.116) | 0.050<br>(0.116) | 0.047<br>(0.116) |
| 婚姻状况<br>(在婚=1) | -0.073<br>(0.123) | -0.073<br>(0.123) | -0.077<br>(0.123) | -0.063<br>(0.123) | -0.056<br>(0.124) |
| 受教育年限 | 0.015<br>(0.016) | 0.015<br>(0.016) | 0.016<br>(0.016) | 0.015<br>(0.016) | 0.016<br>(0.016) |
| 家庭生活水平<br>(非贫困=1) | 0.893***<br>(0.126) | 0.893***<br>(0.126) | 0.908***<br>(0.127) | 0.887***<br>(0.127) | 0.888***<br>(0.127) |

续表

| 变量 | 模型1 | 模型2 | 模型3 | 模型4 | 模型5 |
|---|---|---|---|---|---|
| 患慢性病数量 | -0.829*** (0.060) | -0.828*** (0.060) | -0.828*** (0.060) | -0.823*** (0.060) | -0.822*** (0.060) |
| 地区类型（东部地区=1） | 0.489*** (0.120) | 0.489*** (0.120) | 0.543*** (0.125) | 0.504*** (0.127) | 0.512*** (0.128) |
| 医疗保险解决了看病难问题（是=1） | | 0.004 (0.161) | 0.019 (0.162) | 0.010 (0.162) | 0.019 (0.162) |
| 每月领取的养老金（自然对数） | | | 0.077 (0.049) | 0.084+ (0.049) | 0.083+ (0.049) |
| 过去一年得到的低保金（自然对数） | | | | -0.030+ (0.018) | -0.031+ (0.018) |
| 过去一年得到的政府补偿金（自然对数） | | | | | -0.011 (0.016) |
| N | 1299 | 1299 | 1299 | 1299 | 1299 |
| Log-likelihood | -1513.80 | -1513.80 | -1512.54 | -1511.03 | -1510.82 |
| Pseudo $R^2$ | 0.098 | 0.098 | 0.098 | 0.099 | 0.099 |

注：括号里的数字为标准误；+ $p<0.1$，* $p<0.05$，** $p<0.01$，*** $p<0.001$（双尾检验）。

表5-3报告了政府主体对留守老人自评健康影响的模型估计结果。从模型1可以发现，在七个控制变量中，年龄、性别、婚姻状况、受教育年限四个变量对留守老人自评健康均没有显著的影响，而家庭生活水平、患慢性病数量、地区类型三个变量对留守老人自评健康都有显著的影响。在控制了其他变量之后，相对于贫困家庭来说，非贫困家庭的留守老人自评健康更好；患慢性病数量越多，留守老人自评健康就越好；相对于中西部地区来说，东部地区的留守老人自评健康更好。这里需要强调的是家庭生活水平变量，保持其他因素不变，非贫困家庭留守老人自评健康更好的几率比贫困家庭的要高出144%左右（$e^{0.893}-1\approx1.442$，$p<0.001$）。由此可以发现，代表相对收入指标的家庭生活水平变量对留守老人自评健康具有显著的效应，家庭生活水平的提高显著提升了留守老人自评健康水平。这也充分表明伊斯特林幸福悖论在中国农村留守老人群体使用的局限性，换

句话说，中国农村留守老人经济收入依然处于较低的水平。

表5-3的模型2在模型1的基础上增加了医疗保险是否解决了看病难问题变量，目的是检验医疗保险是否解决了看病难问题对留守老人自评健康的影响效应。模型估计结果显示，保持其他因素不变，医疗保险是否解决了看病难问题对留守老人自评健康并没有显著的效应。这里的结果没有证实假设10a。也就是说，农村医疗保险在提升留守老人自评健康上仍存在较多的问题，还有很大的政策性提升空间。

表5-3的模型3在模型2的基础上增加了每月领取的养老金变量，目的是检验每月领取的养老金对留守老人自评健康的影响效应。结果显示，在控制了其他变量之后，每月领取的养老金对留守老人自评健康没有显著的影响效应。这里的结果没有证实假设10b。这一研究结果与慈勤英、宁雯雯的研究不一致[①]。其原因可能在于，与城镇职工养老保险相比，新型农村社会养老保险给农村老年人每月发放的基础养老金相对较低，对改善留守老人的自评健康水平并没有明显的成效。

表5-3的模型4在模型3的基础上增加了过去一年得到的低保金变量，目的是检验过去一年得到的低保金对留守老人自评健康的影响效应。结果显示，过去一年得到的低保金对留守老人自评健康具有显著的影响效应。具体而言，在控制了其他变量之后，过去一年得到的低保金每增加一个单位，留守老人自评健康更好的几率就会下降3%左右（$1-e^{-0.030}\approx 0.030$，$p<0.1$）。这一研究结果与假设10c（即过去一年得到的低保金越多，留守老人自评健康就越好）刚好相反，没能证实假设10c。其原因可能在于，本书所使用的常规Logistic回归模型得出的结果，并不能反映得到的低保金与留守老人自评健康二者之间的净效应，实质上反映的是留守老人经济收入水平的标准和门槛，所以模型4显示得到的低保金对留守老人自评健康的影响效应系数为负数。也就是说，有低保金的留守老人是农村最为弱势的老年人群体，他们往往经济收入难以维持生计，贫困与疾病交加，因病致贫。而经济上的贫困又导致疾病得不到及时治疗，其自身健

---

① 慈勤英、宁雯雯：《家庭养老弱化下的贫困老年人口社会支持研究》，《中国人口科学》2018年第4期。

## 第五章　留守老人福祉治理的政府功能

康状况较差。尽管政府提供的低保金能够提供一些经济支持，但仍然不足以改变他们的贫困状况。① 因此，得到的低保金对留守老人自评健康的影响作用是负向的，实际上反映的是低保户的家庭经济收入水平要显著低于非低保户家庭经济水平。

这里需要注意的是，模型3中并不显著的每月领取的养老金变量，到模型4中却在0.1的水平上显著，并且回归系数的绝对值也在增加。这说明模型4中新加入的过去一年得到的低保金变量的部分功能被每月领取的养老金变量所解释。也就是说，在留守老人自评健康的影响效应上，每月领取的养老金变量的效应要大于过去一年得到的低保金变量。也就是说，能够拿到低保金的留守老人毕竟是留守老人群体中少数的极度贫困群体，而每月发放的养老金是面向全体留守老人的，因此，在提升留守老人自评健康的作用上，养老金的功能肯定是要远远高于低保金。

表5-3的模型5在模型4的基础上增加了过去一年得到的政府补偿金变量，目的是检验过去一年得到的政府补偿金对留守老人自评健康的影响效应。模型估计结果显示，过去一年得到的政府补偿金对留守老人自评健康并没有显著的影响效应。这里的结果不能证实假设10d。这一研究结果与秦永超的研究不一致②，这说明政府提供的种粮补贴、养家畜补贴、危改三改补贴等补偿金，仅能稍稍改善留守老人的物质生活水平，但对于提升其自评健康水平并没有明显的成效。

综上所述，在政府主体的四个变量中，过去一年得到的低保金对留守老人自评健康有显著的负向影响；而在控制了过去一年得到的低保金变量之后，每月领取的养老金对留守老人自评健康也有显著的影响。医疗保险是否解决了看病难问题和过去一年得到的政府补偿金两个变量对留守老人都没有显著的影响。假设10没有得到验证。总体来看，政府主体对提升留守老人自评健康水平的作用比较有限。

（四）政府主体与留守老人生活自理能力

由于因变量——生活自理能力变量是二分类变量，因此采用二元Lo-

---

① 秦永超：《农村老年人福祉困境及多元治理机制研究》，中国社会科学出版社2019年版。
② 秦永超：《生态系统视角下农村留守老人福祉的影响因素》，《社会科学家》2019年第5期。

gistic 回归模型来进行统计分析。为分别估计控制变量和自变量（医疗保险是否解决了看病难的问题、每月得到的养老金、过去一年得到的低保金、过去一年得到的政府补偿金）对因变量（留守老人生活自理能力）的影响效应，本书采用了嵌套模型的建模策略，模型 1 是仅包含控制变量的基准模型。模型 2 在模型 1 的基础上增加了医疗保险是否解决了看病难问题变量，以检验农村医疗保险是否解决了看病难问题对留守老人生活自理能力的影响。模型 3 在模型 2 的基础上增加了每月得到的养老金变量，以检验每月得到的养老金对留守老人生活自理能力的影响。模型 4 在模型 3 的基础上增加了过去一年得到的低保金变量，以检验过去一年得到的低保金对留守老人生活自理能力的影响。模型 5 在模型 4 的基础上增加了过去一年得到的政府补偿金变量，以检验过去一年得到的政府补偿金对留守老人生活自理能力的影响。具体统计结果如表 5-4 所示。

表 5-4　政府主体与留守老人生活自理能力的二元 Logistic 回归模型

| 变量 | 模型 1 | 模型 2 | 模型 3 | 模型 4 | 模型 5 |
| --- | --- | --- | --- | --- | --- |
| 年龄 | -0.075***<br>(0.010) | -0.075***<br>(0.010) | -0.075***<br>(0.010) | -0.075***<br>(0.010) | -0.073***<br>(0.010) |
| 性别<br>（男性 =1） | 0.326*<br>(0.150) | 0.326*<br>(0.150) | 0.326*<br>(0.150) | 0.325*<br>(0.150) | 0.329*<br>(0.151) |
| 婚姻状况<br>（在婚 =1） | -0.156<br>(0.155) | -0.158<br>(0.155) | -0.156<br>(0.155) | -0.160<br>(0.156) | -0.190<br>(0.157) |
| 受教育年限 | 0.024<br>(0.022) | 0.024<br>(0.022) | 0.024<br>(0.022) | 0.024<br>(0.022) | 0.020<br>(0.022) |
| 家庭生活水平<br>（非贫困 =1） | 0.591***<br>(0.147) | 0.590***<br>(0.147) | 0.584***<br>(0.148) | 0.589***<br>(0.149) | 0.587***<br>(0.149) |
| 患慢性病数量 | -0.354***<br>(0.062) | -0.354***<br>(0.062) | -0.355***<br>(0.062) | -0.357***<br>(0.062) | -0.361***<br>(0.063) |
| 地区类型<br>（东部地区 =1） | 0.670***<br>(0.161) | 0.671***<br>(0.161) | 0.646***<br>(0.166) | 0.657***<br>(0.169) | 0.620***<br>(0.170) |
| 医疗保险解决了看病难问题<br>（是 =1） |  | 0.030<br>(0.206) | 0.029<br>(0.205) | 0.031<br>(0.205) | 0.003<br>(0.206) |

第五章　留守老人福祉治理的政府功能

续表

| 变量 | 模型1 | 模型2 | 模型3 | 模型4 | 模型5 |
|---|---|---|---|---|---|
| 每月领取的养老金（自然对数） | | | 0.037 (0.062) | 0.039 (0.062) | 0.031 (0.062) |
| 过去一年得到的低保金（自然对数） | | | | 0.007 (0.022) | 0.008 (0.022) |
| 过去一年得到的政府补偿金（自然对数） | | | | | 0.045* (0.021) |
| N | 1299 | 1299 | 1299 | 1299 | 1299 |
| Log – likelihood | -669.06 | -669.05 | -668.87 | -668.82 | -666.56 |
| Pseudo $R^2$ | 0.096 | 0.096 | 0.097 | 0.097 | 0.100 |

注：括号里的数字为标准误；+ $p<0.1$，* $p<0.05$，** $p<0.01$，*** $p<0.001$（双尾检验）。

表5-4报告了政府主体对留守老人生活自理能力影响的模型估计结果。从模型1可以发现，在七个控制变量中，婚姻状况、受教育年限两个变量对留守老人的生活自理能力均没有显著的影响，而年龄、性别、家庭生活水平、患慢性病数量、地区类型五个变量对留守老人生活自理能力都有显著的影响。在控制了其他因素之后，年龄越大，留守老人的生活自理能力越弱；相对于女性来说，男性留守老人的生活自理能力更强；相对于贫困家庭来说，非贫困家庭的留守老人生活自理能力更强；患慢性病数量越多，留守老人生活自理能力就越弱；相对于中西部地区来说，东部地区的留守老人的生活自理能力更强。

这里需要强调的是，代表相对收入的家庭生活水平变量和代表客观身体健康状况的患慢性病数量变量，不仅对留守老人生活自理能力有显著的影响，而且都是在0.001的水平上显著。具体而言，非贫困家庭的留守老人生活能够自理的几率比贫困家庭的要高出81%左右（$e^{0.591}-1\approx0.806$，$p<0.001$）；患慢性病数量每增加一种，留守老人生活能够自理的几率就会下降30%左右（$1-e^{-0.354}\approx0.298$，$p<0.001$）。这一结果充分说明，家庭生活水平和患慢性病数量是影响留守老人生活自理能力的最为关键的控制变量。

表5-4的模型2在模型1的基础上增加了医疗保险是否解决了看病难

问题变量，目的是检验医疗保险是否解决了看病难问题对留守老人生活自理能力的影响效应。模型估计结果显示，保持其他因素不变，医疗保险是否解决了看病难问题对留守老人生活自理能力并没有显著的效应。这里的结果没有证实假设 11a，这一结果与李芬、高向东的研究不一致[①]。这说明，农村医疗保险在提升留守老人生活自理能力上的作用极其有限。

表 5-4 的模型 3 在模型 2 的基础上增加了每月领取的养老金变量，目的是检验每月领取的养老金对留守老人生活自理能力的影响效应。结果显示，在控制了其他变量之后，每月领取的养老金对留守老人生活自理能力没有显著的影响效应。这里的结果没有证实假设 11b。这说明，农村养老保险发放的基础养老金相对较低，对提升留守老人的生活自理能力并没有明显的成效。

表 5-4 的模型 4 在模型 3 的基础上增加了过去一年得到的低保金变量，目的是检验过去一年得到的低保金对留守老人生活自理能力的影响效应。结果显示，保持其他因素不变，过去一年得到的低保金对留守老人生活自理能力并没有显著的影响效应。这里的结果没有证实假设 11c。这说明，过去一年得到的低保金对提升留守老人生活自理能力的作用极其有限。

表 5-4 的模型 5 在模型 4 的基础上增加了过去一年得到的政府补偿金变量，目的是检验过去一年得到的政府补偿金对留守老人生活自理能力的影响效应。模型估计结果显示，过去一年得到的政府补偿金对留守老人生活自理能力有显著的影响效应。在控制了其他因素之后，过去一年得到的政府补偿金每增加一个单位，留守老人生活能够自理的几率就会增加 5% 左右（$e^{0.045}-1\approx 0.046$，$p<0.05$）。这里的结果证实了假设 11d。这说明政府提供的种粮补贴、养家畜补贴、危改三改补贴等补偿金，对于提升留守老人的生活自理能力具有明显的成效。

综上所述，在政府主体的四个变量中，只有过去一年得到的政府补偿金变量对留守老人的生活自理能力有显著的影响，而医疗保险是否解决了

---

① 李芬、高向东：《农村老年人生活自理能力性别差异分析——基于 CHARLS（2015）数据的实证分析》，《人口与发展》2019 年第 2 期。

## 第五章 留守老人福祉治理的政府功能

看病难问题、每月领取的养老金、过去一年得到的低保金三个变量对留守老人生活自理能力都没有显著的影响。假设 11 部分得到验证。总体来看，政府主体对提升留守老人生活自理能力起着一定的作用，但其作用比较有限。

### （五）政府主体与留守老人抑郁症状

由于因变量——抑郁症状变量是二分类变量，因此采用二元 Logistic 回归模型来进行统计分析。为分别估计控制变量和自变量（医疗保险是否解决了看病难的问题、每月得到的养老金、过去一年得到的低保金、过去一年得到的政府补偿金）对因变量（留守老人抑郁症状）的影响效应，本书采用了嵌套模型的建模策略，模型 1 是仅包含控制变量的基准模型。模型 2 在模型 1 的基础上增加了医疗保险是否解决了看病难问题变量，以检验农村医疗保险是否解决了看病难问题对留守老人抑郁症状的影响。模型 3 在模型 2 的基础上增加了每月得到的养老金变量，以检验每月得到的养老金对留守老人抑郁症状的影响。模型 4 在模型 3 的基础上增加了过去一年得到的低保金变量，以检验过去一年得到的低保金对留守老人抑郁症状的影响。模型 5 在模型 4 的基础上增加了过去一年得到的政府补偿金变量，以检验过去一年得到的政府补偿金对留守老人抑郁症状的影响。具体统计结果如表 5-5 所示。

表 5-5　政府主体与留守老人抑郁症状的二元 Logistic 回归模型

| 变量 | 模型 1 | 模型 2 | 模型 3 | 模型 4 | 模型 5 |
| --- | --- | --- | --- | --- | --- |
| 年龄 | -0.002<br>(0.010) | -0.001<br>(0.010) | -0.002<br>(0.010) | -0.003<br>(0.010) | -0.003<br>(0.010) |
| 性别<br>（男性 =1） | -0.219<br>(0.139) | -0.237$^+$<br>(0.139) | -0.239$^+$<br>(0.140) | -0.245$^+$<br>(0.140) | -0.246$^+$<br>(0.140) |
| 婚姻状况<br>（在婚 =1） | -0.393$^{**}$<br>(0.144) | -0.358$^*$<br>(0.146) | -0.357$^*$<br>(0.146) | -0.374$^*$<br>(0.146) | -0.369$^*$<br>(0.147) |
| 受教育年限 | -0.021<br>(0.019) | -0.021<br>(0.019) | -0.022<br>(0.019) | -0.022<br>(0.019) | -0.021<br>(0.019) |
| 家庭生活水平<br>（非贫困 =1） | -1.439$^{***}$<br>(0.142) | -1.422$^{***}$<br>(0.142) | -1.442$^{***}$<br>(0.143) | -1.424$^{***}$<br>(0.144) | -1.423$^{***}$<br>(0.144) |

续表

| 变量 | 模型1 | 模型2 | 模型3 | 模型4 | 模型5 |
|---|---|---|---|---|---|
| 患慢性病数量 | 0.507*** (0.063) | 0.502*** (0.063) | 0.501*** (0.063) | 0.496*** (0.064) | 0.497*** (0.064) |
| 地区类型（东部地区=1） | -0.355* (0.144) | -0.391** (0.145) | -0.461** (0.151) | -0.418** (0.154) | -0.412** (0.155) |
| 医疗保险解决了看病难问题（是=1） | | -0.579** (0.191) | -0.594** (0.192) | -0.587** (0.192) | -0.580** (0.193) |
| 每月领取的养老金（自然对数） | | | -0.104+ (0.060) | -0.112+ (0.061) | -0.114+ (0.061) |
| 过去一年得到的低保金（自然对数） | | | | 0.032 (0.020) | 0.032 (0.020) |
| 过去一年得到的政府补偿金（自然对数） | | | | | -0.008 (0.020) |
| N | 1292 | 1292 | 1292 | 1292 | 1292 |
| Log-likelihood | -745.48 | -740.87 | -739.36 | -738.15 | -738.07 |
| Pseudo $R^2$ | 0.139 | 0.144 | 0.146 | 0.147 | 0.147 |

注：括号里的数字为标准误；+$p<0.1$，*$p<0.05$，**$p<0.01$，***$p<0.001$（双尾检验）。

表5-5报告了政府主体对留守老人抑郁症状影响的模型估计结果。从模型1可以发现，在七个控制变量中，年龄、性别、受教育年限三个变量对留守老人的抑郁症状均没有显著的影响，而婚姻状况、家庭生活水平、患慢性病数量、地区类型四个变量对留守老人的抑郁症状都有显著的影响。在控制了其他因素之后，相对于非在婚来说，在婚的留守老人有抑郁症状的几率更低；相对于贫困家庭来说，非贫困家庭的留守老人有抑郁症状的几率更低；患慢性病数量越多，留守老人有抑郁症状的几率就越高；相对于中西部地区来说，东部地区的留守老人有抑郁症状的几率更低。

这里需要强调的是，代表相对收入的家庭生活水平变量和代表客观身体健康状况的患慢性病数量变量，不仅对留守老人有抑郁症状的几率有显著的影响，而且都是在0.001的水平上显著。具体而言，非贫困家庭的留守老人有抑郁症状的几率比贫困家庭的要低76%左右（$1-e^{-1.439} \approx 0.763$，$p<0.001$）；患慢性病数量每增加一种，留守老人有抑郁症状的几率就会

上升 66% 左右（$e^{0.507} - 1 \approx 0.660$，$p < 0.001$）。这一结果充分说明，家庭生活水平和患慢性病数量是影响留守老人抑郁症状的最为关键的控制变量。

表 5-5 的模型 2 在模型 1 的基础上增加了医疗保险是否解决了看病难问题变量，目的是检验医疗保险是否解决了看病难问题对留守老人抑郁症状的影响效应。模型估计结果显示，医疗保险是否解决了看病难问题对留守老人抑郁症状有显著的影响效应。保持其他因素不变，医疗保险解决了看病难问题的留守老人有抑郁症状的几率比没有解决的要低 44% 左右（$1 - e^{-0.579} \approx 0.440$，$p < 0.01$）。这里的结果证实了假设 12a。这说明，农村医疗保险解决了看病难问题显著降低了留守老人有抑郁症状的可能性。

表 5-5 的模型 3 在模型 2 的基础上增加了每月领取的养老金变量，目的是检验每月领取的养老金对留守老人抑郁症状的影响效应。统计结果显示，每月领取的养老金对留守老人抑郁症状有显著的影响效应。在控制了其他变量之后，每月领取的养老金每增加一个单位，留守老人有抑郁症状的几率就会下降 10% 左右（$1 - e^{-0.104} \approx 0.099$，$p < 0.1$）。这里的结果证实了假设 12b。这一结果说明，新型农村社会养老保险发放的养老金，在一定程度上改善了留守老人的日常生活水平，降低了其有抑郁症状的可能性，从而提升了其心理福祉水平。

表 5-5 的模型 4 在模型 3 的基础上增加了过去一年得到的低保金变量，目的是检验过去一年得到的低保金对留守老人抑郁症状的影响效应。结果显示，保持其他因素不变，过去一年得到的低保金对留守老人抑郁症状并没有显著的影响效应。这里的结果没有证实假设 12c。这说明，过去一年得到的低保金对降低留守老人有抑郁症状的几率、提升其心理福祉水平的作用极其有限。

表 5-5 的模型 5 在模型 4 的基础上增加了过去一年得到的政府补偿金变量，目的是检验过去一年得到的政府补偿金对留守老人抑郁症状的影响效应。模型估计结果显示，在控制了其他因素之后，过去一年得到的政府补偿金对留守老人抑郁症状没有显著的影响效应。这里的结果没有证实假设 12d。这说明政府提供的种粮补贴、养家畜补贴、危改三改补贴等补偿金，对于降低留守老人有抑郁症状的几率、提升其心理福祉水平没有明显

的成效。

综上所述,在政府主体的四个变量中,医疗保险是否解决了看病难问题和每月领取的养老金两个变量对留守老人的抑郁症状有显著的影响,而过去一年得到的低保金和过去一年得到的政府补偿金两个变量对留守老人的抑郁症状并没有显著的影响。假设12部分得到验证。总体来看,政府主体对降低留守老人有抑郁症状的几率,提升其心理福祉水平有一定的作用。

(六) 政府主体与留守老人生活满意度

由于因变量——生活满意度变量是二分类变量,因此采用序次 Logistic 回归模型来进行统计分析。为分别估计控制变量和自变量(医疗保险是否解决了看病难的问题、每月得到的养老金、过去一年得到的低保金、过去一年得到的政府补偿金)对因变量(留守老人的生活满意度)的影响效应,本书采用了嵌套模型的建模策略,模型1是仅包含控制变量的基准模型。模型2在模型1的基础上增加了医疗保险是否解决了看病难问题变量,以检验农村医疗保险是否解决了看病难问题对留守老人生活满意度的影响。模型3在模型2的基础上增加了每月得到的养老金变量,以检验每月得到的养老金对留守老人生活满意度的影响。模型4在模型3的基础上增加了过去一年得到的低保金变量,以检验过去一年得到的低保金对留守老人生活满意度的影响。模型5在模型4的基础上增加了过去一年得到的政府补偿金变量,以检验过去一年得到的政府补偿金对留守老人生活满意度的影响。具体统计结果如表5-6所示。

表5-6 政府主体与留守老人生活满意度的序次 Logistic 回归模型

| 变量 | 模型1 | 模型2 | 模型3 | 模型4 | 模型5 |
| --- | --- | --- | --- | --- | --- |
| 年龄 | 0.010<br>(0.008) | 0.010<br>(0.008) | 0.011<br>(0.008) | 0.011<br>(0.008) | 0.012<br>(0.008) |
| 性别<br>(男性=1) | 0.123<br>(0.122) | 0.133<br>(0.122) | 0.133<br>(0.122) | 0.137<br>(0.122) | 0.142<br>(0.122) |
| 婚姻状况<br>(在婚=1) | 0.095<br>(0.127) | 0.073<br>(0.127) | 0.073<br>(0.127) | 0.093<br>(0.127) | 0.064<br>(0.128) |

续表

| 变量 | 模型1 | 模型2 | 模型3 | 模型4 | 模型5 |
|---|---|---|---|---|---|
| 受教育年限 | 0.025<br>(0.017) | 0.025<br>(0.017) | 0.025<br>(0.017) | 0.025<br>(0.017) | 0.022<br>(0.017) |
| 家庭生活水平<br>（非贫困=1） | 1.298***<br>(0.128) | 1.285***<br>(0.128) | 1.287***<br>(0.128) | 1.263***<br>(0.129) | 1.265***<br>(0.129) |
| 患慢性病数量 | -0.137**<br>(0.052) | -0.136**<br>(0.052) | -0.136**<br>(0.052) | -0.129*<br>(0.052) | -0.131*<br>(0.052) |
| 地区类型<br>（东部地区=1） | 0.103<br>(0.122) | 0.119<br>(0.122) | 0.128<br>(0.127) | 0.076<br>(0.130) | 0.034<br>(0.131) |
| 医疗保险解决了看病难问题<br>（是=1） | | 0.420*<br>(0.166) | 0.421*<br>(0.167) | 0.413*<br>(0.167) | 0.371*<br>(0.167) |
| 每月领取的养老金<br>（自然对数） | | | -0.013<br>(0.052) | -0.021<br>(0.052) | -0.027<br>(0.052) |
| 过去一年得到的低保金<br>（自然对数） | | | | -0.036*<br>(0.018) | -0.036*<br>(0.018) |
| 过去一年得到的政府补偿金<br>（自然对数） | | | | | 0.043*<br>(0.017) |
| N | 1301 | 1301 | 1301 | 1301 | 1301 |
| Log-likelihood | -1431.91 | -1428.75 | -1428.72 | -1426.70 | -1423.49 |
| Pseudo $R^2$ | 0.047 | 0.049 | 0.049 | 0.050 | 0.052 |

注：括号里的数字为标准误；$+p<0.1$，$*p<0.05$，$**p<0.01$，$***p<0.001$（双尾检验）。

表5-6报告了政府主体对留守老人抑郁症状影响的模型估计结果。从模型1可以发现，在七个控制变量中，年龄、性别、婚姻状况、受教育年限、地区类型五个变量对留守老人的生活满意度均没有显著的影响，只有家庭生活水平和患慢性病数量两个变量对留守老人的生活满意度有显著的影响。具体而言，在控制了其他因素之后，非贫困家庭的留守老人生活满意度更高的几率比贫困家庭的要高出266%左右（$e^{1.298}-1\approx2.662$，$p<0.001$）；患慢性病数量每增加一种，留守老人生活满意度更高的几率就会下降13%左右（$1-e^{-0.137}\approx0.128$，$p<0.01$）。这一结果充分说明，家庭

生活水平和患慢性病数量是影响留守老人生活满意度重要的控制变量。

表5-6的模型2在模型1的基础上增加了医疗保险是否解决了看病难问题变量，目的是检验医疗保险是否解决了看病难问题对留守老人生活满意度的影响效应。模型估计结果显示，医疗保险是否解决了看病难问题对留守老人生活满意度有显著的影响效应。在控制了其他因素之后，医疗保险解决了看病难问题的留守老人的生活满意度更高的几率比没有解决的要高出52%左右（$e^{0.420} - 1 \approx 0.522$，$p < 0.05$）。这里的结果证实了假设13a。这说明，医疗保险解决了看病难问题对提升留守老人的生活满意度有重要的作用。

表5-6的模型3在模型2的基础上增加了每月领取的养老金变量，目的是检验每月领取的养老金对留守老人生活满意度的影响效应。结果显示，在控制了其他变量之后，每月领取的养老金对留守老人的生活满意度并没有显著的影响效应。这里的结果没有证实假设13b。这说明，农村养老保险发放的基础养老金相对较低，对提升留守老人的生活满意度并没有明显的成效。

表5-6的模型4在模型3的基础上增加了过去一年得到的低保金变量，目的是检验过去一年得到的低保金对留守老人生活满意度的影响效应。结果显示，过去一年得到的低保金对留守老人生活满意度有显著的影响效应。具体而言，在控制了其他变量之后，过去一年得到的低保金每增加一个单位，留守老人的生活满意度更好的几率就会下降4%左右（$1 - e^{-0.036} \approx 0.035$，$p < 0.05$）。这一研究结果与假设13c（即过去一年得到的低保金越多，留守老人的生活满意度就越高）刚好相反，没能证实假设13c。其原因在于，过去一年得到的低保金和留守老人生活满意度两个变量之间可能存在反向的因果关系。也就是说，享有低保金的留守老人本身就是农村最为弱势的老年人群体，他们往往经济收入难以维持生计，身体健康状况又不好，往往是贫困与疾病交加。因而他们自身往往对生活的满意度就不高。

表5-6的模型5在模型4的基础上增加了过去一年得到的政府补偿金变量，目的是检验过去一年得到的政府补偿金对留守老人生活满意度的影响效应。模型估计结果显示，过去一年得到的政府补偿金对留守老人生活

满意度有显著的影响效应。在控制了其他因素之后，过去一年得到的政府补偿金每增加一个单位，留守老人生活满意度更高的几率就会增加4%左右（$e^{0.043}-1≈0.044$，$p<0.05$）。这里的结果证实了假设13d。这说明政府提供的种粮补贴、养家畜补贴、危改三改补贴等补偿金，对于提升留守老人的生活满意度具有明显的成效。

综上所述，在政府主体的四个变量中，医疗保险是否解决了看病难问题和过去一年得到的政府补偿金两个变量对留守老人生活满意度有显著的正向影响，过去一年得到的低保金对留守老人生活满意度有显著的负向影响，而每月领取的养老金对留守老人生活满意度没有显著的影响。假设13部分得到验证。总体来看，政府主体对提升留守老人的生活满意度具有重要的作用。

（七）政府主体与留守老人福祉各指标比较

为了进一步探析政府主体对留守老人福祉各个指标的影响效应，本书将所有控制变量和构成政府主体的四个自变量——医疗保险是否解决了看病难的问题、每月得到的养老金、过去一年得到的低保金、过去一年得到的政府补偿金变量合在一起，分别与六个因变量——年均收入、家庭生活水平、自评健康、生活自理能力、抑郁症状、生活满意度变量纳入模型，形成模型1、模型2、模型3、模型4、模型5、模型6，从而比较政府主体对留守老人福祉各指标的影响。具体数据结果如表5-7所示。其中，模型1是OLS回归模型，模型2、模型3、模型6是序次Logistic回归模型，模型4和模型5是二元Logistic回归模型。具体统计数据结果如表5-7所示。

表5-7 　　　　政府主体与留守老人福祉各指标的回归模型

| 变量 | 模型1——年均收入 | 模型2——家庭生活水平 | 模型3——自评健康 | 模型4——生活自理能力 | 模型5——抑郁症状 | 模型6——生活满意度 |
|---|---|---|---|---|---|---|
| 年龄 | -0.013*** (0.003) | 0.031*** (0.009) | -0.002 (0.008) | -0.073*** (0.010) | -0.003 (0.010) | 0.012 (0.008) |
| 性别（男性=1） | 0.081 (0.053) | 0.035 (0.126) | 0.047 (0.116) | 0.329* (0.151) | -0.246+ (0.140) | 0.142 (0.122) |

续表

| 变量 | 模型1—年均收入 | 模型2—家庭生活水平 | 模型3—自评健康 | 模型4—生活自理能力 | 模型5—抑郁症状 | 模型6—生活满意度 |
| --- | --- | --- | --- | --- | --- | --- |
| 婚姻状况<br>（在婚=1） | -0.308***<br>(0.056) | 0.273*<br>(0.132) | -0.056<br>(0.124) | -0.190<br>(0.157) | -0.369*<br>(0.147) | 0.064<br>(0.128) |
| 受教育年限 | 0.028***<br>(0.007) | 0.097***<br>(0.018) | 0.016<br>(0.016) | 0.020<br>(0.022) | -0.021<br>(0.019) | 0.022<br>(0.017) |
| 家庭生活水平<br>（非贫困=1） | 0.336***<br>(0.055) | — | 0.888***<br>(0.127) | 0.587***<br>(0.149) | -1.423***<br>(0.144) | 1.265***<br>(0.129) |
| 患慢性病数量 | -0.004<br>(0.023) | -0.204***<br>(0.054) | -0.822***<br>(0.060) | -0.361***<br>(0.063) | 0.497***<br>(0.064) | -0.131*<br>(0.052) |
| 地区类型<br>（东部地区=1） | 0.429***<br>(0.056) | -0.211<br>(0.135) | 0.512***<br>(0.128) | 0.620***<br>(0.170) | -0.412**<br>(0.155) | 0.034<br>(0.131) |
| 医疗保险解决了看病难问题<br>（是=1） | -0.122+<br>(0.073) | 0.351*<br>(0.169) | 0.019<br>(0.162) | 0.003<br>(0.206) | -0.580**<br>(0.193) | 0.371*<br>(0.167) |
| 每月领取的养老金<br>（自然对数） | 0.030<br>(0.023) | 0.095+<br>(0.053) | 0.083+<br>(0.049) | 0.031<br>(0.062) | -0.114+<br>(0.061) | -0.027<br>(0.052) |
| 过去一年得到的低保金<br>（自然对数） | 0.041***<br>(0.008) | -0.087***<br>(0.018) | -0.031+<br>(0.018) | 0.008<br>(0.022) | 0.032<br>(0.020) | -0.036*<br>(0.018) |
| 过去一年得到的政府补偿金<br>（自然对数） | 0.018*<br>(0.007) | 0.013<br>(0.018) | -0.011<br>(0.016) | 0.045*<br>(0.021) | -0.008<br>(0.020) | 0.044*<br>(0.018) |
| N | 1301 | 1302 | 1299 | 1299 | 1292 | 1301 |
| Log-likelihood | — | -1304.82 | -1510.82 | -666.56 | -738.07 | -1423.49 |
| $R^2$/Pseudo $R^2$ | 0.130 | 0.400 | 0.099 | 0.100 | 0.147 | 0.052 |

注：括号里的数字为标准误；+$p<0.1$，*$p<0.05$，**$p<0.01$，***$p<0.001$（双尾检验）。

从表5-7可以发现，估计模型中七个控制变量和政府主体的四个自变量（医疗保险是否解决了看病难的问题、每月得到的养老金、过去一年得到的低保金、过去一年得到的政府补偿金）对留守老人福祉的六个指标的影响效应存在一定的差异，但总体上对留守老人福祉各个指标的影响效应比较均衡。

从表5-7的第2—8行可以发现，在所有七个控制变量中，性别和受教育年限两个变量仅仅对留守老人福祉中的两个指标有显著的影响。控制了其他因素之后，相对于女性来说，男性留守老人生活能够自理的几率更高，有抑郁症状的几率更低；受教育年限越长，留守老人的年均收入越高，家庭生活水平也越高。而年龄和婚姻状况两个变量仅仅对留守老人福祉中的三个指标有显著的影响。在控制了其他因素之后，年龄越大，留守老人的年均收入就越低，家庭生活水平就越高，生活能够自理的几率就越低；相对于非在婚来说，在婚的留守老人的年均收入更低，家庭生活水平更高，有抑郁症状的几率更低。另外，地区类型对留守老人福祉中的四个维度有显著的影响效应。在控制了其他因素之后，相对于中西部地区来说，东部地区的留守老人的年均收入更高，自评健康更好，生活自理能力更强，有抑郁症状的几率更低。这充分说明，地区类型是对留守老人福祉有重要影响的控制变量。

在所有的七个控制变量中，需要重点关注的是家庭生活水平和患慢性病数量两个变量。家庭生活水平变量除了其自身作为因变量之外，其对留守老人福祉的所有五个指标有显著的影响效应，而且都是在0.001的水平上显著。患慢性病数量变量对留守老人福祉中的五个指标都有显著的影响效应。因此，在所有七个控制变量中，家庭生活水平和患慢性病数量这两个变量对留守老人福祉的影响最大，也就是说，家庭生活水平和患慢性病数量是影响留守老人福祉最为关键的控制变量，因此，提高留守老人的家庭生活水平，减少患慢性病的数量，提高身体健康水平是提升留守老人福祉水平的重中之重。

从表5-7的第9—12行可以发现，政府主体的四个变量对留守老人福祉各个指标的影响虽然存在个别的差异，但总体上对留守老人福祉各个指标的影响趋向一致。其中，医疗保险是否解决了看病难问题和过去一年得到的低保金两个变量对留守老人福祉中的四个指标有显著的效应，而每月领取的养老金和过去一年得到的政府补偿金变量对留守老人福祉中的三个指标有显著的效应。

农村医疗保险作为政府主体的一个重要组成部分，是由政府提供的医疗卫生福利政策，它的实施旨在保障国民健康医疗需求。① 从表 5-7 的第 9 行可以看出，在控制了其他因素之后，农村医疗保险解决了看病难问题对留守老人福祉中的四个指标都有显著的效应。相对于农村医疗保险没有解决看病难问题来说，已经解决了的留守老人的年均收入更低，家庭生活水平更高，有抑郁症状的几率更低，生活满意度更高。这一研究结果充分说明，参加农村医疗保险对提升留守老人福祉水平具有一定的积极作用。

农村养老保险是由政府向农村老年人养老提供的制度化经济支持，它的实施旨在满足农村老年人养老的经济需求。② 从表 5-7 的第 10 行可以看出，在控制了其他因素之后，每月领取的养老金对留守老人福祉中的三个指标有显著的影响效应。每月领取的养老金越多，留守老人的家庭生活水平就越高，自评健康就越好，有抑郁症状的几率就越低。这一研究结果说明，参加农村养老保险、每月领取到养老金对提升留守老人的福祉水平具有积极的作用。

农村最低生活保障制度主要是政府对残疾、年老体弱、丧失劳动能力等原因造成生活常年困难的农村居民实施的救助性质的制度，它的实施旨在保障最底层的生活极度困难居民的基本生活。③ 从表 5-7 的第 11 行可以看出，在控制了其他因素之后，过去一年得到的低保金对留守老人福祉中的四个指标有显著的效应。过去一年得到的低保金越多，留守老人的年均收入越高，家庭生活水平就越低，自评健康就越差，生活满意度就越低。这一研究结果说明，过去一年得到的低保金对提升留守老人中低保户的福祉水平具有一定的积极作用，但对提升非低保户的福祉水平没有明显的作用。

在农村社会保障体系中，除了农村医疗保险、农村养老保险、最低生活保障制度之外，还存在着各种形式的政府补贴和救助项目，诸如种粮补贴、养家畜补贴、救助性住房、征地补偿、住房拆迁补偿等。④ 从表 5-7

---

① 史柏年：《社会保障概论》（第二版），高等教育出版社 2012 年版。
② 史柏年：《社会保障概论》（第二版），高等教育出版社 2012 年版。
③ 秦永超：《农村老年人福祉困境及多元治理机制研究》，中国社会科学出版社 2019 年版。
④ 秦永超：《农村老年人福祉困境及多元治理机制研究》，中国社会科学出版社 2019 年版。

的第 12 行可以看出，在控制了其他因素之后，过去一年得到的政府补偿金对留守老人福祉中的三个指标有显著的效应。过去一年得到的政府补偿金越多，留守老人的年均收入就越高，生活能够自理的几率就越高，生活满意度就越高。这一研究结果说明，过去一年得到的政府补偿金对于提升留守老人的福祉水平有积极的作用。

总体来看，政府主体的四个变量，即医疗保险是否解决了看病难的问题、每月得到的养老金、过去一年得到的低保金、过去一年得到的政府补偿金对留守老人的年均收入、家庭生活水平和生活满意度的影响效应最大，对其自评健康、生活自理能力和抑郁症状也都有一定程度的影响效应。这充分说明，政府主体对提升留守老人的经济福祉水平的作用极其重要，同时，政府主体在提升留守老人的健康福祉和心理福祉水平上也起着一定的作用。也就是说，政府主体是提升留守老人福祉水平的重要因素。

综上所述，以上研究结果也证明了黄有光的快乐论在政府主体与农村留守老人福祉关系问题上的适用性，也就是说，黄有光的快乐论较好地解释了当前政府主体在农村留守老人福祉治理中的作用和成效。

## 第二节　政府主体与留守老人福祉的定性研究

从前文的定量研究可以得知，作为政府主体组成部分的农村医疗保险、农村养老金、农村低保金、政府补偿金，都是影响留守老人福祉的重要因素。本节将在定量研究的基础上，通过定性的个案研究进一步了解政府主体在留守老人福祉提升中的影响效应和角色定位，对被访谈对象深度访谈的话语进行理解和分析，深挖政府主体所蕴含的福利制度和福利文化，从而分析政府主体在提升留守老人福祉中存在的局限性和困境。

### 一　政府功能蕴含的制度与文化分析

政府主体所蕴含的社会福利制度和福利文化，是乡村振兴战略背景下分析和研究留守老人福祉的重要因素。福利文化是影响和形塑社会福利制度的基础，它产生于人类的社会福利实践，又反作用于人类的社会福利制度和福利行动。福利文化是社会文化的一部分，是指人类在长期的社会福利实践活动中产生和形成的思想观念与行为规范的总和。① 社会福利制度和福利文化同样都是分析和探讨留守老人福祉困境的重要组成部分。

(一) 留守老人养老的制度背景：农村养老保障体系的嬗变

新中国成立以来，农村养老保障体系先后经历了新中国成立初期的家庭保障、人民公社时期的集体保障、20 世纪 80 年代以来的以家庭保障为主的多元化保障等阶段。在第一阶段，通过土地改革，农民获得了以家庭为单位的土地经营权，但针对农村老年人的社会保障体系尚未出现，家庭养老是其核心特征。在第二阶段，国家建立了政社合一的人民公社体制，通过按人头平均分配粮食来体现集体的部分收入，以保障农村老年人的最低生活水平，当老年失去劳动能力之后，由其子女来承担直接的养老责任。在第三阶段，家庭联产承包责任制的实施使农民重新回到一家一户的生产经营模式之中。家庭养老再度成为农民养老的首要选择。②

进入 20 世纪以来，开始实施新型农村社会养老保险制度，它的保障水平并不高，并不能实施农村养老的社会化③，但这意味着真正意义上的农村养老保障体系开始建立并逐步完善。尤其是党的十八大以来，国家在农村地区积极实施精准扶贫政策，随着"两不愁三保障"等一系列具体政策的落实，留守老人养老所依赖的物质基础得到了充足的保障，其养老保障体系得到了极大的完善。

> 1960 年闹饥荒那时候，我亲眼见了个妇女，说疯子不是疯子，也有点不正常，我看见她提个篮子，里面放个孩子人头。拾（捡）个小孩的人头，火上燎燎（烤烤）就吃了，就在火神庙那儿。那过去哪有恁好（这么好）这社会啊，老天爷。你看看现在村里这，吃嘞，穿嘞，多好啊，自古以来都木（没有）现在好了。过去那时候哪有吃的

---

① 景天魁等：《福利社会学》，北京师范大学出版社 2010 年版。
② 狄金华、钟涨宝：《变迁中的乡村养老》，中国社会科学出版社 2016 年版。
③ 钟涨宝、李飞：《动员效力与经济理性：农户参与新农保的行为逻辑研究——基于武汉市新洲区双柳街的调查》，《社会学研究》2012 年第 3 期。

## 第五章 留守老人福祉治理的政府功能

喝的，穿都穿不上，那真是可怕啊，想想都光想落泪，我那小兄弟活生生饿死，你说搁到现在咋可能？我太幸运啊，能活到现在，看着咱这国家越来越好，现在这生活太幸福了，吃不愁穿不愁，以前可是想都不敢想啊，谁能想到我这老头到老了，还能吃上国家的养老金照顾。政府震这儿（现在）的政策真是深得老百姓心啊，现在这时代可以说是盛世了。（留守老人14）

震这儿（现在），这娃子（儿子）们真是幸福嘞很。那白馍，娃子（儿子）们吃不完都扔了，这是浪费，我瞅着都心疼。那真是，震这儿（现在）国家照顾得真周到，哪还有吃不饱嘞啊，那时候做梦都想不到还有这日子。现在穿的衣裳多好，扔的衣裳都是好好嘞，过去穿的衣服都是这一块补丁那一块补丁。以前还得挨家挨户交公粮，还得交好粮食，那一年种500斤了，还得排着队给政府交300斤最好的粮食，那都是得自己翻着挑的啊，瞎（不好的）粮食，公家还不要。震这儿（现在）政府真是好，不用交公粮，也不用交余粮，政府还给咱发种粮补贴的钱花，真是感谢政府嘛。（留守老人15）

这地一收，征地补偿金给得也差不多。唉，这老百姓啊，也都同意了，再加上政府又给60岁以上老人发老年金，年轻人也能放心出去打工干活了，政府这托底工作做得真是木（没有）话说。看病看病有医保，种地种地有补贴，拆迁拆迁有安置房，给补偿金，养老都有养老金了，过去这（国家福利政策）哪敢想啊？震这儿（现在）真是让老百姓高兴啊。这老年人是一个家的精神支柱啊，咱这国家政府给老嘞照顾得可好，咱这年轻人也放心，净出去干活赚钱了，你说说，这能说不好吗？（留守老人17）

那搁到以前，吃还吃不饱嘞时候，哪能想到还会有政府嘞养老金呢，现在这政府啊真是做得好啊，养老金都给咱弄上了。我震这儿（现在）多少还能做点活，不要养老金也中，那你说我这过几年做不动了，又不舍得花娃子（儿子）们嘞钱，不都是委屈自己嘞？这政府一个月给咱养老金，年龄越大给得越多，都是对咱嘞照顾啊。咱得知足，别人说啥政府小气，给咱这钱不抵花，你那都是屁话，你都不想想，咱这多少老年人嘞，都是政府掏钱，政府不得干别的事？光顾着你一个人嘞？你那脸老是大，不知足啊，不知足，你都得感谢政府给你嘞照顾，你说说你自个娃子（儿子）给你打钱，有真准时木（没有），一个月一次。（留守老人18）

那六〇年闹饥荒年代，那时候饿死人都多，那多嘞很（很多）。那时候生活瞎嘞很（很差），饿死人很多。啥都吃，树叶都吃光了。那时候生活瞎得不像现在的农村，都吃不上，面都没有。你知道红薯苗，那红薯坏的地方切下来，晒晒磨成面再接着吃，奏那（就这）也都吃了。还有人吃小孩。那时候玉米糁汤，都是上面都是水，喝到最底下才能看到糁。那时候浮肿最多了，不吃粮食，肿得可很。现在的生活，那时候真木法比（没法比）。现在国家多强大呀，给俺老年人照顾得真好，村里也很照顾俺们。种地有补贴，林业有补贴，60岁了，还有养老金，啥都有，多好。现在那衣服都穿不烂，过去那衣服都是补丁。现在这生活实在是太好了。（留守老人46）

我是退役的军人，震这儿（现在）一个月能发军人补贴那600块钱。这军人补贴，以前木有（没有），就这几年才有的。咱这生活，全指望这（政府补贴金）嘞，别的你不会挣钱，都得靠国家补助这钱过着咱这日子。咱这房子当时是危房改造嘞，以前那时候都是瓦房，老漏（漏雨）都快塌了，外面下大雨，屋里下小雨，日子过得真难呀。然后政府给咱补贴了点钱，房子扒了又盖了盖，看现在这房子多气派。震这儿（现在）这政策越来越好啦，这补贴是越来越多啦。国家对这贫困户和老年人是越来越上心啦，你光看扶贫这人，人家一段时间来一回，来了也都拿着东西来。这贫困户村里面不是有家房子老是破了，儿子跟他90岁老娘都没地方住，政府给他们拨钱盖了四间平房，还修着台阶、流水道，怕下雨那泥地不好走，还给他打打水泥地。这政府弄这补贴，真是弄嘞可不赖，这政策给这农村里面的小孩上学，老人养老都发这福利，咱这都看到眼里了，这弄嘞真不错。（留守老人50）

长期以来，我国农村老年社会保障不被重视，相关制度极不完善，而且农村社会保障水平较低，农村老年经济保障主要依赖家庭。然而进入20世纪以来，尤其是党的十八大以来，农村老年福利制度大大改善，正如留守老人所说：现在"吃不愁穿不愁，以前可是想都不敢想啊，谁能想到我这老头到老了，还能吃上国家的养老金照顾……"，"震这儿（现在）政府真是好，不用交公粮，也不用交余粮，政府还给咱发种粮补贴的钱花"，"看病看病有医保，种地种地有补贴，拆迁拆迁有安置房，给补偿金，养老都有养老金了，过去这（国家福利政策）哪敢想啊"，"我是退役的军人，震这儿（现在）一个月能发军人补贴那600块钱……咱这房子当时是危房改造嘞，以前老漏雨都快塌了，后来政府给咱补贴了点钱，房子扒了又盖了盖，看现在这房子多气派"。

从上文的访谈可以看出，国家针对农村的一系列社会保障政策的实施，大大改善了留守老人的家庭经济水平。党的十八大以来，国家在农村地区顺利实施精准扶贫政策，小康社会已经全面建成。当今农村社会，正在实现巩固拓展脱贫攻坚成果同乡村振兴有效衔接。乡村振兴战略的顺利实施，也将为留守老人福祉水平的提升奠定坚实的物质基础。

（二）精准扶贫政策蕴含着平等主义的福利文化

福利文化是指一个国家或民族在长期的社会福利实践活动中产生和形成的思想价值观念与行为规范的总和。它包括确立社会平等正义的价值理念、提高制度化的互助共济意识、大力提倡与弘扬慈善精神等内容。以社会平等正义为价值理念的福利文化，就要改进和解决中国社会福利制度领域中的各种不平等现象，实现社会福利的地区之间的平等、城乡之间的平等、行业之间的平等、人群之间的平等。[①] 这里的平等主义并非计划经济时代的平均主义，而是享有权利的平等和机会的平等，即国民都能够享受到平等的社会福利权利。

> 国家之所以有这精准扶贫政策，一是社会的发展不同，你看现在这社会，地区之间不平衡，一边工业发展得很快，人口很多；一边经济落后，人烟稀少，所以这地区之间不平衡，你像西气东输、西电东送，是不是一种平衡。二是这家与家之间的发展都不平衡，人与人的脑子也发展不平衡。主要是思想不一样，所以说这过得好的，得帮衬

---

① 景天魁等：《福利社会学》，北京师范大学出版社2010年版。

点过得不好的,这样这个村是不是会发展得更好,整体上来看是更好的,大家的关系也会更好。所以说这精准扶贫就是帮扶穷人,也是国家从整体上统筹的,从大局上进行帮扶,让大家共同富裕。古人说那:"不患贫而患不均。"国家这(精准扶贫)政策,解决的就是地区之间发展的不平等、家庭之间的不平等,也包括个人之间发展的不平等。(留守老人23)

党的十八大以来,国家实施的精准扶贫政策就是从社会平等公正的福利文化出发,旨在解决我国长期存在的地区之间、城乡之间、家庭之间的经济社会发展的不平等。正如留守老人所说:"这精准扶贫就是帮扶穷人,也是国家从整体上统筹的,从大局上进行帮扶,让大家共同富裕","国家这(精准扶贫)政策,解决的就是地区之间发展的不平等、家庭之间的不平等,也包括个人之间发展的不平等"。这里的平等实质上就是享有权利平等和机会的平等,这也是精准扶贫政策的核心和本质。

(三)农村医疗保险制度对留守老人的作用参差不齐

从定性的访谈资料可以发现,在医疗保险对留守老人福祉提升的作用中,有些老年人认为农村医疗保险发挥了明显的作用,还有些老年人认为农村医疗保险存在诸多亟待解决的问题。也就是说,农村医疗保险对留守老人福祉提升的作用参差不齐,对不同群体的作用具有较大的差异。

1. 农村医疗保险制度解决了大病报销的问题

新型农村合作医疗保险制度作为国家养老主体的一个重要组成部分,是由国家提供的医疗卫生福利政策,它的实施旨在保障国民健康医疗需求。[1] 一些留守老人在生病住院时通过新农合这一医疗福利制度,报销了很大比例的医疗费用,尤其是重大疾病的费用,大大减轻了他们的经济负担。他们认为农村医疗保险发挥了较大的作用,他们对农村医疗保险制度较为满意。

> 参加医保了。今年需要缴二百六十块,可是大病它给你报销得

---

[1] 史柏年:《社会保障概论》(第二版),高等教育出版社2012年版。

## 第五章 留守老人福祉治理的政府功能

多，这村里卫生室一般都不咋报，你看报二十五块钱，都是从这2020年开始，你报这二十五块钱以后，其他的都不报了。常年（往年）的是你不报，就把这个钱打到你名下，只要你花了就行。今年的规定就是这一年你交的钱到底儿了，就不再存了，钱到年底就冻结了，主要就是划到大病救助上面报销。医疗保险报大病比较管用，比如那乡卫生院，能报百分之八九十。现在一个人拿二百六，但看病时国家拿得更多嘞，不定国家都拿四百多，你算起来都花六七百了。可是你这平常花的很少，要是害大病了都给你报销得很多，有的几万都给你报销了。我上次在县医院住院，花了两万，结果给报销了一万五千多呢，报销了将近百分之八十。你像咱们这农村人来说，个人没恁些钱（没那么多钱），害大病时还是很有好处的。（留守老人41）

新型农村合作医疗保险制度重在解决农民因大病而导致的因病致贫和因病返贫的问题，它是以自愿为原则，以保大病为主的新型医疗保险。① 因而新型农村合作医疗保险的最重要作用就是解决大病报销问题，从而减轻农村居民的医疗和生活负担，正如留守老人所说的"我上次在县医院住院，花了两万，结果给报销了一万五千多呢，报销了将近百分之八十"，因而新型农村合作医疗保险制度也是缩小公共医疗服务城乡差距的重要制度。

2. 农村医疗保险制度依然存在诸多的问题

一些留守老人认为农村医疗保险缴费一直在上涨，而且报销的门槛太高，只有在住院的情况下才能报销一定比例的医疗费用，在平时买药时并不能报销，因而并没有真正减轻他们医疗费用上的经济负担。因而他们对农村医疗保险制度并不是非常满意，认为农村医疗保险存在太多的问题亟待解决。

医疗保险现在都交着，都会按时交。去年是交的钱打卡上，现在都不打了，这治病都会报点，住院报销大。医疗保险上涨幅度大，涨得太多了。就说那物价也涨着呢，那这280可比物价涨得多了，这一

---

① 孙鹃娟：《城镇化、农村家庭变迁与养老》，知识产权出版社2018年版。

人280，一拿就是一疙瘩啊（指全家一起交的时候金额太大）。咱也还不知道，交这么多钱到底能得到哪些帮助。（留守老人31）

医院可是一个无底洞呀！你说这怕人不怕人！这几年，医疗保险每年要缴的费用一路狂飙往上长。最早一个人是10块钱，去年是250块钱，今年都变成280块钱啦！太贵了！去药店买药又不给报销。即便是住院，有些药和有些治疗费也只给报销一部分。人家都说了，只要把这医疗问题一解决，老人们大胆消费照样儿能带动经济。（留守老人40）

有医疗保险，俺去年交钱没办法都是给粮食果了，把医疗保险的钱交了。那不交咋弄，要是家里谁病了，那几千块钱谁掏嘞。住院公家都报销。俺闺女也会给钱，有时候只有借钱交，她到时候再还。现在的政策是好政策，但下头都不中了。医疗保险报销的有点少了，交的也有点多。这合作医疗，缴费一直在涨，今年听说都280嘞，俺家几个人都得一千多，俺去哪儿给他弄些钱嘞。去年都是那没办法了，把家里粮食果了果，交上了医保的钱吧。今年还没收嘞，到时候再说。还是那句话，国家政策挺好，就是到下面就不中了。到地方上，都胡球弄（乱搞），啥都弄坏了。（留守老人43）

正如留守老人反映的那样，农村医疗保险确实存在一些亟待解决的问题，诸如："这几年，医疗保险每年要缴的费用一路狂飙往上长。最早一个人是10块钱，去年是250块钱，今年都变成280块钱啦！太贵了"，"去药店买药又不给报销"，"即便是住院，有些药和有些治疗费也只给报销一部分"。综上所述，留守老人反映的合作医疗保险的问题集中在三个方面：个人缴费标准一直在上涨；看病贵；实际报销比。由于农村合作医疗保险设置了起付标准和最高支付限额，在起付标准以下的住院费用由个人自付，超过起付标准的住院费用实行分段计算并累加报销，每人每年累计报销有最高限额，而且大量老年人患有慢性病但无须住院治疗，在药店买药的费用难以报销。① 农村合作医疗保险存在的这些问题给留守老人增加了

---

① 孙鹃娟：《城镇化、农村家庭变迁与养老》，知识产权出版社2018年版。

经济上的负担，其看病难看病贵的问题依然突出，这都亟待政府医保部门进一步改革与完善。

（四）扶贫制度养懒汉

当前部分农村贫困户之所以贫困，不是因为技术、资金问题，而是因为好吃懒做，所以就需要"扶贫先扶志"。国家的精准扶贫政策已经演变成了地方政府要完成的考核目标和政府公职人员的工作责任，那么那些好吃懒做的贫困户就完全依赖政府的贫困帮扶，自己并不去辛勤劳动。当前精准扶贫中出现的一个现象就是扶贫养懒汉。天天在街上打麻将的很多都是村里的贫困户，越是打麻将就越是懒惰，也就越贫困，政府越是帮扶他们，他们就越懒惰。贫困户脱贫就变成了地方政府和扶贫干部的任务，而不是贫困户自己的事情了。①

现在是木（没）枪了，以前我当过兵，我是游击兵，第一批义务兵，就是志愿军。俺第一批志愿军，去抗美援朝，咱村好几个嘞，我那时候也才十几岁，去朝鲜，跨鸭绿江，打仗嘞，你不往前头上，后面还有人跟着你，我这腿上当时打仗，骨折了。那志愿军，俺是头一批，国家给我们整县城训练十天，咋背包，枪咋放都学学，十天学完，直接都去了。抗美援朝回来了以后，国家也给过可多补贴，包括现在，这政策是真好，党对群众是真好。现在有些人（贫困户），国家给你发着钱，管着吃喝住，这都可好了。那还不要脸嘞，好吃懒做，啥都不干，竟然问国家要个媳妇。像我们这抗美援朝的老兵，也不好意思主动伸手向国家要这要那。现在有些人，真是国家这扶贫政策给他养懒了，啥都不做，净吃国家的，哈哈。（留守老人12）

就是这有些贫困户啊，太胡闹，他们拿着钱出去吃喝，要说国家给你拨五千，给你拨五万，你是干啥了，你是喂牛还是喂猪还是喂羊？拿着钱吃花，别的也不弄。咱这一天不管是挣50，还是挣80了，都得去挣，人家（贫困户）拿着钱都是花了，这贫困补助实在是养懒汉，都给人养懒了。木那（哎呀），你要真是贫困户，国家给你点钱，

---

① 贺雪峰：《大国之基：中国乡村振兴诸问题》，东方出版社2019年版。

你真是养点羊，种点地也中。俺起早贪黑种地累了一天，回来也不舍得花钱，可是他们（贫困户）拿着国家发的钱，不干活还能买这买那的。我们这几年在山上弄那啥帮扶，出来的钱都给贫困户了。都是我们这些人去干的啊，我给俺老伴起来去地里干干活，还得去山上拔拔草，弄那啥光伏发电嘞。这贫困户不仅有政府补贴这钱，还有光伏发电这收益，都给他们了啊，帮忙都是我们去，他们（贫困户）不用去，不干活也有钱。这俺们跟贫困户的待遇差太远了！那这搁谁心里会平衡？（留守老人24）

像贫困户现在过得也不错，生活水平各方面都好了。这国家政策有个啥毛病呢，就是这脱贫这方面，实际上脱贫了就不应该享受贫困补贴，他可以过段时间再下来审查一下。就下来考察考察，看他们家里是啥情况，实际上现在有些都不需要扶贫了。现在这政策，他们扶贫款还给得很及时，还有太阳能发电补贴，给他们电费都几千，有时候都不知道这钱是咋来的，就发他们手里了。他们有的拿着钱，闲了就去打牌。人都扶得懒了。这就可以说政府承担得多了，自己就没那种勤劳致富的自主性了。（留守老人27）

从某种意义上说，贫困就是一种文化，既然是文化，就不可能在短时期内改变。①"扶贫养懒汉"确实在当下农村社会存在，正如留守老人所说："现在有些人（贫困户），国家给你发着钱，管着吃喝住，这都可好了。那还不要脸嘞，好吃懒做，啥都不干，竟然问国家要个媳妇"，"他们有的拿着钱，闲了就去打牌。人都扶得懒了。这就可以说政府承担得多了，自己就没那种勤劳致富的自主性了"，"就是这有些贫困户啊，太胡闹，他们拿着钱出去吃喝，要说国家给你拨五千，给你拨五万，你是干啥了，你是喂牛还是喂猪还是喂羊？拿着钱吃花，别的也不弄"。另外，"扶贫养懒汉"也在一定程度上造成了非贫困户心理上的落差，正如留守老人所说："这贫困户不仅有政府补贴这钱，还有光伏发电这收益，都给他们

---

① 贺海波：《贫困文化与精准扶贫的一种实践困境——基于贵州望谟集中连片贫困地区村寨的实证调查》，《社会科学》2018 年第 1 期。

了啊,帮忙都是我们去,他们(贫困户)不用去,不干活也有钱。这俺们跟贫困户的待遇差太远了!那这搁谁心里会平衡?"

(五) 最低生活保障制度的评定标准亟须完善

农村最低生活保障制度的评定是以地方为主,主要目标是将符合条件的农村贫困群体都纳入保障范围,并致力于农村贫困群体的脱贫工作,对农村贫困群体只能保障最低生活标准。全国各个地区的农村低保的评定和发放的标准差异巨大,如2017年农村低保标准最高的是上海(11640元/年),最低的是青海(3335元/年),其他中西部省份的农村低保标准也比较低。2015年全国1%人口抽样调查发现,我国农村有6.81%的老年人以最低生活保障金为最主要的经济来源。① 农村低保户的留守老人不但享受每月的生活保障补贴,在此基础上,低保户的留守老人还不用缴纳合作医疗保险的费用,基本养老保险不用交。缴费也仍然可以领取。因此,农村留守老人对低保评定的标准和方法的公平与否都比较关注。

不能说,说不出嘴,恁(你们)去俺家看看就知道了。有那低保户的家里都是高楼嘞,俺不是低保户。俺媳妇去浙江打工,有时候一年才回来一次。俺娃子(儿子)干不了重活,只能在镇上干点小活,有时候也不回家。这是俺家,有俩屋,俺老头在外面睡,这床老小,俺俩睡不下,我在里头,你看这屋都破成啥了,都是堆的东西。大孙女十几岁都不上学了,你说这当老嘞(老人)不心疼?都得跟着她妈出去打工,木(没有)法呀。俺俩都是有病,娃子(儿子)待在家还有个照应,小孙女学习好啊,懂事,不花钱。看着孙女恁黑在屋里学习,也木跟孩子买个台灯,孩子啥也不说,也不怨。你说说俺家这情况能不能评上低保户?评不上啊,娃子给买了个四轮摩托车,人家看见了说不给俺评。一家几口人,这日子过得难巴巴嘞,我有时候想着都落泪,活了大半辈子了,眼看着都该不在了,还是真难。(留守老人19)

国家的扶贫政策确实是好的,但是评贫困户的时候太死板了,不

---

① 孙鹃娟:《城镇化、农村家庭变迁与养老》,知识产权出版社2018年版。

灵活。我知道俺村儿有一户家,他家一儿一女,女儿出嫁了,儿子买了一个面包车,家庭还算富裕,可谁也没想到他爹妈突然都得了偏瘫,好家伙,他家一下回到解放前了!爹妈都成天(天天)住院,拐棍儿(拐杖儿)也是不离手的,他儿子跟发疯了一样,上有老下有小,一边儿还得去伺候父母,一边儿还得照顾孩子,哎呀,真是可怜人,我看着都心疼。就这样了,他也评不上俺村儿的低保呀!人家村干部说他家有车,不符合条件。我就纳闷了,你说现在这时代,有一辆车不是太正常了嘛,车只是一个代步工具,有车的人还得给国家交税呢,那应该提倡来呀!咱这可是出于公道说话,这政策太死了。(留守老人40)

  俺一个娃子(儿子)一个闺女。闺女啥工作都木有,就在婆家带孩子,女婿在浙江打工也很少回家。娃子去年大学毕业,到洛阳市区那林业局上班。娃子前几年上大学,欠贷款还好几万。俺家这情况,大队说俺娃子是公务员,不能弄低保,后来俺也就没有去说。俺不喜欢低三下四地去说,怕给娃子丢人。俺家这个情况也不是白说的,你看俺们这些汤药,就你们看看这锅里还熬着中药呢,这药俺吃三四年了还不管用。俺老头病了三四年了,他这个尿毒症就主要是透析,之前吃过高血压、冠心病、心脏病好多种药。俺娃子呢,刚工作,挣的钱也不多,还得在洛阳买房子娶媳妇。我呢,就心疼这小孩,所以我才淌眼泪的,要不我不得哭。老头这个眼睛也看不见了。唉,就我偏偏也有病,俺俩每次去一次医院就得花几百块钱。天啊,我这命怎么就这么不好啊?我老是想啊,要是我跟老头子一起死了呢,还能减轻小孩的负担。也不是贫困户,也弄不来低保,这日子不知道咋过下去?(留守老人55)

  虽然党的十八大以来,国家的扶贫政策由以前的"大水漫灌型"变为了"精准扶贫型",但在地方政府的具体操作过程中,低保户的认定和考核方面依然存在较多的问题。正如留守老人所说:"你说说俺家这情况能不能评上低保户?评不上啊,娃子给买了个四轮摩托车,人家看见了说不给俺评","国家的扶贫政策确实是好的,但是评贫困户的时候太死板了,不灵活","娃子去年大学毕业,到洛阳市区那林业局上班。娃子前几年上大学,欠贷款还好几万。俺家这情况,大队说俺娃子是公务员,不能弄低保,后来俺也就没有去说。俺不喜欢低三下四地去说,怕给娃子丢人"。

现在很多农村地区运用大数据比对进行低保户的认定和清理,从而清理出去"关系保""人情保""维稳保"。而大数据比对之所以有效,是因为低保户具有与一般农户相当不同的结构性特征。由于村庄中存在显著的农户收入断裂带,大数据比对清理出来的不符合条件的农户,与当地农户一般性共识是匹配的。低保户确实是村庄里经济条件最差的,或者由于突发事件成为村里最需要救助的农户。因此,农村低保制度的公平认定就获得了农民的大力支持。①

(六)社会养老保险制度的城乡差距亟待缩小

经济来源可以反映出老年人的经济收入主要依靠自己、家庭成员还是社会支持,是衡量老年人经济独立的重要指标。孙鹃娟基于2014年中国老年社会追踪调查(CLASS)数据的研究发现,在我国城市老年人的经济来源中,比例最高的分别是养老金(约81%)、子女供养(约8%)、自我劳动收入(约3%)、政府补贴(约2%);而在我国农村老年人的经济来源中,比例最高的分别是子女供养(约40%)、自我劳动收入(约27%)、养老金(约13%)、政府补贴(约9%)。② 两者对比就可以发现,养老金是城市老年人最重要的经济来源,而子女供养和自我劳动收入是农村老年人最重要的经济来源,养老金对农村老年人的经济保障作用非常有限。

在社会养老金制度的城乡差距方面,孙鹃娟基于2014年中国老年社会追踪调查(CLASS)数据的研究还发现,2014年农村老年人平均养老金金额为141.21元,中位数为60元,远远低于城镇职工基本养老金平均数额(2400.22元)和城镇居民社会养老金平均数额(1387.20元)。③ 这两项研究结果也反映出由于受多种因素的制约,社会养老金制度在城乡之间的差距非常大,农村社会养老保险金无论从覆盖面还是从保障水平上都远远低于城镇养老金。

---

① 贺雪峰:《大国之基:中国乡村振兴诸问题》,东方出版社2019年版。
② 孙鹃娟:《城镇化、农村家庭变迁与养老》,知识产权出版社2018年版。
③ 孙鹃娟:《城镇化、农村家庭变迁与养老》,知识产权出版社2018年版。

> 这农民的养老金实在太少了,平时买点东西,也都花没了。现在就是说农民也为国家出力,但是养老金太少,虽然他这分工不同,国家没有农民也不中嘛。盖楼房为城里人提供住房,种粮食为城里人提供最基本的粮食保障,不都全靠农民嘛。现在年轻人去城里找个工作,也都会看这养老金怎么样。以前修铁路、水库,那不全是义务,记工分。国家的发展离开农民能行吗?现在城里退休工人退休金每月好几千块,农民还是那一点点,每月就那一百多(元)。现在生活确实比过去好,比啥时候都好,就是物价涨着,缺钱也挣不来。和我闺女说,说以前那苦日子她都不信。养老问题大啊,现在就是这养老金的城乡待遇不平等。(留守老人33)

由于长期的城乡经济社会二元结构,我国在社会养老保险制度上一直存在严重的城乡不平等。虽然2009年以来我国农村开始实施新型农村社会养老保险制度,但总体上还是与城镇职工养老保险制度相去甚远,正如留守老人所说:"现在就是说农民也为国家出力,但是养老金太少,虽然他这分工不同,国家没有农民也不中嘛。盖楼房为城里人提供住房,种粮食为城里人提供最基本的粮食保障,不都全靠农民嘛","国家的发展离开农民能行吗?现在城里退休工人退休金每月好几千块,农民还是那一点点,每月就那一百多(元)","养老问题大啊,现在就是这养老金的城乡待遇不平等"。

## 二 乡村振兴背景下政府对留守老人福祉治理的责任履行

政府是乡村振兴战略实施的领导核心,是各种社会政策的制定者和执行者,在乡村振兴过程中承担着最重要的主体性责任。通过定性的访谈资料可以发现,政府主体对留守老人福祉治理履行着非常重要的责任,尤其是在留守老人经济福祉中承担着极为重要的作用。政府主体已经成为除了家庭主体之外最重要的福利责任主体,从本书对留守老人、留守老人子女、乡镇干部、扶贫干部、村干部的访谈内容中都能够真切感觉到乡村振兴过程中政府主体对留守老人的福利供给正在变得越来越充足。

然而,由于社会保障制度的城乡二元结构,政府在社会养老保险方面

## 第五章 留守老人福祉治理的政府功能

给予留守老人的福利供给极其有限，留守老人的基础养老金远远低于城镇职工养老保险金。另外，政府在农村地区实施的最低生活保障制度和精准扶贫政策都属于补缺型福利供给，针对的是农村少数的贫困留守老人群体，并不是面向农村全体留守老人的普惠型福利供给。整体上，我国现行的农村养老福利供给还未形成完善的制度框架，更谈不上养老福利体系的城乡平等化。因此，政府主体在留守老人福祉治理中面临着诸多困境，而这些困境从定性的访谈资料中也可以清晰地发现。

> 就是这有些贫困户啊，太胡闹，他们拿着钱出去吃喝，要说国家给你拨五千，给你拨五万，你是干啥了，你是喂牛还是喂猪还是喂羊？拿着钱吃花，别的也不弄。咱这一天不管是挣50，还是挣80了，都得去挣，人家（贫困户）拿着钱都是花了，这贫困补助实在是养懒汉，都给人养懒了。木那（哎呀），你要真是贫困户，国家给你点钱，你真是养点羊，种点地也中。俺起早贪黑种地累了一天，回来也不舍得花钱，可是他们（贫困户）拿着国家发的钱，不干活还能买这买那的。我们这几年在山上弄那啥帮扶，出来的钱都给贫困户了。都是我们这些人去干的啊，我给俺老伴起来去地里干干活，还得去山上拔拔草，弄那啥光伏发电嘞。这贫困户不仅有政府补贴这钱，还有光伏发电这收益，都给他们了啊，帮忙都是我们去，他们（贫困户）不用去，不干活也有钱。这俺们跟贫困户的待遇差太远了！那这搁谁心里会平衡？（留守老人24）

> 这农民的养老金实在太少了，平时买点东西，也都花没了，更不用说是用来看病，或改善生活了。日常生活根本不能指望这养老金。虽然分工不同，国家没有农民也不中嘛，盖楼房为城里人提供住房，种粮食为城里人提供最基本的粮食保障，不都全靠农民嘛。现在年轻人去城里找个工作，也都会看这养老金怎么样。以前修铁路、水库，那不全是义务，记工分。国家的发展离开农民能行吗？农民也为国家发展出了大力，但是给农民的养老金实在太少了。现在城里退休工人退休金每月好几千块，农民还是那一点点，每月就那一百多（元）。而且每年这养老金涨的幅度，还赶不上物价的涨幅。现在就是这养老

金的城乡待遇不平等。(留守老人33)

从对以上两位留守老人的访谈就可以发现,社会养老保险制度的城乡二元分化,以及精准扶贫制度"养懒汉"造成非贫困户的心理落差。因此,政府主体在留守老人福祉治理中面临两大困境:一是政府提供的农村社会养老保险的基础养老金水平较低,根本无法保证留守老人的基本生活开支,与城镇职工的养老金差距巨大;二是政府实施的农村低保和精准扶贫制度只是针对农村贫困留守老人群体的补缺型福利制度,而普通留守老人群体并不能享受到这样的普惠型的福利供给。另外,政府的社会救助制度重在经济上的资助,鲜有服务形式的福利供给,更缺乏"扶贫和扶志"相结合的更高层次的扶贫机制,这些都是乡村振兴战略实施过程中亟待解决的社会问题。

## 本章小结

本书的定量数据资料分析表明,政府主体的四个变量,即医疗保险是否解决了看病难的问题、每月得到的养老金、过去一年得到的低保金、过去一年得到的政府补偿金对留守老人的年均收入、家庭生活水平、生活满意度的影响效应最大,对留守老人的自评健康、生活自理能力、抑郁症状也都有一定程度的影响效应。这一研究结果充分说明,政府主体对提升留守老人的经济福祉水平的作用极其重要,同时,政府主体在提升留守老人的健康福祉和心理福祉水平上也起着一定的作用。也就是说,政府主体是提升留守老人福祉水平的重要因素。

本书通过定性的深度访谈资料发现,政府主体与留守老人福祉关系的背后,蕴含着深厚的养老福利制度和福利文化。其主要内容包括留守老人养老的制度背景;农村养老保障体系的嬗变;精准扶贫政策蕴含着平等主义的福利文化;农村医疗保险制度对留守老人健康的作用;扶贫制度养懒汉的弊端;最低生活保障制度的评定标准亟须完善;社会养老保险制度的城乡差距亟待缩小。只有深入挖掘政府主体背后的养老福利制度与福利文化，才能真正把握政府主体与留守老人福祉之间的因果关系。

  定性研究还发现，政府主体在留守老人福祉治理中承担着重要的责任，尤其是在留守老人经济福祉中承担着积极的作用。政府主体已经成为除了家庭主体之外最重要的福利责任主体。然而，政府主体在留守老人福祉治理中面临两大困境：一是政府提供的农村社会养老保险的基础养老金水平较低，根本无法保证留守老人的基本生活开支，与城镇职工的养老金差距巨大；二是政府实施的低保和精准扶贫制度只是针对农村贫困留守老人群体的补缺型福利制度，而普通留守老人群体并不能享受到这样的普惠型的福利供给。另外，政府的社会救助制度重在经济上的资助，鲜有服务形式的福利供给，更缺乏"扶贫和扶志"相结合的更高层次的扶贫机制，这些都是乡村振兴战略实施过程中亟待解决的社会问题。

# 第六章　留守老人福祉治理的家庭功能

本章的第一节将根据家庭代际互惠理论，先提出家庭主体对留守老人福祉影响作用的研究假设，然后通过回归模型的分析，分别进行了验证，以检验本书提出的研究假设，旨在探讨家庭主体对留守老人福祉的影响关系。第二节将通过定性访谈资料进一步了解家庭主体在留守老人福祉治理中的影响作用和角色定位，深挖家庭主体背后蕴含的家庭福利制度和传统养老文化，从而探讨乡村振兴背景下家庭主体在留守老人福祉治理中存在的风险和困境。

## 第一节　家庭主体与留守老人福祉的定量研究

根据家庭代际互惠理论，本节先提出家庭主体对留守老人福祉作用的研究假设，然后通过相关回归模型的分析，逐一进行了验证，旨在检验研究假设，探讨家庭主体对留守老人福祉的影响关系。

### 一　定量研究假设

家庭代际互惠理论认为，代际互惠是指家庭内部的老年父母与其成年子女之间的利益交换关系，即家庭内部老年父母与成年子女两代人之间在经济、生活照顾、情感等资源方面的给予和获取的相互交换的关系。[1] 在

---

[1] 贺雪峰：《农村家庭代际关系的变动及其影响》，《江海学刊》2008年第4期；陈皆明：《中国养老模式：传统文化、家庭边界和代际关系》，《西安交通大学学报》（社会科学版）2010年第6期。

## 第六章 留守老人福祉治理的家庭功能

中国传统的伦理文化中,子女具有赡养父母不可推卸的责任,它体现了养儿防老的代际均衡互惠关系,这一代际关系是双向的互惠关系,是中国传统家庭养老模式赖以存在的经济和伦理基础。①

根据家庭代际互惠理论可知,当父母步入晚年时期,理所应当得到子女的赡养,因为这是父母一生都在为子女操劳和付出的回报。② 中国自古至今所谓的"养儿防老"就蕴含了依靠代际之间的互惠进行养老的某种假设:子女是老年人物质生活的基本保障,同时也是老年人精神世界的快乐之源。③ 也就是说,来自成年子女提供的经济支持、生活照料、情感支持,是留守老人晚年生活得以保障的根本之所在,是其福祉提升的基础和源泉。因此,根据家庭代际互惠理论,本书就家庭主体与留守老人福祉之间的关系,提出如下假设。

(一) 家庭主体与留守老人年均收入

年均收入代表了留守老人整体生活质量和水平,它是衡量留守老人经济福祉的基础性指标。本书的年均收入,是由留守老人本人过去一年的家庭农业收入(家庭农林产品收入减去种子、农药、化肥等收入);家庭畜牧和水产品收入(家庭畜牧和水产品总收入减去相应投入);家庭个体经营和私营企业收入;家庭工资性收入(即外出打工的工资收入);出租土地、退耕还林补偿、种粮补贴、养家畜补贴;征地和住房拆迁补偿;养老金(包括农村60周岁以上老年人养老金以及80周岁以上高龄老人补贴);政府转移支付收入(包括低保金、大病救助、危改三改补贴、赈灾救济款等);子女赡养费共九部分组成。根据文献回顾部分可知,来自子女等家庭主要成员的经济支持、生活照料、情感支持会对留守老人经济收入水平产生一定的影响。④ 基于此,提出如下假设:

---

① 费孝通:《家庭结构变动中的老年赡养问题——再论中国家庭结构的变动》,《北京大学学报》(哲学社会科学版) 1983 年第 3 期。
② 陶艳兰:《代际互惠还是福利不足?——城市双职工家庭家务劳动中的代际交换与社会性别》,《妇女研究论丛》2011 年第 4 期。
③ 沈可:《中国老年人居住模式之变迁》,社会科学文献出版社 2013 年版。
④ 伍海霞:《农村留守与非留守老人的生存现状:来自七省区调查数据的分析》,《财经论丛》2015 年第5 期。

假设 1：家庭主体有助于提升留守老人的年均收入水平。

假设 1a：过去一年得到子女的经济支持越多，留守老人的年均收入就越高。

假设 1b：生活需要时有子女照顾的留守老人的年均收入要高于没有子女照顾的留守老人。

假设 1c：与子女见面的频率越高，留守老人的年均收入就越高。

假设 1d：与子女通过电话（微信）联系的频率越高，留守老人的年均收入就越高。

### （二）家庭主体与留守老人生活水平

根据文献回顾部分可知，家庭主体是养老体系中最基础的养老主体，它主要依靠家庭成员向留守老人提供经济上的支持、生活上的照料、情感上的支持。来自子女等主要家庭成员在经济上的支持、生活上的照顾、情感上的支持都会对农村老年人的生活水平产生一定的影响。[1] 基于此，提出如下假设：

假设 2：家庭主体有助于提升留守老人的生活水平。

假设 2a：过去一年得到子女的经济支持越多，留守老人的生活水平就越高。

假设 2b：生活需要时有子女照顾的留守老人的生活水平高于没有子女照顾的留守老人。

假设 2c：与子女见面的频率越高，留守老人的生活水平就越高。

假设 2d：与子女通过电话（微信）联系的频率越高，留守老人的生活水平就越高。

### （三）家庭主体与留守老人自评健康

根据文献回顾部分可知，家庭主体是养老体系中最基础的养老主体，

---

[1] 陈东、张郁杨：《不同养老模式对我国农村老年群体幸福感的影响分析——基于 CHARLS 基线数据的实证检验》，《农业技术经济》2015 年第 4 期。

它主要依靠家庭成员向留守老人提供经济上的支持、生活上的照料、情感上的支持。而来自子女家庭主要成员在经济支持、生活照料、情感支持三个方面的福利供给都会对留守老人自评健康产生显著的影响。① 基于此，提出如下假设：

假设3：家庭主体有助于提升留守老人自评健康水平。

假设3a：过去一年得到子女的经济支持越多，留守老人的自评健康就越好。

假设3b：生活需要时有子女照顾的留守老人的自评健康好于没有子女照顾的留守老人。

假设3c：与子女见面的频率越高，留守老人的自评健康就越好。

假设3d：与子女通过电话（微信）联系的频率越高，留守老人的自评健康就越好。

### （四）家庭主体与留守老人生活自理能力

根据文献回顾部分可知，生活自理能力作为衡量留守老人健康福祉的重要指标，与来自子女的经济支持、生活照料、情感支持具有一定程度的联系。② 基于此，提出如下假设：

假设4：家庭主体有助于提升留守老人生活自理能力。

假设4a：过去一年得到子女的经济支持越多，留守老人的日常生活就越可能自理。

假设4b：生活需要时有子女照顾的比没有的留守老人日常生活更可能自理。

假设4c：与子女见面的频率越高，留守老人的日常生活就越可能自理。

---

① 秦永超：《生态系统视角下农村留守老人福祉的影响因素》，《社会科学家》2019年第5期。
② 王萍、张雯剑、程亚兰：《居住安排对农村老年人日常生活自理能力影响的跟踪研究》，《人口学刊》2018年第3期。

假设4d：与子女通过电话（微信）联系的频率越高，留守老人的日常生活就越可能自理。

（五）家庭主体与留守老人抑郁症状

根据前文的文献回顾部分可知，抑郁症状是测量留守老人心理福祉的有效性量表，它是衡量留守老人心理福祉的一个重要维度。来自子女等家庭主要成员在经济支持、生活照料、精神慰藉等方面的福利供给都会对留守老人抑郁症状产生一定的影响。[①] 基于此，提出如下假设：

假设5：家庭主体会降低留守老人有抑郁症状的可能性。

假设5a：过去一年得到子女的经济支持越多，留守老人就越可能没有抑郁症状。

假设5b：生活需要时有子女照顾的比没有的留守老人更可能没有抑郁症状。

假设5c：与子女见面的频率越高，留守老人就越可能没有抑郁症状。

假设5d：与子女通过电话（微信）联系的频率越高，留守老人就越可能没有抑郁症状。

（六）家庭主体与留守老人生活满意度

根据文献回顾部分可知，生活满意度是衡量留守老人心理福祉的一个重要维度。来自子女的经济支持、生活照料、情感支持都会对留守老人的生活满意度产生显著的影响。[②] 基于此，提出如下假设：

假设6：家庭主体有助于提升留守老人生活满意度。

---

[①] Silverstein, M., Z. Cong and S. Li, "Intergenerational Transfers and Living Arrangements of Older People in Rural China: Consequences for Psychological Well-Being", *Journal of Gerontology*, Vol. 61, No. 5, 2006；秦永超：《生态系统视角下农村留守老人福祉的影响因素》，《社会科学家》2019年第5期。

[②] 王彦方、王旭涛：《影响农村老人生活满意度和养老模式选择的多因素分析——基于对留守老人的调查数据》，《中国经济问题》2014年第5期。

假设6a：过去一年得到子女的经济支持越多，留守老人的生活满意度就越高。

假设6b：生活需要时有子女照顾的比没有的留守老人的生活满意度更高。

假设6c：与子女见面的频率越高，留守老人的生活满意度就越高。

假设6d：与子女通过电话（微信）联系的频率越高，留守老人的生活满意度就越高。

（七）家庭居住方式与留守老人福祉

居住方式是综合家庭成员经济支持、生活照料及情感支持为一体的，已有的一些研究表明，居住方式对农村老年人的年均收入、生活水平、自评健康、生活自理能力、抑郁症状、生活满意度都会产生一定的影响。[①] 基于此，提出以下假设：

假设7a：与独居相比，仅与配偶同住和与孙子女同住的留守老人的年均收入更高。

假设7b：与独居相比，仅与配偶同住和与孙子女同住的留守老人的生活水平更高。

假设7c：与独居相比，仅与配偶同住和与孙子女同住的留守老人的自评健康水平更好。

假设7d：与独居相比，仅与配偶同住和与孙子女同住的留守老人的日常生活更可能自理。

假设7e：与独居相比，仅与配偶同住和与孙子女同住的留守老人更可能没有抑郁症状。

假设7f：与独居相比，仅与配偶同住和与孙子女同住的留守老人的生活满意度更高。

---

① 陈东、张郁杨：《不同养老模式对我国农村老年群体幸福感的影响分析——基于CHARLS基线数据的实证检验》，《农业技术经济》2015年第4期；慈勤英、宁雯雯：《家庭养老弱化下的贫困老年人口社会支持研究》，《中国人口科学》2018年第4期。

## 二　数据分析结果

在本部分，自变量为来自家庭主体的子女经济支持、生活需要时子女照顾、与子女见面的频率、与子女通过电话（微信）联系的频率。因变量为留守老人的年均收入（取自然对数）、家庭生活水平、自评健康、生活自理能力、抑郁症状、生活满意度。本部分通过回归分析，逐一验证家庭主体对留守老人福祉各个维度的作用假设。

### （一）家庭主体与留守老人年均收入水平

本部分的因变量是留守老人的年均收入，在进行模型分析时，该变量被转化为自然对数形式，从而满足正态分布的模型估计条件。自变量包括过去一年子女经济支持、生活需要时子女照顾、与子女见面频率、与子女通过电话（微信）联系频率。控制变量包括留守老人的年龄、性别、婚姻状况、受教育年限、家庭生活水平、患慢性病数量、地区类型。

由于因变量——年均收入（取自然对数）是连续变量，并且符合正态分布的模型假设，因此采用 OLS 回归模型来进行统计分析。为分别估计控制变量和自变量对因变量的影响效应，本书采用了嵌套模型的建模策略，模型 1 是仅包含控制变量的基准模型。模型 2 在模型 1 的基础上增加了过去一年子女经济支持变量，以检验过去一年子女经济支持对留守老人平均收入水平的影响。模型 3 在模型 2 的基础上增加了生活需要时子女照顾变量，以检验有无子女生活照顾对留守老人平均收入水平的影响。模型 4 在模型 3 的基础上增加了与子女见面的频率，以检验与子女见面的频率对留守老人平均收入水平的影响。模型 5 在模型 4 的基础上增加了与子女通过电话（微信）联系的频率，以检验与子女通过电话（微信）联系的频率对留守老人平均收入水平的影响。具体统计结果如表 6-1 所示。

表 6-1 报告了家庭主体对留守老人年均收入（自然对数）影响的模型估计结果。从模型 1 可以发现，除了患慢性病数量之外，其他六个控制变量都对留守老人年均收入（自然对数）有显著的影响。在对平均收入有显著影响的三个群体因素中，年龄越大，留守老人年均收入就越低；在控制了其他因素之后，年龄每增加一岁，留守老人年均收入就会下降 1% 左右（$1-e^{-0.012} \approx 0.012$，$p<0.001$）。保持其他因素不变，男性留守老人年

## 第六章 留守老人福祉治理的家庭功能

均收入要比女性高出9%左右（$e^{0.689}-1≈0.093$，$p<0.1$）。在控制了其他因素之后，在婚留守老人年均收入比非在婚的要低25%左右（$1-e^{-0.282}≈0.246$，$p<0.001$）。究其原因，可能是分居（不再作为配偶共同生活）、离异、丧偶等非在婚的留守老人，由于其生活方式相对独立，经济上的独立性也更强，年均收入水平相对也较高。

表6-1 家庭主体与留守老人年均收入的OLS回归模型

| 变量 | 模型1 | 模型2 | 模型3 | 模型4 | 模型5 |
|---|---|---|---|---|---|
| 年龄 | -0.012*** (0.003) | -0.012*** (0.003) | -0.012*** (0.003) | -0.013*** (0.003) | -0.012*** (0.003) |
| 性别（男性=1） | 0.089+ (0.053) | 0.096+ (0.053) | 0.095+ (0.053) | 0.101+ (0.053) | 0.108* (0.052) |
| 婚姻状况（在婚=1） | -0.282*** (0.056) | -0.287*** (0.055) | -0.285*** (0.055) | -0.287*** (0.055) | -0.295*** (0.055) |
| 受教育年限 | 0.029*** (0.007) | 0.030*** (0.007) | 0.030*** (0.007) | 0.029*** (0.007) | 0.028*** (0.007) |
| 家庭生活水平（非贫困=1） | 0.305*** (0.056) | 0.262*** (0.055) | 0.270*** (0.056) | 0.271*** (0.056) | 0.246*** (0.056) |
| 患慢性病数量 | 0.008 (0.023) | 0.004 (0.023) | 0.005 (0.023) | 0.008 (0.023) | 0.012 (0.023) |
| 地区类型（东部地区=1） | 0.411*** (0.054) | 0.423*** (0.053) | 0.425*** (0.053) | 0.407*** (0.053) | 0.418*** (0.053) |
| 过去一年子女经济支持（自然对数） | | 0.058*** (0.010) | 0.061*** (0.010) | 0.062*** (0.010) | 0.060*** (0.010) |
| 生活需要时子女照顾（是=1） | | | -0.129+ (0.070) | -0.162* (0.070) | -0.170* (0.070) |
| 与子女见面频率（次/年） | | | | 0.005*** (0.001) | 0.003** (0.001) |
| 与子女通过电话（微信）联系频率（次/半年） | | | | | 0.004*** (0.001) |

续表

| 变量 | 模型1 | 模型2 | 模型3 | 模型4 | 模型5 |
|---|---|---|---|---|---|
| N | 1299 | 1299 | 1299 | 1299 | 1299 |
| $R^2$ | 0.104 | 0.128 | 0.130 | 0.138 | 0.146 |

注：括号里的数字为标准误；$+p<0.1$，$^*p<0.05$，$^{**}p<0.01$，$^{***}p<0.001$（双尾检验）。

从表6-1的模型1可以发现，两个阶层因素对留守老人年均收入也都有显著的影响。受教育年限越高，留守老人年均收入就越高；在控制了其他因素之后，受教育年限每增加一年，留守老人年均收入就会增加3%左右（$e^{0.029}-1≈0.029$，$p<0.001$）。这充分说明，接受更高层次的教育显著提升了留守老人的平均收入水平。另外，家庭生活水平变量对留守老人年均收入也有显著的影响。具体而言，在控制了其他因素之后，非贫困家庭留守老人的年均收入比贫困的要高出36%左右（$e^{0.305}-1≈0.357$，$p<0.001$）。因此，家庭生活水平与留守老人年均收入这两个变量密切相关。也就是说，代表相对收入的家庭生活水平和代表绝对收入的年均收入之间是高度相关的。

在表6-1的模型1中显示，地区类型变量对留守老人年均收入有显著的影响。在控制了其他变量之后，东部地区留守老人的年均收入比中西部地区高出51%左右（$e^{0.411}-1≈0.508$，$p<0.001$）。也就是说，东部地区留守老人年均收入明显高于中西部地区留守老人。这一研究结果与慈勤英、宁雯雯的研究具有相似性[①]，再次印证了留守老人经济收入水平的地区差异。

表6-1的模型2在模型1的基础上增加了一个变量——过去一年子女经济支持（自然对数）变量，目的是检验过去一年子女经济支持（自然对数）对留守老人年均收入的影响。从模型2可以发现，在控制了年龄、性别、婚姻状况、受教育年限、家庭生活水平、患慢性病数量、地区类型七个变量之后，过去一年子女经济支持（自然对数）对留守老人年均收入有显著的影响。具体而言，子女经济支持每增加一个单位，留守老人年均收

---

① 慈勤英、宁雯雯：《家庭养老弱化下的贫困老年人口社会支持研究》，《中国人口科学》2018年第4期。

入就会增加6%左右（$e^{0.058} - 1 \approx 0.060$，$p < 0.001$）。这里的结果证实了假设1a。这一研究结果与慈勤英、宁雯雯的研究保持一致①。这充分说明，子女经济支持对留守老人年均收入具有重要影响，而留守老人经济条件的改善，在很大程度上依赖于子女的经济赡养。也就是说，成年子女对留守老人的经济赡养功能仍在发挥非常重要的作用，子女们仍在承担着传统的家庭经济赡养功能。

表6-1的模型3在模型2的基础上增加了一个变量——生活需要时子女照顾变量，目的是检验生活需要时子女照顾对留守老人年均收入的影响。模型估计结果显示，生活需要时有无子女照顾对留守老人年均收入的影响有显著性的差异，然而回归系数是负的，也就是说，生活需要时有子女照顾对留守老人平均收入具有负向的影响。具体而言，在控制了其他因素之后，生活需要时有子女照顾的留守老人的年均收入要比没有子女照顾的低12%左右（$1 - e^{-0.129} \approx 0.121$，$p < 0.1$）。这里的研究结果与假设1b（即有子女照顾的留守老人的年均收入要高于没有子女照顾的留守老人）刚好相反，没能证实假设1b。其原因可能在于，一方面，生活需要时有子女照顾的留守老人，其身体条件原本就不好，甚至生活不能自理需要子女们照顾。而身体健康状况较差或生活不能自理就需要花费大量的医疗费用，导致了经济收入水平的下降。另一方面，子女经常在家照顾老年父母，导致子女们不能外出打工，子女们的经济收入就会下降，相应地对其老年父母的经济供养也就下降，最终的结果就会导致留守老人的年均收入水平的降低。

表6-1的模型4在模型3的基础上增加了一个变量——与子女见面频率变量，目的是检验与子女见面频率对留守老人年均收入的影响。结果显示，在控制了其他因素之后，与子女见面频率对留守老人年均收入的影响具有显著差异，而且回归系数是正的，也就是说，子女见面频率对增加留守老人年均收入具有积极影响。具体而言，与子女见面频率每增加一个单位，留守老人年均收入就会增加1%左右（$e^{0.005} - 1 \approx 0.005$，$p < 0.001$）。

---

① 慈勤英、宁雯雯:《家庭养老弱化下的贫困老年人口社会支持研究》，《中国人口科学》2018年第4期。

因此，假设1c得到了验证。这一研究结果说明，当成年子女与留守在家的父母见面次数增加时，留守老人的平均收入也会相应增加。虽然不能确定这两个变量之间的关系是因果关系，但足以证明与子女见面频率和留守老人平均收入之间是正向相关的关系。

这里需要特别说明的是，模型3中在0.1水平上显著的生活需要时子女照顾变量，到模型4中却在0.05水平上显著，而且回归系数的绝对值也在增加。这表明模型4中新加入的与子女见面频率变量的部分功能被子女照顾变量所解释。虽然子女照顾变量的回归系数是负值，但在留守老人平均收入的影响作用上，生活需要时子女照顾变量的作用却大于与子女见面频率变量。换句话说，日常生活需要子女照顾的留守老人大多都是健康状况较差、生活不能自理的老年人，因此，对于日常生活上需要子女照顾的留守老人来说，与子女见面频率已经失去了实质上的作用。

表6-1的模型5在模型4的基础上增加了一个变量——与子女通过电话（微信）联系频率变量，目的是检验与子女通过电话（微信）联系频率对留守老人年均收入的影响。模型估计结果显示，与子女通过电话（微信）联系频率对留守老人年均收入的影响具有显著差异，而且回归系数是正的，也就是说，与子女通过电话（微信）联系频率对增加留守老人年均收入具有积极影响。具体而言，在控制了其他因素之后，与子女通过电话（微信）联系频率每增加一个单位，留守老人年均收入就会增加0.4%左右（$e^{0.004}-1\approx 0.004$，$p<0.001$）。因此，假设1d得到了验证。这一研究结果说明，当成年子女与留守在家的父母电话（微信）联系次数增加时，留守老人的平均收入也会相应增加。这一研究结果足以证明，与子女通过电话（微信）联系频率和留守老人年均收入之间是正向相关的关系。

值得注意的是，模型4中在0.001水平上显著地与子女通过电话（微信）联系频率变量，到模型5中却在0.01水平上显著，而且回归系数也在下降。这一结果表明，与子女见面频率变量的部分作用在模型5中被新加入的与子女通过电话（微信）联系频率变量所解释。换句话说，在留守老人年均收入的影响作用上，与子女通过电话（微信）联系频率相对于与子女见面频率来说显得更为重要。由于远离家乡在外打工或从事其他工作，成年子女回到家乡看望父母非常不容易，而通过电话、短信、微信等现代通信方式同父母联系、交流感情就变得非常重要，而且可行性比较强。

综上所述，在家庭主体的四个变量中，过去一年子女经济支持、与子女见面频率、与子女通过电话（微信）联系频率，对留守老人年均收入都有显著的正向影响；而生活需要时子女照顾却对留守老人年均收入有显著的负向影响。假设1部分得到验证。这一研究结果表明，除了身体健康状况较差、生活不能自理的留守老人之外，子女经济支持、与子女见面频率、与子女通过电话（微信）联系频率都对提升留守老人平均收入水平具有重要作用。总体来看，家庭主体对提升留守老人年均收入水平具有极其重要的作用。

（二）家庭主体与留守老人生活水平

由于因变量——家庭生活水平变量是有序的五分类变量，因此采用序次 Logistic 回归模型来进行统计分析。为分别估计控制变量和自变量（过去一年子女经济支持、生活需要时子女照顾、与子女见面频率、与子女通过电话或者微信联系频率）对因变量（留守老人生活水平）的影响效应，本书采用了嵌套模型的建模策略，模型1是仅包含控制变量的基准模型。模型2在模型1的基础上增加了过去一年子女经济支持变量，以检验过去一年子女经济支持对留守老人生活水平的影响。模型3在模型2的基础上增加了生活需要时子女照顾变量，以检验生活需要时有无子女照顾对留守老人生活水平的影响。模型4在模型3的基础上增加了与子女见面频率变量，以检验与子女见面频率对留守老人生活水平的影响。模型5在模型4的基础上增加了与子女通过电话（微信）联系频率变量，以检验与子女通过电话（微信）联系频率对留守老人生活水平的影响。具体统计结果如表6-2所示。

表6-2报告了家庭主体对留守老人生活水平影响的模型估计结果。从模型1可以发现，除了性别和地区类型之外，其他四个控制变量对留守老人生活水平都有显著的影响。在控制了其他因素之后，年龄每增加一岁，留守老人生活水平更好的几率就会增加3%左右（$e^{0.027}-1 \approx 0.027$，$p<0.01$）。在婚的留守老人生活水平更好的几率比非在婚的要高出31%左右（$e^{0.271}-1 \approx 0.311$，$p<0.05$）。受教育年限每增加一年，留守老人生活水平更好的几率就会增加11%左右（$e^{0.100}-1 \approx 0.105$，$p<0.001$）。患慢性

病数量每增加一种,留守老人生活水平更好的几率就会下降20%左右($1-e^{-0.228}\approx0.204$,$p<0.001$)。其原因可能在于,患慢性病数量与留守老人生活水平变量之间可能存在着互为因果的关系。一方面,患慢性病数量越多,留守老人看病吃药需要支付的费用就会越多,势必会让家庭生活水平越来越低。另一方面,由于家庭生活水平低,留守老人没有更多的经济能力去看病和吃药,这导致其患慢性病的几率更高。

表6-2的模型2在模型1的基础上增加了一个变量——过去一年子女经济支持(自然对数)变量,目的是检验过去一年子女经济支持(自然对数)对留守老人生活水平的影响。模型估计结果显示,过去一年子女经济支持对留守老人生活水平有显著的影响效应。在控制了其他因素之后,子女经济支持每增加一个单位,留守老人生活水平更好的几率就会增加12%左右($e^{0.115}-1\approx0.122$,$p<0.001$)。这里的结果证实了假设2a。这一研究结果与陈东、张郁杨的研究保持一致[①]。这充分说明,子女经济支持对留守老人生活水平具有重要影响,留守老人生活水平的提升,在很大程度上依赖于子女的经济赡养。

表6-2　家庭主体与留守老人生活水平的序次 Logistic 回归模型

| 变量 | 模型1 | 模型2 | 模型3 | 模型4 | 模型5 |
| --- | --- | --- | --- | --- | --- |
| 年龄 | 0.027**<br>(0.009) | 0.027**<br>(0.009) | 0.027**<br>(0.009) | 0.026**<br>(0.009) | 0.031***<br>(0.009) |
| 性别<br>(男性=1) | -0.004<br>(0.126) | 0.017<br>(0.127) | 0.019<br>(0.127) | 0.023<br>(0.127) | 0.049<br>(0.127) |
| 婚姻状况<br>(在婚=1) | 0.271*<br>(0.131) | 0.263*<br>(0.131) | 0.256+<br>(0.131) | 0.255+<br>(0.131) | 0.228+<br>(0.131) |
| 受教育年限 | 0.100***<br>(0.017) | 0.100***<br>(0.017) | 0.100***<br>(0.018) | 0.098***<br>(0.019) | 0.094***<br>(0.018) |
| 患慢性病数量 | -0.228***<br>(0.054) | -0.236***<br>(0.054) | -0.237***<br>(0.054) | -0.235***<br>(0.054) | -0.223***<br>(0.054) |

---

① 陈东、张郁杨:《不同养老模式对我国农村老年群体幸福感的影响分析——基于 CHARLS 基线数据的实证检验》,《农业技术经济》2015年第4期。

续表

| 变量 | 模型1 | 模型2 | 模型3 | 模型4 | 模型5 |
| --- | --- | --- | --- | --- | --- |
| 地区类型（东部地区=1） | -0.016 (0.126) | 0.006 (0.126) | 0.001 (0.126) | -0.012 (0.127) | 0.032 (0.127) |
| 过去一年子女经济支持（自然对数） | | 0.115*** (0.023) | 0.106*** (0.023) | 0.107*** (0.023) | 0.098*** (0.023) |
| 生活需要时子女照顾（是=1） | | | 0.341* (0.168) | 0.322+ (0.169) | 0.308+ (0.169) |
| 与子女见面频率（次/年） | | | | 0.003 (0.003) | 0.001 (0.004) |
| 与子女通过电话（微信）联系频率（次/半年） | | | | | 0.010*** (0.002) |
| N | 1299 | 1299 | 1299 | 1299 | 1299 |
| Log-likelihood | -1315.38 | -1302.67 | -1300.61 | -1300.18 | -1290.72 |
| Pseudo $R^2$ | 0.028 | 0.037 | 0.039 | 0.039 | 0.046 |

注：括号里的数字为标准误；+ $p<0.1$，* $p<0.05$，** $p<0.01$，*** $p<0.001$（双尾检验）。

表6-2的模型3在模型2的基础上增加了一个变量——生活需要时子女照顾变量，目的是检验生活需要时子女照顾对留守老人生活水平的影响。模型估计结果显示，生活需要时有无子女照顾对留守老人生活水平的影响有显著性的差异。具体而言，在控制了其他因素之后，生活需要时有子女照顾的留守老人的生活水平比没有子女照顾的要高出41%左右（$e^{0.341}-1≈0.406$，$p<0.05$）。这里的结果证实了假设2b。这说明，生活需要时有子女照顾，让老人们心情舒畅，身体恢复更好，节省了更多的医疗开支，从而提升了留守老人的生活水平。因而，生活需要时有子女照顾是提升留守老人生活水平的重要因素。

表6-2的模型4在模型3的基础上增加了一个变量——与子女见面频率变量，目的是检验与子女见面频率对留守老人生活水平的影响。结果显示，在控制了其他因素之后，与子女见面频率对留守老人生活水平没有显著的影响效应。假设2c没有得到证实。这说明，与子女见面频率对提升留

守老人生活水平的作用比较有限。

表 6-2 的模型 5 在模型 4 的基础上增加了一个变量——与子女通过电话（微信）联系频率变量，目的是检验与子女通过电话（微信）联系频率对留守老人生活水平的影响。模型估计结果显示，与子女通过电话（微信）联系频率对留守老人生活水平的影响具有显著差异，而且回归系数是正的，也就是说，与子女通过电话（微信）联系频率对提高留守老人生活水平具有积极影响。具体而言，在控制了其他因素之后，与子女通过电话（微信）联系频率每增加一个单位，留守老人生活水平更好的几率就会增加 1% 左右（$e^{0.010} - 1 \approx 0.010$，$p < 0.001$）。因此，假设 2d 得到了验证。这一研究结果说明，当成年子女与留守在家的父母电话（微信）联系次数增加时，留守老人的生活水平也会相应提高。这一研究结果足以证明，与子女通过电话（微信）联系频率和留守老人生活水平之间是正向相关的关系。

综上所述，在家庭主体的四个变量中，过去一年子女经济支持、生活需要时子女照顾、与子女通过电话（微信）联系频率，对留守老人生活水平都有显著的正向影响；而与子女见面频率却对留守老人年均收入有显著的负向影响。假设 2 部分得到验证。这一研究结果表明，子女经济支持、生活需要时子女照顾、与子女通过电话（微信）联系频率都对提升留守老人生活水平具有重要作用。总体来看，家庭主体对提升留守老人生活水平具有极其重要的作用。

（三）家庭主体与留守老人自评健康

由于因变量——自评健康变量是有序的五分类变量，因此采用序次 Logistic 回归模型来进行统计分析。为分别估计控制变量和自变量（过去一年子女经济支持、生活需要时子女照顾、与子女见面频率、与子女通过电话或者微信联系频率）对因变量（留守老人自评健康）的影响效应，本书采用了嵌套模型的建模策略，模型 1 是仅包含控制变量的基准模型。模型 2 在模型 1 的基础上增加了过去一年子女经济支持变量，以检验过去一年子女经济支持对留守老人自评健康的影响。模型 3 在模型 2 的基础上增加了生活需要时子女照顾变量，以检验生活需要时有无子女照顾对留守老人自评健康的影响。模型 4 在模型 3 的基础上增加了与子女见面频率变量，以检验与子女见面频率对留守老人自评健康的影响。模型 5 在模型 4 的基础上增加了与子女通过电话（微信）联系频率变量，以检验与子女通过电话（微信）联系频率对留守老人自评健康的影响。具体统计结果如表 6-3 所示。

表 6-3　家庭主体与留守老人自评健康的序次 Logistic 回归模型

| 变量 | 模型 1 | 模型 2 | 模型 3 | 模型 4 | 模型 5 |
| --- | --- | --- | --- | --- | --- |
| 年龄 | -0.003<br>(0.008) | -0.003<br>(0.008) | -0.003<br>(0.008) | -0.005<br>(0.008) | -0.005<br>(0.008) |
| 性别<br>（男性=1） | 0.034<br>(0.116) | 0.041<br>(0.116) | 0.041<br>(0.116) | 0.047<br>(0.116) | 0.044<br>(0.116) |
| 婚姻状况<br>（在婚=1） | -0.074<br>(0.123) | -0.078<br>(0.123) | -0.077<br>(0.123) | -0.078<br>(0.123) | -0.074<br>(0.123) |
| 受教育年限 | 0.015<br>(0.016) | 0.015<br>(0.016) | 0.016<br>(0.016) | 0.014<br>(0.016) | 0.014<br>(0.016) |
| 家庭生活水平<br>（非贫困=1） | 0.889***<br>(0.127) | 0.862***<br>(0.128) | 0.866***<br>(0.128) | 0.867***<br>(0.128) | 0.875***<br>(0.130) |
| 患慢性病数量 | -0.833***<br>(0.060) | -0.837***<br>(0.060) | -0.837***<br>(0.060) | -0.832***<br>(0.060) | -0.833***<br>(0.060) |
| 地区类型<br>（东部地区=1） | 0.486***<br>(0.120) | 0.500***<br>(0.120) | 0.501***<br>(0.120) | 0.481***<br>(0.121) | 0.477***<br>(0.121) |
| 过去一年子女经济支持<br>（自然对数） | | 0.034<br>(0.022) | 0.036<br>(0.022) | 0.038+<br>(0.022) | 0.038+<br>(0.022) |
| 生活需要时子女照顾<br>（是=1） | | | -0.067<br>(0.160) | -0.110<br>(0.161) | -0.108<br>(0.161) |
| 与子女见面频率<br>（次/年） | | | | 0.007*<br>(0.003) | 0.007*<br>(0.003) |
| 与子女通过电话（微信）联系频率（次/半年） | | | | | -0.001<br>(0.002) |
| N | 1296 | 1296 | 1296 | 1296 | 1296 |
| Log-likelihood | -1508.10 | -1506.90 | -1506.81 | -1504.50 | -1504.38 |
| Pseudo $R^2$ | 0.098 | 0.099 | 0.099 | 0.100 | 0.101 |

注：括号里的数字为标准误；+ $p<0.1$，* $p<0.05$，** $p<0.01$，*** $p<0.001$（双尾检验）。

表 6-3 报告了家庭主体对留守老人自评健康影响的模型估计结果。从模型 1 可以发现,在七个控制变量中,年龄、性别、婚姻状况、受教育年限四个变量对留守老人自评健康均没有显著的影响,而家庭生活水平、患慢性病数量、地区类型三个变量对留守老人自评健康都有显著的影响。这也说明,留守老人的群体性因素对其自评健康并不敏感,而留守老人的家庭经济状况、患病状况、地区因素对其自评健康比较敏感,是影响其自评健康的重要因素。

表 6-3 的模型 1 显示,家庭生活水平对留守老人自评健康有显著的影响。在控制了其他因素之后,非贫困家庭留守老人自评健康更好的几率比贫困的要高出 143% 左右（$e^{0.889} - 1 \approx 1.433$,$p < 0.001$）。这一研究结果与秦永超的研究具有相似性[①],也充分说明,家庭经济生活的贫困是制约留守老人自评健康水平提升的重要因素。在慢性病变量上,患慢性病数量对留守老人自评健康也有显著的影响。在控制了其他因素之后,患慢性病数量每增加一种,留守老人自评健康更好的几率就会下降 57% 左右（$1 - e^{-0.833} \approx 0.565$,$p < 0.001$）。这一结果表明,慢性病这一客观的健康状况与主观的自评健康之间高度相关。也就是说,客观的身体健康状况直接决定着留守老人主观的自我健康评价。

表 6-3 的模型 1 显示,在地区类型因素方面,地区类型对留守老人自评健康同样具有显著的影响。在控制了其他因素之后,东部地区留守老人自评健康更好的几率比中西部地区要高出 63% 左右（$e^{0.486} - 1 \approx 0.626$,$p < 0.001$）。这里的研究结果与陈东、张郁杨的研究保持一致[②],再次印证了留守老人自评健康水平的地区差异,即东部地区留守老人自评健康水平要远远高于中西部地区留守老人。

表 6-3 的模型 2 在模型 1 的基础上增加了一个变量——过去一年子女经济支持（自然对数）变量,目的是检验过去一年子女经济支持（自然对数）对留守老人自评健康的影响。结果显示,在控制了其他因素之后,过

---

① 秦永超:《生态系统视角下农村留守老人福祉的影响因素》,《社会科学家》2019 年第 5 期。
② 陈东、张郁杨:《不同养老模式对我国农村老年群体幸福感的影响分析——基于 CHARLS 基线数据的实证检验》,《农业技术经济》2015 年第 4 期。

去一年子女经济支持对留守老人自评健康并没有显著的影响。这里的结果没有证实假设 3a。这说明子女经济支持对留守老人自评健康的影响作用需要进一步提升。

表 6-3 的模型 3 在模型 2 的基础上增加了一个变量——生活需要时子女照顾变量，目的是检验生活需要时子女照顾对留守老人自评健康的影响。模型估计结果显示，在控制了其他因素之后，生活需要时子女照顾对留守老人自评健康并没有显著的影响。这里的结果没有证实假设 3b。虽然变量不显著，但其回归系数却是负值。其原因可能在于，生活需要时有子女照顾的留守老人，其身体健康状况原本就不好，甚至生活不能自理才需要子女们照顾。也就是说，子女照顾和自评健康两个变量之间可能存在互为因果的关系。

表 6-3 的模型 4 在模型 3 的基础上增加了一个变量——与子女见面频率变量，目的是检验与子女见面频率对留守老人自评健康的影响作用。模型估计结果显示，与子女见面频率对留守老人自评健康有显著的影响。在控制了其他因素之后，与子女见面频率每增加一个单位，留守老人自评健康更好的几率就会增加 1% 左右（$e^{0.007} - 1 \approx 0.007$，$p < 0.05$）。因此，假设 3c 得到了验证。这一研究结果说明，当成年子女与留守在家的父母见面次数增加时，留守老人的自评健康水平也会相应提高。虽然不能确定这两个变量之间的关系是因果关系，但至少可以证明与子女见面频率和留守老人自评健康之间是正相关的。

这里需要注意的是，模型 3 中并不显著的过去一年子女经济支持变量，到模型 4 中却在 0.1 水平上显著，而且回归系数也在增加。这一结果表明，模型 4 中新加入的与子女见面频率变量的部分功能被子女经济支持变量所解释。也就是说，在留守老人自评健康的影响作用上，子女经济支持依然是非常重要的变量，子女经济支持在提升留守老人自评健康水平方面依然起着重要作用。

表 6-3 的模型 5 在模型 4 的基础上增加了一个变量——与子女通过电话（微信）联系频率，目的是检验与子女通过电话（微信）联系频率对留守老人自评健康的影响作用。模型估计结果显示，在控制了其他因素之后，与子女通过电话（微信）联系频率对留守老人自评健康并没有显著的

影响。这一研究结果不能验证假设3d。也就是说,与子女通过电话(微信)联系频率在提升留守老人自评健康水平上的作用比较有限。

综上所述,在家庭主体的四个变量中,与子女见面频率变量对留守老人自评健康有显著的正向影响;而过去一年子女经济支持变量在控制了与子女见面频率变量之后,其对留守老人自评健康也有显著的正向影响。生活需要时子女照顾和与子女电话(微信)联系两个变量对留守老人自评健康都没有显著的影响。假设3部分得到验证。总体来看,家庭主体对提升留守老人自评健康水平具有一定的作用。

(四)家庭主体与留守老人生活自理能力

由于因变量——生活自理能力变量是二分类变量,因此采用二元 Logistic 回归模型来进行统计分析。为分别估计控制变量和自变量(过去一年子女经济支持、生活需要时子女照顾、与子女见面频率、与子女通过电话联系频率)对因变量(留守老人生活自理能力)的影响作用,本书采用了嵌套模型的建模策略,模型1是仅包含控制变量的基准模型。模型2在模型1的基础上增加了过去一年子女经济支持变量,以检验过去一年子女经济支持对留守老人生活自理能力的影响。模型3在模型2的基础上增加了生活需要时子女照顾变量,以检验生活需要时有无子女照顾对留守老人生活自理能力的影响。模型4在模型3的基础上增加了与子女见面频率变量,以检验与子女见面频率对留守老人生活自理能力的影响。模型5在模型4的基础上增加了与子女通过电话(微信)联系频率变量,以检验与子女通过电话(微信)联系频率对留守老人生活自理能力的影响。具体统计结果如表6-4所示。

表6-4 家庭主体与留守老人生活自理能力的二元 Logistic 回归模型

| 变量 | 模型1 | 模型2 | 模型3 | 模型4 | 模型5 |
| --- | --- | --- | --- | --- | --- |
| 年龄 | -0.073*** (0.010) | -0.074*** (0.010) | -0.075*** (0.010) | -0.074*** (0.010) | -0.079*** (0.011) |
| 性别 (男性=1) | 0.302* (0.151) | 0.307* (0.151) | 0.314* (0.151) | 0.309* (0.151) | 0.299* (0.152) |
| 婚姻状况 (在婚=1) | -0.155 (0.155) | -0.160 (0.155) | -0.165 (0.155) | -0.161 (0.155) | -0.148 (0.157) |

续表

| 变量 | 模型1 | 模型2 | 模型3 | 模型4 | 模型5 |
|---|---|---|---|---|---|
| 受教育年限 | 0.024<br>(0.022) | 0.025<br>(0.022) | 0.023<br>(0.022) | 0.024<br>(0.022) | 0.028<br>(0.022) |
| 家庭生活水平<br>（非贫困=1） | 0.578***<br>(0.148) | 0.543***<br>(0.149) | 0.524***<br>(0.149) | 0.524***<br>(0.149) | 0.595***<br>(0.152) |
| 患慢性病数量 | -0.362***<br>(0.062) | -0.367***<br>(0.063) | -0.371***<br>(0.063) | -0.375***<br>(0.063) | -0.387***<br>(0.063) |
| 地区类型<br>（东部地区=1） | 0.655***<br>(0.161) | 0.669***<br>(0.162) | 0.662***<br>(0.162) | 0.679***<br>(0.162) | 0.655***<br>(0.163) |
| 过去一年子女经济支持<br>（自然对数） | | 0.052+<br>(0.027) | 0.044<br>(0.028) | 0.043<br>(0.028) | 0.051+<br>(0.028) |
| 生活需要时子女照顾<br>（是=1） | | | 0.351+<br>(0.188) | 0.382*<br>(0.190) | 0.408*<br>(0.191) |
| 与子女见面频率<br>（次/年） | | | | -0.005<br>(0.004) | -0.003<br>(0.004) |
| 与子女通过电话（微信）<br>联系频率（次/半年） | | | | | -0.008**<br>(0.003) |
| N | 1297 | 1297 | 1297 | 1297 | 1297 |
| Log-likelihood | -665.84 | -664.05 | -662.35 | -661.67 | -656.98 |
| Pseudo $R^2$ | 0.095 | 0.097 | 0.100 | 0.101 | 0.107 |

注：括号里的数字为标准误；+ $p<0.1$，* $p<0.05$，** $p<0.01$，*** $p<0.001$（双尾检验）。

表6-4报告了家庭主体对留守老人自评健康影响的模型估计结果。从模型1可以发现，在七个控制变量中，婚姻状况和受教育年限两个变量对留守老人生活自理能力都没有显著的影响，而年龄、性别、家庭生活水平、患慢性病数量、地区类型五个变量对留守老人生活自理能力都有显著的影响。在对留守老人生活自理能力有显著的影响的两个群体因素中，年龄对留守老人生活自理能力具有显著的负向影响，年龄每增加一岁，留守老人生活能够自理的几率就会下降7%左右（$1-e^{-0.073} \approx 0.070$，$p<0.001$）。性别对留守老人生活自理能力同样具有显著的影响，在控制了其他因素之后，男性留守老人生活能够自理的几率比女性高出35%左右

（$e^{0.302} - 1 \approx 0.353$，$p < 0.05$）。这一结果说明留守老人生活自理能力存在着明显的性别上的差异。

表6-4的模型1显示，家庭生活水平对留守老人生活自理能力具有显著的影响。具体而言，在控制了其他因素之后，非贫困家庭留守老人生活能够自理的几率比贫困的高出78%左右（$e^{0.578} - 1 \approx 0.782$，$p < 0.001$）。这一研究结果充分说明，家庭经济状况越好，留守老人生活自理能力就越强；家庭经济状况对提升留守老人生活自理能力的作用极为重要，家庭经济条件上的贫困是制约留守老人生活自理能力提升的关键性因素。患慢性病数量对留守老人生活自理能力也具有显著的影响，患慢性病数量每增加一种，留守老人生活能够自理的几率就会降低30%左右（$1 - e^{-0.362} \approx 0.304$，$p < 0.001$）。这说明，患慢性病数量与留守老人生活自理能力高度相关，患慢性病数量越多，留守老人生活自理能力就会越差。地区类型对留守老人生活自理能力同样有显著的影响，保持其他因素不变，东部地区留守老人生活能够自理的几率比中西部地区要高出93%左右（$e^{0.655} - 1 \approx 0.925$，$p < 0.001$）。这一研究结果充分说明，留守老人的生活自理能力在不同地区存在着显著的差异，东部地区留守老人生活自理能力比中西部地区明显要强很多。

表6-4的模型2在模型1的基础上增加了一个变量——过去一年子女经济支持（自然对数）变量，目的是检验过去一年子女经济支持（自然对数）对留守老人生活自理能力的影响。结果显示，在控制了其他因素之后，过去一年子女经济支持（自然对数）对留守老人生活自理能力有显著的影响。具体而言，子女经济支持每增加一个单位，留守老人生活能够自理的几率就会增加5%左右（$e^{0.052} - 1 \approx 0.053$，$p < 0.1$）。这里的结果证实了假设4a。这一研究结果与王萍等的结论不一致，[1] 其原因可能在于，王萍等的研究对象是整体上的农村老年人；而相对于农村非留守老人来说，留守老人日常生活中可能更加依赖子女们的经济支持。

表6-4的模型3在模型2的基础上增加了一个变量——生活需要时子

---

[1] 王萍、张雯剑、程亚兰：《居住安排对农村老年人日常生活自理能力影响的跟踪研究》，《人口学刊》2018年第3期。

女照顾变量，目的是检验生活需要时子女照顾对留守老人生活自理能力的影响作用。模型估计结果显示，在控制了其他因素之后，生活需要时子女照顾对留守老人生活自理能力有显著的影响。具体而言，生活需要时有子女照顾的留守老人生活能够自理的几率比没有子女照顾的要高出42%左右（$e^{0.351}-1\approx 0.420$，$p<0.1$）。这一研究结果证实了假设4b。也就是说，生活需要时子女照顾能够显著提升留守老人的生活自理能力。

这里需要说明的是，模型2中在0.1水平上显著的过去一年子女经济支持变量，到模型3中却不显著了，而且回归系数也在下降。这表明子女经济支持变量的部分作用在模型3中被新加入的生活需要时子女照顾变量所解释。这一研究结果表明，相对于子女经济上提供的支持来说，子女提供的生活照顾对留守老人更为重要。生活上的关心和照顾，而不仅仅只是经济上的赡养，这样更能提升留守老人的生活自理能力。

表6-4的模型4在模型3的基础上增加了一个变量——与子女见面频率变量，目的是检验与子女见面频率对留守老人生活自理能力的影响。模型估计结果显示，保持其他因素不变，与子女见面频率对留守老人生活自理能力并没有显著的影响。这一结果不能证实假设4c。这从一个侧面可以反映出由于子女常年在外务工，留守在家的年迈的父母很难见到子女一面，因而与子女见面频率对提升留守老人生活自理能力的作用极其有限。

值得注意的是，模型3中在0.1水平上显著的生活需要时子女照顾变量，到模型4中却在0.05水平上显著，而且回归系数也在增加。这说明模型4中新加入的与子女见面频率变量的部分功能被子女照顾变量所解释。也就是说，在留守老人生活自理能力的影响作用上，生活需要时子女照顾变量的作用要大于与子女见面频率变量。

表6-4的模型5在模型4的基础上增加了一个变量——与子女通过电话（微信）联系频率变量，目的是检验与子女通过电话（微信）联系频率对留守老人生活自理能力的影响。结果显示，与子女通过电话（微信）联系频率对留守老人生活自理能力有显著的影响。具体来说，保持其他因素不变，与子女通过电话（微信）联系频率每增加一个单位，留守老人生活能够自理的几率就会下降1%左右（$1-e^{-0.008}\approx 0.008$，$p<0.01$）。这一研究结果与假设4d刚好相反，不能证实假设4d。其原因可能在于，生活不

能自理的留守老人由于日常生活不方便，可能更倾向于经常与子女通过电话（微信）联系。也就是说，与子女通过电话（微信）联系频率和留守老人生活自理能力两个变量之间可能是一种反向的因果关系。

值得注意的是，模型4中并不显著的过去一年子女经济支持变量，到模型5中却在0.1水平上显著，而且回归系数也在增加。这一结果表明，模型5中新加入的与子女通过电话（微信）联系频率变量的部分功能被子女经济支持变量所解释。这意味着，在留守老人生活自理能力的影响作用上，子女经济支持依然是非常重要的变量，子女经济支持在提升留守老人生活自理能力方面依然起着非常重要的作用。

综上所述，在家庭主体的四个变量中，只有与子女见面频率对留守老人生活自理能力没有显著的影响。子女经济支持和子女生活照顾两个变量对留守老人生活自理能力均有显著的正向影响，而与子女通过电话（微信）联系频率对其生活自理能力却有显著的负向影响。假设4部分得到验证。总体来看，家庭主体对提升留守老人生活自理能力起着重要的作用。

（五）家庭主体与留守老人抑郁症状

由于因变量——抑郁症状变量是二分类变量，因此采用二元 Logistic 回归模型来进行统计分析。为分别估计控制变量和自变量（过去一年子女经济支持、生活需要时子女照顾、与子女见面频率、与子女通过电话或微信联系的频率）对因变量（留守老人抑郁症状）的影响作用，本书采用了嵌套模型的建模策略，模型1是仅包含控制变量的基准模型。模型2在模型1的基础上增加了过去一年子女经济支持变量，以检验过去一年子女经济支持对留守老人抑郁症状的影响。模型3在模型2的基础上增加了生活需要时子女照顾变量，以检验生活需要时有无子女照顾对留守老人抑郁症状的影响。模型4在模型3的基础上增加了与子女见面频率变量，以检验与子女见面频率对留守老人抑郁症状的影响。模型5在模型4的基础上增加了与子女通过电话（微信）联系频率变量，以检验与子女通过电话（微信）联系频率对留守老人抑郁症状的影响。具体统计结果如表6-5所示。

### 第六章 留守老人福祉治理的家庭功能

表 6-5　家庭主体与留守老人抑郁症状的二元 Logistic 回归模型

| 变量 | 模型 1 | 模型 2 | 模型 3 | 模型 4 | 模型 5 |
|---|---|---|---|---|---|
| 年龄 | -0.002<br>(0.010) | -0.002<br>(0.010) | -0.002<br>(0.010) | -0.001<br>(0.010) | -0.001<br>(0.010) |
| 性别<br>（男性=1） | -0.208<br>(0.139) | -0.222<br>(0.140) | -0.223<br>(0.140) | -0.228<br>(0.140) | -0.231+<br>(0.140) |
| 婚姻状况<br>（在婚=1） | -0.399**<br>(0.145) | -0.392**<br>(0.146) | -0.391**<br>(0.146) | -0.389**<br>(0.146) | -0.386**<br>(0.146) |
| 受教育年限 | -0.021<br>(0.019) | -0.022<br>(0.019) | -0.022<br>(0.019) | -0.021<br>(0.019) | -0.021<br>(0.019) |
| 家庭生活水平<br>（非贫困=1） | -1.428***<br>(0.142) | -1.374***<br>(0.143) | -1.366***<br>(0.143) | -1.367***<br>(0.144) | -1.359***<br>(0.145) |
| 患慢性病数量 | 0.511***<br>(0.063) | 0.523***<br>(0.064) | 0.524***<br>(0.064) | 0.521***<br>(0.064) | 0.519***<br>(0.064) |
| 地区类型<br>（东部地区=1） | -0.349*<br>(0.144) | -0.372*<br>(0.145) | -0.370*<br>(0.146) | -0.358*<br>(0.146) | -0.362*<br>(0.147) |
| 过去一年子女经济支持<br>（自然对数） |  | -0.091***<br>(0.026) | -0.088***<br>(0.026) | -0.089***<br>(0.026) | -0.088***<br>(0.026) |
| 生活需要时子女照顾<br>（是=1） |  |  | -0.127<br>(0.184) | -0.107<br>(0.186) | -0.105<br>(0.186) |
| 与子女见面频率<br>（次/年） |  |  |  | -0.003<br>(0.004) | -0.003<br>(0.004) |
| 与子女通过电话（微信）<br>联系频率（次/半年） |  |  |  |  | -0.001<br>(0.002) |
| N | 1289 | 1289 | 1289 | 1289 | 1289 |
| Log-likelihood | -743.13 | -736.91 | -736.67 | -736.33 | -736.25 |
| Pseudo $R^2$ | 0.139 | 0.146 | 0.146 | 0.146 | 0.147 |

注：括号里的数字为标准误；+ $p<0.1$，* $p<0.05$，** $p<0.01$，*** $p<0.001$（双尾检验）。

表 6-5 报告了家庭主体对留守老人抑郁症状影响的模型估计结果。从模型 1 可以发现，在七个控制变量中，年龄、性别、受教育年限三个

变量对留守老人抑郁症状均没有显著的影响；婚姻状况、家庭生活水平、患慢性病数量、地区类型四个变量对留守老人抑郁症状都有显著的影响。具体而言，保持其他因素不变，在婚的留守老人有抑郁症状的几率比非在婚的要低33%左右（$1-e^{-0.399}\approx0.329$，$p<0.01$）。这充分说明，由于配偶之间在生活上的相互陪伴和情感上的相互慰藉，稳定的婚姻生活让留守老人有抑郁症状的几率大大降低，同时也大大提升了其精神健康水平。

表6-5的模型1显示，家庭生活水平对留守老人抑郁症状具有显著的影响。具体而言，在控制了其他因素之后，非贫困家庭留守老人有抑郁症状的几率比贫困的要低76%左右（$1-e^{-1.428}\approx0.760$，$p<0.001$）。这一研究结果充分说明，家庭经济状况对降低留守老人有抑郁症状的几率极其重要；家庭经济条件越好，留守老人有抑郁症状的几率就越低，其精神健康水平就越高。患慢性病数量对留守老人抑郁症状也具有显著的影响，患慢性病数量每增加一种，留守老人有抑郁症状的几率就会增加67%左右（$e^{0.511}-1\approx0.667$，$p<0.001$）。这说明，患慢性病数量与留守老人抑郁症状变量之间高度相关。地区类型对留守老人抑郁症状同样有显著的影响，保持其他因素不变，东部地区留守老人有抑郁症状的几率比中西部地区的要低30%左右（$1-e^{-0.349}\approx0.295$，$p<0.05$）。这一研究结果与秦永超的研究保持一致[①]，再次印证了留守老人抑郁症状在不同地区存在着显著的差异，东部地区留守老人有抑郁症状的几率明显比中西部地区要低。

表6-5的模型2在模型1的基础上增加了一个变量——过去一年子女经济支持（自然对数）变量，目的是检验过去一年子女经济支持（自然对数）对留守老人抑郁症状的影响。结果显示，在控制了其他因素之后，过去一年子女经济支持（自然对数）对留守老人抑郁症状有显著的影响。具体而言，子女经济支持每增加一个单位，留守老人有抑郁症状的几率就会降低9%左右（$1-e^{-0.091}\approx0.087$，$p<0.001$）。这里的结果证实了假设

---

① 秦永超：《生态系统视角下农村留守老人福祉的影响因素》，《社会科学家》2019年第5期。

5a。这一研究结果同西尔弗斯坦（Silverstein）等的研究具有相似性①，也充分印证了子女经济支持对降低留守老人抑郁症状、提升其精神健康水平的重要作用，即得到子女的经济支持越多，留守老人有抑郁症状的几率就会越低，精神健康水平就会越高。

表6-5的模型3在模型2的基础上增加了一个变量——生活需要时子女照顾变量，目的是检验生活需要时子女照顾对留守老人抑郁症状的影响作用。模型估计结果显示，在控制了其他因素之后，生活需要时子女照顾对留守老人抑郁症状并没有显著的影响。这一研究结果不能验证假设5b。这也反映出由于子女常年在外务工，留守在家的年迈的父母生活需要时，难以得到子女的生活照顾，因而子女生活照顾对降低留守老人有抑郁症状几率的作用非常有限。

表6-5的模型4在模型3的基础上增加了一个变量——与子女见面频率变量，目的是检验与子女见面频率对留守老人抑郁症状的影响作用。模型估计结果显示，保持其他因素不变，与子女见面频率对留守老人抑郁症状并没有显著的影响。这一结果不能证实假设5c。这从一个侧面可以反映出由于子女常年在外务工，留守在家的年迈的父母很难见到子女一面，因而与子女见面频率对降低留守老人有抑郁症状几率的作用极其有限。

表6-5的模型5在模型4的基础上增加了一个变量——与子女通过电话（微信）联系频率变量，目的是检验与子女通过电话（微信）联系频率对留守老人抑郁症状的影响作用。模型估计结果显示，保持其他因素不变，与子女通过电话（微信）联系频率对留守老人抑郁症状并没有显著的影响。这一结果不能证实假设5d。这说明与子女通过电话（微信）联系频率对降低留守老人有抑郁症状的几率、提升其心理健康水平的作用比较有限。

综上所述，在家庭主体的四个变量中，只有子女经济支持变量对留守老人抑郁症状有显著的作用；而生活需要时子女照顾、与子女见面频率、与子女通过电话（微信）联系频率三个变量对留守老人抑郁症状均没有显

---

① Silverstein, M., Z. Cong and S. Li, "Intergenerational Transfers and Living Arrangements of Older People in Rural China: Consequences for Psychological Well-Being", *Journal of Gerontology*, Vol. 61, No. 5, 2006.

著的作用。假设 5 部分得到验证。总体来看，家庭主体对降低留守老人有抑郁症状的几率、提升其精神健康水平起着一定的作用，但其作用并不是非常大。

（六）家庭主体与留守老人生活满意度

由于因变量——生活满意度变量是定序的五分类变量，因此采用序次 Logistic 回归模型来进行统计分析。为分别估计控制变量和自变量（过去一年子女经济支持、生活需要时子女照顾、与子女见面频率、与子女通过电话或微信联系频率）对因变量（留守老人生活满意度）的影响作用，本书采用了嵌套模型的建模策略，模型 1 是仅包含控制变量的基准模型。模型 2 在模型 1 的基础上增加了过去一年子女经济支持变量，以检验过去一年子女经济支持对留守老人生活满意度的影响。模型 3 在模型 2 的基础上增加了生活需要时子女照顾变量，以检验生活需要时有无子女照顾对留守老人生活满意度的影响。模型 4 在模型 3 的基础上增加了与子女见面频率变量，以检验与子女见面频率对留守老人生活满意度的影响。模型 5 在模型 4 的基础上增加了与子女通过电话（微信）联系频率变量，以检验与子女通过电话（微信）联系频率对留守老人生活满意度的影响。具体统计结果如表 6-6 所示。

表 6-6　家庭主体与留守老人生活满意度的序次 Logistic 回归模型

| 变量 | 模型 1 | 模型 2 | 模型 3 | 模型 4 | 模型 5 |
| --- | --- | --- | --- | --- | --- |
| 年龄 | 0.009<br>(0.008) | 0.009<br>(0.008) | 0.009<br>(0.008) | 0.006<br>(0.008) | 0.009<br>(0.009) |
| 性别<br>（男性=1） | 0.100<br>(0.122) | 0.113<br>(0.122) | 0.126<br>(0.122) | 0.141<br>(0.123) | 0.155<br>(0.123) |
| 婚姻状况<br>（在婚=1） | 0.093<br>(0.127) | 0.092<br>(0.127) | 0.090<br>(0.127) | 0.084<br>(0.127) | 0.064<br>(0.127) |
| 受教育年限 | 0.025<br>(0.017) | 0.027<br>(0.017) | 0.023<br>(0.017) | 0.020<br>(0.017) | 0.018<br>(0.017) |
| 家庭生活水平<br>（非贫困=1） | 1.281***<br>(0.128) | 1.225***<br>(0.128) | 1.200***<br>(0.129) | 1.213***<br>(0.129) | 1.177***<br>(0.130) |

## 第六章　留守老人福祉治理的家庭功能

续表

| 变量 | 模型1 | 模型2 | 模型3 | 模型4 | 模型5 |
| --- | --- | --- | --- | --- | --- |
| 患慢性病数量 | -0.147** (0.052) | -0.153** (0.052) | -0.159** (0.052) | -0.149** (0.052) | -0.143** (0.052) |
| 地区类型（东部地区=1） | 0.096 (0.123) | 0.116 (0.123) | 0.092 (0.123) | 0.060 (0.123) | 0.085 (0.124) |
| 过去一年子女经济支持（自然对数） | | 0.094*** (0.023) | 0.075** (0.023) | 0.079*** (0.023) | 0.077*** (0.023) |
| 生活需要时子女照顾（是=1） | | | 0.695*** (0.161) | 0.623*** (0.163) | 0.605*** (0.163) |
| 与子女见面频率（次/年） | | | | 0.012*** (0.003) | 0.011** (0.004) |
| 与子女通过电话（微信）联系频率（次/半年） | | | | | 0.005* (0.002) |
| N | 1299 | 1299 | 1299 | 1299 | 1299 |
| Log-likelihood | -1426.48 | -1417.72 | -1408.50 | -1401.81 | -1398.59 |
| Pseudo $R^2$ | 0.046 | 0.052 | 0.058 | 0.062 | 0.065 |

注：括号里的数字为标准误；$+p<0.1, *p<0.05, **p<0.01, ***p<0.001$（双尾检验）。

表6-6报告了家庭主体对留守老人生活满意度的影响作用的模型估计结果。从模型1可以发现，在七个控制变量中，只有家庭生活水平和患慢性病数量两个变量对留守老人生活满意度有显著的影响。而年龄、性别、婚姻状况、受教育年限、地区类型五个变量对留守老人生活满意度都没有显著的影响。具体而言，在控制了其他因素之后，非贫困家庭留守老人生活满意度更高的几率比贫困的要高出260%左右（$e^{1.281}-1≈2.600$，$p<0.001$）。这充分说明，非贫困家庭留守老人生活满意度更高的几率远远要高于贫困家庭留守老人。也就是说，家庭生活水平是影响留守老人生活满意度的关键性因素。这一研究结果也印证了伊斯特林的幸福悖论[①]在中国

---

① Easterlin, R.A., "Does Economic Growth Improve the Human Lot? Some Empirical Evidence", In Paul A. David and Melvin W. Reader (eds.), *Nations and Households in Economic Growth: Essays in Honor of Moses Abramowitz*, New York: Academic Press, 1974.

农村留守老人群体中使用的局限性，换句话说，中国农村留守老人经济生活水平依然处于非常低的水平，还远远没有达到幸福悖论能够出现的经济收入的富裕程度。

表6-6的模型1显示，在客观健康状况方面。在控制了其他因素之后，患慢性病数量每增加一种，留守老人生活满意度更高的几率就会下降14%左右（$1-e^{-0.147}\approx 0.137$，$p<0.01$）。这一结果与秦永超的研究具有相似性[①]，这充分说明患慢性病数量与留守老人生活满意度之间高度相关，患慢性病数量越多，留守老人的生活满意度就会越低。患慢性病数量是影响留守老人生活满意度的重要因素，即客观健康状况是提升其生活满意度的制约性因素，只有提升了留守老人的客观健康水平，才能真正提升其生活满意度。

表6-6的模型2在模型1的基础上增加了一个变量——过去一年子女经济支持（自然对数）变量，目的是检验过去一年子女经济支持（自然对数）对留守老人生活满意度的影响。结果显示，在控制了其他因素之后，过去一年子女经济支持（自然对数）对留守老人生活满意度有显著的影响。具体而言，子女经济支持每增加一个单位，留守老人生活满意度更高的几率就会增加10%左右（$e^{0.094}-1\approx 0.099$，$p<0.001$）。这里的结果证实了假设6a。这一研究结果同王彦方、王旭涛的研究保持一致[②]，也充分说明了子女经济支持对提升留守老人生活满意度的重要性，即子女提供的经济支持越充足，留守老人的生活满意度就越高。对于农村留守老人群体来说，由于农村基本养老保险提供的养老金非常有限，他们不能像城市退休老人一样，依靠相对较高的退休金作为自己晚年生活的经济来源，因此，子女在经济上的赡养是他们晚年生活得以维持的极其重要的物质基础。[③]

表6-6的模型3在模型2的基础上增加了一个变量——生活需要时子

---

[①] 秦永超：《生态系统视角下农村留守老人福祉的影响因素》，《社会科学家》2019年第5期。

[②] 王彦方、王旭涛：《影响农村老人生活满意度和养老模式选择的多因素分析——基于对留守老人的调查数据》，《中国经济问题》2014年第5期。

[③] 秦永超：《农村老年人福祉困境及多元治理机制研究》，中国社会科学出版社2019年版。

女照顾变量，目的是检验生活需要时子女照顾对留守老人生活满意度的影响作用。模型估计结果显示，在控制了其他因素之后，生活需要时子女照顾对留守老人生活满意度有显著的影响。具体而言，生活需要时有子女照顾的留守老人生活满意度更高的几率比没有子女照顾的要高出100%左右（$e^{0.695}-1\approx1.004$，$p<0.001$）。这一研究结果证实了假设6b。这里的结果与高歌、高启杰的研究具有相似性[1]，充分说明生活需要时来自子女的照顾对提升留守老人的生活满意度极其重要。

值得注意的是，模型2中在0.001水平上显著的过去一年子女经济支持变量，到模型3中却在0.01水平上显著，并且回归系数也在下降。这一结果说明，子女经济支持变量的部分功能在模型3中被新加入的生活需要时子女照顾变量所解释。这一研究结果表明，相对于子女经济上提供的支持来说，子女提供的生活照顾对留守老人更为重要。生活上的关心和照顾，而不仅仅只是经济上的赡养，这样更能提升留守老人的生活满意度。

表6-6的模型4在模型3的基础上增加了一个变量——与子女见面频率变量，目的是检验与子女见面频率对留守老人生活满意度的影响作用。模型估计结果显示，在控制了其他因素之后，与子女见面频率对留守老人生活满意度有显著的效应。具体而言，与子女见面频率每增加一个单位，留守老人生活满意度更高的几率就会增加1%左右（$e^{0.012}-1\approx0.012$，$p<0.001$）。假设6c得到证实。这一研究结果与徐（Xu）等的研究具有相似性[2]，这充分表明，与子女见面频率这一情感支持能够显著提升留守老人的生活满意度，与子女见面频率越高，留守老人生活满意度就会越高。总之，与子女见面频率是影响留守老人生活满意度的重要因素。

这里需要注意的是，模型3中在0.01水平上显著的过去一年子女经济支持变量，到模型4中却在0.001水平上显著，而且回归系数也在增加。这一结果表明，模型4中新加入的与子女见面频率变量的部分功能被子女

---

[1] 高歌、高启杰:《农村老年人生活满意度及其影响因素分析——基于河南省叶县的调研数据》，《中国农村观察》2011年第3期。

[2] Xu, L. and I. Chi, "Life Satisfaction Among Rural Chinese Grandparents: the Roles of Intergenerational Family Relationship and Support Exchange with Grandchildren", *International Journal of Social Welfare*, Vol. 20, 2011.

经济支持变量所解释。也就是说，在留守老人生活满意度的影响作用上，子女经济支持依然是非常重要的变量；相对于与子女见面频率来说，子女经济支持更为实惠，其在提升留守老人生活满意度上起着更为重要的作用。

表 6-6 的模型 5 在模型 4 的基础上增加了一个变量——与子女通过电话（微信）联系频率变量，目的是检验与子女通过电话（微信）联系频率对留守老人生活满意度的影响作用。模型估计结果显示，在控制了其他因素之后，与子女通过电话（微信）联系频率对留守老人生活满意度有显著的影响效应。具体而言，与子女通过电话（微信）联系的频率每增加一个单位，留守老人生活满意度更高的几率就会增加 1% 左右（$e^{0.005} - 1 \approx 0.005$，$p < 0.05$）。这里的结果证实了假设 6d。这一研究结果与卢海阳、钱文荣的研究保持一致①，充分说明与子女经常通过电话（微信）联系，会让留守老人在心理上感觉并不孤独，精神上得到慰藉，从而大大提升了其生活满意度。因此，与子女通过电话（微信）联系频率是提升留守老人生活满意度的重要因素。

值得注意的是，模型 4 中在 0.001 水平上显著地与子女见面频率，到模型 5 中却在 0.01 水平上显著，并且回归系数也在下降。这一结果说明，与子女见面频率的部分功能被与子女通过电话（微信）联系频率所解释。也就是说，在留守老人生活满意度的影响作用上，与子女通过电话（微信）联系频率相对于与子女见面频率来说显得更为重要。由于远离家乡在外打工或从事其他工作，子女们回家看望父母一趟非常不容易，而通过电话、短信、微信等现代通信方式同父母联系、交流感情就变得非常重要，而且可行性比较强。

综上所述，家庭主体的四个变量，即过去一年子女经济支持、生活需要时子女照顾、与子女见面频率、与子女通过电话（微信）频率对留守老人生活满意度都有显著的影响效应。这一研究结果也证实了假设 5，即家庭主体有助于提升留守老人生活满意度。也就是说，家庭主体对提升留守老人的生活满意度起着极其重要的作用。

---

① 卢海阳、钱文荣：《农村留守老人生活调查与影响因素分析》，《调研世界》2014 年第 3 期。

### (七) 家庭居住方式与留守老人福祉

为了考察家庭居住方式与留守老人福祉之间的关系，以家庭居住方式为自变量，以留守老人年均收入、家庭生活水平、自评健康、生活自理能力、抑郁症状、生活满意度为因变量分别建立模型1、模型2、模型3、模型4、模型5、模型6。由于年均收入是连续变量，采用OLS回归模型来进行统计分析；家庭生活水平、自评健康和生活满意度都是定序变量，采用序次Logistic回归模型来进行统计分析；生活自理能力和抑郁症状是二分类变量，因此采用二元Logistic回归模型来进行统计分析。具体数据结果如表6-7所示。

表6-7　　　　家庭居住方式与留守老人福祉的回归模型

| 变量 | 模型1—年均收入 | 模型2—家庭生活水平 | 模型3—自评健康 | 模型4—生活自理能力 | 模型5—抑郁症状 | 模型6—生活满意度 |
|---|---|---|---|---|---|---|
| 年龄 | -0.011** (0.004) | 0.029*** (0.008) | -0.003 (0.008) | -0.075*** (0.010) | -0.003 (0.010) | 0.011 (0.008) |
| 性别（男性=1） | 0.092+ (0.053) | 0.013 (0.126) | 0.039 (0.116) | 0.297* (0.151) | -0.219 (0.139) | 0.126 (0.122) |
| 婚姻状况（在婚=1） | -0.277*** (0.081) | 0.033 (0.188) | -0.132 (0.179) | 0.164 (0.230) | -0.334 (0.210) | -0.143 (0.184) |
| 受教育年限 | 0.031*** (0.007) | 0.099*** (0.017) | 0.015 (0.016) | 0.025 (0.022) | -0.022 (0.019) | 0.026 (0.017) |
| 家庭生活水平（非贫困=1） | 0.302*** (0.055) | — | 0.891*** (0.126) | 0.610*** (0.148) | -1.430*** (0.142) | 1.288*** (0.128) |
| 患慢性病数量 | 0.008 (0.023) | -0.224*** (0.054) | -0.832*** (0.060) | -0.357*** (0.062) | 0.510*** (0.063) | -0.142** (0.052) |
| 地区类型（东部地区=1） | 0.441*** (0.055) | -0.001 (0.129) | 0.482*** (0.122) | 0.676*** (0.163) | -0.388** (0.147) | 0.124 (0.125) |
| 家庭居住方式（独居=0） | | | | | | |
| 仅与配偶同住 | 0.023 (0.089) | 0.360+ (0.208) | 0.075 (0.198) | -0.515* (0.260) | -0.121 (0.233) | 0.376+ (0.205) |

续表

| 变量 | 模型1—年均收入 | 模型2—家庭生活水平 | 模型3—自评健康 | 模型4—生活自理能力 | 模型5—抑郁症状 | 模型6—生活满意度 |
|---|---|---|---|---|---|---|
| 与孙子女同住 | 0.178* (0.080) | 0.330+ (0.187) | 0.017 (0.177) | -0.389+ (0.223) | -0.242 (0.207) | 0.407* (0.181) |
| N | 1304 | 1305 | 1302 | 1302 | 1294 | 1304 |
| Log-likelihood | — | -1323.25 | -1516.61 | -668.99 | -745.99 | -1433.46 |
| $R^2$/Pseudo $R^2$ | 0.110 | 0.028 | 0.098 | 0.099 | 0.139 | 0.048 |

注：括号里的数字为标准误；$+p<0.1$，$*p<0.05$，$**p<0.01$，$***p<0.001$（双尾检验）。

从表6-7可以发现，模型中七个控制变量对六个因变量的影响有所差异。总体来看，在七个控制变量中，只有家庭生活水平变量对留守老人福祉的各个指标都有显著的影响效应，而其他六个变量，即年龄、性别、婚姻状况、受教育年限、患慢性病数量、地区类型仅对留守老人福祉的部分指标有显著的影响效应。

具体而言，在控制了其他因素之后，年龄对留守老人福祉的三个维度均有显著的影响；年龄越大，留守老人的年均收入就越低，自评家庭生活水平反而越高，生活自理能力越弱。在控制了其他因素之后，性别对留守老人福祉的两个维度有显著的影响效应；相对于女性来说，男性留守老人年均收入更高，生活自理能力更强。在控制了其他因素之后，婚姻状况仅对留守老人的年均收入有显著的影响；与非在婚相比，在婚的留守老人年均收入更低。在控制了其他因素之后，受教育年限对留守老人的两个维度有显著的影响；受教育年限越高，留守老人的年均收入就越高，自评家庭生活水平就越高。

需要强调的是，在控制了其他因素之后，家庭生活水平对留守老人的所有维度都有显著的影响。与贫困家庭的留守老人相比，非贫困的留守老人年均收入更高，自评健康更好，生活自理能力更强，有抑郁症状的几率更低，生活满意度更高。在控制了其他因素之后，患慢性病数量仅对留守老人的年均收入维度没有显著的影响，而对其他五个维度都有显著的影

## 第六章 留守老人福祉治理的家庭功能

响。患慢性病数量越多，留守老人的生活水平就会越低，自评健康就越差，生活能够自理的几率就越低，有抑郁症状的几率就越高，生活满意度就越低。在控制了其他因素之后，地区类型对留守老人的四个维度有显著的影响。与中西部地区相比，东部地区的留守老人的年均收入更高，自评健康更好，生活自理能力更强，有抑郁症状的几率更低。

总体来看，在所有七个控制变量中，家庭生活水平和患慢性病数量两个变量对留守老人福祉的影响效应最大，也就是说，家庭生活水平和患慢性病数量是影响留守老人福祉的最为重要的两个控制变量。

从表6-7的模型1可以发现，在控制了其他因素之后，与独居相比，仅与配偶同住对留守老人的年均收入没有显著的影响；而与孙子女同住对留守老人的年均收入有显著的影响。具体而言，与孙子女同住的留守老人年均收入比独居的要高出20%左右（$e^{0.178}-1\approx 0.195$，$p<0.05$）。这里的研究结果部分验证了假设7a。这一结果与卢海阳、钱文荣的研究保持一致[①]，其原因可能在于，抚养年幼的孙子女不仅要付出大量的生活上的开支，而且孙子女上学还要有大量的费用，然而很多留守老人自身的收入非常有限，这就意味着在外打工的子女必须定期或不定期地给其父母一定的资金，以用来维持抚养孙子女的日常开支，这无形之中就相应增加了留守老人的年均收入。因此从这个意义上说，与孙子女同住显著提升了留守老人的年均收入水平。

表6-7的模型2显示，在控制了其他因素之后，与独居相比，仅与配偶同住和与孙子女同住对留守老人的生活水平都有显著的影响效应。具体而言，仅与配偶同住的留守老人的生活水平更高的几率比独居的要高出43%左右（$e^{0.360}-1\approx 0.433$，$p<0.1$）；而与孙子女同住的留守老人的生活水平更高的几率比独居的要高出39%左右（$e^{0.330}-1\approx 0.391$，$p<0.1$）。以上的研究结果证实了假设7b，这一结果与陈东、张郁杨的研究不一致[②]。这充分说明，与农村普通老年群体相比，仅与配偶同住和与孙子女同住的

---

[①] 卢海阳、钱文荣：《农村留守老人生活调查与影响因素分析》，《调研世界》2014年第3期。

[②] 陈东、张郁杨：《不同养老模式对我国农村老年群体幸福感的影响分析——基于CHARLS基线数据的实证检验》，《农业技术经济》2015年第4期。

留守老人更能显著提升其生活水平。

表6-7的模型3显示，在控制了其他因素之后，与独居相比，仅与配偶同住和与孙子女同住对留守老人自评健康都没有显著的影响效应。假设7c没有被证实。这说明，不同的居住方式对留守老人自评健康的影响没有显著的差异。

表6-7的模型4显示，在控制了其他因素之后，与独居相比，仅与配偶同住和与孙子女同住对留守老人的生活自理能力都有显著的负向影响。具体而言，仅与配偶同住的留守老人生活能够自理的几率比独居的要低40%左右（$1-e^{-0.515}≈0.402$，$p<0.05$）。而与孙子女同住的留守老人生活能够自理的几率比独居的要低32%左右（$1-e^{-0.389}≈0.322$，$p<0.1$）。这一研究结果与假设7d（即与独居相比，仅与配偶同住和与孙子女同住的留守老人的日常生活更可能自理）刚好相反，没能证实假设7d，这一结果与王萍等的研究不一致[①]。究其原因可能在于，居住方式和留守老人生活自理能力两个变量之间可能是互为因果的关系。可能正是因为留守老人日常生活不能自理，才会选择仅仅与配偶居住，或者夫妻两人与孙子女同住，这样既能得到配偶的照料，还能同时照料孙子女。

表6-7的模型5显示，在控制了其他因素之后，与独居相比，仅与配偶同住和与孙子女同住对留守老人抑郁症状都没有显著的影响效应。假设7e没有被证实，这一结果与唐丹、徐瑛的研究不一致[②]。这说明在本书的留守老人样本中，不同的居住方式对留守老人抑郁症状的影响没有显著的差异。

表6-7的模型6显示，在控制了其他因素之后，与独居相比，仅与配偶同住和与孙子女同住对留守老人生活满意度都有显著的影响效应。具体而言，仅与配偶同住的留守老人生活满意度更高的几率比独居的要高出46%左右（$e^{0.376}-1≈0.456$，$p<0.1$）；而与孙子女同住的留守老人生活满意度更高的几率比独居的要高出50%左右（$e^{0.330}-1≈0.502$，$p<$

---

[①] 王萍、张雯剑、程亚兰：《居住安排对农村老年人日常生活自理能力影响的跟踪研究》，《人口学刊》2018年第3期。

[②] 唐丹、徐瑛：《应对方式、社会网络对留守老人抑郁症状的作用及机制分析》，《人口研究》2019年第5期。

0.05)。以上的研究结果证实了假设 7f，这一结果与卢海阳、钱文荣的研究保持一致①。这充分说明，隔代监护是外出打工的子女和留守老人保持情感联络的桥梁，在照顾孙辈们的过程中，留守老人精神生活也得到了相应的慰藉，生活满意度也得到了很大的提升。

综上所述，居住方式对留守老人年均收入有一定的影响，相对于独居留守老人来说，仅与配偶居住、与孙子女同住都能显著提升留守老人的家庭生活水平和生活满意度。然而，仅与配偶居住、与孙子女同住却显著降低了留守老人的生活自理能力，究其原因可能是反向的因果关系，也就是说，留守老人可能是自身的生活自理能力较差，才选择仅与配偶居住或者与孙子女同住。综上所述，作为家庭主体特殊形式的家庭居住方式，其对留守老人福祉各个指标的影响效应不一致，具有很大的差异性。

（八）家庭主体与留守老人福祉各指标比较

为了进一步探析家庭主体对留守老人福祉各个指标的影响效应，本书将所有控制变量和构成家庭主体的四个自变量——过去一年子女经济支持、生活需要时子女照顾、与子女见面频率、与子女通过电话（微信）联系频率变量合在一起，分别与六个因变量——年均收入、家庭生活水平、自评健康、生活自理能力、抑郁症状、生活满意度变量纳入模型，形成模型 1、模型 2、模型 3、模型 4、模型 5、模型 6，从而比较家庭主体对留守老人福祉各指标的影响。具体数据结果如表 6-8 所示。其中，模型 1 是 OLS 回归模型，模型 2、模型 3、模型 6 是序次 Logistic 回归模型，模型 4 和模型 5 是二元 Logistic 回归模型。具体数据结果如表 6-8 所示。

表 6-8　　　　家庭主体与留守老人福祉各指标的回归模型

| 变量 | 模型1—年均收入 | 模型2—家庭生活水平 | 模型3—自评健康 | 模型4—生活自理能力 | 模型5—抑郁症状 | 模型6—生活满意度 |
| --- | --- | --- | --- | --- | --- | --- |
| 年龄 | -0.012***<br>(0.003) | 0.031***<br>(0.009) | -0.005<br>(0.008) | -0.079***<br>(0.011) | -0.001<br>(0.010) | 0.009<br>(0.009) |

---

① 卢海阳、钱文荣：《农村留守老人生活调查与影响因素分析》，《调研世界》2014 年第 3 期。

续表

| 变量 | 模型1—年均收入 | 模型2—家庭生活水平 | 模型3—自评健康 | 模型4—生活自理能力 | 模型5—抑郁症状 | 模型6—生活满意度 |
| --- | --- | --- | --- | --- | --- | --- |
| 性别（男性=1） | 0.108*<br>(0.052) | 0.049<br>(0.127) | 0.044<br>(0.116) | 0.299*<br>(0.152) | -0.231+<br>(0.140) | 0.155<br>(0.123) |
| 婚姻状况（在婚=1） | -0.295***<br>(0.055) | 0.228+<br>(0.131) | -0.074<br>(0.123) | -0.148<br>(0.157) | -0.386**<br>(0.146) | 0.064<br>(0.127) |
| 受教育年限 | 0.028***<br>(0.007) | 0.094***<br>(0.018) | 0.014<br>(0.016) | 0.028<br>(0.022) | -0.021<br>(0.019) | 0.018<br>(0.017) |
| 家庭生活水平（非贫困=1） | 0.246***<br>(0.056) | — | 0.875***<br>(0.130) | 0.595***<br>(0.152) | -1.359***<br>(0.145) | 1.177***<br>(0.130) |
| 患慢性病数量 | 0.012<br>(0.023) | -0.223***<br>(0.054) | -0.833***<br>(0.060) | -0.387***<br>(0.063) | 0.519***<br>(0.064) | -0.143**<br>(0.052) |
| 地区类型（东部地区=1） | 0.418***<br>(0.053) | 0.032<br>(0.127) | 0.477***<br>(0.121) | 0.655***<br>(0.163) | -0.362*<br>(0.147) | 0.085<br>(0.124) |
| 过去一年子女经济支持（自然对数） | 0.060***<br>(0.010) | 0.098***<br>(0.023) | 0.038+<br>(0.022) | 0.051+<br>(0.028) | -0.088***<br>(0.026) | 0.077***<br>(0.023) |
| 生活需要时子女照顾（是=1） | -0.170*<br>(0.070) | 0.308+<br>(0.169) | -0.108<br>(0.161) | 0.408*<br>(0.191) | -0.105<br>(0.186) | 0.605***<br>(0.163) |
| 与子女见面频率（次/年） | 0.003**<br>(0.001) | 0.001<br>(0.004) | 0.007*<br>(0.003) | -0.003<br>(0.004) | -0.003<br>(0.004) | 0.011**<br>(0.004) |
| 与子女通过电话（微信）联系频率（次/半年） | 0.004***<br>(0.001) | 0.010***<br>(0.002) | -0.001<br>(0.002) | -0.008**<br>(0.003) | -0.001<br>(0.002) | 0.005*<br>(0.002) |
| N | 1299 | 1299 | 1296 | 1297 | 1289 | 1299 |
| Log-likelihood | — | -1290.72 | -1504.38 | -656.98 | -736.25 | -1398.59 |
| $R^2$/Pseudo $R^2$ | 0.146 | 0.046 | 0.101 | 0.107 | 0.147 | 0.065 |

注：括号里的数字为标准误；+ $p<0.1$，* $p<0.05$，** $p<0.01$，*** $p<0.001$（双尾检验）。

从表6-8可以发现，估计模型中七个控制变量和家庭主体的四个自变量对留守老人福祉的六个因变量的影响大部分比较一致，也有个别存在差异,但总体上对留守老人福祉各指标的影响趋向一致。

从表6-8的第2—4行可以发现,三个群体因素对留守老人福祉的六个指标的影响基本一致。在控制了其他因素之后,不同年龄对留守老人自评健康、抑郁症状、生活满意度的影响均没有显著的差异,而对年均收入、家庭生活水平、生活自理能力的影响均有显著的差异;年龄越大,年均收入就越低、家庭生活水平就越高、生活能够自理的几率同样就越低。在控制了其他因素之后,不同性别对留守老人家庭生活水平、自评健康和生活满意度的影响都没有显著的差异,而对年均收入、生活自理能力、抑郁症状的影响都有显著的差异;相对于女性来说,男性的年均收入更高、生活能够自理的几率更高、有抑郁症状的几率更低。

在控制了其他因素之后,不同婚姻状况对留守老人自评健康、生活自理能力、生活满意度的影响都没有显著的差异,而对留守老人年均收入、家庭生活水平和抑郁症状的影响都有显著的差异;相对于非在婚来说,在婚的留守老人年均收入更低、家庭生活水平更高、有抑郁症状的几率更低。总的来看,年龄和性别变量对留守老人生活自理能力均有显著的影响,性别和婚姻状况对留守老人抑郁症状均有显著的影响,年龄和婚姻状况对留守老人的家庭生活水平均有显著的影响。年龄、性别、婚姻状况三个群体因素对留守老人年均收入都有显著的影响,也就是说,三个群体因素对留守老人的经济福祉具有极为重要的影响。

从表6-8的第5—6行可以发现,两个阶层因素对留守老人福祉的六个指标的影响差异较大。在控制了其他因素之后,受教育年限对留守老人自评健康、生活自理能力、抑郁症状、生活满意度四个变量都没有显著的影响,而受教育年限对留守老人的年均收入和家庭生活水平均有显著的影响;受教育年限越高,留守老人的年均收入和家庭生活水平就越高。在控制了其他因素之后,家庭生活水平对留守老人福祉的五个维度都有显著的影响,并且都是在0.001的水平上显著。相对于贫困家庭来说,非贫困家庭的留守老人年均收入更高、自评健康更好、生活自理能力更强、有抑郁症状的可能性更小、生活满意度更高。这充分说明,家庭生活水平是影响留守老人福祉的极其重要的因素。只有提高了留守老人的经济生活水平,使他们经济生活上彻底脱离贫困,达到相对富裕的物质生活水平,才是提升其福祉水平的最重要的政策性举措。

表6-8的第7行显示，患慢性病数量对留守老人福祉的六个指标的影响基本一致。保持其他因素不变，患慢性病数量仅仅对留守老人年均收入没有显著的影响；而对其家庭生活水平、自评健康、生活自理能力、抑郁症状、生活满意度五个指标都有显著的影响。患慢性病数量越多，留守老人的家庭生活水平就越高、自评健康就越好、生活能够自理的几率就越高、有抑郁症状的可能性就越小、生活满意度就越高。也就是说，减少慢性病数量，增强身体健康水平，留守老人的福祉水平才会更高。

从表6-8的第8行可以发现，不同地区类型对留守老人福祉的六个指标的影响基本一致。保持其他因素不变，不同地区类型对留守老人的家庭生活水平和生活满意度的影响均没有显著的差异；而对其年均收入、自评健康、生活自理能力、抑郁症状四个维度的影响都有显著的差异。与中西部地区相比，东部地区留守老人的年均收入更高、自评健康更好、生活自理能力更强、有抑郁症状的可能性更小。这充分说明，留守老人福祉水平存在着较大的地区差异。

总体来看，在七个控制变量中，患慢性病数量对留守老人福祉其中的五个指标具有显著的影响，地区类型对其中的四个指标有显著的影响。这说明，患慢性病数量和地区类型是影响留守老人福祉提升的重要变量，减少慢性病数量、降低地区之间的差距，才能逐渐降低留守老人福祉之间的差异。然而，只有家庭生活水平变量对留守老人福祉的各个维度都有显著的影响。也就是说，家庭生活水平对留守老人福祉的影响效应最大，家庭生活水平是影响留守老人福祉最为关键的控制变量，经济上的贫困是制约留守老人福祉提升的最重要因素。

从表6-8的第9—12行可以发现，家庭主体的四个变量对留守老人福祉各个维度的影响有所差异。过去一年子女经济支持变量对留守老人福祉的所有六个指标都有显著的效应；生活需要时子女照顾和与子女通过电话（微信）联系频率两个变量对留守老人福祉的四个指标都有显著的效应；而与子女见面频率变量仅仅对留守老人福祉的三个指标有显著的效应。

从表6-8的第9行可以发现，保持其他因素不变，过去一年子女经济支持变量对留守老人的六个指标都有显著的影响。子女们提供的经济支持越多,留守老人的年均收入就越高、家庭生活水平就越高、自评健康就越好、生活自理能力就越强、有抑郁症状的可能性更低、生活满意度更高。由此可以发现,来自子女提供的经济支持,基本解决了留守老人物质生活上的后顾之忧,从而也大大提升了留守老人的福祉水平。因此,子女经济支持是家庭主体四个变量中对留守老人福祉提升最为基础和最为关键的变量。

表6-8的第10行显示,保持其他因素不变,生活需要时有子女照顾对留守老人的自评健康和抑郁症状没有显著的影响,而对其年均收入、家庭生活水平、生活自理能力、生活满意度都有显著的影响。相对于生活需要时没有子女照顾来说,有子女照顾的留守老人的年均收入水平更高、家庭生活水平更高、生活自理能力更强、生活满意度更高。由此可以看出,生活需要时有子女照顾,让留守老人晚年生活有所依靠,减轻了其生活上的负担,从而提升了其福祉水平。

从表6-8的第11行可以发现,保持其他因素不变,与子女见面频率对留守老人的家庭生活水平、生活自理能力和抑郁症状均没有显著的影响,而对其年均收入、自评健康、生活满意度都有显著的影响。与子女见面的频率越高,留守老人的年均收入就会越高、自评健康就会更好、生活满意度就会更高。与子女见面的频率越高,就意味着子女给留守老人提供的生活照顾和情感支持越多,这样也更能够提升留守老人的福祉水平。

从表6-8的第12行可以发现,在控制了其他因素之后,与子女通过电话(微信)联系频率对留守老人的自评健康和抑郁症状没有显著的影响,而对其年均收入、家庭生活水平、生活自理能力、生活满意度都有显著的影响。与子女通过电话(微信)联系频率越高,留守老人的年均收入就会越高、家庭生活水平就越高、生活自理能力就越强、生活满意度就越高。因而,与子女通过电话(微信)联系频率这一情感支持,让留守老人精神上得以慰藉,从而提升了其福祉水平。

总体来看,家庭主体的四个变量,即子女经济支持、子女生活照顾、与子女见面频率、与子女通过电话(微信)联系频率对留守老人的年均收入和生活满意度都有显著的影响效应,对留守老人的生活水平、自评健康、生活自理能力、抑郁症状也都有不同程度的影响效应。这充分说明,家庭主体对提升留守老人的经济福祉和心理福祉水平的作用极其重要。同时，家庭主体在提升留守老人的健康福祉水平上也起着重要的作用。也就是说，家庭主体是提升留守老人福祉水平的极其重要的因素。

综上所述，这一研究结果也验证了家庭代际互惠理论，即成年子女对其父母的经济支持、生活照顾、情感支持，报答了父母对其的养育之恩，让父母能够安度晚年，从而大大提升了他们的福祉水平。研究结果也表明，家庭代际互惠理论在解释当今中国农村家庭主体与留守老人福祉问题上，依然是比较合理和有效的分析视角。

## 第二节 家庭主体与留守老人福祉的定性研究

从前文的定量研究可以发现，来自子女的经济支持、生活照料，以及情感支持共同构成的家庭主体，能够显著提升留守老人的福祉水平，也就是说，家庭主体是影响留守老人福祉的极其重要的因素。本书将继续从这个视角出发，通过定性的访谈研究进一步了解家庭主体在留守老人福祉治理中的影响作用和角色定位，对被访谈对象深度访谈的话语资料进行理解和分析，深入挖掘家庭主体在留守老人福祉治理中存在的困境。另外，要想真正理解家庭功能与留守老人福祉之间的关系，就必须把微观的家庭成员利益互动与宏观的农村地区社会结构，包括农村福利制度和传统孝道文化等联系起来深入理解。

### 一 家庭功能蕴含的制度与文化分析

在中国数千年历史上，家庭一直处于整个社会的核心地位。家庭养老在我国已经绵延了数千年，家庭主体长期以来都是中国农村最为重要的养老主体。要理解家庭主体与留守老人福祉之间的关系，就必须深入剖析家庭主体蕴含的家庭养老制度的变迁、传统的孝老文化、留守老人自身家庭角色的社会认同，以及现代乡村社会结构的变迁。

（一）留守老人对其家庭角色的社会认同

角色是指一定社会身份所要求的一般行为方式及其内在的态度和价值

观基础。① 角色也可以理解为个体在社会群体中被赋予的身份及该身份应发挥的功能。② 留守老人对其家庭角色的社会认同直接决定着其福祉水平，因而应深入探讨其社会角色的认同。在我国农村社会，老年人是没有退休这一概念的，即便 2009 年新型农村社会养老保险开始普及，但是因为其基础养老金非常低，根本无法满足留守老人日常生活的花销，因而他们依然需要通过农业劳动来维持自己日常生活的花销。对留守老人来说，土地依然是可以产生财富的来源，只有通过农业耕种才能获得一定的养老保障。③ 60 岁以上的留守老人如果没有患严重的疾病，哪怕是到了 70 岁，甚至 80 岁，他们还在从事农业劳动或其他体力劳动，只有他们的身体到了不能再劳动的时候，他们才会停下劳动。同时，他们大多还要承担抚养孙辈的家庭角色，直到孙辈们上了初中或者高中，他们才能完成这一家庭角色。

"恩往下流"也是传统孝文化在当今农村社会发生嬗变的结果，它是指代际资源较少分配给老年父母，而更多地分配给成年子女，甚至孙辈们。"恩往下流"的直接后果便是老人赡养资源不足。对此，更合理的解释可能是社会分化和社会竞争的加剧"倒逼"老人自行降低自己的福祉。④ 由于当下农村社会的急剧分化和竞争，留守老人为了让自己的子女能够获得较多的物质财富上的积累，并在乡村社会竞争中占据优势，留守老人总是想方设法为子女的发展提供机会，如为了让子女安心在外打工而承担所有农业生产劳动，并抚养孙辈；为了降低子女的经济负担，而自行养老。从某种意义上说，"恩往下流"也反映了留守老人对其家庭角色的社会认同的无奈之举。

> 我不用孩子们照顾，我自己就能顾住自己。我自己做饭吃，想吃啥就吃啥，方便得很。大概前年吧，还是大前年，村里边让我去扫垃圾，每个月都有 1000 多块钱啊，不是太多，但也够我花的了。现在的政府真是好呐，咱没有工作，就给咱找个工作，好比再生父母。现在

---

① 乐国安：《社会心理学》（第 3 版），中国人民大学出版社 2017 年版。
② 俞国良：《社会心理学》（第 3 版），北京师范大学出版社 2015 年版。
③ 王晶：《找回家庭：农村代际合作与老年精神健康》，社会科学文献出版社 2016 年版。
④ 狄金华、钟涨宝：《变迁中的乡村养老》，中国社会科学出版社 2016 年版。

呢，我还有种的地，能打些粮食，基本上不朝（向）孩子们要钱，孩子们也不容易，我孙子孙女还上着学呢，有时候我也会给孙子孙女们一点钱。我这经济条件中等水平吧，挺好的，以前哪有这生活呀，天天白面馍吃的，以前都没啥吃。不敢比，现在经济条件好太多了，国家有钱了，老百姓也有钱了。（留守老人07）

俺成天（整天）都是种地，多少种点地，农村都是担担挑挑，种点地吃吃。孙子们的学费生活费啥的，都是娃子（儿子）给寄的钱。娃子媳妇都出去打工了，不在家里，孙子孙女都留在家里了，俺们在家照看孙子孙女，好让娃子们安心在外打工挣钱。我们在家里，多少有点活做点活，有个百八十块钱够花就行了。有活了出去干点活，没活了在家种点地，家里没有别的收入。多少种点地，农村人只要种点地，粮食不用买，吃菜也花不了多少钱。能顾住（日常花销）就中了。（留守老人10）

俺家，比着门儿上（邻居）的人，（生活）条件算是一般的吧。也木（没有）让孩子们给钱花，平时他们回来都拿的有东西。俺俩（老伴二人）喂了两头猪，种了七八亩地，还有粮食补贴，这七八亩地，一个人大概就是一年一百多点，按人头摊，俺家按六个人头算。你看着那不少钱，但是那不抵事儿，震这儿（现在）的钱不值钱，不过也足够花了，月月还有一百多块的养老金。俺俩身体也挺好的，也不给孩子们增加负担，俺觉着这日子就中了。（留守老人36）

咱以前给人家犁地，去外头打点工。你看看这家里院子里种了不少菜，够吃了，不用买（菜）了。俺（我）给别人也建筑房子。震这儿（现在）谁家盖房了，人家信着（找到）你，干完了，再去旁处盖盖，都有活干。老年人能多少干点活，活动活动筋骨，省得在家闷得慌。我身体还行，还能挣些钱，俺俩这都顾住了，也不指望娃子们。（留守老人44）

俺震这儿（现在）自己能顾住（日常生活的花销），能种些地，自个能吃点，没有好的，有赖的，有些粗粮食，都是小麦、玉米这两样。还种些菜，够吃了，也不用掏钱买菜了。有时候粮食吃不完了，多少还能粜点，挣俩零花钱。加上养老金再补助点，收入来源就是这

### 第六章　留守老人福祉治理的家庭功能

些，没有其他别的收入了。娃子们有时候逢年过节了，也给点钱。俺在家负责带带孙子孙女，木其他啥事了。这日子还中嘞。（留守老人49）

分析上面的谈话资料可以看出，留守老人对其家庭角色的定位是尽量通过劳动耕作来满足日常的生活，不到万不得已都不会去向子女伸手要钱，除非自己的身体状况差到不能再进行劳作，正如他们所说的"俺俩身体也挺好的，也不给孩子们增加负担"，"老年人能多少干点活，活动活动筋骨，省得在家闷得慌"。同时，留守老人还要承担起抚养孙辈的家庭角色，这种祖孙隔代抚养行为节省了家庭在未成年人照料上的开支，缓解了年轻人在照顾孩子上的压力，解决其后顾之忧，有助于成年子女在城市的就业和劳动参与，从而提高家庭的经济收入。①

由于担负起抚养孙辈们的重任，他们通过农业劳动或其他劳动来获取经济收入的几率就会大大减弱，而且孙辈们上学和日常生活的开支也会大大增加，因而他们在经济上就不得不依赖子女们的支持。正如他们所说："孙子们的学费生活费啥的，都是娃子（儿子）给寄的钱"，"娃子们有时候逢年过节了，也给点钱"。留守老人对这一家庭角色也比较认同："娃子媳妇都出去打工了，不在家里，孙子孙女都留在家里了，俺们在家照看孙子孙女，好让娃子们安心在外打工挣钱。"其实留守老人这种既辛勤劳作又抚养孙辈的家庭角色也早已被变迁的农村社会所认同。

以上的定性研究结果也基本印证了孙鹃娟的研究，即按照从高到低的顺序排列，子女供养、自我劳动收入、养老金、低保金、财产性收入是农村老年人最主要的经济来源。② 总体来看，子女供养和自我劳动收入是留守老人经济来源的两大支柱，社会化的保障收入只能起到补充作用。由于留守老人的其他经济来源有限，养老金在他们的经济来源中份额又不大，除了子女供养之外，继续劳动成为绝大多数留守老人的必然选择。

因为土地承包经营权和宅基地使用权都归村集体，农民无偿使用，不

---

① 孙鹃娟：《城镇化、农村家庭变迁与养老》，知识产权出版社2018年版。
② 孙鹃娟：《城镇化、农村家庭变迁与养老》，知识产权出版社2018年版。

能买卖,这就为中国农民保留了与土地结合起来的最基本的权利。土地是农民的基本生产资源和生活保障,可以防止他们因为种种不测事件而变得一无所有,也就防止了大量贫民的出现。① 也就是说,虽然土地养老保障的功能在日益弱化,但土地毕竟给予了留守老人一定的经济来源,同时也给予了留守老人安全感和生活意义。因而,依靠土地来从事农业生产活动,这也比较符合他们对自己应承担的家庭角色的认同和接纳。

(二) 家庭代际互惠提升了留守老人的幸福感

在中国传统社会中,家庭代际互惠关系一直是人类社会关系的核心和纽带。② 费孝通将西方人的代际关系用公式表示为 F1→F2→F3→F4,而中国人的代际关系的公式是 F1⟵⟶F2⟵⟶F3⟵⟶F4(其中,F 代表世代,→表示抚养,←表示赡养)。西方社会是接力模式,而中国社会是反馈模式。③ 按照费孝通的反馈模式理论,当老年人不能自养时,成年子女必须给予生活上的照料和赡养,以达到代际关系之间的均衡互惠,这样一个社会共同体才能长期维持下去。养儿防老是均衡中国人世代之间取予的传统家庭养老模式。④

家庭在留守老人养老中扮演着极其重要的角色,甚至是留守老人养老的核心根基所在,对留守老人养老问题的研究基本都围绕以家庭成员关系为核心的各种社会关系的探讨。就留守老人养老问题来说,亲子关系居于各种社会关系的最核心位置。代际关系在微观层面表现为一种家庭结构,在宏观层面则表现为一种社会结构。⑤ 家庭代际互惠关系就是依据血缘、法律等自然和社会制度安排形成的社会关系,而这种家庭代际关系是留守老人养老能够依赖的最重要的社会关系。

> 我这病老多,成天去看病,都是娃子们(儿子们)掏钱,我都想着还不如死了算了,活着给娃子们添负担。不过娃子们都同(很)孝

---

① 贺雪峰:《大国之基:中国乡村振兴诸问题》,东方出版社 2019 年版。
② 狄金华、钟涨宝:《变迁中的乡村养老》,中国社会科学出版社 2016 年版。
③ 费孝通:《家庭结构变动中的老年赡养问题——再论中国家庭结构的变动》,《北京大学学报》(哲学社会科学版)1983 年第 3 期。
④ 秦永超:《农村老年人福祉困境及多元治理机制研究》,中国社会科学出版社 2019 年版。
⑤ 孙鹃娟:《城镇化、农村家庭变迁与养老》,知识产权出版社 2018 年版。

## 第六章 留守老人福祉治理的家庭功能

顺。我有一次就是早上有病了,全身乱颤,俺娃子给我到医院里头,医生给我做做手术,做完手术,我这嘴都不会张了,舌头不会转弯,不会吃饭。俺娃子给我买了饭,我就是张不开嘴呀,俺娃子也是急得流眼泪,后来医院给我插了胃管,俺娃子就把饭用机器打成稀的,然后给我推到胃里,我真是给我这娃子找事。但是俺娃子也不会不管,我人老嘞,都得靠娃子们嘛,养儿防老嘛。(留守老人02)

现在这生活过得不赖,孩子们都可孝顺。今天中秋节,都是往家里面打钱嘞,我今天来就是看看这钱打上了没,哈哈哈。养闺女好啊。你看,一个闺女给我打了一千块钱。现在闺女们都嫁出去了,娃子(儿子)也当兵回来了,都又去打工了,之前在黑龙江,现在就在洛阳。闺女们都可能干了,我那闺女在新疆开广告公司,给人家设计广告嘞,设计一个都挣可多钱嘞,哈哈哈。现在这社会,闺女们都有地位了啊,这在婆子家都不敢咋着(看不起)她,只要闺女正干,那婆子都没啥说,是不是。闺女娃子过得都挺好,俺觉着可美嘛。(留守老人24)

我这闺女娃子(儿子)都可孝顺,从小给他们拉扯大,木(没有)白养。闺女每次回来,带馍带菜啥都带,我的衣裳都是她买的,媳妇也买。娃子(儿子)给我买项链、戒指、镯子,哈哈哈哈。那有时候给俺带城里,出去吃饭啥的,同是花钱,他不叫吃瞎的,俺那一年,他给我们接到郑州,住七八天,待俺可好了,一到黑儿(晚上),他给那洗脚水端去。他给你拉到这转,拉到那看,拉到开封,看看那清明上河园。天天往家买东西吃,买这买那,我好吃猪蹄,往家买一兜,哈哈。反正闺女娃子老是孝顺,这都觉得心满意足了。(留守老人25)

在子女社会化的过程中,子女们已经习得了"养儿防老"的各种伦理规范,知道了小时候接受父母的养育之恩,现在自己成家立业了,而父母已经年迈,自己有责任为父母提供各种养老资源,即父母养我小,我养父母老。留守老人对"养儿防老"观念也表示高度认同,"我这闺女娃子(儿子)都可孝顺,从小给他们拉扯大,木(没有)白养"。这种家庭代际互惠也大大提升了留守老人的获得感、幸福感、安全感。这种均衡互惠的反馈模式内生于乡土中国,是乡土社会的实践逻辑在家庭代际互动过程中的再现与投射。

在乡土中国的场域中,反馈模式有三个方面的支撑:一是土地养老的保障;二是家庭在乡土社会所扮演的重要角色;三是在熟人社会里所倡导的乡村社区养老情理和伦理规范。① 另外,也正是宏观层面的孝文化规范,如留守老人所说:"我人老嘞,都得靠娃子们嘛,养儿防老嘛",以及微观层面的社区养老情理保障了传统代际互换的基本对等,实现了家庭内部"抚养—赡养"这一反馈模式的正常运转。只有家庭代际反馈模式的正常运转,才能真正地提升留守老人的获得感、幸福感、安全感。

(三)家庭孝文化的解读:孝顺孝顺,顺了才孝;老少包容,兄弟相让

文化是一种成为习惯的精神价值和生活方式,它的最终成果是集体人格。② 在中国传统文化中,孝一直是被推崇的,是长期保留下来的主流文化。"百善孝为先",孝作为中国传统社会最基本的道德规范和行为准则,自然能够以自我完善为基础,实现家庭和睦、国家安定、天下太平。③ 孝是中国文化最突出的特色,孝可视为中国传统社会的根本文化,中国社会就是以孝为基础的社会。④ 传统孝文化也是中国农村家庭代际互惠得以传承的伦理基础。如果说血缘关系及其背后的权力关系构成了中国传统社会结构稳定的社会基础,那么包括传统的孝道文化则构成了社会结构稳定的文化基础。⑤ 正所谓:"孝顺孝顺,顺了才孝;老少包容,兄弟相让",这样才构成了家庭孝文化的核心内涵。

我国传统孝文化具有强大的生命力,能够延续数千年绝非偶然,而是有其历史必然性的。家国一体的传统社会结构是孝文化产生和存在的政治基础。在传统社会结构中,国即是家,家即是国。国之本在家,因此,以

---

① 狄金华、钟涨宝:《变迁中的乡村养老》,中国社会科学出版社2016年版。
② 余秋雨:《中国文化课》,中国青年出版社2019年版。
③ 陈功:《社会变迁中的养老和孝观念研究》,中国社会出版社2009年版。
④ 杨国枢:《中国人孝道的概念分析》,载杨国枢《中国人的心理》,(中国台湾)桂冠图书公司1989年版。
⑤ 狄金华、钟涨宝:《变迁中的乡村养老》,中国社会科学出版社2016年版。

家庭为本位的孝文化受到了高度重视，并由普通的家庭伦理规范上升为普遍的社会道德规范，并深刻影响着中国人的日常生活。①

> 我上小学的时候，好（爱）看书，我现在家里收拾得可好，大门口有个匾额："永和祥"。上屋墙上有副对子："难得糊涂传古训，天地良心福寿康"。人度量得大，难得糊涂，不管是小的还是老的，啥事都别太斤斤计较，这样一家人才能和和气气的。孝顺孝顺，顺了才孝。小的听话孝顺，老的也不是说那种无理取闹的人，这才算真正的永和祥，哈哈，这是咱中华民族的传统，几千年传下来的老理儿，一辈一辈传下来的。孝，可是咱们中华民族的根和魂呐。（留守老人08）

> 孝顺老人是两个人的关系，老嘞（老人）得是老嘞样，小嘞（孩子）得是小嘞样，得互相团结啊。那你这婆子当嘞好，你这媳妇都能当嘞好，如果说你这老嘞不尊重人了，说话不讲方式了，那媳妇是外来人，人家养大了，送到你家当媳妇嘞。这个状况得看你俩互相关怀啊。你会当老嘞，人家娃子（儿子）就会当小嘞，小嘞就是爱耍爱吃爱享受，老嘞就是爱清静，哈哈就是得互相理解、相互包容，孝顺就这么个事。（留守老人16）

> 那时候有的娃子（儿子）老实，有的娃子不老实，有可能你给老嘞（老人）兑钱了，他不想兑，就这种情况。结果那老嘞（父母）给娃子告到法院还不中嘞，那这木门（没有办法）。咱村里还有那孩子告老嘞（老人）的，因为啥呢，分家木分好。确实有那老嘞太偏心，分家嘛，各种情况都有，有的偏向老二，有的偏向老大，都不一样。结果这一整都有矛盾了，哪个娃子能干了，都偏向那个娃子。现在想想孝顺不孝顺，那有时候也看老嘞公平不公平，兄弟之间谦让不谦让，这很有关系。（留守老人22）

> 孝，我囡末着（觉得），它是一种啥现象呢，父养子，子养父。那以前的时候，老嘞（父母）有本事，门儿上人（外人）都看得起你娃子（孩子）。老嘞要是没本事，（别人）连你娃子也看不起。娃子长

---

① 陈功：《社会变迁中的养老和孝观念研究》，中国社会出版社2009年版。

大后，他要是有本事，相同地，门上人就会抬举你父母。孝啊。那得是娃子们争气，让门上人也看起你老嘞。另外，"孝"就是子女常回家看看，孝呀，它是一种文化，是一种制度。过去的孝，那是真的孝，以前不是有这个，守孝三年，不剪头发嘛，意思就是说父母死了，埋到坟地里头，这孩子们去墓地尽孝，那头发呀都留得很长。现在的孝，那咋说来呀，木（没）法说，父母不在了，心情都不好，还搁（在）那摆台吹响器（摆台唱戏），表面上看着是孝，实际上它不是孝，是这闺女娃子们为了面子上好看些，做给外头人看的。（留守老人35）

现在的闺女娃子（儿子）们，那有的孝顺，有的不孝顺。那（日子）过得美（经济条件好）的娃子都是孝顺的，娃子们有钱了，给你买吃的、买穿的。过得不美（经济条件差）的娃子咋去孝顺你呢？那他木（没有）钱了，他帮急（经济很紧张），他咋去孝顺父母呢？他成天（每天）潘腾（忙）着他那一家子的事情，他咋去孝顺老嘞（父母）呢？不过有的就算他急（经济紧张），他也可以孝嘛。他常回家看看，就是不拿东西，他心里惦记着老嘞（父母），那也是孝。（留守老人37）

娃子们（儿子们）有钱儿了，他给父母一点儿也就不在乎了。到时候顺带着（间接）他们的父母花点钱，自然就不用害怕了。这一代一代都是这样的。作为子女，并不是说天天给父母拿鸡鸭鱼肉就是孝顺。在我看来，孝就是你吃的啥，你让你父母也吃啥，不虐待父母，这样就行。当然在穿衣上，其实老年人并不喜欢穿非常潮流的衣裳，只要衣裳干干净净的、能遮体、能避寒就可以了。老嘞（老人）老了，有口饭吃，有件衣服穿，这就中了。还有，孝顺就是你得听你父母的话，顺着父母。我说的听话，并不是说啥话都得听。我说的听话是指选择父母讲得对的话来听。这就是符合我说的孝。（留守老人40）

我国传统社会主流价值观所倡导的"孝"，既是一种文化，又是一种制度，同时也是中华民族的"根"和"魂"。正如留守老人们所说："孝顺孝顺，顺了才孝"，"人度量得大，难得糊涂，不管是小的还是老的，啥事都别太斤斤计较，这样一家人才能和和气气的"，"老嘞（老人）得是老嘞样，小嘞（孩子）得是小嘞样，得互相团结啊"，"你会当老嘞，人家娃子（孩子）就会当小嘞……就是得互相理解、相互包容，孝顺就这么个事"，"孝顺不孝顺，那有时候也看老嘞公平不公平，兄弟之间谦让不谦让"，"孝顺就是你得听你父母的话，顺着父母"。这些通俗易懂的话语，却深刻地道出了传统家庭孝文化的精髓。因而要研究留守老人福祉困境问题，必须要放在传统的家庭孝文化的场域里去理解和探讨。只有充分了解家庭孝文化和家庭养老制度，才会真正地去挖掘留守老人福祉面临的各种问题和困境，找到其解决的路径。

（四）留守老人面临家庭经济和精神赡养之间的两难选择

子女外出务工对农村留守老人在家庭经济上产生一定的正面影响，然而在精神上却产生一定的负面影响。农村留守老人面临家庭经济与精神之间的两难选择，他们在对待子女经济赡养与精神赡养的问题上其实是一种矛盾心理。① 然而受家庭生活所迫，留守老人及其子女也不得不在经济赡养和精神养老上做出最终的艰难选择，不得不放弃精神赡养，让子女们能够安心在外务工养家糊口，当然这也是无奈之举，也是当今农村家庭的普遍现象。

对留守老人子女来说，离开农村到城市打工是一种生活逻辑的空间分配策略，即城市是他们财富生产的主要空间，农村则是他们价值生产的主要空间。从城市获取的经济资源在就地满足基本生存所需之后，剩余的经济资源都被带回农村，用于支持下一代拥有更好的前途和未来，以及年迈父母的赡养，他们也从中获得了生活意义和人生价值。财富和价值生产空间的错位配置是留守老人子女的个体选择，更是一种理性的社会行为，它让留守老人子女可以相对低成本地获得体面和尊严，同时也维持着乡村社会的活力。②

　　闺女家离得不远，闺女也都出去打工了，除了打工也没别的工

---

① 叶敬忠、贺聪志:《中国农村留守人口之留守老人：静寞夕阳》，社会科学文献出版社2014年版。
② 贺雪峰:《南北中国：中国农村区域差异研究》，社会科学文献出版社2017年版。

作，一年也可（很）忙。在江苏那边，有时候到大年二十九回来，有时候到三十才回来，你端人家碗都得受人家管，人家不让你回来，你也回来不成，这可不是和在家里一样，想往哪走往哪走的，人家厂里忙了都请不来假。有一次，她家那老公公绊倒（摔倒）住进医院里，她还回不来嘞，到年下（过年）了，回来转一圈可走了。俺多想让闺女搁家（在家）多待上几天，陪俺好好说说话。但她工作太忙了，木（没有）办法呀。想想只要俺俩身体都怪（挺）好，就行了。要是成天在你眼皮底下，挣不来钱，咋过日子嘞。孩子们只要正干，为了生活，不能见面也值了。这就是老话说那，可怜天下父母心呀。（留守老人10）

农村地区经济社会发展相对滞后，农村青壮年劳动力不得不到城镇谋求生计，而老年人却不得不留守在家里。大多数"半工半耕"农户家庭缺少全家进城的经济能力，而希望借家庭代际分工来分别获得务工和务农收入，以实现渐进式进城。① 而留守老人也明确表示："俺多想让闺女搁家（在家）多待上几天，陪俺好好说说话。但她工作太忙了，木（没有）办法呀……要是成天在你眼皮底下，挣不来钱，咋过日子嘞。孩子们只要正干，为了生活，不能见面也值了。"因此，留守在家的农村老年人不可避免地面临物质与精神之间的两难选择，他们一方面期望子女们外出打工给予他们物质上的供养，另一方面也更加渴望来自子女们在精神上的慰藉和情感上的支持。

（五）传统家庭伦理文化的嬗变，导致"恩往下流"

"恩往下流"意味着家庭代际资源较少地分配给留守老人，而较多地分配给成年子女或者孙辈们。"恩往下流"造成的直接后果是留守老人赡养资源保障不足和留守老人福祉降低。② 随着农村家庭结构的变迁和劳动力的加速流动，孝道的内涵逐渐从传统上强调父母和子女之间的辈分关系，以及子女对父母的顺从义务，转向相互亲情和辈分权威并存的双元

---

① 王德福、陈文琼：《弹性城市化与接力式进城——理解中国特色城市化模式及其社会机制的一个视角》，《社会科学》2017年第3期。

② 狄金华、钟涨宝：《变迁中的乡村养老》，中国社会科学出版社2016年版。

模型。① 从某种意义上说，农村养老模式出现了断裂，或者说是农村的孝道文化陷入了迪尔凯姆意义上的失范状态。② 家庭伦理文化在传统的农村社会一直起着维系其社会结构和关系的功能，然而这一功能在当今转型期的农村社会日益弱化，家庭成员不再仅仅生活在家庭之中，家庭本位价值观逐渐被个人本位价值观所取代，而家庭内部的代际关系也开始由以长辈为中心转变为以下代为中心。③

  不怕恁（你们）笑话，俺大娃子（大儿子）不孝啊。在外地打工好多年才回来一次，娃子他妈给他说句话，他都不理。他这好像都跟那木爹木娘一样，我也好像都木这大娃子一样。当年我打了两处宅子，老大不正干（争气），我生他嘞气，木给他那房子收拾（内部装修）。实际上，俺那老二娃子也是自己找人给房子收拾了收拾，我也木（没有）帮忙。老大娃子说咱偏心，说我端不平，都没再回来看过咱。时间长了也不想了，他都不要他爹娘了，我还考虑他干啥。有时候想这事啊，真是我就说看不起这样不孝顺人，哎呀老嘞（老人）年纪都大了，你不孝顺，都不怕自己孩子将来也这样。哎呀，俺们都分家20多年了，我那大娃子就给我端一回饺子，都是很早的时候。木门（没办法），断绝了，电话都不打，那不是有人说让我去告他，我说那告他也不舍嘞，都是自己娃子嘞，人家都自己过了，我也不想再让他难堪。不想走那一步，走那一步老不得劲。（留守老人20）

  孝文化，小嘞（小孩）老的抚养，老嘞（老人）小的赡养。不孝的人一直都有，现在也有呀，看以前有家法有族谱，都会对你有约束，现在都出去打工，平时都不在家，那他怎么尽孝，真心孝顺的少呀。他们现在主要是照顾着他们自己的小家，有时候对老人都会照顾不到。以前儿媳妇不是怕婆婆嘛，现在好像都颠倒过来了，以前婆婆

---

  ① 胡安宁：《老龄化背景下子女对父母的多样化支持：观念与行为》，《中国社会科学》2017年第3期。

  ② 应星：《农户、集体与国家——国家与农民关系的六十年变迁》，中国社会科学出版社2014年版。

  ③ 任德新、楚永生：《伦理文化变迁与传统家庭养老模式的嬗变创新》，《江苏社会科学》2014年第5期。

说啥就是啥，现在都是媳妇说了算，婆婆得听媳妇的。（留守老人 31）

俺那老伴儿死得早，他 70 岁就死了。我独孤远儿（一个人）过了 21 年，我记得很清楚，他是 5 月死的，那天我们俩一起去物资局（大娘的老伴儿活着时工作的地方），他上去那物资局的楼梯就下不来啦！从他生病开始，我一直伺候他吃喝拉撒，直到他死去。嘿嘿，说起来我们闺女娃子一大堆，俺俩都辛辛苦苦给他们拉扯大了，宣得很呐（好得很呐）！临了临了，竟没一个来给他养老送终，我心凉啊！他们一个个都在外工作，工作都忙嘛，大半年才回来一次，坐一会儿就走了，连陪我吃顿饭的工夫都木有呀！唉，乖娃儿呀！你心得放开（想开）呀！不想了，有些话，说再多也木用。有些事，只有我自己最懂，想得再多也改变不了什么。（留守老人 38）

俺跟老伴俺俩单独住。唉呀，三屯就那一个娃子（儿子），关系不是老好，三个娃子一个闺女，闺女在广州打工。俺这娃子他在三屯，我是再婚。跟俺亲娃子关系不是很好，娃子们都不肯来。平常他都不搭理俺，都不问。还没后娃子亲，前两天，我去县城住院，那门上儿人（同村人）给我送去了，医疗本都搁家（在家里）嘞，送去了我打电话让他（亲儿子）拿去，他不得闲，就不去拿。住院几天，根本也不去瞅俺一眼（看望一下）。别人都笑话咱。这亲娃子还没有后娃子好呢。原来的老伴不到五十岁就去世了，这老伴身体好，她老伴也早都去世了。我来这都二十年了，就这种情况。（留守老人 46）

过去那时候，你结婚一到人家（婆家），人家（婆婆）让你咋着（怎么样）你都得咋着来。过去那时候的人啊。他不孝顺也得孝顺，祖祖辈辈都是这样传下来的。到震这儿（现在）是社会一下变完了，老祖宗传下来的这"孝顺"规矩也不灵了。这人都变啦，老年人也变啦。人家现在搁家里，媳妇说啥是啥，你这老年人说啥都不是啥，婆子得听媳妇的。你说这是让这"孝顺"变成啥了，但是震这儿，孝顺也变不回去啦！震这儿那"孝"，都是叫你吃碗饭，不跟你吵，不跟你闹，都是好的了，这都是现在俺想的"孝顺"。（留守老人 52）

# 第六章　留守老人福祉治理的家庭功能

当今转型期的农村社会，原本支撑反馈模式的乡土社会发生着巨大的变革：年轻人不再被土地束缚，开始离开土地，走出村庄；传统的家本位和父权主义的家族制度也随之崩溃，农村家庭代际关系逐渐下移，呈现"恩往下流"的新特征；传统的熟人社会的格局被打破，传统的孝老文化也开始异化或丧失原有的作用。① 正如留守老人所说："老大娃子说咱偏心，说我端不平，都没再回来看过咱。时间长了也不想了，他都不要他爹娘了，我还考虑他干啥"，"以前儿媳妇不是怕婆婆嘛，现在好像都颠倒过来了……现在都是媳妇说了算，婆婆得听媳妇的"，"他们一个个都在外工作，工作都忙嘛，大半年才回来一次，坐一会儿就走了，连陪我吃顿饭的工夫都木有呀"，"震这儿（现在）是社会一下变完了，老祖宗传下来的这'孝顺'规矩也不灵了……现在媳妇说啥是啥，你这老年人说啥都不是啥，婆子得听媳妇的"。这也说明传统的家庭伦理文化在我国农村地区逐渐发生嬗变，亟须重塑以适应快速变革中的农村社会。

在当今我国农村社会，子代履行养老责任还受到父代资源在子代间的均衡分配，即一碗水端平。② 如果父代一碗水没有端平，那么子代履行养老责任就会大打折扣。另外，传统代际交换中的互惠均衡在当今农村社会已经被打破，一方面，留守老人总是主动或被动地加大对其子女的帮扶；另一方面，成年子女却对留守老人的赡养视为一种"有限责任"，其所提供的赡养资源也远不及他们从父母那里获得的资源。③ 正如留守老人所说："说起来我们闺女娃子一大堆，俺俩都辛辛苦苦给他们拉扯大了，宣得很呐（好得很呐）！临了临了，竟没一个来给他养老送终，我心凉啊！"这种代际交换的不对等性已经成为转型期代际互动的一个重要特征。

（六）留守老人子女不孝行为的社会制约

在中国传统社会，对于子孙不孝于老人的行为，不亚于撼动传统的家长权威，甚至威胁到国家的统治理念。因此，对于不孝罪行的惩罚尤其严重，家庭和家族在这一惩罚体系中扮演了重要的作用。然而到了现代农村社会，传统的制约子女的权威力量已经失去效用，家长权威、土地资源等

---

① 狄金华、钟涨宝：《变迁中的乡村养老》，中国社会科学出版社2016年版。
② 贺雪峰：《南北中国：中国农村区域差异研究》，社会科学文献出版社2017年版。
③ 狄金华、钟涨宝：《变迁中的乡村养老》，中国社会科学出版社2016年版。

都在急剧的社会变迁中慢慢消失了。因而子女对其父母的照料更多的是基于一种反哺式的情感理念，而非一种强制性的社会制约。①

在农村社会中，老年人通常碍于情面不会将不孝行为公之于众，正所谓"家丑不可外扬"。只有家庭矛盾到了极其严重的情况下，才会变成一个村庄里的公共议题。对于儿女不孝的行为，老年人一般通过两个途径来解决：一是通过村庄里德高望重的老人说和；二是通过村委会的干部来进行调节，但这也都是调节的层面，并不是法律性质的强制执行的层面。

> 俺村可是有那娃子（儿子）不孝顺老嘞（父母）的，爹娘死他都不想往前面去。大队干部还管不住嘞，下面那一家，他爹死是枯球（缩）到地头，他娘死他是死活不上前，他那堂兄弟帮他给埋了。你说老嘞（父母）要不是给他养大，他能长这么大，娶妻成家了，现在整个这。那老嘞也不知道咋得罪他了，老嘞死了，人家就是不上前，就像没这事，都不去。俺村还有一家，弟兄仨，爹活着的时候，就木人去看看他，爹死了，弟兄仨都不去埋。大队干部来调解好几天，算是给他爹埋了。这他娘照样是木人管。大队干部让他娘去那法庭告，人家娘说不舍得，要是告了，就把一家人就告散了，还是可怜孩子，管他嘞。不养活算完（就算了），不要老嘞算完（就算了），凑合着过吧，也木几年活头了。（留守老人10）

> 你像南堡（村庄）那里，我那天见个老婆，两只手都忐忐颤，人家那仨娃子都不养活她，我说："木那你吃饭咋吃嘞？吃粮食咋吃嘞？"人家说："秋天去地里拾点蜀黍（玉米），麦天（收麦子的时候）去那场边起，扫点，勃（筛）点麦。"娃子们经过大队干部劝说，说了一回又一回，说了好几回。让大队干部来调解的时候，那娃子们都承当给老太婆兑钱，给她粮食。可是过了之后，也没人管她，看也木人看她。看都没人看她，人家说："人家年轻人（娃子们）有处使，谁得罪人家嘞？我这年纪大了，没处使了，年轻人有处使，没敢得罪人家。人家大队干部不是光管你这一家的呀，人家光给你解决事情？

---

① 王晶：《找回家庭：农村代际合作与老年精神健康》，社会科学文献出版社2016年版。

喊一回喊一回都喊三回了呀，三回去解决，娃子们都是答应得好好的，给粮食给钱，可是大队走了之后，啥也不给了。"这老婆说着都哭了，"我这大年纪，一个老婆成天啥都没吃过，连棵葱我都没买过，那都难成这样子了。"这娃子们真是不孝顺啊。（留守老人49）

在这种通过村干部调节的方式下，留守老人依然处于被动的弱势地位，因为最终还是依托于子女的赡养，老年人通常没有太多的发言权，只能被动地接受调解人的安排。正如他们所说："大队干部来调解的时候，那娃子们都承当给老太婆兑钱，给她粮食。可是过了之后，也没人管她，看也木人看她。"村委会干部的调解并不具有对留守老人子女生杀予夺的权力，只能动之以情、晓之以理。如果儿女拒绝接受，村干部没有什么办法进行惩罚，而乡村的舆论作用对于常年在外打工的子女来说几乎没有约束力。

在留守老人心目中，家依然是一个情感共同体，他们一般只强调自己对后代的责任和义务，对子女不计回报地付出，即便当子女们尽孝不到位时也会给予宽容。正如留守老人所说："大队干部让他娘去那法庭告，人家娘说不舍得，要是告了，就把一家人就告散了，还是可怜孩子，管他嘞。"因此，就出现了当今农村社会的"爱子有余，养老不足"的代际剥削的现象。[①]

（七）留守老人精神期待与现代社会伦理的断裂

农村留守老人大多出生在20世纪四五十年代，传统农村社会的文化习俗深深地影响着他们的价值观念，即使在当代社会，这些传统的价值观念在一定程度上依然主导着他们的精神世界，其中，最重要的就是传统家庭的养儿防老、维护老人权威等价值理念和精神期待。[②] 中国以儒家为代表的孝文化对留守老人的影响是深远的，代际之间的养老行为方式在农村社会特有的环境影响下代代传承下来，并约定俗成地成为行为规则加以遵从，更为重要的是，这些行为规则深深镌刻在他们的思想观念中，成为他

---

[①] 狄金华、钟涨宝：《变迁中的乡村养老》，中国社会科学出版社2016年版。
[②] 王晶：《找回家庭：农村代际合作与老年精神健康》，社会科学文献出版社2016年版。

们的共同认知和精神期待。① 然而，新型孝道文化，演变产生了"孝而不顺"的孝道观念再定义和下行式家庭主义②，"伦理转向"导致了下位优先分配原则③。

然而，由于现代社会伦理的转型，尤其是女性就业率的提升，女性在家庭中的地位也日益提升，而女性在家庭中可以提供的养老资源却越来越少，留守老人的精神期待和现实世界中子女们可以提供的养老资源产生了巨大的差距。在这种情况下，即使留守老人在物质生活上没有担忧，但在精神期待上的失落，就会使部分留守老人无法摆脱晚年生活的悲凉心态。

> 俺们村还出现过那种给老嘞（父母）送到养老院里就不管的，四个娃子（儿子）一个姑娘，给娃子们在城里都安排工作了。老嘞退休了，老伴也去世了。后来又娶了一个老婆，过了不到二年，被娃子们给撵走了。后来老嘞有病了，得让人伺候啊。他有退休金，让娃子们从城里回家来伺候。这久病床前无孝子啊，娃子们伺候几天就不想伺候了，就给他爹送到养老院里了。老嘞多想和娃子们住在一起呀，住家里心情也好啊。木（没有）办法呀。年纪大了，脏兮兮的，养老院的人也不尽心伺候。结果，在那养老院里，他心情肯定很不好嘛，又一直生病，没过多久就死在养老院里了，死的时候，一个娃子也不在身边。这都是家务事说不清，要我说呀，这娃子们都是太不孝顺了，老嘞给你养活这么大，到老了你不管他，这就是没良心，用咱那话说得天打五雷轰。（留守老人08）

> 俺家只有一个坏表（钟表），转也不会转。我不知道日子，我也不知道现在是几点。我是听门儿口的人说今天是八月十五，我心里头想着，娃子们会不会回来看看我这个瞎（憨）老婆儿？嘿嘿，我就独

---

① 孙鹃娟：《城镇化、农村家庭变迁与养老》，知识产权出版社2018年版。
② 阎云翔、杨雯琦：《社会自我主义：中国式亲密关系——中国北方农村的代际亲密关系与下行式家庭主义》，《探索与争鸣》2017年第7期。
③ 狄金华、郑丹丹：《伦理沦丧抑或是伦理转向——现代化视域下中国农村家庭资源的代际分配研究》，《社会》2016年第1期。

孤远儿（一个人）跑到那村口儿的石头上坐着，我坐到那儿能看得远些儿，那边儿车也多，人也多。可是我等啊等，终究是木（没）等回来一个。俺有仨娃子仨闺女呀！等着他们回来真是太难了！我每天都裵（待）在这儿，天天坐在这凉哇哇的石头上把住村口儿。他要是回来了，肯定得到这儿过路（路过）呀！他不到这儿过路会行吗？我眼老是花了，我瞅不见他们，他们也肯定能瞅见我。可是说出去老丢人了，我就像一个信球（傻子）一样，独孤远儿（一个人）坐在这儿，人家别人都不搭理我。嘿嘿嘿。（留守老人38）

从上述两位留守老人的访谈可以看出，他们的精神期待和现实世界中儿女可以提供的养老支持产生了巨大的差距，甚至出现"在那养老院里，他心情肯定很不好嘛，又一直生病，没过多久就死在养老院里了，死的时候，一个娃子也不在身边"。由于现代社会伦理的断裂，年轻人对老年人的家庭权威越来越不尊重，甚至到了对其老年父母不管不问的地步，正如留守老人所说："今天是八月十五，我心里头想着，娃子们会不会回来看看我这个瞎（憨）老婆儿？嘿嘿，我就独孤远儿（一个人）跑到那村口儿的石头上坐着，我坐到那儿能看得远些儿，那边儿车也多，人也多。可是我等啊等，终究是木（没）等回来一个。"这些行为在传统社会绝对是不能容忍的不孝行为，但是在当今转型时期的农村社会，这些行为已经司空见惯。对于有思维惯性的留守老人，这种社会变革是他们难以接受的，自己能够做的也只有慢慢地去适应，有的甚至无法再继续维持自己的生活。

传统的社会规范和留守老人的精神期待产生了严重的错位冲突，由此造成了留守老人群体自我感知的价值沦丧，与村庄社会关系的疏远，从而导致村庄内部和家庭内部的结构关系紧张。[①] 当留守老人群体的被赡养诉求不能在家庭得以实现时，留守老人群体就会产生不公正的剥夺感，同时无论村庄的社会规范，还是国家的法律制度都不能有效地维护老年人的精神诉求，留守老人晚年的精神期待就会更加失衡。

---

① 王晶：《找回家庭：农村代际合作与老年精神健康》，社会科学文献出版社2016年版。

## 二 乡村振兴背景下家庭对留守老人福祉治理的责任履行

在乡村振兴过程中，家庭是留守老人福祉治理最重要的主体之一。如何增强家庭的养老功能是乡村振兴和乡村治理的重要课题。通过定性的深度访谈，研究结果不但印证了定量研究得出的观点，同时还进一步明确了乡村振兴背景下家庭主体对留守老人福祉治理的责任履行状况。总体来看，本书认为，由于成年劳动力的外流和家庭结构的变迁，家庭主体的养老功能在日益弱化，但它在留守老人福祉治理中仍然承担着最为重要的福利责任。农村家庭养老这一传统模式并没有发生根本性的改变，家庭依然是留守老人养老得以依赖的最重要主体。

同时定性研究也发现，由于留守老人子女长期在外务工，虽然留守老人的经济条件得到了一定程度的改善，但他们在生活照料和精神慰藉上面临着长期的空缺，家庭这一传统的基础性责任主体面临着极大的不稳定性和风险性。家庭主体在留守老人福祉提升中面临着诸多的困境，这些困境从定性的深度访谈中就可以清晰地发现。无论是主观因素还是客观因素，家庭主体的养老功能无疑在逐渐弱化，农村老年人的照护问题日益严重。[①]

> 俺们村还出现过那种给老嘚（父母）送到养老院里就不管的，四个娃子（儿子）一个姑娘，给娃子们在城里都安排工作了。老嘚退休了，老伴也去世了。后来又娶了一个老婆，过了不到二年，被娃子们给撵走了。后来老嘚有病了，得让人伺候啊。他有退休金，让娃子们从城里回家来伺候。这久病床前无孝子啊，娃子们伺候几天就不想伺候了，就给他爹送到养老院里了。老嘚多想和娃子们住在一起呀，住家里心情也好啊。木（没有）办法呀。年纪大了，脏兮兮的，养老院的人也不尽心伺候。结果，在那养老院里，他心情肯定很不好嘛，又一直生病，没过多久就死在养老院里了，死的时候，一个娃子也不在身边。这都是家务事说不清，要我说呀，这娃子们都是太不孝顺了，

---

[①] 于长永、代志明、马瑞丽：《现实与预期：农村家庭养老弱化的实证分析》，《中国农村观察》2017年第2期。

## 第六章 留守老人福祉治理的家庭功能

老嘞给你养活这么大，到老了你不管他，这就是没良心，用咱那话说得天打五雷轰。(留守老人 08)

闺女家离得不远，闺女也都出去打工了，除了打工也没别的工作，一年也可（很）忙。在江苏那边，有时候到大年二十九回来，有时候到三十才回来，你端人家碗都得受人家管，人家不让你回来，你也回来不成，这可不是和在家里一样，想往哪走往哪走的，人家厂里忙了都请不来假。有一次，她家那老公公绊倒（摔倒）住进医院里，她还回不来嘞，到年下（过年）了，回来转一圈可走了。俺多想让闺女搁家（在家）多待上几天，陪俺好好说说话。但她工作太忙了，木（没有）办法呀。想想只要俺俩身体都怪（挺）好，就行了。要是成天在你眼皮底下，挣不来钱，咋过日子嘞。孩子们只要正干，为了生活，不能见面也值了。这就是老话说那，可怜天下父母心呀。(留守老人 10)

俺那老伴儿死得早，他 70 岁就死了。我独孤远儿（一个人）过了 21 年，我记得很清楚，他是 5 月死的，那天我们俩一起去物资局（大娘的老伴儿活着时工作的地方），他上去那物资局的楼梯就下不来啦！从他生病开始，我一直伺候他吃喝拉撒，直到他死去。嘿嘿，说起来我们闺女娃子一大堆，俺俩都辛辛苦苦给他们拉扯大了，宣得很呐（好得很呐）！临了临了，竟没一个来给他养老送终，我心凉啊！他们一个个都在外工作，工作都忙嘛，大半年才回来一次，坐一会儿就走了，连陪我吃顿饭的工夫都木有呀！唉，乖娃儿呀！你心得放开（想开）呀！不想了，有些话，说再多也木用。有些事，只有我自己最懂，想得再多也改变不了什么。(留守老人 38)

从以上三位留守老人的访谈内容可以发现，乡村振兴过程中家庭主体对留守老人福祉治理存在的最大困境就在于，由于成年子女长期在外务工，留守老人的物质生活水平虽然得到了相应改善，但其生活上的照料和精神上的慰藉却严重缺失，基本上得不到相应的支持和保障。家庭主体对留守老人承担的照料责任长期缺失，肯定会大大降低留守老人的健康福祉和心理福祉水平，同时也势必会把照料责任推向政府和社会主体，加大了政府和社会主体的养老责任及风险,这就是养老福利责任的替代性预期现象。

所谓替代性预期现象,是指由于政府制定了制度性养老扶持政策,老人的子女们自身开始产生一种预期或者一种期待,期待政府既然开始承担起养老的责任了,子女就可以从家庭养老责任中解放出来了。政府的期待是"我已经开始出钱出力帮助你解决一部分家庭养老的困难了,你们的经济压力减轻了,因此应该更加用心照顾你们的长辈了"。家庭中子女的期待是"好啊,政府既然开始承担家庭养老的责任了,那你就多承担一些好了,甚至全包了算了"。这可以理解为一种家庭和政府之间契约关系的失衡现象。①

在当今农村社会,传统的家庭养老方式正逐步面临着多重挑战,家庭养老功能日益弱化。由于农村人口老龄化的加剧,农村成年劳动力的外流,农村家庭结构日益小型化和空巢化,家庭提供照料的可能性越来越小,而且农村土地养老保障的功能也日益弱化②,因而留守老人依赖家庭养老的风险会越来越大。这些都是乡村振兴战略实施过程中必须面对和亟待解决的社会问题。

## 本章小结

本书的定量研究表明,家庭主体的四个变量,即过去一年子女经济支持、生活需要时子女照顾、与子女见面频率、与子女通过电话(微信)联系频率对留守老人的年均收入和生活满意度都有显著的影响效应,对留守老人的家庭生活水平、自评健康、生活自理能力、抑郁症状也都有不同程度的影响效应。这充分说明,家庭主体对提升留守老人的经济福祉和心理福祉的作用极其重要。同时,家庭主体在提升留守老人的健康福祉上也起着重要的作用。也就是说,家庭主体是提升留守老人福祉的极其重要的

---

① 刘燕:《制度化养老、家庭功能与代际反哺危机——以上海市为例》,上海世纪出版集团、上海人民出版社2016年版。

② 丁志宏:《中国老年人经济生活来源变化:2005—2010》,《人口学刊》2013年第1期。

## 第六章 留守老人福祉治理的家庭功能

因素。

本书通过定性的深度访谈资料发现,家庭代际互惠与留守老人福祉关系的背后,蕴含着深厚的农村家庭福利制度和传统孝亲文化。其主要包括留守老人对其家庭角色的社会认同;家庭代际互惠对留守老人幸福感的提升;对家庭孝文化的解读;留守老人面临家庭经济和精神赡养之间的两难选择;传统家庭伦理文化的嬗变,导致"恩往下流";留守老人子女不孝行为的社会制约;留守老人精神期待与现代社会伦理的断裂。只有深入挖掘代际互惠背后的家庭福利制度与传统孝道文化,才能真正把握家庭福利制度与留守老人福祉之间的因果关系。

定性研究最终还发现,乡村振兴背景下家庭主体的养老功能在日益弱化,但它在留守老人福祉治理中仍然承担着最为重要的福利责任。农村家庭养老这一传统模式并没有发生根本性的改变,家庭依然是留守老人养老得以依赖的最重要主体。另外,家庭主体存在的最大困境就在于,由于农村人口老龄化的加剧,农村成年劳动力外流到城市,长期在城市务工,家庭提供照料的可能性越来越小,传统的家庭养老方式正逐步面临着多重挑战。虽然留守老人的物质生活水平得到了一定程度的改善,但其生活上的照料和精神上的慰藉却严重缺失,基本上得不到相应的支持和保障。另外,农村土地养老保障的功能也日益弱化,因而留守老人依赖家庭养老的风险会越来越大。这些都是乡村振兴战略实施过程中必须面对和亟待解决的社会问题。

# 第七章　留守老人福祉治理的社区功能

本章的第一节将根据徐永祥的社区发展论，先提出社区主体对留守老人福祉影响作用的研究假设，然后通过回归模型的分析，分别进行了验证，以检验本书提出的研究假设，旨在探讨社区主体对留守老人福祉的影响关系。第二节将通过定性访谈资料进一步了解社区主体对留守老人福祉的影响效应和角色定位，深挖社区主体背后蕴含的社区福利制度和社区邻里互助文化，从而探讨乡村振兴背景下社区主体对留守老人福祉治理的责任履行。

## 第一节　社区主体与留守老人福祉的定量研究

根据徐永祥的社区发展论，本节先提出社区主体对留守老人福祉影响的研究假设，然后通过多元回归模型的建立分别进行了验证，旨在检验研究假设，探讨社区主体对留守老人福祉的影响效应。

### 一　定量研究假设

徐永祥的社区发展论认为，社区发展是指居民、政府和社会组织整合社区资源、发现和解决社区问题、改善社区生活环境，塑造居民的社区归属感和共同体意识、加强社区参与、培育互助与自治精神，旨在提高社区居民的生活质量和生活水平，从而推动社会的全面进步。[1] 因此，本书就

---

[1] 徐永祥：《社区发展论》，华东理工大学出版社2000年版。

## 第七章 留守老人福祉治理的社区功能

具体的社区主体与留守老人福祉之间的关系,提出如下假设。

### (一) 社区主体与留守老人自评健康

根据前文的文献回顾可以发现,社区主体在多元养老体系中处于重要地位,它主要是农村社区和村干部通过向留守老人提供社区老年活动中心、社区卫生服务站、邻里互助文化建设等来实现对留守老人福祉的保障。而来自农村社区提供的社区老年活动中心、社区卫生服务站、邻里互助文化建设会对留守老人自评健康产生一定的影响。[①] 基于此,本书提出以下假设:

> 假设14:社区主体有助于提升留守老人自评健康水平。
> 假设14a:有社区老年活动中心的留守老人,其自评健康水平要高于没有的留守老人。
> 假设14b:有社区卫生服务站的留守老人,其自评健康水平要高于没有的留守老人。
> 假设14c:对村干部认可的留守老人,其自评健康水平要高于不认可的留守老人。
> 假设14d:社区邻里互助文化建设得好的留守老人,其自评健康水平要高于建设不好的留守老人。

### (二) 社区主体与留守老人生活自理能力

根据文献回顾部分可知,生活自理能力作为衡量留守老人健康福祉的重要指标,其与社区老年活动中心、社区卫生服务站、村干部认可度、邻里互助文化建设应具有一定程度的联系。基于此,提出如下假设:

> 假设15:社区主体有助于提升留守老人生活自理能力。
> 假设15a:有社区老年活动中心的留守老人,其生活自理能力要强于没有的留守老人。

---

[①] 张邦辉、陈乙酉:《邻里关系对农村留守老人身心健康的影响研究——基于劳动力流出地10省市调查数据的实证分析》,《管理世界》2017年第11期。

假设 15b：有社区卫生服务站的留守老人，其生活自理能力要强于没有的留守老人。

假设 15c：对村干部认可的留守老人，其生活自理能力要强于不认可的留守老人。

假设 15d：社区邻里互助文化建设得好的留守老人，其生活自理能力要强于建设不好的留守老人。

### (三) 社区主体与留守老人抑郁症状

根据前文的文献回顾部分可知，抑郁症状是测量留守老人心理福祉的有效性量表，它是衡量留守老人心理福祉的一个重要维度。而社区老年活动中心、社区卫生服务站、村干部认可度、邻里互助文化建设都会对留守老人抑郁症状产生一定的影响。① 基于此，提出如下假设：

假设 16：社区主体会降低留守老人有抑郁症状的可能性。

假设 16a：有社区老年活动中心的比没有的留守老人，其更可能没有抑郁症状。

假设 16b：有社区卫生服务站的比没有的留守老人，其更可能没有抑郁症状。

假设 16c：对村干部认可的比不认可的留守老人，其更可能没有抑郁症状。

假设 16d：社区邻里互助文化建设得好的比不好的留守老人，其更可能没有抑郁症状。

### (四) 社区主体与留守老人生活满意度

根据文献回顾部分可知，生活满意度是衡量留守老人心理福祉的一个重要维度。而社区老年活动中心、社区卫生服务站、村干部认可度、邻里

---

① 陈东、张郁杨：《不同养老模式对我国农村老年群体幸福感的影响分析——基于 CHARLS 基线数据的实证检验》，《农业技术经济》2015 年第 4 期。

互助文化建设都会对留守老人的生活满意度产生显著的影响。① 基于此，提出如下假设：

假设 17：社区主体有助于提升留守老人生活满意度。

假设 17a：有社区老年活动中心的留守老人，其生活满意度要高于没有的留守老人。

假设 17b：有社区卫生服务站的留守老人，其生活满意度要高于没有的留守老人。

假设 17c：对村干部认可的留守老人，其生活满意度要高于不认可的留守老人。

假设 17d：社区邻里互助文化建设得好的留守老人，其生活满意度要高于建设不好的留守老人。

**二 数据分析结果**

在本部分，把社区主体作为自变量，把留守老人福祉的自评健康、生活自理能力、抑郁症状、生活满意度四个指标作为因变量，通过回归分析逐一验证社区主体对留守老人福祉各指标的作用假设。

（一）社区主体与留守老人自评健康

由于因变量——自评健康变量是有序的五分类变量，因此采用序次 Logistic 回归模型来进行统计分析。为分别估计控制变量和自变量（社区老年活动中心、社区卫生服务站、村干部认可度、邻里互助文化建设）对因变量（留守老人自评健康）的影响效应，本书采用了嵌套模型的建模策略，模型 1 是仅包含控制变量的基准模型。模型 2 在模型 1 的基础上增加了社区老年活动中心变量，以检验是否有社区老年活动中心对留守老人自评健康的影响。模型 3 在模型 2 的基础上增加了社区卫生服务站变量，以检验是否有社区卫生服务站对留守老人自评健康的影响。模型 4 在模型 3 的基础上增加了村干部认可度变量，以检验村干部认可度对留守老人自评

---

① 李宗华、张风：《农村空巢老人生活满意度差异及影响因素分析》，《东岳论丛》2012 年第 6 期。

健康的影响。模型5在模型4的基础上增加了邻里互助文化建设变量,以检验邻里互助文化建设对留守老人自评健康的影响。具体统计结果如表7-1所示。

表7-1 社区主体与留守老人自评健康的序次Logistic回归模型

| 变量 | 模型1 | 模型2 | 模型3 | 模型4 | 模型5 |
| --- | --- | --- | --- | --- | --- |
| 年龄 | -0.003<br>(0.008) | -0.002<br>(0.008) | -0.003<br>(0.008) | -0.003<br>(0.008) | -0.003<br>(0.008) |
| 性别<br>(男性=1) | 0.027<br>(0.116) | 0.020<br>(0.116) | 0.021<br>(0.116) | 0.021<br>(0.116) | 0.022<br>(0.116) |
| 婚姻状况<br>(在婚=1) | -0.087<br>(0.123) | -0.068<br>(0.123) | -0.069<br>(0.123) | -0.061<br>(0.123) | -0.063<br>(0.123) |
| 受教育年限 | 0.015<br>(0.016) | 0.013<br>(0.016) | 0.011<br>(0.016) | 0.011<br>(0.016) | 0.012<br>(0.016) |
| 家庭生活水平<br>(非贫困=1) | 0.890***<br>(0.126) | 0.910***<br>(0.127) | 0.922***<br>(0.127) | 0.892***<br>(0.128) | 0.887***<br>(0.129) |
| 患慢性病数量 | -0.830***<br>(0.060) | -0.835***<br>(0.060) | -0.842***<br>(0.060) | -0.839***<br>(0.060) | -0.840***<br>(0.060) |
| 地区类型<br>(东部地区=1) | 0.491***<br>(0.120) | 0.515***<br>(0.121) | 0.474***<br>(0.125) | 0.475***<br>(0.125) | 0.477***<br>(0.125) |
| 社区老年活动中心<br>(有=1) | | 0.236*<br>(0.107) | 0.178<br>(0.116) | 0.200+<br>(0.117) | 0.194+<br>(0.117) |
| 社区卫生服务站<br>(有=1) | | | 0.167<br>(0.135) | 0.170<br>(0.135) | 0.167<br>(0.135) |
| 村干部认可度<br>(认可=1) | | | | 0.234+<br>(0.125) | 0.213+<br>(0.128) |
| 邻里互助文化建设<br>(好=1) | | | | | 0.101<br>(0.139) |
| N | 1298 | 1298 | 1298 | 1298 | 1298 |
| Log-likelihood | -1509.62 | -1507.15 | -1506.39 | -1504.62 | -1504.36 |
| Pseudo $R^2$ | 0.098 | 0.099 | 0.100 | 0.101 | 0.101 |

注:括号里的数字为标准误; +$p<0.1$, *$p<0.05$, **$p<0.01$, ***$p<0.001$(双尾检验)。

表7-1报告了社区主体对留守老人自评健康影响的模型估计结果。从模型1可以发现，在七个控制变量中，年龄、性别、婚姻状况、受教育年限四个变量对留守老人自评健康均没有显著的影响，而家庭生活水平、患慢性病数量、地区类型三个变量对留守老人自评健康都有显著的影响。在控制了其他变量之后，相对于贫困家庭来说，非贫困家庭的留守老人自评健康更好；患慢性病数量越多，留守老人自评健康就越好；相对于中西部地区来说，东部地区的留守老人自评健康更好。这里需要强调的是家庭生活水平变量，保持其他因素不变，非贫困家庭留守老人自评健康更好的几率比贫困家庭的要高出144%左右（$e^{0.890}-1≈1.435$，$p<0.001$）。由此可以发现，代表相对收入指标的家庭生活水平变量对留守老人自评健康具有显著的效应，家庭生活水平的提高显著提升了留守老人自评健康水平。这一研究结果也充分说明，家庭生活水平是影响留守老人自评健康的最为重要的控制变量。

表7-1的模型2在模型1的基础上增加了社区老年活动中心变量，目的是检验有无社区老年活动中心对留守老人自评健康的影响作用。模型估计结果显示，有无社区老年活动中心对留守老人自评健康有显著的影响。在控制了其他因素之后，有社区老年活动中心的留守老人自评健康更好的几率比没有的要高出27%左右（$e^{0.236}-1≈0.266$，$p<0.05$）。因此，假设14a得到了验证。这一研究结果与陈东、张郁杨[①]的研究具有相似性。这说明，与社区没有老年活动中心相比，有社区老年活动中心显著提升了留守老人的自评健康水平，也就是说，农村社区的老年活动中心是影响留守老人自评健康的重要因素。农村老年活动中心的设立，为留守老人提供了健身、休闲、娱乐、交往的场所，让留守老人积极锻炼身体，从而对提升其自评健康水平起到了积极作用。

表7-1的模型3在模型2的基础上增加了社区卫生服务站变量，目的是检验有无社区卫生服务站对留守老人自评健康的影响作用。模型估计结果显示，有无社区卫生服务站对留守老人自评健康并没有显著的影响。这

---

① 陈东、张郁杨：《不同养老模式对我国农村老年群体幸福感的影响分析——基于CHARLS基线数据的实证检验》，《农业技术经济》2015年第4期。

一结果没有证实假设14b。也就是说，农村社区卫生服务站的设置对提升留守老人自评健康水平的作用比较有限。

这里需要注意的是，虽然社区卫生服务站对留守老人自评健康的影响没有统计学上的显著性，但是模型2中在0.05水平上显著的社区老年活动中心变量，到了模型3中却不显著了，并且其回归系数也在下降。这一结果说明社区老年活动中心变量的部分功能被社区卫生服务站变量所解释，这意味着在留守老人自评健康提升方面，社区老年活动中心的作用受制和取决于社区卫生服务站的作用，也就是说，只有卫生服务站保证了留守老人的卫生健康问题，才能发挥老年活动中心的作用。

表7-1的模型4在模型3的基础上增加了村干部认可度变量，目的是检验村干部认可度对留守老人自评健康的影响效应。模型估计结果显示，村干部认可度对留守老人自评健康有显著的影响。在控制了其他因素之后，对村干部认可的留守老人自评健康更好的几率比不认可的要高出26%左右（$e^{0.234}-1 \approx 0.264$，$p<0.1$）。因此，假设14c得到了验证。这一研究结果说明，与对村干部不认可相比，对村干部认可显著提升了留守老人的自评健康水平，也就是说，村干部认可度在提升留守老人自评健康方面起着重要的作用。

这里需要注意的是，模型3中并不显著的社区老年活动中心变量，到了模型4中却在0.1的水平上显著，而且回归系数也在上升，这说明村干部认可度变量的部分功能被社区老年活动中心变量所解释。换句话说，在提升留守老人自评健康水平方面，社区老年活动中心发挥的作用比村干部认可度的作用更大。

表7-1的模型5在模型4的基础上增加了邻里互助文化建设变量，目的是检验邻里互助文化建设对留守老人自评健康的影响。模型估计结果显示，邻里互助文化建设对留守老人自评健康并没有显著的影响。这一结果没有证实假设14d。也就是说，邻里互助文化建设对提升留守老人自评健康水平的作用比较有限。

综上所述，在社区主体的四个变量中，社区老年活动中心和村干部认可度两个变量都对留守老人自评健康有显著的影响效应。而社区卫生服务站和邻里互助文化建设都对留守老人自评健康没有显著的影响效应。假设

14 部分得到验证。总体来看，社区主体对提升留守老人自评健康水平具有重要的作用。

(二) 社区主体与留守老人生活自理能力

由于因变量——生活自理能力变量是二分类变量，因此采用二元 Logistic 回归模型来进行统计分析。为分别估计控制变量和自变量（社区老年活动中心、社区卫生服务站、村干部认可度、邻里互助文化建设）对因变量（留守老人生活自理能力）的影响效应，本书采用了嵌套模型的建模策略，模型1是仅包含控制变量的基准模型。模型2在模型1的基础上增加了社区老年活动中心变量，以检验是否有社区老年活动中心对留守老人生活自理能力的影响。模型3在模型2的基础上增加了社区卫生服务站变量，以检验是否有社区卫生服务站对留守老人生活自理能力的影响。模型4在模型3的基础上增加了村干部认可度变量，以检验村干部认可度对留守老人生活自理能力的影响。模型5在模型4的基础上增加了邻里互助文化建设变量，以检验邻里互助文化建设对留守老人生活自理能力的影响。具体统计结果如表7-2所示。

表7-2 社区主体与留守老人生活自理能力的二元 Logistic 回归模型

| 变量 | 模型1 | 模型2 | 模型3 | 模型4 | 模型5 |
| --- | --- | --- | --- | --- | --- |
| 年龄 | -0.075*** (0.010) | -0.074*** (0.010) | -0.075*** (0.010) | -0.076*** (0.010) | -0.076*** (0.010) |
| 性别（男性=1） | 0.307* (0.150) | 0.297+ (0.152) | 0.302* (0.152) | 0.299* (0.153) | 0.302* (0.153) |
| 婚姻状况（在婚=1） | -0.156 (0.155) | -0.110 (0.156) | -0.112 (0.156) | -0.101 (0.156) | -0.102 (0.157) |
| 受教育年限 | 0.024 (0.022) | 0.017 (0.022) | 0.013 (0.022) | 0.015 (0.022) | 0.016 (0.022) |
| 家庭生活水平（非贫困=1） | 0.575*** (0.147) | 0.621*** (0.149) | 0.638*** (0.150) | 0.596*** (0.151) | 0.589*** (0.151) |
| 患慢性病数量 | -0.360*** (0.062) | -0.381*** (0.063) | -0.394*** (0.064) | -0.390*** (0.064) | -0.391*** (0.064) |

续表

| 变量 | 模型1 | 模型2 | 模型3 | 模型4 | 模型5 |
| --- | --- | --- | --- | --- | --- |
| 地区类型<br>(东部地区=1) | 0.673***<br>(0.161) | 0.778***<br>(0.165) | 0.687***<br>(0.174) | 0.677***<br>(0.173) | 0.682***<br>(0.173) |
| 社区老年活动中心<br>(有=1) | | 0.561***<br>(0.141) | 0.449**<br>(0.158) | 0.473**<br>(0.158) | 0.461**<br>(0.158) |
| 社区卫生服务站<br>(有=1) | | | 0.281<br>(0.178) | 0.297+<br>(0.178) | 0.295+<br>(0.177) |
| 村干部认可度<br>(认可=1) | | | | 0.321*<br>(0.154) | 0.287+<br>(0.158) |
| 邻里互助文化建设<br>(好=1) | | | | | 0.168<br>(0.185) |
| N | 1298 | 1298 | 1298 | 1298 | 1298 |
| Log-likelihood | -669.25 | -661.19 | -659.95 | -657.81 | -657.39 |
| Pseudo $R^2$ | 0.096 | 0.107 | 0.108 | 0.111 | 0.112 |

注：括号里的数字为标准误；+ $p<0.1$，* $p<0.05$，** $p<0.01$，*** $p<0.001$（双尾检验）。

表7-2报告了社区主体对留守老人生活自理能力影响的模型估计结果。从模型1可以发现，在七个控制变量中，婚姻状况、受教育年限两个变量对留守老人的生活自理能力均没有显著的影响，而年龄、性别、家庭生活水平、患慢性病数量、地区类型五个变量对留守老人生活自理能力都有显著的影响。在控制了其他因素之后，年龄越大，留守老人的生活自理能力更弱；相对于女性来说，男性留守老人的生活自理能力更强；相对于中西部地区来说，东部地区的留守老人的生活自理能力更强。这里需要强调的是，代表相对收入的家庭生活水平变量和代表客观身体健康状况的患慢性病数量变量，不仅对留守老人生活自理能力有显著的影响，而且都是在0.001的水平上显著，这充分说明，家庭生活水平和患慢性病数量是影响留守老人生活自理能力的最为关键的控制变量。

表7-2的模型2在模型1的基础上增加了社区老年活动中心变量，目的是检验有无社区老年活动中心对留守老人生活自理能力的影响作用。模型估计结果显示，有无社区老年活动中心对留守老人生活自理能力有显著

的影响。在控制了其他因素之后,有社区老年活动中心的留守老人日常生活能够自理的几率比没有的要高出75%左右（$e^{0.561} - 1 \approx 0.752$，$p < 0.001$）。因此,假设15a得到了验证。这一研究结果说明,农村社区设有老年活动中心是留守老人生活自理能力的重要影响因素,其对提升留守老人的生活自理能力起到了积极作用。

表7-2的模型3在模型2的基础上增加了社区卫生服务站变量,目的是检验有无社区卫生服务站对留守老人生活自理能力的影响作用。模型估计结果显示,有无社区卫生服务站对留守老人生活自理能力并没有显著的影响。这一结果没有证实假设15b。也就是说,农村社区卫生服务站的设置对提升留守老人生活自理能力的作用比较有限。

这里需要注意的是,虽然社区卫生服务站对留守老人生活自理能力的影响没有统计学上的显著性,但是模型2中在0.001水平上显著的社区老年活动中心变量,到了模型3中却在0.01的水平上显著,并且其回归系数也在下降。这一结果说明社区老年活动中心变量的部分功能被社区卫生服务站变量所解释,这意味着在提升留守老人生活自理能力方面,社区老年活动中心的作用取决于社区卫生服务站作用的发挥。

表7-2的模型4在模型3的基础上增加了村干部认可度变量,目的是检验村干部认可度对留守老人生活自理能力的影响效应。模型估计结果显示,村干部认可度对留守老人生活自理能力有显著的影响。在控制了其他因素之后,对村干部认可的留守老人生活能够自理的几率比不认可的要高出38%左右（$e^{0.321} - 1 \approx 0.379$，$p < 0.05$）。因此,假设15c得到了验证。这一研究结果说明,与对村干部不认可相比,对村干部认可显著提升了留守老人的生活自理能力,也就是说,村干部认可度在提升留守老人生活自理能力方面起着重要的作用。

这里需要注意的是,模型3中并不显著的社区卫生服务站变量,到了模型4中却在0.1的水平上显著,而且回归系数也在上升,这说明村干部认可度变量的部分功能被社区卫生服务站变量所解释。也就是说,在提升留守老人生活自理能力方面,社区卫生服务站发挥的作用比村干部认可度的作用更大。

表7-2的模型5在模型4的基础上增加了邻里互助文化建设变量,目

的是检验邻里互助文化建设对留守老人生活自理能力的影响。模型估计结果显示,邻里互助文化建设对留守老人生活自理能力并没有显著的影响。这一结果没有证实假设15d。也就是说,邻里互助文化建设对提升留守老人生活自理能力的作用比较有限。

这里需要注意的是,虽然邻里互助文化建设变量对留守老人生活自理能力的影响没有统计学上的显著性,但是模型4中在0.05的水平上显著的村干部认可度,到了模型5中却在0.1的水平上显著,并且回归系数也在下降,这说明村干部认可度变量的部分功能被邻里互助文化建设变量所解释。也就是说,在提升留守老人生活自理能力方面,村干部认可度的作用受限和取决于邻里互助文化建设的作用。

综上所述,在社区主体的四个变量中,社区老年活动中心、社区卫生服务站、村干部认可度三个变量都对留守老人生活自理能力有显著的影响效应。而邻里互助文化建设对留守老人生活自理能力没有显著的影响效应。假设15部分得到验证。总体来看,社区主体对提升留守老人生活自理能力发挥着非常重要的作用。

(三) 社区主体与留守老人抑郁症状

由于因变量——抑郁症状变量是二分类变量,因此采用二元Logistic回归模型来进行统计分析。为分别估计控制变量和自变量(社区老年活动中心、社区卫生服务站、村干部认可度、邻里互助文化建设)对因变量(留守老人抑郁症状)的影响效应,本书采用了嵌套模型的建模策略,模型1是仅包含控制变量的基准模型。模型2在模型1的基础上增加了社区老年活动中心变量,以检验是否有社区老年活动中心对留守老人抑郁症状的影响。模型3在模型2的基础上增加了社区卫生服务站变量,以检验是否有社区卫生服务站对留守老人抑郁症状的影响。模型4在模型3的基础上增加了村干部认可度变量,以检验村干部认可度对留守老人抑郁症状的影响。模型5在模型4的基础上增加了邻里互助文化建设变量,以检验邻里互助文化建设对留守老人抑郁症状的影响。具体统计结果如表7-3所示。

表7-3 社区主体与留守老人抑郁症状的二元 Logistic 回归模型

| 变量 | 模型1 | 模型2 | 模型3 | 模型4 | 模型5 |
| --- | --- | --- | --- | --- | --- |
| 年龄 | -0.002<br>(0.010) | -0.003<br>(0.010) | -0.004<br>(0.010) | -0.003<br>(0.010) | -0.003<br>(0.010) |
| 性别<br>(男性=1) | -0.219<br>(0.139) | -0.214<br>(0.139) | -0.214<br>(0.139) | -0.214<br>(0.139) | -0.213<br>(0.139) |
| 婚姻状况<br>(在婚=1) | -0.390**<br>(0.145) | -0.418**<br>(0.145) | -0.418**<br>(0.145) | -0.425**<br>(0.146) | -0.425**<br>(0.146) |
| 受教育年限 | -0.022<br>(0.019) | -0.018<br>(0.019) | -0.019<br>(0.020) | -0.020<br>(0.020) | -0.021<br>(0.020) |
| 家庭生活水平<br>(非贫困=1) | -1.447***<br>(0.142) | -1.477***<br>(0.143) | -1.475***<br>(0.144) | -1.438***<br>(0.145) | -1.433***<br>(0.145) |
| 患慢性病数量 | 0.508***<br>(0.063) | 0.517***<br>(0.064) | 0.516***<br>(0.064) | 0.512***<br>(0.064) | 0.513***<br>(0.064) |
| 地区类型<br>(东部地区=1) | -0.376**<br>(0.145) | -0.421**<br>(0.147) | -0.432**<br>(0.154) | -0.430**<br>(0.154) | -0.433**<br>(0.154) |
| 社区老年活动中心<br>(有=1) | | -0.297*<br>(0.130) | -0.311*<br>(0.144) | -0.333*<br>(0.144) | -0.327*<br>(0.144) |
| 社区卫生服务站<br>(有=1) | | | 0.038<br>(0.165) | 0.030<br>(0.166) | 0.032<br>(0.166) |
| 村干部认可度<br>(认可=1) | | | | -0.302*<br>(0.145) | -0.282+<br>(0.149) |
| 邻里互助文化建设<br>(好=1) | | | | | -0.101<br>(0.168) |
| N | 1290 | 1290 | 1290 | 1290 | 1290 |
| Log-likelihood | -743.44 | -740.81 | -740.78 | -738.62 | -738.44 |
| Pseudo $R^2$ | 0.140 | 0.143 | 0.143 | 0.146 | 0.147 |

注：括号里的数字为标准误；+ $p<0.1$，* $p<0.05$，** $p<0.01$，*** $p<0.001$（双尾检验）。

表7-3报告了社区主体对留守老人抑郁症状影响的模型估计结果。从模型1可以发现，在七个控制变量中，年龄、性别、受教育年限三个变量对留守老人的抑郁症状均没有显著的影响，而婚姻状况、家庭生活水平、

患慢性病数量、地区类型四个变量对留守老人的抑郁症状都有显著的影响。在控制了其他因素之后，相对于非在婚来说，在婚的留守老人有抑郁症状的几率更低；相对于贫困家庭来说，非贫困家庭的留守老人有抑郁症状的几率更低；患慢性病数量越多，留守老人有抑郁症状的几率就越高；相对于中西部地区来说，东部地区的留守老人有抑郁症状的几率更低。这里需要强调的是，代表相对收入的家庭生活水平变量和代表客观身体健康状况的患慢性病数量变量，不仅对留守老人有抑郁症状的几率有显著的影响，而且都是在0.001的水平上显著。这充分说明，家庭生活水平和患慢性病数量是影响留守老人抑郁症状的最为关键的控制变量。

表7-3的模型2在模型1的基础上增加了社区老年活动中心变量，目的是检验有无社区老年活动中心对留守老人抑郁症状的影响作用。模型估计结果显示，有无社区老年活动中心对留守老人抑郁症状有显著的影响。在控制了其他因素之后，有社区老年活动中心的留守老人有抑郁症状的几率比没有的要低26%左右（$1-e^{-0.297}\approx0.257$，$p<0.05$）。因此，假设16a得到了验证。这一结果与陈东、张郁杨的研究保持一致。[①] 这说明，农村社区设有老年活动中心是留守老人抑郁症状的重要影响因素，其对降低留守老人有抑郁症状的几率起到了积极作用。

表7-3的模型3在模型2的基础上增加了社区卫生服务站变量，目的是检验有无社区卫生服务站对留守老人抑郁症状的影响作用。模型估计结果显示，有无社区卫生服务站对留守老人抑郁症状并没有显著的影响。这一结果没有证实假设16b。也就是说，农村社区卫生服务站的设置对降低留守老人有抑郁症状的几率、提升其精神健康水平的作用比较有限。

表7-3的模型4在模型3的基础上增加了村干部认可度变量，目的是检验村干部认可度对留守老人抑郁症状的影响效应。模型估计结果显示，村干部认可度对留守老人抑郁症状有显著的影响。在控制了其他因素之后，对村干部认可的留守老人有抑郁症状的几率比不认可的要低26%左右（$1-e^{-0.302}\approx0.261$，$p<0.05$）。因此，假设16c得到了验证。这一研究结

---

① 陈东、张郁杨：《不同养老模式对我国农村老年群体幸福感的影响分析——基于CHARLS基线数据的实证检验》，《农业技术经济》2015年第4期。

果说明，与对村干部不认可相比，对村干部认可显著降低了留守老人有抑郁症状的几率，也就是说，村干部认可度在提升留守老人精神健康水平方面起着重要的作用。

表7-3的模型5在模型4的基础上增加了邻里互助文化建设变量，目的是检验邻里互助文化建设对留守老人抑郁症状的影响。模型估计结果显示，邻里互助文化建设对留守老人抑郁症状并没有显著的影响。这一结果没有证实假设16d。也就是说，邻里互助文化建设对降低留守老人有抑郁症状几率的作用比较有限。

这里需要注意的是，虽然邻里互助文化建设变量对留守老人抑郁症状的影响没有统计学上的显著性，但是模型4中在0.05的水平上显著的村干部认可度，到了模型5中却在0.1的水平上显著，并且回归系数的绝对值也在下降，这说明村干部认可度变量的部分功能被邻里互助文化建设变量所解释。也就是说，在降低留守老人有抑郁症状的几率方面，村干部认可度的作用受限和取决于邻里互助文化建设的作用。

综上所述，在社区主体的四个变量中，社区老年活动中心、村干部认可度两个变量对留守老人抑郁症状都有显著的影响效应；而社区卫生服务站、邻里互助文化建设两个变量对留守老人抑郁症状都没有显著的影响效应。假设16部分得到验证。总体来看，社区主体对降低留守老人有抑郁症状的几率、提升其精神健康水平发挥着重要的作用。

（四）社区主体与留守老人生活满意度

由于因变量——生活满意度变量是有序的五分类变量，因此采用序次Logistic回归模型来进行统计分析。为分别估计控制变量和自变量（社区老年活动中心、社区卫生服务站、村干部认可度、邻里互助文化建设）对因变量（留守老人生活满意度）的影响效应，本书采用了嵌套模型的建模策略，模型1是仅包含控制变量的基准模型。模型2在模型1的基础上增加了社区老年活动中心变量，以检验是否有社区老年活动中心对留守老人生活满意度的影响。模型3在模型2的基础上增加了社区卫生服务站变量，以检验是否有社区卫生服务站对留守老人生活满意度的影响。模型4在模型3的基础上增加了村干部认可度变量，以检验村干部认可度对留守老人生活满意度的影响。模型5在模型4的基础上增加了邻里互助文化建设变量,以检验邻里互助文化建设对留守老人生活满意度的影响。具体统计结果如表7-4所示。

表7-4 社区主体与留守老人生活满意度的序次Logistic回归模型

| 变量 | 模型1 | 模型2 | 模型3 | 模型4 | 模型5 |
| --- | --- | --- | --- | --- | --- |
| 年龄 | 0.010<br>(0.008) | 0.011<br>(0.008) | 0.008<br>(0.008) | 0.007<br>(0.008) | 0.006<br>(0.008) |
| 性别<br>(男性=1) | 0.113<br>(0.122) | 0.112<br>(0.122) | 0.113<br>(0.122) | 0.112<br>(0.122) | 0.112<br>(0.122) |
| 婚姻状况<br>(在婚=1) | 0.085<br>(0.126) | 0.116<br>(0.127) | 0.103<br>(0.127) | 0.104<br>(0.127) | 0.109<br>(0.128) |
| 受教育年限 | 0.026<br>(0.017) | 0.020<br>(0.017) | 0.012<br>(0.017) | 0.014<br>(0.017) | 0.020<br>(0.017) |
| 家庭生活水平<br>(非贫困=1) | 1.294***<br>(0.128) | 1.334***<br>(0.129) | 1.408***<br>(0.130) | 1.347***<br>(0.131) | 1.320***<br>(0.131) |
| 患慢性病数量 | -0.141**<br>(0.052) | -0.148**<br>(0.052) | -0.187***<br>(0.053) | -0.180***<br>(0.053) | -0.187***<br>(0.053) |
| 地区类型<br>(东部地区=1) | 0.109<br>(0.122) | 0.163<br>(0.124) | -0.069<br>(0.130) | -0.090<br>(0.130) | -0.059<br>(0.131) |
| 社区老年活动中心<br>(有=1) | | 0.366**<br>(0.112) | 0.078<br>(0.123) | 0.127<br>(0.123) | 0.082<br>(0.124) |
| 社区卫生服务站<br>(有=1) | | | 0.820***<br>(0.144) | 0.849***<br>(0.144) | 0.834***<br>(0.144) |
| 村干部认可度<br>(认可=1) | | | | 0.569***<br>(0.128) | 0.434***<br>(0.131) |
| 邻里互助文化建设<br>(好=1) | | | | | 0.700***<br>(0.149) |
| N | 1300 | 1300 | 1300 | 1300 | 1300 |
| Log-likelihood | -1432.28 | -1426.88 | -1410.52 | -1400.59 | -1389.31 |
| Pseudo $R^2$ | 0.046 | 0.050 | 0.061 | 0.068 | 0.075 |

注:括号里的数字为标准误; +$p<0.1$, *$p<0.05$, **$p<0.01$, ***$p<0.001$(双尾检验)。

表7-4报告了社区主体对留守老人生活满意度的影响效应的模型估计

结果。从模型1可以发现,在七个控制变量中,年龄、性别、婚姻状况、受教育年限、地区类型五个变量对留守老人的生活满意度均没有显著的影响,只有家庭生活水平和患慢性病数量两个变量对留守老人的生活满意度有显著的影响。尤其是家庭生活水平变量,在控制了其他因素之后,非贫困家庭的留守老人生活满意度更高的几率比贫困家庭的要高出265%左右（$e^{1.294} - 1 \approx 2.647$,$p < 0.001$）。这一结果充分说明,家庭生活水平是影响留守老人生活满意度的最为重要的控制变量。

表7-4的模型2在模型1的基础上增加了社区老年活动中心变量,目的是检验有无社区老年活动中心对留守老人生活满意度的影响作用。模型估计结果显示,有无社区老年活动中心对留守老人生活满意度有显著的影响。在控制了其他因素之后,有社区老年活动中心的留守老人生活满意度更高的几率比没有的要高出44%左右（$e^{0.366} - 1 \approx 0.442$,$p < 0.01$）。因此,假设17a得到了验证。这一结果与陈东、张郁杨的研究保持一致。[①]这说明,农村社区设有老年活动中心是留守老人生活满意度的重要影响因素,其对提升留守老人的生活满意度起到了积极的促进作用。

表7-4的模型3在模型2的基础上增加了社区卫生服务站变量,目的是检验有无社区卫生服务站对留守老人生活满意度的影响作用。模型估计结果显示,有无社区卫生服务站对留守老人生活满意度有显著的影响。在控制了其他因素之后,有社区卫生服务站的留守老人生活满意度更高的几率比没有的要高出127%左右（$e^{0.820} - 1 \approx 1.270$,$p < 0.001$）。因此,假设17b得到了验证。这一结果与杨素雯的研究具有相似性。[②]这充分说明,农村社区设有卫生服务站,满足了留守老人医疗卫生健康的需求,其对提升留守老人的生活满意度起到了积极的促进作用。因此,社区卫生服务站变量是留守老人生活满意度的重要影响因素。

这里需要注意的是,模型2中在0.01水平上显著的社区老年活动中心变量,到了模型3中却不显著了,并且其回归系数也在急速下降。这一研

---

[①] 陈东、张郁杨:《不同养老模式对我国农村老年群体幸福感的影响分析——基于CHARLS基线数据的实证检验》,《农业技术经济》2015年第4期。

[②] 杨素雯:《农村留守老人健康评价及影响因素的结构分析》,《河北大学学报》（哲学社会科学版）2017年第6期。

究结果说明社区老年活动中心变量的部分功能被社区卫生服务站变量所解释，这就意味着在提升留守老人的生活满意度方面，社区卫生服务站的作用要远远大于社区老年活动中心的作用。

表7-4的模型4在模型3的基础上增加了村干部认可度变量，目的是检验村干部认可度对留守老人生活满意度的影响作用。模型估计结果显示，村干部认可度对留守老人生活满意度有显著的影响。在控制了其他因素之后，对村干部认可的留守老人生活满意度更高的几率比不认可的要高出77%左右（$e^{0.569}-1\approx0.766$，$p<0.001$）。因此，假设17c得到了验证。这一研究结果充分说明，村干部在村里为留守老人做了很多工作，帮助解决了他们生活中的很多问题，从而对提升他们的生活满意度起到了积极的作用。

表7-4的模型5在模型4的基础上增加了邻里互助文化建设变量，目的是检验邻里互助文化建设对留守老人生活满意度的影响作用。模型估计结果显示，邻里互助文化建设对留守老人生活满意度有显著的影响。在控制了其他因素之后，邻里互助文化建设得好的留守老人生活满意度更高的几率比不好的要高出101%左右（$e^{0.700}-1\approx1.014$，$p<0.001$）。因此，假设17d得到了验证。这一结果与李宗华、张风的研究具有相似性。[①] 这充分说明，良好的孝亲敬老文化、邻里互助文化建设会让留守老人"老有所养"、"老有所乐"、"老有所依"，从而大大提升了其生活满意度。

综上所述，在社区主体的四个变量中，社区老年活动中心变量在控制了社区主体的其他三个变量之后，对留守老人的生活满意度并没有显著的效应；而社区卫生服务站、村干部认可度、邻里互助文化建设三个变量对留守老人的生活满意度都有显著的影响效应。假设17部分得到验证。总体来看，社区主体对提升留守老人的生活满意度发挥着极其重要的作用。

（五）社区主体与留守老人福祉各指标比较

为了进一步探析社区主体对留守老人福祉各个指标的影响效应，本书将所有控制变量和构成社区主体的四个自变量——社区老年活动中心、社

---

① 李宗华、张风：《农村空巢老人生活满意度差异及影响因素分析》，《东岳论丛》2012年第6期。

区卫生服务站、村干部认可度、邻里互助文化建设变量合在一起，分别与四个因变量——自评健康、生活自理能力、抑郁症状、生活满意度变量纳入模型，形成模型1、模型2、模型3、模型4，从而比较社区主体对留守老人福祉各指标的影响。其中，模型1和模型4是序次Logistic回归模型，模型2和模型3是二元Logistic回归模型。具体统计数据结果如表7-5所示。

表7-5　　　　社区主体与留守老人福祉各指标的回归模型

| 变量 | 模型1—自评健康 | 模型2—生活自理能力 | 模型3—抑郁症状 | 模型4—生活满意度 |
| --- | --- | --- | --- | --- |
| 年龄 | -0.003<br>(0.008) | -0.076***<br>(0.010) | -0.003<br>(0.010) | 0.006<br>(0.008) |
| 性别<br>（男性=1） | 0.022<br>(0.116) | 0.302*<br>(0.153) | -0.213<br>(0.139) | 0.112<br>(0.122) |
| 婚姻状况<br>（在婚=1） | -0.063<br>(0.123) | -0.102<br>(0.157) | -0.425**<br>(0.146) | 0.109<br>(0.128) |
| 受教育年限 | 0.012<br>(0.016) | 0.016<br>(0.022) | -0.021<br>(0.020) | 0.020<br>(0.017) |
| 家庭生活水平<br>（非贫困=1） | 0.887***<br>(0.129) | 0.589***<br>(0.151) | -1.433***<br>(0.145) | 1.320***<br>(0.131) |
| 患慢性病数量 | -0.840***<br>(0.060) | -0.391***<br>(0.064) | 0.513***<br>(0.064) | -0.187***<br>(0.053) |
| 地区类型<br>（东部地区=1） | 0.477***<br>(0.125) | 0.682***<br>(0.173) | -0.433**<br>(0.154) | -0.059<br>(0.131) |
| 社区老年活动中心<br>（有=1） | 0.194+<br>(0.117) | 0.461**<br>(0.158) | -0.327*<br>(0.144) | 0.082<br>(0.124) |
| 社区卫生服务站<br>（有=1） | 0.167<br>(0.135) | 0.295+<br>(0.177) | 0.032<br>(0.166) | 0.834***<br>(0.144) |
| 村干部认可度<br>（认可=1） | 0.213+<br>(0.128) | 0.287+<br>(0.158) | -0.282+<br>(0.149) | 0.434***<br>(0.131) |

续表

| 变量 | 模型1—自评健康 | 模型2—生活自理能力 | 模型3—抑郁症状 | 模型4—生活满意度 |
| --- | --- | --- | --- | --- |
| 邻里互助文化建设（好=1） | 0.101<br>(0.139) | 0.168<br>(0.185) | -0.101<br>(0.168) | 0.700***<br>(0.149) |
| N | 1298 | 1298 | 1290 | 1300 |
| Log – likelihood | -1504.36 | -657.39 | -738.44 | -1389.31 |
| Pseudo $R^2$ | 0.101 | 0.112 | 0.146 | 0.075 |

注：括号里的数字为标准误；+ $p<0.1$，* $p<0.05$，** $p<0.01$，*** $p<0.001$（双尾检验）。

从表7-5可以发现，估计模型中七个控制变量和社区主体的四个自变量（社区老年活动中心、社区卫生服务站、村干部认可度、邻里互助文化建设）对留守老人福祉的四个指标的影响效应存在一定的差异。

从表7-5的第2—8行可以发现，在所有七个控制变量中，受教育年限对留守老人福祉的四个指标都没有显著的效应。年龄、性别、婚姻状况三个变量仅仅对留守老人福祉中的一个指标有显著的影响。控制了其他因素之后，年龄越大，留守老人生活能够自理的几率越低；相对于女性来说，男性留守老人生活能够自理的几率更高；相对于非在婚来说，在婚的留守老人有抑郁症状的几率更低。地区类型对留守老人福祉中的三个指标有显著的影响效应。在控制了其他因素之后，相对于中西部地区来说，东部地区的留守老人的自评健康更好，生活能够自理的几率更高，有抑郁症状的几率更低。而在所有的七个控制变量中，需要重点关注的是家庭生活水平和患慢性病数量两个变量。这两个变量对留守老人福祉的所有四个指标都有显著的影响效应，而且都是在0.001的水平上显著。因此，在所有七个控制变量中，家庭生活水平和患慢性病数量这两个变量是影响留守老人福祉最为关键的控制变量。

从表7-5的第9—12行可以发现，社区主体的四个变量对留守老人福祉各个指标的影响存在一定的差异。其中，邻里互助文化建设仅对留守老人福祉中的一个指标有显著的效应；社区卫生服务站对留守老人福祉中的两个指标有显著的效应；社区老年活动中心对留守老人福祉中的三个指标有显著的效应；而村干部认可度对留守老人福祉的所有四个指标均有显著

第七章　留守老人福祉治理的社区功能

的影响。

从表7-5的第9行可以发现，有无社区老年活动中心对留守老人的自评健康、生活自理能力、抑郁症状均有显著的影响，而对其生活满意度并没有显著的影响。具体而言，在控制了其他因素之后，社区有老年活动中心会显著提升留守老人的自评健康水平和生活自理能力，降低其有抑郁症状的几率。这一结果充分说明，社区有老年活动中心对提升留守老人福祉水平具有积极的作用。究其原因可能在于，社区老年活动中心为留守老人提供了休闲、娱乐、健身、社会交往的场所，在老年活动中心，留守老人锻炼了身体，丰富了精神生活，这些都有助于他们保持乐观向上的心态。因而，老年活动中心的设立提升了留守老人的自评健康水平和生活自理能力，降低了其有抑郁症状的几率，最终有效提升了其福祉水平。

从表7-5的第10行可以发现，有无社区卫生服务站对留守老人的生活自理能力和生活满意度有显著的效应，而对留守老人的自评健康和抑郁症状并没有显著的效应。具体而言，在控制了其他因素之后，社区有卫生服务站会显著提升留守老人的生活自理能力和生活满意度。这一研究结果说明，社区卫生服务站对提升留守老人的福祉水平具有一定的作用。从前文的描述统计分析部分可知，73.85%的被调查的农村地区都设有社区卫生服务站。其原因可能在于，社区卫生服务站建设所需的资金相对较少，设施相对简单，同时也是农村地区最基本的医疗公共服务产品，因而绝大多数农村社区都建有卫生服务站。这些社区卫生服务站的设立，为留守老人提供了基本的医疗卫生服务，满足了他们的基本医疗健康需求，从而对提升他们的福祉水平起到了一定的积极作用。

由村干部组成的村民委员会是我国农村最重要的村民自治组织，是我国农村社区参与和社区自治最重要、最核心的内容。村干部的基本职责和任务就在于办理本村的公共事务和公益事业，引导和教育村民加强邻里团结、相互尊重和帮助，开展各种形式的文明创建活动。[①] 因此，村干部理应在留守老人福祉治理上发挥积极的作用。

从表7-5的第11行可以发现，村干部认可度对留守老人所有的四个

---

① 徐永祥：《社区发展论》，华东理工大学出版社2000年版。

维度具有显著的效应。具体而言，在控制了其他因素之后，对村干部认可会显著提升留守老人的自评健康水平、生活自理能力和生活满意度，并降低其有抑郁症状的几率。这一研究结果充分说明，对于大部分农村地区来说，村干部能够为留守老人提供各种帮助和便利，解决了老人们生活中的很多困难和问题，得到了老人们的认可和肯定。因此，以村干部为代表的村委会对提升留守老人福祉水平起到了积极的作用。

从表7-5的第12行可以发现，邻里互助文化建设仅仅对留守老人的生活满意度具有显著的影响效应，而对留守老人的自评健康、生活自理能力、抑郁症状都没有显著的影响效应。具体而言，在控制了其他因素之后，邻里互助文化建设得好会显著提升留守老人的生活满意度。这一研究结果说明，通过孝亲互助文化的建设，在农村社区打造良好的文化氛围，传承和发扬中华传统孝道文化，其对提升留守老人的福祉水平都具有积极的作用。

总体来看，社区主体的四个变量，即社区老年活动中心、社区卫生服务站、村干部认可度、邻里互助文化建设对留守老人的生活满意度的影响效应最大，对其生活自理能力的效应次之，对其自评健康和抑郁症状也有一定程度的影响。这说明，社区主体对提升留守老人健康福祉和心理福祉水平具有积极的作用，社区主体是提升留守老人福祉水平的重要因素。

综上所述，以上研究结果也证明了徐永祥的社区发展理论在社区主体与农村留守老人福祉问题上的适用性，也就是说，徐永祥的社区发展理论较好地解释了当前社区主体在农村留守老人福祉提升中的作用和成效。

## 第二节 社区主体与留守老人福祉的定性研究

从上文的定量研究可以得知，社区主体对留守老人福祉提升具有一定的作用。本节将在定量研究的基础上，通过定性的研究进一步了解乡村振兴背景下社区主体对留守老人福祉治理的责任履行状况，对被访谈对象深度访谈的话语内容进行深入分析，探讨社区主体在留守老人福祉治理中存在的困境。

## 一 社区功能蕴含的制度与文化分析

所谓社区，是指一定数量居民组成的，具有内在互动关系和文化维系力的地域性的生活共同体；地域、人口、组织结构和文化是社区构成的基本要素。① 在现实的社区实践中，由村规民约、邻里互助、社区归属、社区认同感等组成的社区文化，以及由村干部为带头人而组成的社区组织，不同程度地为社区居民提供着较为系统的行为规范，约束着社区居民的道德实践，同时也对居民生活提供心理支持和情感依赖。

### （一）社区邻里互助模式让留守老人在"熟人社会"老有所依

村庄是文化和道德共同体的社区，这一文化和道德共同体内部各成员间的行为准则可以归结为社区情理，而文化和道德共同体构成了社区情理得以实践的场域。由于社区情理是人们在日常生活中逐渐形成的文化习俗、行为规范和道德认知，因此它较之于国家的政策法规，更容易被村民们认同和接受。② 作为社会生活共同体的社区，是中国社会从宗族制到单位制转型后的又一次社会变革，传统和体现着包括家庭、邻里、群体等在内的诸多社会制度。③

这一社区邻里互助模式在农村社区是极其常见的，在农村社区有着深厚的群众基础，它增添了农村老年人对社区成员的依赖程度和对社区的归属感，让农村老年人在日常生活中有所依靠，它是农村社区养老的一种重要模式。农民愿意选择农村这个可以与土地结合起来的、有根的、有身体安全感和精神归属感的、有情有义的"生于斯，长于斯"的"熟人社会"，来度过自己的晚年生活。④

> 咱这住的都是一大家子，谁家有啥事，都去帮忙了，干不动大活，咱去干点小活。谁家有红白喜事了，邻居之间都去问候问候，帮

---

① 徐永祥：《社区工作》，高等教育出版社2004年版。
② 狄金华、钟涨宝：《变迁中的乡村养老》，中国社会科学出版社2016年版。
③ 中国志愿服务联合会：《中国志愿服务发展报告（2017）》，社会科学文献出版社2017年版。
④ 贺雪峰：《关于实施乡村振兴战略的几个问题》，《南京农业大学学报》（社会科学版）2018年第3期。

帮忙,这不像那城里人,都住在楼上,相互也不来往,隔壁邻居都不知道叫啥名字。咱农村人,祖祖辈辈都搁这(住在一起),相互都熟嘞很。不论哪家有点啥事,大家都来给你帮忙,俺这村里人,都同好(很好)嘞。(留守老人01)

邻居都差不多,有那偏瘫了,要是他摔哪儿了,你给他拉起来,有事了,都去帮忙。邻居经常在身边,有点小事,都是相互照应,要是大的事儿,你可以跟你孩子说,但那孩子老远,你有点啥事他又回不来,他回来了有时候也跟不上班儿(赶不上)。只有这邻居比较近,有点啥事他都能来,远亲抵不上近邻,那说的是一点也木错。(留守老人11)

震这儿(现在)邻居关系都可好,震这儿也没人隔气(闹矛盾)啥的,都可好。平常邻居私跟(一起)去耍,摘摘菜,锄锄地,咱也没给人家吵过架啥的,谁给谁都可好。以前那啥骂街啥的扯东道西的,哈哈哈,以前扯东道西的,嚁教(搅乱)着嘞。村里的风气好了,打架打人啥的都没了,震这儿风气可好了,村里这老年人,震这儿都是带带孩子,没事出来说说话,木那(哎呀),现在孙子都大了,都上学了,可美。(留守老人21)

虽然队和队之间分开了,但互相邻居们,谁家闺女出门了,娃子(儿子)娶媳妇了,这都相互帮助。谁家老人老了(去世了),俺这各家都去。那边刚搬过来,人家跟咱这边关系也通好嘞。我这块地种三四家了,我那坡下还有点地,四五六家种点白菜、辣椒。他们刚搬过来没有地,我给他们点,大家都种点青菜,顾住平常这吃,这菜也是谁跟谁种的都不太一样,吃的时候都可以,你吃点我这小白菜,我吃点你那菠菜、生菜。哈哈哈,俺们这都搁式(相处)得可好。(留守老人53)

村庄作为一个整体的文化和道德的共同体,其内部必然会形成一个强大的主流文化和道德环境,而且村庄是由祖祖辈辈"生于斯,长于斯"的村民所组成的"熟人社会"。在这个熟人社会里,大家都会遵循大家熟知的文化习俗、行为规范、道德认知,也能够团结互助、相互照应,留守老人在这个"熟人社会"里也能够老有所依。正如留守老人所说:"咱农村人,祖祖辈辈都搁这(住在一起),相互都熟嘞很。不论哪家有点啥事,大家都来给你帮忙","只有这邻居比较近,有点啥事他都能来,远亲抵不上近邻","这菜也是谁跟谁种的都不太一样,吃的时候都可以,你吃点我这小白菜,我吃点你那菠菜、生菜。哈哈哈,俺们这都搁式(相处)得可好"。

老人祖祖辈辈生活在村庄,由亲朋邻里构成的熟人社会让他们有归属感和安全感。集体土地制度使得留守老人在村庄中都有宅基地,都有承包地,都可以与土地结合起来从土地中获得收入和生活意义。① 因此,村庄邻里互助大大提升了留守老人的获得感、幸福感、安全感,让其能够在自己熟悉的村庄里"老有所依"。

(二) 农村社区互助性养老

国家"十四五"规划指出:"积极发展农村互助幸福院等互助性养老。"农村互助性养老是目前解决留守老人照料问题的一个比较现实可行的养老方式。其主要特征是集体建院、集中居住、自我保障、互助服务。② 农村互助幸福院的基本公共产品由村集体供给,一些自理程度高的留守老人住在一起抱团取暖。

农村互助养老打破了家庭养老的血缘界限,为纯粹的社会化养老、市场化养老提供补充,它是整合各种力量和资源开发出的、低成本的、可操作性强的、能够满足留守老人基本养老需求的一种创新模式。③

将低龄老人组织起来为丧失生活自理能力的高龄老人提供基本照料服务,被照料的老人子女应承担一定照料费用,政府也应给互助养老提供一定的补贴。这样在村庄里就可以形成互助养老的双赢氛围,是一条解决留守老人养老的可行途径。④

> 现在有那种叫作互养。都是这一个村的老年人,大家都很熟悉,

---

① 贺雪峰:《大国之基:中国乡村振兴诸问题》,东方出版社2019年版。
② 赵志强:《农村互助养老模式的发展困境与策略》,《河北大学学报》(哲学社会科学版) 2015年第1期。
③ 孙鹃娟:《城镇化、农村家庭变迁与养老》,知识产权出版社2018年版。
④ 贺雪峰:《大国之基:中国乡村振兴诸问题》,东方出版社2019年版。

有几个年龄大的老人，娃子们都不在家，年轻一点的老人帮助年龄大的老人。哎，这样可以在一起互相帮衬帮衬，互相安慰安慰，老人们在一起还有很多话能聊聊，就这种还可以。（留守老人11）

咱村那头有个（互助）幸福院，这住进去可以烧电做饭，这做饭的电费、水费都是人家大队掏的，床还是买的席梦思床，可软！你也不用带被褥，人家都买的有新被褥，那都是村里边弄的，屋里拾掇得也可好，可方便嘞很。原来是住了好几个老人，有的是老伴去世了，自个过（独居）住进去的；有的是自己不想跟孩子住一块，就搁那住进去了。这后来疫情老厉害了，不让他们在那住啦，他们震这儿（现在）都住自己家了嘞。这咱村里面也是按着上面的政策来的，这对老年人弄的（互助）幸福院这政策是真不赖！大队也不让你掏钱，都能免费住进去，大家同熟（很熟悉），一起聊聊天，相互做个伴，也不会孤单，都是怪好嘞！（留守老人54）

邻里互助在血缘、亲缘、地缘更加紧密的农村社区具有天然的优势。由于都是本村人，老人们相互熟悉，文化习俗完全一致，能够帮助缓解留守老人的孤独感，并提供社会交往的平台。正如留守老人所说："都是这一个村的老年人，大家都很熟悉……娃子们都不在家……这样可以在一起互相帮衬帮衬，互相安慰安慰，老人们在一起还有很多话能聊聊"，"大队也不让你掏钱，都能免费住进去，大家同熟（很熟悉），一起聊聊天，相互做个伴，也不会孤单，都是怪好嘞"。虽然农村互助养老还有很多局限性，但相对于过去几乎空白的农村社会化养老服务来说，互助养老模式的出现并在一些农村地区得以发展足以说明这种模式的现实价值。[①]

农村社区互助养老模式的核心在于：一是照料什么。一般应是轻度的生活照料。二是在哪里照料。应该建设农村社区照料中心。三是互助经费来源。由受到照料的老年人家庭、政府财政补贴、社会捐赠三部分组成。四是农村老年人互助中的"时间银行"和"道德卷"。五是建立农村老年

---

[①] 孙鹃娟：《城镇化、农村家庭变迁与养老》，知识产权出版社2018年版。

人互助社。由老年人自愿组织，政府和村委会进行指导。①

（三）留守老人对村干部的评价褒贬不一

村干部作为农村基层社区的负责人和带头人，是直接管理和服务村民的最基层干部，他们的工作状态、工作能力和工作作风将会直接影响到农村基层社区工作的成效。然而，在定性的深度访谈中发现，留守老人对村干部的评价褒贬不一，差距较大。

1. 村干部工作作风彻底好转，对村干部工作表示理解

在当今农村社会，能当村干部的基本条件就是他们能在农村找到新增收入来源，如经营适度规模农业、进行规模养殖、办有小作坊、经营农资农机等。② 当他们无法在农村找到新增收入机会时，这个村干部迟早会当不下去，村干部位子就迟早要由那些"中坚农民"来替代。所谓"中坚农民"是指留守在农村，通过扩大农业经营规模，或者捕获农村赚钱机会，而有不低于外出务工收入的青壮年劳动力。③ 在农村社会，要么村干部中农化，要么由中农来担当村干部。④ 因此，村干部都是村庄里的能人和骨干力量，理应是村里最活跃的公共性力量，是全体村民利益的代言人，同时也应该是村民们信赖的基层干部。

> 这村干部，过去干得不好，现在干得好，现在习近平这一上台，腐败治得太狠了，这村干部都不敢腐败。以前那村干部都给老百姓坑死了，那时候村干部腐败得很，无法无天，都是那，上头领导也不完全清楚，因为啥，天高皇帝远，高处政策讲得不瞎，下来不中。近些年，这国家由习近平领着，腐败治得太狠，扫黑除恶除得狠，村干部都不敢做坏事了，也为这老百姓办了很多好事。现在农村这秩序很好，打架、偷盗基本上都木有了，过去种点玉米，人家都直接给偷走了，现在都木有了。（留守老人13）

> 震这儿（现在）这村干部也是不好干，拿着工资一千来块钱，也

---

① 贺雪峰：《大国之基：中国乡村振兴诸问题》，东方出版社2019年版。
② 贺雪峰：《大国之基：中国乡村振兴诸问题》，东方出版社2019年版。
③ 贺雪峰：《论中坚农民》，《南京农业大学学报》（社会科学版）2015年第4期。
④ 贺雪峰：《治村》，北京大学出版社2017年版。

不能出去打工，大家推荐你去干，你不去干，咱都不去干，行不行？那都不想承担这责任，那国家那政策都让谁去执行嘞？这人啊，我给你说，两个关心两个服务，党要关心群众，群众要关心干部，干部有困难了，那你这群众也得关心关心干部，支持支持干部。干部服务群众，群众服务干部，相互服务。（留守老人16）

村里干部们工作都可好（非常好），俺村也是县里都有名的（有名的幸福村）。你看这地收了，村里办了企业，村里收入增加了，村里给你弄粮食，送米送油，拿着本本都能去店里领。村里这老人们的养老金，国家每月给发100多（元），村里还再发100多（元）。村干部平时来家里转，过来看看家里情况，谁有事了和他说都会过来给你解决。俺们村的村干部干得同好（很好）。（留守老人28）

那谁当干部，都不能说干得一点问题都没有，这谁也办不到，你看那习主席一年开会，说那么多政策，基层有的也不能做到一模一样。但他也好好做，不然督察的人发现了，就被撤了，咱村的村干部也还说得过去。人当中都是这，这民间的人，你想到的事不一定那干部都能想到啊，我说那都是这。我给你举个例子，当村主任，他也不可能把你每个人的思想都完全统一，那就是两口子过日子，那俩人想的也不可能一模一样，不争不吵啥的，这都有毛病。你说那大队干部，他也有想不到的、办不到的。差不多就中了。（留守老人41）

俺这大队干部可好嘞。过年（春节）疫情那会儿，别看咱村人住得零散，这坡上一户，那头上一家，这大队干部值班那人，人家都不嫌麻烦，爬高上低，来看着这村里面的人，不让随便乱出来。哪家哪户要少点啥了，人家都给你到镇上买买，直接送到你家门口。冬天半夜恁冷（那么冷）的天，还扎个帐篷在那看着些，为村里面看着，给俺村的人服务得通好嘞。这疫情期间，大队干部弄得真不赖。（留守老人54）

党的十八大以来，尤其是2020年初新冠肺炎疫情以来，党中央高度重视基层村庄（社区）建设，努力打通服务人民群众的"最后一公里"，农村社区干部的工作状态、工作能力和工作作风都有了较大的改进，村干部在村庄开展的工作让留守老人比较信赖。正如他们所说："近些年……腐败治得狠，扫黑除恶除得狠，村干部都不敢做坏事了，也为这老百姓办了很多好事。现在农村这秩序很好，打架、偷盗基本上都木有了，过去种点玉米，人家都直接给偷走了，现在都木有了"，这也充分说明党中央在农村基层实施的"扫黑除恶"成效显著，农村基层干部的工作状态、工作能力和工作作风明显得以改进。

同时，村干部还通过农村产业振兴提高村集体收入，大力提升村里老年人的福利水平，"你看这地收了，村里办了企业，村里收入增加了，村里给你弄粮食，送米送油，拿着本本都能去店里领。村里这老人们的养老金，国家每月给发100多（元），村里还再发100多（元）。村干部平时来家里转，过来看看家里情况，谁有事了和他说都会过来给你解决"。另外，疫情期间村干部的工作也得到了留守老人的认可，"过年（春节）疫情那会儿，别看咱村人住得零散，这坡上一户，那头上一家，这大队干部值班那人，人家都不嫌麻烦，爬高上低，来看着这村里面的人，不让随便乱出来。哪家哪户要少点啥了，人家都给你到镇上买买，直接送到你家门口。冬天半夜恁冷（那么冷）的天，还扎个帐篷在那看着些，为村里面看着，给俺村的人服务得通好嘞"。

2. 村干部存在形式主义、官僚主义、胡乱作为的问题

取消农业税之前，乡村工作的重心是完成收粮派款和计划生育任务，同时组织农民冬修水利，因而村干部对待群众就比较蛮横，干群关系紧张。取消农业税之后，乡村工作的重心变成分配自上而下的各项国家政策性资源，如种粮补贴、征地拆迁补贴、低保户救助等。同时也滋生了村干部在分配资源时的优亲厚友、胡乱作为等问题。因此，就亟须在乡村治理中强调"公开、公平、公正"。然而，对于传统村庄来说，并非越是现代的乡村治理体制就越好。乡村体制和乡村社会不匹配，这样的体制就会变成形式主义，造成体制高成本的空转。①

这现在的村干部很多都是脱离群众，有些人搞坏了干部和群众关

---

① 贺雪峰：《大国之基：中国乡村振兴诸问题》，东方出版社2019年版。

系，国家政策落实不到基层。看以前那干部，谁不怯（害怕）他，现在都不一样啊。有事找人家都不在，说开会，到那再给他打电话，还说开会。后来他还是囚末着（觉得）光说开会也不好，说没在，去忙了。咱这村里没啥厂，村干部也不治事（不能干）。现在的村干部，官僚呀，腐败呀，形式主义呀，都存在这些现象。就看上头抓不抓，这纪委这么多检察机关，那干部们也都有保护伞呀，也都是关系社会。很多干部不是一心为公，总是想着为自己谋点私利，风气不行，监察机制这是软肋，还得紧抓。村里也是听乡里的，才换的干部。换木一年，是我们村里投票选的，这也都是换换，新鲜新鲜。（留守老人32）

我不是贫困户，现在我说心里话，往往出现这样一种情况。就是，广播里邪火（喊）的东西不可信，广播里邪火（喊）的事实际上在背地里都给办过了。好事都不吭气就已经弄完了，广播上说啥给老年人弄啥好事儿，都是骗人的。咋说呢？国家现在人也老多，可是国家说啥也不灵，我成天认为这特别是村干部，说良心话，像这县、乡、村这三级，尤其是村干部最坏，逮住他们口味了，他们也都不反对，那都嗯嗯吃吃（敷敷衍衍）就过去了。村干部都是追求利益的，没有几个真心为老百姓服务。现在的村干部，哎呀！见钱跑得怪快，没钱的活儿现在谁管你呢？现在的村干部轮着干几年，吃饱了算了，这一批狼吃美了，换那一批吃。就跟俺（我们）村的宅基地这钱一样，歪好（随便）挖一下，这钱都弄跑了（贪污了）。（留守老人35）

村干部和包地的老板又是一伙的。上面拨点款，他给这地一收，他也有一份，那干部们都有一份，队长也有一份，都抓着钱装自己腰包。叫地给他们，他都给地糟蹋了、荒了。那里几十亩荒地，这么深的草，说是变变（采用其他种植形式），弄了个大棚也不知道种啥了，种点红薯，种点番茄，你想想那会发财了？这大棚建着，他还不好好建，他给那地都糟蹋糟蹋。你像这，这会是国家让做的事？国家那政策都是对这农民多补助补助，鼓励鼓励老农民多种地。这一方面咱这农民收入也多点，生活水平也提高了。这另一方面，你总起来说，咱

## 第七章 留守老人福祉治理的社区功能

这还是为国家种的粮食嘛。哎呀，咱这大队这样弄，谁都种不了，真是政策都让他们弄变味儿啦！（留守老人52）

乡村治理中强调"公开、公平、公正"实质上就是以问题为导向，解决村干部身上存在的形式主义、官僚主义、胡乱作为等问题，整改解决诸如"有事找人家都不在，说开会，到那再给他打电话，还说开会。后来他还是囤末着（觉得）光说开会也不好，说没在，去忙了"，"现在的村干部，哎呀！见钱跑得怪快，没钱的活儿现在谁管你呢？现在的村干部轮着干几年，吃饱了算了，这一批狼吃美了，换那一批吃"，"那里几十亩荒地，这么深的草，说是变变（采用其他种植形式），弄了个大棚也不知道种啥了，种点红薯，种点番茄，你想想那会发财了？这大棚建着，他还不好好建，他给那地都糟蹋糟蹋。你像这，这会是国家让做的事？国家那政策都是对这农民多补助补助，鼓励鼓励老农民多种地"。村干部身上存在的这些形式主义、官僚主义、胡乱作为等问题亟待解决。

在乡村治理实践中，想要保证国家输入农村资源的绝对公平，就可能极大地损失资源使用的效率。而如果完全信任村干部，不加限制地输入资源，村干部就可能贪污和滥用国家资源。因此，要使乡村治理有效，就必须在上级规定和基层活力之间保持平衡，就要既让村干部使用国家资源的权力关进笼子，同时又让笼子具有一定的自由空间。①

3. 村干部存在选举时拉票贿选现象

在我国农村社会，村干部的工资很低，他们的工资远远低于进城打工的收入。然而，当村干部会有更多政治上的资本和信用，这种资本和信用可以同时表现在与商界交往和政府部门交往上。村干部更容易与政府部门接触，村干部身份也可以极大地提高他们应对市场协调和各方面关系的能力。② 因此，村干部在选举时的竞争还是非常激烈的。由于竞争激烈，在选举时就出现了一些拉票贿选等不正当行为。

---

① 贺雪峰：《大国之基：中国乡村振兴诸问题》，东方出版社2019年版。
② 贺雪峰：《大国之基：中国乡村振兴诸问题》，东方出版社2019年版。

> 震这儿（现在）老爷呀（语气词）！都是挣着为人民服务呢，我去干，村长我去干。震这儿（现在）人们的思想啊！那现在的大队干部，一个是凭家族势力，一个是凭钱儿和关系，我人头儿熟，选的时候你得选我。大队干部都是这样的，各大队干部都是坏人当。那你老百姓只要有选票，他们给你一百块钱就把你的票买了。而且轮到他们选举的时候，那都对你老百姓通（十分）好来，都是多顾远（很远）瞅见你，就跟你说话，跟你搭腔儿，平常都木（没）理过你。并且还送礼什么的，有时候本来问你喊叔，他们巴不得都喊成爷了！跟你说让你到时候都投他一票。这（拉票贿选）都是亲身经历，那选举的时候经常存在，这咋让老百姓信任你这干部嘞。（留守老人37）

在当下的农村社会，由于村干部竞争还是较为激烈，他们在选举时拉票贿选的不正当行为影响恶劣，正如留守老人所说："那你老百姓只要有选票，他们给你一百块钱就把你的票买了。而且轮到他们选举的时候，那都对你老百姓通（十分）好来，都是多顾远（很远）瞅见你，就跟你说话，跟你搭腔儿，平常都木（没）理过你。并且还送礼什么的，有时候本来问你喊叔，他们巴不得都喊成爷了！跟你说让你到时候都投他一票。"这种不正当的选举行为确实严重损害了党群关系，正如留守老人所说："这（拉票贿选）都是亲身经历，那选举的时候经常存在，这咋让老百姓信任你这干部嘞。"

（四）村干部对自身的评价

改革开放以来，我国农村出现了区域之间发展的不平衡，全国统一劳动力市场也逐步形成，这两个方面都对村干部的稳定性产生了巨大影响。[①] 尤其是党的十八大以来，随着国家精准扶贫政策的大力推进，村干部的工作重心也发生了转移。"上面千条线，下面一根针。"国家针对农村的各项政策措施，都要靠农村基层去落实；村民们的大事小情，也要靠农村基层去解决。村干部的工作做好了，村民们的获得感、幸福感、安全感才能得以提升。村干部作为最基层的干部，他们的工资非常低，而工作任务重，

---

① 贺雪峰：《大国之基：中国乡村振兴诸问题》，东方出版社2019年版。

## 第七章　留守老人福祉治理的社区功能

压力大。

当前国家向农民转移资源，这就要求村干部规范使用国家资源来达到政策目标，所以现在村级组织被称为服务型组织。国家希望借助村级组织的服务能力，将自上而下转移下来的大量惠农资源真正用到惠农方面。国家向农村转移的资源越多，越是要对掌握资源支配权的村干部进行规范、约束和督查，从而提升村干部服务村民的能力和水平。①

> 我们这个村干部基本上每天都要在村里看一看转一转，一听说哪里有卖药的推销的，我们都要去看，我们常年都是这样过来的，不是讲人家上面的来检查才来看。还有村干部包村……不是包哪几户，是包哪几个组，包哪些就要为他们负责任，所以每天都要看几圈，尤其是向老年人行骗的，有时候那些行骗的就是看只有老年人在家，就会骗他们买药啊，买保健品啊，生病的，邪教渗透的之类。还有就是这留守老人突然生重病了，走不动了，起不来了，我们肯定要帮忙处理，并及时通知他们的儿女们回来照顾。这个一般就是老百姓和村干部之间有一种误解，老百姓总是说村干部对他不好，没啥照顾，其实是村干部做的很多工作，他不清楚不知道。他感觉不出来，他感觉没人来看望什么，其实我们每天都得在村里面看看、转转。在这个位置上就要为大家做点事情嘛，这也是我们该做的。（村干部01）

> 咱们村里面的想法就是尽最大努力，对留守老人能帮助就帮助，能照顾了就照顾。冬天给他们一些被褥、棉衣等过冬物资，村干部定期对80岁以上的高龄老人进行走访。针对这个留守老人和孩子们的矛盾，咱村里边有民调对他们进行一个协调问题，你尽量不出村就能解决。咱们村每年还有好公公、好婆婆、好儿媳的表彰大会，由模范带动整个村里边的孝亲文化、互助文化建设，促进村里良好的社会风气的养成，从而让关心和照顾留守老人成为村里面的一种风气。（村干部07）

> 以前我干副村长干了七八年，我经历过三任村长，咱们村儿太大

---

① 贺雪峰：《大国之基：中国乡村振兴诸问题》，东方出版社2019年版。

了,这支书跟主任不和气,乡里就任命我当村长,我从去年11月份接任村长一职。我以前当副村长时,工资是每个月760元;现在我当村长了,工资是每个月1280元。这说实话这工资根本养不起家,最近两年我也自己投资办企业,也得兼职养家啊,哈哈。说句实话,现在你要想通过当村长发财,那是一点门儿都没有。村里日常各种开支,加上水电费,用的纸和笔全都算在里边,每年不得好几万,而乡里给的办公经费就那一两万块钱,根本不够用,很多事都是村干部自掏腰包,垫钱来办事。这就是为什么说现在的村干部越干越穷,不说工资发不发,现在都木(没有)人想干,你现在当村长就得干些事,干事就会得罪人,稍不留心别人就会骂你。唉,难呢。说心里话,现在当村长更多就是义务奉献,有时候想想,只要这工作最终能得到大家的理解,也算值了,木白干。(村干部09)

党的十八大以来,中央高度重视基层组织建设,农村基层干部的工作状态、工作能力和工作作风都有了较大的改进。村干部自身也对自己的工作表示肯定:"还有村干部包村……所以每天都要看几圈,尤其是向老年人行骗的,有时候那些行骗的就是看只有老年人在家,就会骗他们买药啊,买保健品啊,生病的,邪教渗透的之类。还有就是这留守老人突然生重病了,走不动了,起不来了,我们肯定要帮忙处理,并及时通知他们的儿女们回来照顾","冬天给他们一些被褥、棉衣等过冬物资,村干部定期对80岁以上的高龄老人进行走访。针对这个留守老人和孩子们的矛盾,咱村里边有民调对他们进行一个协调问题,你尽量不出村就能解决","咱们村每年还有好公公、好婆婆、好儿媳的表彰大会,由模范带动整个村里边的孝亲文化、互助文化建设,促进村里良好的社会风气的养成,从而让关心和照顾留守老人成为村里面的一种风气"。

## 二 乡村振兴背景下社区对留守老人福祉治理的责任履行

乡村振兴战略的出发点和落脚点就是乡村社区,因此,探讨社区对留守老人福祉治理的责任履行是乡村振兴战略顺利实施的重要基础。本书通过对留守老人和村干部的定性访谈,进一步明确了社区主体在留守老人福

### 第七章 留守老人福祉治理的社区功能

祉治理中的基本角色和具体困境。总体来看，本书认为乡村振兴背景下社区主体对留守老人福祉治理履行了一定的责任，尤其是在提升留守老人的健康福祉和心理福祉上履行了积极的责任。

由于农业税的取消和计划生育政策调整，导致农村社区组织的财政收入大大减少，再加上农村村干部和社区组织力量的薄弱，当前农村社区组织在留守老人福祉治理中的作用比较有限，而社区主体对留守老人福祉治理的作用主要集中在邻里互助方面。因此，社区主体在留守老人福祉治理中面临着诸多困境，而这些困境从定性的访谈资料中也可以清晰地发现。

> 以前我干副村长干了七八年，我经历过三任村长，咱们村儿太大了，这支书跟主任不和气，乡里就任命我当村长，我从去年11月份接任村长一职。我以前当副村长时，工资是每个月760元；现在我当村长了，工资是每个月1280元。这说实话这工资根本养不起家，最近两年我也自己投资办企业，也得兼职养家啊，哈哈。说句实话，现在你要想通过当村长发财，那是一点门儿都没有。村里日常各种开支，加上水电费，用的纸和笔全都算在里边，每年不得好几万，而乡里给的办公经费就那一两万块钱，根本不够用，很多事都是村干部自掏腰包，垫钱来办事。这就是为什么说现在的村干部越干越穷，不说工资发不发，现在都木（没有）人想干，你现在当村长就得干些事，干事就会得罪人，稍不留心别人就会骂你。唉，难呢。说心里话，现在当村长更多就是义务奉献，有时候想想，只要这工作最终能得到大家的理解，也算值了，木白干。（村干部09）

> 邻居都差不多，有那偏瘫了，要是他摔哪儿了，你给他拉起来，有事了，都去帮忙。邻居经常在身边，有点小事，都是相互照应，要是大的事儿，你可以跟你孩子说，但那孩子老远，你有点啥事他又回不来，他回来了有时候也跟不上班儿（赶不上）。只有这邻居比较近，有点啥事他都能来，远亲抵不上近邻，那说的是一点也木错。（留守老人11）

> 我不是贫困户，现在我说心里话，往往出现这样一种情况。就是，广播里邪火（喊）的东西不可信，广播里邪火（喊）的事实际上

在背地里都给办过了。好事都不吭气就已经弄完了,广播上说啥给老年人弄啥好事儿,都是骗人的。咋说呢?国家现在人也老多,可是国家说啥也不灵,我成天认为这特别是村干部,说良心话,像这县、乡、村这三级,尤其是村干部最坏,上头政策实际也真是好,逮住他们口味了,他们也都不反对,那都嗯嗯吃吃(敷敷衍衍)就过去了。村干部都是追求利益的,没有几个真心为老百姓服务。现在的村干部,哎呀!见钱跑得怪快,没钱的活儿现在谁管你呢?现在的村干部轮着干几年,吃饱了算了,这一批狼吃美了,换那一批吃。就跟俺(我们)村的宅基地这钱一样,歪好(随便)挖一下,这钱都弄跑了(贪污了)。(留守老人35)

从以上对村干部和留守老人的访谈可以发现,社区主体在留守老人福祉治理中面临的困境主要在于:一是农村村干部的专业性服务缺乏,以及农村社区组织的力量薄弱,造成社区主体不能给留守老人提供较好的社区养老服务,其在留守老人福祉治理中的作用是非常有限的。二是邻里互助往往具有自发性、临时性、应急性的特点,邻里互助行为也只能提供有限的帮助[①],难以提供稳定的社会支持。从某种意义上说,邻里互助只是家庭互济的一种补充和延伸,它在留守老人福祉治理中只能够满足最基本的福利需要。

## 本章小结

本书的定量数据资料分析表明,社区主体的四个变量,即社区老年活动中心、社区卫生服务站、村干部认可度、邻里互助文化建设对留守老人的生活满意度的影响效应最大,对其生活自理能力的效应次之,对其自评健康和抑郁症状也有一定程度的影响。这说明,社区主体对提升留守老人

---

① 万国威:《社会福利转型下的福利多元建构:西部农村留守儿童的实证研究》,中国社会科学出版社2016年版。

健康福祉和心理福祉具有积极的作用，社区主体是提升留守老人福祉的重要因素。

本书通过定性的深度访谈资料发现，社区主体与留守老人福祉关系的背后，蕴含着深厚的社区福利制度和社区邻里互助文化。其主要内容包括社区邻里互助模式让留守老人在"熟人社会"老有所依；农村社区互助式养老；一些留守老人认为村干部工作作风彻底好转，对村干部工作表示理解；一些留守老人认为村干部存在形式主义、官僚主义、胡乱作为的问题；还有些留守老人认为村干部存在选举时拉票贿选现象。村干部并不是国家正式编制的公务员，而是不脱产的干部，基本没有工资，报酬主要是误工补贴，因而，村干部作为我国农村最基层的干部，他们的工资非常低，而工作任务又非常重，压力也非常大。只有深入挖掘社区主体背后的社区福利制度与社区邻里互助文化，才能真正把握社区主体与留守老人福祉之间的因果关系。

定性研究最终还发现，乡村振兴背景下社区主体对留守老人福祉治理中承担着一定的责任，尤其是在提升留守老人的健康福祉和心理福祉上承担着积极的作用。然而，社区主体在留守老人福祉治理中面临两大困境：一是农村村干部的专业性服务缺乏，以及农村社区组织的力量薄弱，造成社区主体不能给留守老人提供较好的社区养老服务，其在留守老人福祉治理中的作用是非常有限的。二是邻里互助往往具有自发性、临时性、应急性的特点，邻里互助行为也只能提供有限的帮助，难以提供稳定的社会支持。从某种意义上说，邻里互助只是家庭互济的一种补充和延伸，它在留守老人福祉治理中只能够满足最基本的福利需要。

# 第八章　留守老人福祉治理的社会功能

本章的第一节将根据第三部门理论，先提出社会主体对留守老人福祉影响作用的研究假设，然后通过回归模型的分析，分别进行了验证，以检验本书提出的研究假设，旨在探讨社会主体对留守老人福祉的影响效应。第二节将通过定性访谈资料进一步了解社会主体在留守老人福祉治理中的影响作用和角色定位，深挖社会主体背后蕴含的社会养老制度和志愿服务文化，从而探讨乡村振兴背景下社会主体对留守老人福祉治理的责任履行状况。

## 第一节　社会主体与留守老人福祉的定量研究

根据第三部门理论，本节先提出社会主体对留守老人福祉影响的研究假设，然后通过多元回归模型的建立分别进行了验证，旨在检验研究假设，探讨社会主体对留守老人福祉的影响效应。

### 一　定量研究假设

第三部门理论认为，第三部门是指介于政府部门与营利性部门之间，从事政府和市场无力、无法或无意作为的社会公益事业，从而实现服务社会公众、促进社会稳定与发展的根本宗旨的社会公共部门。其职能就在于分担政府责任，培养人们的协作互助精神，提升人民福祉水平。[①] 第三部

---

① 陈振明：《公共管理学》（第二版），中国人民大学出版社2017年版。

门作为福利主体之一,其在农民的福利治理中的重要性正日益凸显。①

第三部门理论表明社会主体对提升人民群众的福祉水平具有积极的作用。因此,本书就具体的社会主体与留守老人福祉之间的关系,提出如下几个方面的研究假设。

(一) 社会主体与留守老人自评健康

根据上文的文献回顾部分可以发现,社会主体在留守老人的多元养老体系中处于重要地位,它主要是通过留守老人社会交往活动参与、向留守老人提供志愿服务、专业养老院、健康养老产业等来实现对留守老人养老的保障。而来自社会主体的留守老人社会交往活动参与、向留守老人提供志愿服务、专业养老院、健康养老产业也都会对留守老人自评健康产生一定的影响。② 基于此,提出以下假设:

假设18:社会主体有助于提升留守老人自评健康水平。

假设18a:过去一个月参加过社会交往活动的留守老人,其自评健康水平要高于没有参加的留守老人。

假设18b:获得过志愿服务的留守老人,其自评健康水平要高于没有获得过的留守老人。

假设18c:附近有养老院的留守老人,其自评健康水平要高于没有的留守老人。

假设18d:村里有健康养老产业的留守老人,其自评健康水平要高于没有的留守老人。

(二) 社会主体与留守老人生活自理能力

根据文献回顾部分可知,生活自理能力作为衡量留守老人健康福祉的重要指标,其与留守老人社会交往活动参与、向留守老人提供志愿服务、

---

① 韩央迪:《第三部门视域下的中国农民福利治理》,上海三联书店2012年版。
② 秦永超:《生态系统视角下农村留守老人福祉的影响因素》,《社会科学家》2019年第5期。

专业养老院、健康养老产业具有一定程度的联系。① 基于此，提出如下假设：

假设 19：社会主体有助于提升留守老人的生活自理能力。

假设 19a：过去一个月参加过社会交往活动的留守老人，其生活自理能力要强于没有参加的留守老人。

假设 19b：获得过志愿服务的留守老人，其生活自理能力要强于没有获得过的留守老人。

假设 19c：附近有养老院的留守老人，其生活自理能力要强于没有的留守老人。

假设 19d：村里有健康养老产业的留守老人，其生活自理能力要强于没有的留守老人。

### （三）社会主体与留守老人抑郁症状

根据前文的文献回顾部分可知，抑郁症状是测量留守老人心理福祉的有效性量表，它是衡量留守老人心理福祉的一个重要维度。而留守老人社会交往活动参与、向留守老人提供志愿服务、专业养老院、健康养老产业都会对留守老人抑郁症状产生一定的影响。② 基于此，提出如下假设：

假设 20：社会主体会降低留守老人有抑郁症状的可能性。

假设 20a：过去一个月参加过社会交往活动的留守老人比没有参加的，其更可能没有抑郁症状。

假设 20b：获得过志愿服务的留守老人比没有获得过的，其更可能没有抑郁症状。

假设 20c：附近有养老院的留守老人比没有的，其更可能没有抑郁症状。

---

① 伍小兰、刘吉：《中国老年人生活自理能力发展轨迹研究》，《人口学刊》2018 年第 4 期；李建新、李春华：《城乡老年人口健康差异研究》，《人口学刊》2014 年第 5 期。

② 张邦辉、陈乙西：《邻里关系对农村留守老人身心健康的影响研究——基于劳动力流出地 10 省市调查数据的实证分析》，《管理世界》2017 年第 11 期。

假设 20d：村里有健康养老产业的留守老人比没有的，其更可能没有抑郁症状。

### （四）社会主体与留守老人生活满意度

根据文献回顾部分可知，生活满意度是衡量留守老人心理福祉的一个重要维度。而留守老人社会交往活动参与、向留守老人提供志愿服务、专业养老院、健康养老产业都会对留守老人的生活满意度产生显著的影响。① 基于此，提出如下假设：

假设 21：社会主体有助于提升留守老人的生活满意度。

假设 21a：过去一个月参加过社会交往活动的留守老人，其生活满意度要高于没有参加的留守老人。

假设 21b：获得过志愿服务的留守老人，其生活满意度要高于没有获得过的留守老人。

假设 21c：附近有养老院的留守老人，其生活满意度要高于没有的留守老人。

假设 21d：村里有健康养老产业的留守老人，其生活满意度要高于没有的留守老人。

## 二　数据分析结果

在本部分，把社会主体作为自变量，把留守老人福祉的自评健康、生活自理能力、抑郁症状、生活满意度四个指标作为因变量，通过回归分析逐一验证社会主体对留守老人福祉各指标的作用假设。

### （一）社会主体与留守老人自评健康

由于因变量——自评健康变量是有序的五分类变量，因此采用序次 Logistic 回归模型来进行统计分析。为分别估计控制变量和自变量（过去一个月是否参加过社会交往活动、是否获得过志愿服务、附近有无养老院、

---

① 秦永超：《生态系统视角下农村留守老人福祉的影响因素》，《社会科学家》2019 年第 5 期；张化楠、方金、毕红霞：《基于有序 Logit – ISM 模型的农村空巢老人生活质量满意度的研究》，《南方人口》2015 年第 5 期。

村里有无健康养老产业）对因变量（留守老人自评健康）的影响效应，本书采用了嵌套模型的建模策略，模型1是仅包含控制变量的基准模型。模型2在模型1的基础上增加了过去一个月是否参加过社会交往活动变量，以检验过去一个月是否参加过社会交往活动对留守老人自评健康的影响。模型3在模型2的基础上增加了是否获得过志愿服务变量，以检验是否获得过志愿服务对留守老人自评健康的影响。模型4在模型3的基础上增加了附近有无养老院变量，以检验附近有无养老院对留守老人自评健康的影响。模型5在模型4的基础上增加了村里有无健康养老产业变量，以检验村里有无健康养老产业对留守老人自评健康的影响。具体统计结果如表8-1所示。

表8-1 社会主体与留守老人自评健康的序次 Logistic 回归模型

| 变量 | 模型1 | 模型2 | 模型3 | 模型4 | 模型5 |
| --- | --- | --- | --- | --- | --- |
| 年龄 | -0.003 (0.008) | -0.004 (0.008) | -0.006 (0.008) | -0.005 (0.008) | -0.005 (0.008) |
| 性别（男性=1） | 0.033 (0.116) | 0.017 (0.116) | 0.020 (0.116) | 0.012 (0.117) | 0.010 (0.117) |
| 婚姻状况（在婚=1） | -0.071 (0.123) | -0.049 (0.123) | -0.083 (0.124) | -0.083 (0.124) | -0.077 (0.124) |
| 受教育年限 | 0.017 (0.016) | 0.016 (0.016) | 0.015 (0.016) | 0.016 (0.016) | 0.016 (0.016) |
| 家庭生活水平（非贫困=1） | 0.893*** (0.126) | 0.864*** (0.127) | 0.856*** (0.127) | 0.850*** (0.127) | 0.844*** (0.127) |
| 患慢性病数量 | -0.832*** (0.060) | -0.850*** (0.060) | -0.858*** (0.060) | -0.862*** (0.060) | -0.860*** (0.060) |
| 地区类型（东部地区=1） | 0.488*** (0.120) | 0.537*** (0.121) | 0.528*** (0.121) | 0.559*** (0.123) | 0.537*** (0.125) |
| 过去一个月社会交往活动（参加过=1） | | 0.366** (0.124) | 0.355** (0.124) | 0.349** (0.124) | 0.340** (0.124) |
| 是否获得过志愿服务（是=1） | | | 0.819*** (0.228) | 0.841*** (0.229) | 0.754** (0.242) |

续表

| 变量 | 模型1 | 模型2 | 模型3 | 模型4 | 模型5 |
| --- | --- | --- | --- | --- | --- |
| 附近有无养老院<br>（有=1） | | | | -0.194<br>(0.136) | -0.201<br>(0.136) |
| 村里有无健康养老产业<br>（有=1） | | | | | 0.378<br>(0.339) |
| N | 1300 | 1300 | 1300 | 1300 | 1300 |
| Log-likelihood | -1513.91 | -1509.50 | -1503.12 | -1502.11 | -1501.49 |
| Pseudo $R^2$ | 0.098 | 0.101 | 0.105 | 0.105 | 0.106 |

注：括号里的数字为标准误；$+p<0.1$，$^*p<0.05$，$^{**}p<0.01$，$^{***}p<0.001$（双尾检验）。

表8-1报告了社会主体对留守老人自评健康影响的模型估计结果。从模型1可以发现，在七个控制变量中，年龄、性别、婚姻状况、受教育年限四个变量对留守老人自评健康均没有显著的影响，而家庭生活水平、患慢性病数量、地区类型三个变量对留守老人自评健康都有显著的影响。在控制了其他变量之后，相对于贫困家庭来说，非贫困家庭的留守老人自评健康更好；患慢性病数量越多，留守老人自评健康就越好；相对于中西部地区来说，东部地区的留守老人自评健康更好。这里需要强调的是家庭生活水平变量，保持其他因素不变，非贫困家庭留守老人自评健康更好的几率比贫困家庭的要高出144%左右（$e^{0.893}-1\approx1.442$，$p<0.001$）。由此可以发现，代表相对收入指标的家庭生活水平变量对留守老人自评健康具有显著的效应，家庭生活水平的提高显著提升了留守老人自评健康水平。这一研究结果也充分说明，家庭生活水平是影响留守老人自评健康的最为重要的控制变量。

表8-1的模型2在模型1的基础上增加了过去一个月是否参加过社会交往活动变量，目的是检验过去一个月是否参加过社会交往活动对留守老人自评健康的影响作用。模型估计结果显示，过去一个月是否参加过社会交往活动对留守老人自评健康有显著的影响。在控制了其他因素之后，过去一个月参加过社会交往活动的留守老人自评健康更好的几率比没有的要高出44%左右（$e^{0.366}-1\approx0.442$，$p<0.01$）。因此，假设18a得到了验

证。这一研究结果与秦永超的研究具有相似性。① 这说明,去村里邻居家串串门、打打牌,或者向亲朋好友提供一些力所能及的帮助;通过积极参加社会交往活动,能够有效地提升留守老人的自评健康水平。也就是说,过去一个月是否参加过社会交往活动是留守老人自评健康水平的重要影响因素。

表8-1的模型3在模型2的基础上增加了是否获得过志愿服务变量,目的是检验是否获得过志愿服务对留守老人自评健康的影响效应。模型分析结果显示,是否获得过志愿服务对留守老人自评健康有显著的影响。在控制了其他因素之后,获得过志愿服务的留守老人自评健康更好的几率比没获得过的要高出127%左右($e^{0.819}-1 \approx 1.268$,$p<0.001$)。因此,假设18b得到了验证。这一研究结果表明,在部分农村地区,志愿服务活动得到了来自社会各界的积极参与,其内容包括给留守老人提供看病就医、照顾家务、心理咨询、法律援助等服务。这些志愿服务活动在提升留守老人自评健康方面起着至关重要的作用,是留守老人自评健康水平提升的重要影响因素。

表8-1的模型4在模型3的基础上增加了附近有无养老院变量,目的是检验附近有无养老院对留守老人自评健康的影响效应。模型估计结果显示,附近有无养老院对留守老人自评健康没有显著的效应。假设18c没有得到验证。这一结果表明,养老院对提升留守老人的自评健康水平没有显著的作用。这充分说明在广大农村地区,缴费的专业化养老院是一种极其稀缺的养老资源,绝大多数留守老人想享受专业化的养老服务是不可能的。因此,其对提升留守老人自评健康水平的作用极其有限。

表8-1的模型5在模型4的基础上增加了村里有无健康养老产业变量,目的是检验村里有无健康养老产业对留守老人自评健康的影响效应。模型估计结果显示,村里有无健康养老产业对留守老人自评健康没有显著的影响。假设18d没有得到验证。这一结果表明,健康养老产业对提升留守老人的自评健康水平并没有显著的作用。这充分说明健康养老产

---

① 秦永超:《生态系统视角下农村留守老人福祉的影响因素》,《社会科学家》2019年第5期。

业在广大农村地区还是凤毛麟角,也仅仅只是在东部发达地区的农村会有零星的健康养老产业,因而其对提升留守老人自评健康水平的作用极其有限。

这里值得注意的是,模型4中在0.001水平上显著的是否获得过志愿服务变量,到了模型5中却在0.01水平上显著,并且回归系数也在下降。这说明是否获得过志愿服务变量的部分功能被新加入的村里有无健康养老产业变量所解释。也就是说,村里有无健康养老产业虽然对留守老人自评健康并没有显著的影响,但健康养老产业作为农村地区新兴的朝阳产业,其在提升留守老人健康自评水平方面也发挥了一定的作用。

综上所述,在社会主体的四个变量中,过去一个月是否参加过社会交往活动和是否获得过志愿服务两个变量都对留守老人自评健康有显著的影响效应。而附近有无养老院和村里有无健康养老产业都对留守老人自评健康没有显著的影响效应。假设18部分得到验证。总体来看,社会主体对提升留守老人自评健康水平具有一定的作用。

(二)社会主体与留守老人生活自理能力

由于因变量——生活自理能力变量是二分类变量,因此采用二元Logistic回归模型来进行统计分析。为分别估计控制变量和自变量(过去一个月是否参加过社会交往活动、是否获得过志愿服务、附近有无养老院、村里有无健康养老产业)对因变量(留守老人生活自理能力)的影响效应,本书采用了嵌套模型的建模策略,模型1是仅包含控制变量的基准模型。模型2在模型1的基础上增加了过去一个月是否参加过社会交往活动变量,以检验过去一个月是否参加过社会交往活动对留守老人生活自理能力的影响。模型3在模型2的基础上增加了是否获得过志愿服务变量,以检验是否获得过志愿服务对留守老人生活自理能力的影响。模型4在模型3的基础上增加了附近有无养老院变量,以检验附近有无养老院对留守老人生活自理能力的影响。模型5在模型4的基础上增加了村里有无健康养老产业变量,以检验村里有无健康养老产业对留守老人生活自理能力的影响。具体统计结果如表8-2所示。

表8-2　社会主体与留守老人生活自理能力的二元 Logistic 回归模型

| 变量 | 模型1 | 模型2 | 模型3 | 模型4 | 模型5 |
| --- | --- | --- | --- | --- | --- |
| 年龄 | -0.074*** <br> (0.010) | -0.076*** <br> (0.010) | -0.075*** <br> (0.010) | -0.075*** <br> (0.010) | -0.076*** <br> (0.010) |
| 性别 <br> (男性=1) | 0.312* <br> (0.150) | 0.291+ <br> (0.152) | 0.292+ <br> (0.152) | 0.294+ <br> (0.152) | 0.294+ <br> (0.152) |
| 婚姻状况 <br> (在婚=1) | -0.149 <br> (0.155) | -0.115 <br> (0.156) | -0.108 <br> (0.156) | -0.107 <br> (0.156) | -0.106 <br> (0.156) |
| 受教育年限 | 0.027 <br> (0.022) | 0.026 <br> (0.022) | 0.028 <br> (0.022) | 0.026 <br> (0.022) | 0.026 <br> (0.022) |
| 家庭生活水平 <br> (非贫困=1) | 0.588*** <br> (0.147) | 0.535*** <br> (0.149) | 0.540*** <br> (0.149) | 0.542*** <br> (0.149) | 0.541*** <br> (0.149) |
| 患慢性病数量 | -0.359*** <br> (0.062) | -0.386*** <br> (0.063) | -0.385*** <br> (0.063) | -0.384*** <br> (0.063) | -0.383*** <br> (0.063) |
| 地区类型 <br> (东部地区=1) | 0.671*** <br> (0.161) | 0.773*** <br> (0.165) | 0.776*** <br> (0.165) | 0.765*** <br> (0.167) | 0.761*** <br> (0.169) |
| 过去一个月社会交往活动 <br> (参加过=1) |  | 0.634*** <br> (0.152) | 0.636*** <br> (0.153) | 0.637*** <br> (0.153) | 0.636*** <br> (0.153) |
| 是否获得过志愿服务 <br> (是=1) |  |  | -0.199 <br> (0.292) | -0.206 <br> (0.293) | -0.217 <br> (0.304) |
| 附近有无养老院 <br> (有=1) |  |  |  | 0.079 <br> (0.175) | 0.078 <br> (0.175) |
| 村里有无健康养老产业 <br> (有=1) |  |  |  |  | 0.071 <br> (0.505) |
| N | 1300 | 1300 | 1300 | 1300 | 1300 |
| Log-likelihood | -669.12 | -660.60 | -660.37 | -660.27 | -660.26 |
| Pseudo $R^2$ | 0.097 | 0.108 | 0.109 | 0.109 | 0.109 |

注：括号里的数字为标准误；+ $p<0.1$, * $p<0.05$, ** $p<0.01$, *** $p<0.001$ （双尾检验）。

表8-2报告了社会主体对留守老人生活自理能力影响的模型估计结果。从模型1可以发现，在七个控制变量中，婚姻状况、受教育年限两个变量对留守老人的生活自理能力均没有显著的影响，而年龄、性别、家庭

生活水平、患慢性病数量、地区类型五个变量对留守老人生活自理能力都有显著的影响。在控制了其他因素之后，年龄越大，留守老人的生活自理能力更弱；相对于女性来说，男性留守老人的生活自理能力更强；相对于中西部地区来说，东部地区的留守老人的生活自理能力更强。这里需要强调的是，代表相对收入的家庭生活水平变量和代表客观身体健康状况的患慢性病数量变量，不仅对留守老人生活自理能力有显著的影响，而且都是在0.001的水平上显著，这充分说明，家庭生活水平和患慢性病数量是影响留守老人生活自理能力的最为关键的控制变量。

表8-2的模型2在模型1的基础上增加了过去一个月是否参加过社会交往活动变量，目的是检验过去一个月是否参加过社会交往活动对留守老人生活自理能力的影响作用。模型估计结果显示，过去一个月是否参加过社会交往活动对留守老人生活自理能力有显著的影响。在控制了其他因素之后，过去一个月参加过社会交往活动的留守老人生活能够自理的几率比没有参加过的要高出89%左右（$e^{0.634}-1≈0.885$，$p<0.001$）。因此，假设19a得到了验证。这一研究结果与伍小兰等、李建新等的研究具有相似性。① 这说明，去村里邻居家串串门、打打牌，或者向亲朋好友提供一些力所能及的帮助；通过积极参加社会交往活动，能够有效地提升留守老人的生活自理能力。也就是说，过去一个月是否参加过社会交往活动是留守老人生活自理能力的重要影响因素。

表8-2的模型3在模型2的基础上增加了是否获得过志愿服务变量，目的是检验是否获得过志愿服务对留守老人生活自理能力的影响作用。模型估计结果显示，是否获得过志愿服务对留守老人生活自理能力并没有显著的影响。因此，假设19b没有得到验证。这说明志愿服务活动在广大农村地区还是凤毛麟角，农村志愿服务的宣传力度和普及力度还远远不够，农村居民参与志愿服务的主动性也比较低，其影响力也极为低下，因此，它对提升留守老人生活自理能力的作用微乎其微。

表8-2的模型4在模型3的基础上增加了附近有无养老院变量，目的

---

① 伍小兰、刘吉：《中国老年人生活自理能力发展轨迹研究》，《人口学刊》2018年第4期；李建新、李春华：《城乡老年人口健康差异研究》，《人口学刊》2014年第5期。

是检验附近有无养老院对留守老人生活自理能力的影响效应。模型估计结果显示，附近有无养老院对留守老人生活自理能力并没有显著的影响。因此，假设19c没有得到验证。这充分说明，专业养老院在农村地区是一种稀缺的资源，绝大多数留守老人很难有机会享受专业化的养老服务。因此，其对提升留守老人的生活自理能力的作用极其有限。

表8-2的模型5在模型4的基础上增加了村里有无健康养老产业变量，目的是检验村里有无健康养老产业对留守老人生活自理能力的影响效应。模型估计结果显示，村里有无健康养老产业对留守老人生活自理能力并没有显著的影响。因此，假设19d没有得到验证。这充分说明，健康养老产业在广大农村地区还非常稀缺，因而其对提升留守老人生活自理能力的作用极其有限。

综上所述，在社会主体的四个变量中，只有过去一个月是否参加过社会交往活动变量对留守老人生活自理能力有显著的影响效应。而是否获得过志愿服务、附近有无养老院、村里有无健康养老产业三个变量都对留守老人生活自理能力没有显著的影响效应。假设19部分得到验证。总体来看，社会主体对提升留守老人生活自理能力的作用比较有限。

（三）社会主体与留守老人抑郁症状

由于因变量——抑郁症状变量是二分类变量，因此采用二元Logistic回归模型来进行统计分析。为分别估计控制变量和自变量（过去一个月是否参加过社会交往活动、是否获得过志愿服务、附近有无养老院、村里有无健康养老产业）对因变量（留守老人抑郁症状）的影响效应，本书采用了嵌套模型的建模策略，模型1是仅包含控制变量的基准模型。模型2在模型1的基础上增加了过去一个月是否参加过社会交往活动变量，以检验过去一个月是否参加过社会交往活动对留守老人抑郁症状的影响。模型3在模型2的基础上增加了是否获得过志愿服务变量，以检验是否获得过志愿服务对留守老人抑郁症状的影响。模型4在模型3的基础上增加了附近有无养老院变量，以检验附近有无养老院对留守老人抑郁症状的影响。模型5在模型4的基础上增加了村里有无健康养老产业变量，以检验村里有无健康养老产业对留守老人抑郁症状的影响。具体统计结果如表8-3所示。

表 8-3　社会主体与留守老人抑郁症状的二元 Logistic 回归模型

| 变量 | 模型1 | 模型2 | 模型3 | 模型4 | 模型5 |
| --- | --- | --- | --- | --- | --- |
| 年龄 | -0.002<br>(0.010) | -0.002<br>(0.010) | -0.001<br>(0.010) | -0.002<br>(0.010) | -0.002<br>(0.010) |
| 性别<br>(男性=1) | -0.210<br>(0.139) | -0.198<br>(0.139) | -0.196<br>(0.139) | -0.190<br>(0.139) | -0.188<br>(0.140) |
| 婚姻状况<br>(在婚=1) | -0.401**<br>(0.145) | -0.424**<br>(0.145) | -0.412**<br>(0.146) | -0.412**<br>(0.146) | -0.418**<br>(0.146) |
| 受教育年限 | -0.023<br>(0.019) | -0.023<br>(0.019) | -0.023<br>(0.019) | -0.023<br>(0.019) | -0.023<br>(0.019) |
| 家庭生活水平<br>(非贫困=1) | -1.437***<br>(0.142) | -1.411***<br>(0.142) | -1.406***<br>(0.143) | -1.402***<br>(0.143) | -1.400***<br>(0.143) |
| 患慢性病数量 | 0.511***<br>(0.063) | 0.529***<br>(0.064) | 0.531***<br>(0.064) | 0.533***<br>(0.064) | 0.531***<br>(0.064) |
| 地区类型<br>(东部地区=1) | -0.354*<br>(0.144) | -0.412**<br>(0.147) | -0.410**<br>(0.147) | -0.432**<br>(0.149) | -0.411**<br>(0.151) |
| 过去一个月社会交往活动<br>(参加过=1) | | -0.414**<br>(0.145) | -0.412**<br>(0.145) | -0.406**<br>(0.145) | -0.396**<br>(0.145) |
| 是否获得过志愿服务<br>(是=1) | | | -0.327<br>(0.295) | -0.343<br>(0.296) | -0.277<br>(0.307) |
| 附近有无养老院<br>(有=1) | | | | 0.156<br>(0.162) | 0.159<br>(0.163) |
| 村里有无健康养老产业<br>(有=1) | | | | | -0.410<br>(0.473) |
| N | 1292 | 1292 | 1292 | 1292 | 1292 |
| Log-likelihood | -744.74 | -740.65 | -740.016 | -739.56 | -739.16 |
| Pseudo $R^2$ | 0.139 | 0.144 | 0.145 | 0.145 | 0.146 |

注：括号里的数字为标准误；+ $p<0.1$, * $p<0.05$, ** $p<0.01$, *** $p<0.001$（双尾检验）。

表8-3报告了社会主体对留守老人抑郁症状影响的模型估计结果。从模型1可以发现，在七个控制变量中，年龄、性别、受教育年限三个变量对留守老人的抑郁症状均没有显著的影响，而婚姻状况、家庭生活水平、

患慢性病数量、地区类型四个变量对留守老人的抑郁症状都有显著的影响。在控制了其他因素之后，相对于非在婚来说，在婚的留守老人有抑郁症状的几率更低；相对于贫困家庭来说，非贫困家庭的留守老人有抑郁症状的几率更低；患慢性病数量越多，留守老人有抑郁症状的几率就越高；相对于中西部地区来说，东部地区的留守老人有抑郁症状的几率更低。这里需要强调的是，代表相对收入的家庭生活水平变量和代表客观身体健康状况的患慢性病数量变量，不仅对留守老人有抑郁症状的几率有显著的影响，而且都是在 0.001 的水平上显著。这充分说明，家庭生活水平和患慢性病数量是影响留守老人抑郁症状的最为关键的控制变量。

表 8-3 的模型 2 在模型 1 的基础上增加了过去一个月是否参加过社会交往活动变量，目的是检验过去一个月是否参加过社会交往活动对留守老人抑郁症状的影响效应。模型估计结果显示，过去一个月是否参加过社会交往活动对留守老人抑郁症状有显著的影响。具体而言，在控制了其他因素之后，过去一个月参加过社会交往活动的留守老人有抑郁症状的几率比没参加过的要低 34% 左右（$1-e^{-0.414} \approx 0.339$，$p<0.01$）。因此，假设 20a 得到了验证。这一研究结果与张邦辉、陈乙酉的研究保持一致。[①] 这说明，去村里邻居家串串门、下下棋、打打牌，或者向亲朋好友提供一些力所能及的帮助；通过积极参加社会交往活动，能够有效地降低留守老人有抑郁症状的几率。也就是说，过去一个月是否参加过社会交往活动是留守老人抑郁症状的重要影响因素。

表 8-3 的模型 3 在模型 2 的基础上增加了是否获得过志愿服务变量，目的是检验是否获得过志愿服务对留守老人抑郁症状的影响作用。模型估计结果显示，是否获得过志愿服务对留守老人抑郁症状并没有显著的影响。因此，假设 20b 没有得到验证。这说明志愿服务活动在广大农村地区的宣传力度和普及力度还远远不够，农村居民参与志愿服务的主动性也不高，因此，它对降低留守老人有抑郁症状的几率、提升其心理健康水平的作用微乎其微。

---

① 张邦辉、陈乙酉：《邻里关系对农村留守老人身心健康的影响研究——基于劳动力流出地 10 省市调查数据的实证分析》，《管理世界》2017 年第 11 期。

表 8-3 的模型 4 在模型 3 的基础上增加了附近有无养老院变量,目的是检验附近有无养老院对留守老人抑郁症状的影响效应。模型估计结果显示,附近有无养老院对留守老人抑郁症状并没有显著的影响。因此,假设 20c 没有得到验证。这充分说明,专业养老院在农村地区是一种稀缺的资源,绝大多数留守老人很难有机会享受专业化的养老服务。因此,其对降低留守老人有抑郁症状的几率、提升其精神健康水平的作用极其有限。

表 8-3 的模型 5 在模型 4 的基础上增加了村里有无健康养老产业变量,目的是检验村里有无健康养老产业对留守老人抑郁症状的影响效应。模型估计结果显示,村里有无健康养老产业对留守老人抑郁症状并没有显著的影响。因此,假设 20d 没有得到验证。这充分说明,健康养老产业对降低留守老人有抑郁症状的几率、提升其精神健康水平的作用极其有限。

综上所述,在社会主体的四个变量中,只有过去一个月是否参加过社会交往活动变量对留守老人抑郁症状有显著的影响效应。而是否获得过志愿服务、附近有无养老院、村里有无健康养老产业三个变量都对留守老人抑郁症状没有显著的影响效应。假设 20 部分得到验证。总体来看,社会主体对降低留守老人有抑郁症状的几率、提升其精神健康水平的作用比较有限。

(四) 社会主体与留守老人生活满意度

由于因变量——生活满意度变量是有序的五分类变量,因此采用序次 Logistic 回归模型来进行统计分析。为分别估计控制变量和自变量 (过去一个月是否参加过社会交往活动、是否获得过志愿服务、附近有无养老院、村里有无健康养老产业) 对因变量 (留守老人生活满意度) 的影响效应,本书采用了嵌套模型的建模策略,模型 1 是仅包含控制变量的基准模型。模型 2 在模型 1 的基础上增加了过去一个月是否参加过社会交往活动变量,以检验过去一个月是否参加过社会交往活动对留守老人生活满意度的影响。模型 3 在模型 2 的基础上增加了是否获得过志愿服务变量,以检验是否获得过志愿服务对留守老人生活满意度的影响。模型 4 在模型 3 的基础上增加了附近有无养老院变量,以检验附近有无养老院对留守老人生活满意度的影响。模型 5 在模型 4 的基础上增加了村里有无健康养老产业变量,以检验村里有无健康养老产业对留守老人生活满意度的影响。具体统计结果如表 8 - 4 所示。

表 8 - 4　社会主体与留守老人生活满意度的序次 Logistic 回归模型

| 变量 | 模型 1 | 模型 2 | 模型 3 | 模型 4 | 模型 5 |
| --- | --- | --- | --- | --- | --- |
| 年龄 | 0.009<br>(0.008) | 0.009<br>(0.008) | 0.009<br>(0.008) | 0.009<br>(0.008) | 0.009<br>(0.008) |
| 性别<br>(男性 = 1) | 0.104<br>(0.122) | 0.099<br>(0.122) | 0.099<br>(0.122) | 0.089<br>(0.122) | 0.090<br>(0.122) |
| 婚姻状况<br>(在婚 = 1) | 0.089<br>(0.126) | 0.102<br>(0.127) | 0.103<br>(0.127) | 0.107<br>(0.127) | 0.100<br>(0.127) |
| 受教育年限 | 0.026<br>(0.017) | 0.026<br>(0.017) | 0.026<br>(0.017) | 0.027<br>(0.017) | 0.027<br>(0.017) |
| 家庭生活水平<br>(非贫困 = 1) | 1.294***<br>(0.127) | 1.276***<br>(0.128) | 1.277***<br>(0.128) | 1.270***<br>(0.128) | 1.271***<br>(0.128) |
| 患慢性病数量 | -0.139**<br>(0.052) | -0.148**<br>(0.052) | -0.148**<br>(0.052) | -0.153**<br>(0.052) | -0.158**<br>(0.052) |
| 地区类型<br>(东部地区 = 1) | 0.106<br>(0.122) | 0.138<br>(0.123) | 0.138<br>(0.123) | 0.164<br>(0.124) | 0.186<br>(0.126) |
| 过去一个月社会交往活动<br>(参加过 = 1) | | 0.256*<br>(0.125) | 0.256*<br>(0.125) | 0.247*<br>(0.125) | 0.258*<br>(0.125). |
| 是否获得过志愿服务<br>(是 = 1) | | | -0.026<br>(0.257) | -0.002<br>(0.256) | 0.087<br>(0.267) |
| 附近有无养老院<br>(有 = 1) | | | | -0.217<br>(0.139) | -0.211<br>(0.139) |
| 村里有无健康养老产业<br>(有 = 1) | | | | | -0.454<br>(0.381) |
| N | 1302 | 1302 | 1302 | 1302 | 1302 |
| Log - likelihood | -1433.75 | -1431.64 | -1431.63 | -1430.41 | -1429.70 |
| Pseudo $R^2$ | 0.046 | 0.048 | 0.048 | 0.049 | 0.049 |

注：括号里的数字为标准误；+ $p<0.1$，* $p<0.05$，** $p<0.01$，*** $p<0.001$（双尾检验）。

表8-4报告了社会主体对留守老人生活满意度的影响效应的模型估计结果。从模型1可以发现，在七个控制变量中，年龄、性别、婚姻状况、受教育年限、地区类型五个变量对留守老人的生活满意度均没有显著的影响，只有家庭生活水平和患慢性病数量两个变量对留守老人的生活满意度有显著的影响。尤其是家庭生活水平变量，在控制了其他因素之后，非贫困家庭的留守老人生活满意度更高的几率比贫困家庭的要高出265%左右（$e^{1.294}-1\approx 2.647$，$p<0.001$）。这一结果充分说明，家庭生活水平是影响留守老人生活满意度的最为重要的控制变量。

表8-4的模型2在模型1的基础上增加了过去一个月是否参加过社会交往活动变量，目的是检验过去一个月是否参加过社会交往活动对留守老人生活满意度的影响作用。模型估计结果显示，过去一个月是否参加过社会交往活动对留守老人生活满意度有显著的影响。在控制了其他因素之后，过去一个月参加过社会交往活动的留守老人生活满意度更高的几率比没有参加过的要高出29%左右（$e^{0.256}-1\approx 0.292$，$p<0.05$）。因此，假设21a得到了验证。这一研究结果与秦永超、张化楠等的研究保持一致。[1] 这充分说明，积极地参加社会交往活动，能够有效地提升留守老人的生活满意度。也就是说，过去一个月是否参加过社会交往活动是留守老人生活满意度的重要影响因素。

表8-4的模型3在模型2的基础上增加了是否获得过志愿服务变量，目的是检验是否获得过志愿服务对留守老人生活满意度的影响作用。模型估计结果显示，是否获得过志愿服务对留守老人生活自理能力并没有显著的影响。因此，假设21b没有得到验证。这说明志愿服务活动在广大农村地区还是凤毛麟角，其影响力也极为低下，因此，它对提升留守老人生活满意度的作用微乎其微。

表8-4的模型4在模型3的基础上增加了附近有无养老院变量，目的是检验附近有无养老院对留守老人生活满意度的影响效应。模型估计结果显示，附近有无养老院对留守老人生活满意度并没有显著的影响。因此，

---

[1] 秦永超：《生态系统视角下农村留守老人福祉的影响因素》，《社会科学家》2019年第5期；张化楠、方金、毕红霞：《基于有序Logit-ISM模型的农村空巢老人生活质量满意度的研究》，《南方人口》2015年第5期。

假设21c没有得到验证。这充分说明，专业养老院在农村地区是一种稀缺的资源，绝大多数留守老人很难有机会享受专业化的养老服务。因此，其对提升留守老人生活满意度的作用极其有限。

表8-4的模型5在模型4的基础上增加了村里有无健康养老产业变量，目的是检验村里有无健康养老产业对留守老人生活满意度的影响效应。模型估计结果显示，村里有无健康养老产业对留守老人生活满意度并没有显著的影响。因此，假设21d没有得到验证。这充分说明，健康养老产业在广大农村地区还非常稀缺，因而其对提升留守老人生活满意度的作用极其有限。

综上所述，在社会主体的四个变量中，只有过去一个月是否参加过社会交往活动变量对留守老人生活满意度有显著的影响效应。而是否获得过志愿服务、附近有无养老院、村里有无健康养老产业三个变量都对留守老人生活满意度没有显著的影响效应。假设21部分得到验证。总体来看，社会主体对提升留守老人生活满意度的作用极其有限。

（五）社会主体与留守老人福祉各指标比较

为了进一步探析社会主体对留守老人福祉各个指标的影响效应，本书将所有控制变量和构成社会主体的四个自变量——过去一个月是否参加过社会交往活动、是否获得过志愿服务、附近有无养老院、村里有无健康养老产业变量合在一起，分别与四个因变量——自评健康、生活自理能力、抑郁症状、生活满意度变量纳入模型，形成模型1、模型2、模型3、模型4，从而比较社会主体对留守老人福祉各维度的影响。其中，模型1和模型4是序次Logistic回归模型，模型2和模型3是二元Logistic回归模型。具体统计数据结果如表8-5所示。

表8-5　　　　社会主体与留守老人福祉各指标的回归模型

| 变量 | 模型1—<br>自评健康 | 模型2—<br>生活自理能力 | 模型3—<br>抑郁症状 | 模型4—<br>生活满意度 |
| --- | --- | --- | --- | --- |
| 年龄 | -0.005<br>(0.008) | -0.076***<br>(0.010) | -0.002<br>(0.010) | 0.009<br>(0.008) |

续表

| 变量 | 模型1—自评健康 | 模型2—生活自理能力 | 模型3—抑郁症状 | 模型4—生活满意度 |
| --- | --- | --- | --- | --- |
| 性别（男性=1） | 0.010<br>(0.117) | 0.294+<br>(0.152) | -0.188<br>(0.140) | 0.090<br>(0.122) |
| 婚姻状况（在婚=1） | -0.077<br>(0.124) | -0.106<br>(0.156) | -0.418**<br>(0.146) | 0.100<br>(0.127) |
| 受教育年限 | 0.016<br>(0.016) | 0.026<br>(0.022) | -0.023<br>(0.019) | 0.027<br>(0.017) |
| 家庭生活水平（非贫困=1） | 0.844***<br>(0.127) | 0.541***<br>(0.149) | -1.400***<br>(0.143) | 1.271***<br>(0.128) |
| 患慢性病数量 | -0.860***<br>(0.060) | -0.383***<br>(0.063) | 0.531***<br>(0.064) | -0.158**<br>(0.052) |
| 地区类型（东部地区=1） | 0.537***<br>(0.125) | 0.761***<br>(0.169) | -0.411**<br>(0.151) | 0.186<br>(0.126) |
| 过去一个月社会交往活动（参加过=1） | 0.340**<br>(0.124) | 0.636***<br>(0.153) | -0.396**<br>(0.145) | 0.258*<br>(0.125) |
| 是否获得过志愿服务（是=1） | 0.754**<br>(0.242) | -0.217<br>(0.304) | -0.277<br>(0.307) | 0.087<br>(0.267) |
| 附近有无养老院（有=1） | -0.201<br>(0.136) | 0.078<br>(0.175) | 0.159<br>(0.163) | -0.211<br>(0.139) |
| 村里有无健康养老产业（有=1） | 0.378<br>(0.339) | 0.071<br>(0.505) | -0.410<br>(0.473) | -0.454<br>(0.381) |
| N | 1300 | 1300 | 1292 | 1302 |
| Log-likelihood | -1501.49 | -660.26 | -739.16 | -1429.70 |
| Pseudo $R^2$ | 0.106 | 0.109 | 0.146 | 0.049 |

注：括号里的数字为标准误；+ $p<0.1$，* $p<0.05$，** $p<0.01$，*** $p<0.001$（双尾检验）。

从表8-5可以发现，估计模型中七个控制变量和社会主体的四个自变量（过去一个月是否参加过社会交往活动、是否获得过志愿服务、附近有无养老院、村里有无健康养老产业）对留守老人福祉的四个指标的影响效应存在一定的差异。

从表8-5可以发现，在所有七个控制变量中，受教育年限对留守老人福祉的四个指标都没有显著的效应。年龄、性别、婚姻状况三个变量仅仅对留守老人福祉中的一个指标有显著的影响。控制了其他因素之后，年龄越大，留守老人生活能够自理的几率越低；相对于女性来说，男性留守老人生活能够自理的几率更高；相对于非在婚来说，在婚的留守老人有抑郁症状的几率更低。地区类型对留守老人福祉中的三个指标有显著的影响效应。在控制了其他因素之后，相对于中西部地区来说，东部地区的留守老人的自评健康更好，生活能够自理的几率更高，有抑郁症状的几率更低。而在所有的七个控制变量中，家庭生活水平和患慢性病数量两个变量是影响留守老人福祉最为关键的控制变量。

从表8-5可以发现，社会主体的三个自变量，即过去一个月是否参加过社会交往活动、是否获得过志愿服务、附近有无养老院、村里有无健康养老产业变量对留守老人福祉四个指标的影响存在一定的差异。其中，过去一个月是否参加过社会交往活动变量对留守老人福祉的所有指标都有显著的效应；是否获得过志愿服务仅仅对留守老人福祉中的一个指标有显著的效应；附近有无养老院、村里有无健康养老产业两个变量对留守老人福祉的所有指标都没有显著的效应。

从表8-5的第9行可以发现，过去一个月是否参加过社会交往活动对留守老人福祉的所有四个指标均有显著的效应。具体而言，在控制了其他因素之后，过去一个月参加过社会交往活动会显著提升留守老人自评健康水平、生活自理能力和生活满意度，降低其有抑郁症状的几率。这一研究结果充分说明，积极参加社会交往活动对提升留守老人福祉水平具有积极的作用。去村里邻居家串串门、下下棋、打打牌，或者向亲朋好友提供一些力所能及的帮助，或者到村里的广场上健健身、跳跳舞。通过积极参加这些社会交往活动，留守老人们锻炼了身体，丰富了精神生活，并且能够保持积极乐观的心态，从而有效地提升了留守老人的福祉水平。

从表8-5的第10行可以发现，是否获得过志愿服务仅仅对留守老人福祉的一个指标有显著的效应。具体而言，在控制了其他因素之后，获得过志愿服务会显著提升留守老人的自评健康水平。然而获得过志愿服务对留守老人的生活自理能力、抑郁症状和生活满意度均没有显著的效应。这说明志愿服务活动在广大农村地区还是凤毛麟角，农村志愿服务的宣传力度和普及力度还远远不够，农村居民参与志愿服务的主动性也比较低，其影响力也极为低下，因此，它对留守老人福祉提升的作用并不大。

从表8-5的第11行可以发现，附近有无养老院对留守老人福祉的所有四个指标均没有显著的影响。也就是说，养老院对提升留守老人福祉水平没有明显的作用。前文的描述统计显示，80.1%的留守老人所在的村庄附近没有专业养老院。这说明养老院作为专业化的养老机构，其设施和服务要求较高，再加上农村地区经济条件相对落后，因此，对于绝大多数留守老人来说，专业养老机构简直就是奢侈品，其对提升留守老人福祉水平的作用也是微乎其微。

从表8-5的第12行可以发现，村里有无健康养老产业对留守老人福祉的所有四个指标均没有显著的影响。也就是说，健康养老产业对提升留守老人福祉水平没有明显的作用。前文的描述统计显示，2.68%的村庄没有健康养老产业。这说明健康养老产业在广大农村地区还非常稀缺，因而其对提升留守老人生活自理能力的作用极其有限。

总体来看，社会主体的四个变量，即过去一个月是否参加过社会交往活动、是否获得过志愿服务、附近有无养老院、村里有无健康养老产业对留守老人的自评健康水平尚有一定的影响，对留守老人福祉其他三个指标的影响微乎其微。这充分说明，社会主体对提升留守老人福祉的作用极其有限。

综上所述，以上研究结果也证明了第三部门理论在社会主体与农村留守老人福祉问题上适用的局限性，也就是说，第三部门理论不能较好地解释当前社会主体在农村留守老人福祉提升中的作用和成效。

## 第二节 社会主体与留守老人福祉的定性研究

从上文的定量研究可以得知，社会主体对留守老人福祉治理的作用比较有限。本节将在定量研究的基础上，通过定性的研究进一步了解社会主体在留守老人福祉治理中的责任分担和角色定位，对被访谈对象深度访谈的话语内容进行深入分析，深挖社会主体在留守老人福祉治理中存在的局限性和困境。

## 一 社会功能蕴含的制度与文化分析

社会是指与以强制力量为基础的政府相对应的人类生活的存在形式，即人们生活的共同体或以自由契约关系为基础的人类的生活形式。它是指人们按照契约性规则，以自愿为前提和以自治为基础进行社会活动的领域。① 社会主体所蕴含的社会养老制度和志愿服务文化是理解与探讨留守老人福祉困境的重要因素。

（一）志愿文化和志愿精神

我国于 2017 年 12 月 1 日起正式施行的《志愿服务条例》中规定："志愿服务是指志愿者、志愿服务组织和其他组织自愿、无偿向社会或者他人提供的公益服务。志愿者是指以自己的时间、知识、技能、体力等从事志愿服务的自然人。"因此，志愿服务具有自愿性、无偿性、公益性、组织性四大基本特征。②

现代意义上的志愿文化意味着个体对于他人、志愿服务组织和社会的一种责任担当，一种权利和义务相当的承诺，一种自觉的公民精神。中国传统文化中的"仁者爱人、兼爱非攻、兼济天下、宗教慈善"的价值理念，以及现代文化中的"学习雷锋好榜样、邻里守望、关爱他人、关爱社会"的价值理念构成了我国当代志愿服务的思想基础，是如今我国志愿文化的主导构成，在此基础上，形成了具有中国特色的志愿文化。

在我国，以"奉献、友爱、互助、进步"为主要内容的志愿精神，不仅体现了中华民族的传统美德，也是对新中国所倡导的"雷锋精神"在新时代的创新发展，是中国志愿服务实践活动的核心。志愿精神是一种慈善主义和利他主义的精神，是个人或团体根据其兴趣，本着帮助他人和服务社会的宗旨，不求私利和报酬的社会理念。③

---

① 王思斌：《社会学教程》（第三版），北京大学出版社 2010 年版。
② 魏娜：《志愿服务概论》，中国人民大学出版社 2018 年版。
③ 魏娜：《志愿服务概论》，中国人民大学出版社 2018 年版。

## 第八章 留守老人福祉治理的社会功能

我看电视上说武汉这个疫情，全国各个地方的医生护士都去援助武汉。你看盖的那两个医院，盖得多快，那么多人自愿报名，免费去盖房子，人心齐，泰山移呐。我看有的那些女护士把头发都给剪了，穿着那个衣服（防护服），也上不成厕所，冒着生命危险在医院救人，比我当年去当志愿军还危险呢。他们肯定也害怕，国家一号召，再怕也得上，你看这志愿者的精神多高尚。（留守老人04）

过年的时候疫情封村，有人在村里边把路，也就是不让人过路，这好像是村委会选的人，应该都是那志愿者。过去我们小时候有个雷锋，毛主席号召全国人民学雷锋。雷锋精神好，雷锋天天帮助别人，不考虑自己的利益，每时每刻为人民服务。现在有的人也挺好的，给老年人提供可多便利，你看坐个车，有人给咱让座位，我说我不坐，硬拉着我让我坐那里，说我是老年人，你看现在的社会风气多好。这雷锋精神值得学习嘛。（留守老人06）

咱村没有志愿者，就没有组织这玩意。在学校教了三十五年学了，一直都是提倡学雷锋精神，只是提倡，是3月5号。现在学雷锋只是一句口号，现在那年轻人说那雷锋咋着（怎么样），他们都不知道，可以宣传，可以弘扬雷锋，就是能够形成一种良好的社会风尚。现在就得学习这种志愿文化，主要就是宣传不到位，咱国家这政策怪（挺）好，要是在宣传这方面再添把柴，这火会烧嘞更旺。学雷锋做志愿服务是个新风尚啊。帮助了他人，也提升了自己的精神境界，互帮互助是应该提倡的。（留守老人11）

今年疫情防控有志愿者……我们这是贫困户都轮着在门口，刚开始是村干部，后来有护林员都轮，村干部工作能力都可好，反正现在政策也好。你像疫情的时候，多吓人啊，那一群年轻人，村里面的，都一群在村口看着，有时候来问问谁家没口罩，刚开始发生那时候，口罩一家发一个，都很感谢他们嘞，有时候出不了门，他们去了回来挨家挨户地送点菜，多亏了他们，这志愿者真是好。（留守老人25）

志愿者，可有（当然有）。平时没事没有，有事了都有，像疫情时候那可有，那包括我也是，我也在那值班。我也是老党员，疫情那时候我都去，这路口都去看着，俺（我们）好些人都去了呢。村里的干部、党员都有,大部分都是党员,也不害怕,就在村里看着路口,那村里的人都挺配合的,村里也会给我们发点口罩。这他叫咱去咱就去,那要是我还年轻,叫咱打仗咱都去,需要咱就去。这也不是命令,就是一个号召,需要咱就去。这就比如过去抗美援朝的志愿兵一样,这种(志愿)精神得传承下去。(留守老人27)

过年疫情那时候大队派人,把着村口路口。干部派人戴个袖章,恁冷(那么冷)那天穿着棉袄,看着不让外村人往这,他们好些都是党员。不要钱,在那把着(卡着村口),对村里这人人都有好处。这些都是党员志愿者,人家不要钱,把着不让外来人派处去(到处去),党员带头做好事,做志愿嘞多好!当然这"为人民服务"不错,学校的老师也讲"学习雷锋好榜样",雷锋也都为人民服务,啥也不图。我也让俺孙子孙女学这志愿服务,是学好嘞,蛮是不是?多学学,长大了也去干点志愿服务,为社会做做贡献。(留守老人50)

疫情期间,咱们这儿整个村儿都封了,不过刚好是大年三十儿,每家每户都囤积的有粮食,也都基本够吃。疫情防控我感觉像这个党员、干部、志愿者发挥的作用很大,都很热情。志愿者一般都是组长、党员,一般群众也有。组长的任务主要就是消毒、把门儿、测体温。其实现在的年轻人思想觉悟都比较高,有的并不是党员,他也参与到这个志愿服务中来,比如疫情期间我们村的民生工程,像批发部、商店可以过来送点东西,比如说鸡蛋啦、面粉啦等等,这些东西都是非党员的年轻孩子们,把它们送到村儿里边的各个卡点儿站,也算开绿灯了。这些年轻孩子们都是主动当志愿者的,真不赖!(村干部09)

近年来随着新时代文明实践中心的建设,志愿服务的认知度和参与度在农村地区有所提升,但总体上还处在刚刚起步的阶段。"奉献、友爱、互助、进步"的志愿服务精神和理念在农村地区的宣传与普及力度远远不够,农村居民参与的主动性还不高。而且参与通道单一,社会大众的参与面不广,内生动力匮乏。然而在2020年春节期间,由村干部、党员、普通青年人、老年人等组成的志愿服务队伍在农村地区的新冠肺炎疫情防控中确实起到了中流砥柱的作用。

正如留守老人所说:"今年疫情防控有志愿者……你像疫情的时候,多吓人啊,那一群年轻人,村里面的,都一群在村口看着,有时候来问问谁家没口罩,刚开始发生那时候,口罩一家发一个,都很感谢他们嘞,有时候出不了门,他们去了回来挨家挨户地送点菜,多亏了他们,这志愿者真是好","这些都是党员志愿者,人家不要钱,把着不让外来人派处去(到处去),党员带头做好事,做志愿嘞多好!""疫情期间我们村的民生工程……比如说鸡蛋啦、面粉啦等等,这些东西都是非党员的年轻孩子们,把它们送到村儿里边的各个卡点儿站,也算开绿灯了。这些年轻孩子们都是主动当志愿者的,真不赖"。由此可以发现,志愿服务在 2020 年农村地区疫情防控中已经开始发挥作用,星星之火,可以燎原,随着志愿服务在农村社会的进一步发展,其在留守老人关爱服务中也一定会起到重要的作用。

(二) 农村志愿服务的随意性和形式化问题

在当今农村社会,志愿服务项目较为运动化、活动化、形式化,其项目管理也较多地考虑短期的服务成效,而很少考虑长期的农村志愿服务规划,最终难以形成常态化、制度化的农村志愿服务项目管理模式。另外,农村志愿者的老龄化现象严重,青年志愿者力量较少,农村志愿活动呈现出明显的随意性、临时性、流动性特征。①

你说这志愿服务,也就是学雷锋,雷锋是一种无形中的精神。比如我看那老人绊(跌倒)那儿了,我赶紧去捞(扶)一下;这里太脏了,我赶紧去扫一扫,这才是雷锋精神。震这儿(现在)是今儿个咱们得做志愿者、学雷锋,给老百姓扫扫地,大家都不用来上班了,我还有一个疑问就是你去学雷锋扫地,为啥照相机还在后边儿跟着呢?雷锋是无形的呀,不是说今儿个咱们去扫地啊,后边儿还跟着一个照相机,那相机"咔嚓咔嚓"一拍就完事了。脊梁(背)上还印着

---

① 李三辉:《河南农村志愿服务发展及其问题审视》,《云南农业大学学报》(社会科学版)2019 年第 4 期。

"志愿者"几个大字,生怕别人不知道啊!太形式化了。他为的是让别人知道他是在学雷锋呢。其实这并不是真正的雷锋精神。(留守老人37)

农村志愿服务活动的形式化和随意性,正如留守老人所说:"你去学雷锋扫地,为啥照相机还在后边儿跟着呢?雷锋是无形的呀,不是说今儿个咱们去扫地啊,后边儿还跟着一个照相机,那相机'咔嚓咔嚓'一拍就完事了。脊梁(背)上还印着'志愿者'几个大字,生怕别人不知道啊!太形式化了。"然而,真正的志愿服务应该是:"我看那老人绊(跌倒)那儿了,我赶紧去捞(扶)一下;这里太脏了,我赶紧去扫一扫,这才是雷锋精神。"因此,农村志愿服务活动的规范化和制度化亟待完善。

(三) 留守老人眼中的机构养老

留守老人自身的生理和社会经济特征会影响其对于养老资源的需求数量和类型,而家庭结构和经济状况会影响其对于个体养老资源的供给,从而影响其入住养老机构的意愿。[①] 另外,留守老人作为村庄这一"熟人社会"中的成员,他们又不得不面临对传统的养儿防老制度的考量,在养老决策中,整个村庄的文化和认知因素是影响其选择行为的重要制度因素。

> 现在老了也没想着去养老院养老,那是没人管了才去那。那去(养老院),给孩子们减轻负担呢,去那里,吃穿都不愁,还有人专门伺候你,孩子们也不用照顾俺了。不过,这还自己掏钱,那给孩子减了负担现在又掏钱,那不是给孩子们经济上又添麻烦了,有那钱还不剩(还不如)在家花了,说那是不是,弄不来钱咋去。另外,说出去给孩子们丢人嘛。住那养老院了,好像娃子们不孝了。(留守老人29)
>
> 养老院,好像只有县城有,我认识一家人,他的母亲在里边住,子女轮着掏钱,一个月1800(元),这个月你掏,下个月他掏。有病他不让你住,比如说高血压、脑梗塞,像这种病,养老院都不收你。

---

① 狄金华、钟涨宝:《变迁中的乡村养老》,中国社会科学出版社2016年版。

养老院太少了，咱县都（就）一个，那里面不是白住的。假如家庭条件不太好的，就有不拉点钱（很少的钱），在家生活还勉强可以，去那里，根本不行。现在一个年轻人出来进厂一个月三四千块钱，自己吃点，孩子们上学，给老嘞（父母）一点，剩下多少钱你算算？根本就没有经济能力让父母住养老院。唯一的办法就是政府拿出来一部分，孩子们拿出来一部分，这样的话，或许我们农村人还能住得起。（留守老人 35）

恁些（那么多）孩子，他会不叫咱老嘞（父母）吃吗？闺女娃子（儿子）四五个，那还去养老院，让人家公家受那麻烦干啥来。再者说了，（住养老院）那给孩子们弄得多没面子呀，不知道他们该咋不孝顺，俺摸到那里头，对不对？我得给孩子们留点面子呀！那好比说就是你是我的孩子，我要去那里头（养老院），你可该说："那妈，俺又不是不养活你，不管你，你去养老院干啥？"对不对？恁（你）会这样想不会？所以，这去养老院也不是你说想去都得去嘞，还是得顾及这娃子们的面子。（留守老人 49）

随着农村人口老龄化的加速，家庭养老功能日益弱化，机构养老成为了部分留守老人可以接受的养老选择，正如留守老人所说："那去（养老院），给孩子们减轻负担呢，去那里，吃穿都不愁，还有人专门伺候你，孩子们也不用照顾俺了。"然而，受传统孝道文化和家庭经济状况的影响，农村留守老人对于机构养老的接受度依然较低，正如留守老人所说：那去那（养老院）"不是给孩子们经济上又添麻烦了……说那是不是，弄不来钱咋去。另外，说出去给孩子们丢人嘛。住那养老院了，好像娃子们不孝了"，"（住养老院）那给孩子们弄得多没面子呀，不知道他们该咋不孝顺，俺摸到那里头，对不对？我得给孩子们留点面子呀"。因此，从传统孝文化观念和家庭经济条件来看，留守老人能够接受机构养老的条件并不具备。

（四）留守老人子女眼中的机构养老

近年来随着精准扶贫政策的大力实施，以农村养老保险、农村医疗保险、农村低保制度为核心的养老保障体系取得了显著进步，然而农村的社会化养老服务体系还极其薄弱，是留守老人养老问题中最滞后、最具风险的环节。因而，子女在外务工时最为牵挂的就是其留守在家的年迈父母的养老问题，其核心就是父母年迈时的生活照料问题。

> 咱也木（没有）考虑过把俺父母送到养老院去养老。要说这专业养老院也好，你像那父母老了，不能自理了，实在照顾不过来，家里经济稍微富裕点，送到这种养老院，老人们也是享福了，子女也没有太大压力了。现在这养老院看着都办得挺好，看电视人家那服务可专业、可周到了。到那里面，都是老人，父母也不会感到孤单。对咱来说，就是父母住着养老院，经济压力老（很）大。（留守老人子女05）

> 养老院这块，咱村里面养老院还可好。护工们的工资待遇比较好，所以他们对老人也比较上心。我去这养老院看过，里面条件确实不赖，里面吃的饭，还把菜谱都列列，全都贴上，哪一天吃啥，每顿吃什么菜、什么饭都写上，实际上比家里做得还好。住到养老院里，那这肯定就是一大部分是解放了孩子们，让孩子们更放心，然后条件也不错，还有人照看着，还有就是那里面老头老太太人还挺多，他们平时聊聊天，和同龄人在一块也挺开心。其实我也想过给老人送到那里面，但是咱不能自己做决定，还得给兄弟姊妹们都商量商量，主要还是听老人们的意见，看他能不能适应这养老院的生活。实际上还有一个就是养老院那费用也不低，咱在外打工的也不是说手边很松散，经济压力太大了嘛。（留守老人子女10）

对留守老人子女来说，他们的父母如果能够入住养老院，一方面减轻了他们的压力和担忧，另一方面是专业化的养老服务和同龄人的陪伴让其父母能够"老有所养""老有所乐"。正如留守老人子女所说：子女"实在照顾不过来，送到这种养老院，老人们也是享福了，子女也没有太大压力了"，人家养老院"条件也不错，还有人照看着，还有就是那里面老头老太太人还挺多，他们平时聊聊天，和同龄人在一块也挺开心"。然而，留守老人入住养老院的最大障碍还是经济问题，正如留守老人子女所说：

"养老院那费用也不低,咱在外打工的也不是说手边很松散,经济压力太大了嘛。"

(五) 养老院院长眼中的机构养老

在传统家庭养老方式日益弱化的现实下,机构养老的作用不应被忽视。作为一种社会化的养老方式,机构养老不仅能减轻家庭养老的压力,还可以使老人得到稳定的照顾和来自朋辈群体的情感支持,是现阶段传统的养老方式的重要补充,也将是未来养老的发展趋势。① 因而在养老机构负责人看来,社会化的机构养老在未来农村会有很大的市场。

> 咱们这个院,前院是集中供养的五保户,后院是交钱性质的有儿有女的老年人。相当于,这前院是敬老院,后院是养老院。养老院都是收费的,服务条件和敬老院也不一样。后院住的是需要交费的老年人,他们有儿有女,但是他们基本上生活不能自理。娃子们又管不了。因为娃子(儿子)要在家伺候,就不能出去打工,全家都没有收入了。收入低甚至无收入都会造成贫困,这标语写着:托养一个人,解放一家人。只要老人照顾到了,娃子们就能出去打工挣钱了。也就是说,在某种意义上,贫困家庭的老年人放在咱这,反而是一种扶贫的手段。他们一来这,娃子们可以去打工了,家里面有收入。往后去,都是一个娃子,老年人都住养老院。老年人都住在一起,说说笑笑是一种快乐,儿女不在身边陪伴,和同龄人一起说说笑笑,也怪(很)美。未来农村这个养老市场大得很。(养老院院长)

正如养老院院长所说:"因为娃子(儿子)要在家伺候,就不能出去打工,全家都没有收入了……托养一个人,解放一家人","老年人都住在一起,说说笑笑是一种快乐,儿女不在身边陪伴,和同龄人一起说说笑笑,也怪(很)美","未来农村这个养老市场大得很"。一些地方政府通过经济补助、政策扶持、购买服务等形式推进乡镇敬老院公建民营、民办

---

① 狄金华、钟涨宝:《变迁中的乡村养老》,中国社会科学出版社 2016 年版。

公助改革,大力支持社会资本投资兴办农村养老服务机构。① "咱们这个院,前院是集中供养的五保户,后院是交钱性质的有儿有女的老年人。相当于,这前院是敬老院,后院是养老院。养老院都是收费的,服务条件和敬老院也不一样。后院住的是需要交费的老年人,他们有儿有女,但是他们基本上生活不能自理。娃子们又管不了。"该养老院模式就是在乡镇敬老院的基础上改建而成,部分满足了当地留守老人养老的需求。因此,发展农村社会化的机构养老服务是弥补家庭养老的不足、解决留守老人无人照料难题、提高留守老人生活质量的关键举措。

**二 乡村振兴背景下社会对留守老人福祉治理的责任履行**

在乡村振兴战略实施过程中,农村志愿服务、专业养老院、农村社会组织等社会力量理应是留守老人福祉治理的重要载体。然而,本书通过对留守老人、留守老人子女、村干部、养老院院长的深度访谈发现,乡村振兴背景下社会主体履行留守老人福祉治理的责任比较有限。由于农村地区经济发展水平较低、民众志愿服务意识淡薄、留守老人养儿防老传统固化,造成了志愿服务和专业养老机构在农村社会发展严重滞后。从访谈中也不难看出,乡村振兴背景下志愿服务和专业养老机构在留守老人福祉治理中处于边缘地位,社会主体在留守老人福祉治理中面临诸多困境。

你说这志愿服务,也就是学雷锋,雷锋是一种无形中的精神。比如我看那老人绊(跌倒)那儿了,我赶紧去捞(扶)一下;这里太脏了,我赶紧去扫一扫,这才是雷锋精神。震这儿(现在)是今儿个咱们得做志愿者、学雷锋,给老百姓扫扫地,大家都不用来上班了,我还有一个疑问就是你去学雷锋扫地,为啥照相机还在后边儿跟着呢?雷锋是无形的呀,不是说今儿个咱们去扫地啊,后边儿还跟着一个照相机,那相机"咔嚓咔嚓"一拍就完事了。脊梁(背)上还印着"志愿者"几个大字,生怕别人不知道啊!太形式化了。他为的是让

---

① 孙鹃娟:《城镇化、农村家庭变迁与养老》,知识产权出版社2018年版。

### 第八章　留守老人福祉治理的社会功能

别人知道他是在学雷锋呢。其实这并不是真正的雷锋精神。（留守老人37）

养老院，好像只有县城有，我认识一家人，他的母亲在里边住，子女轮着掏钱，一个月1800（元），这个月你掏，下个月他掏。有病他不让你住，比如说高血压、脑梗塞，像这种病，养老院都不收你。养老院太少了，咱县都（就）一个，那里面不是白住的。假如家庭条件不太好的，就有不拉点钱（很少的钱），在家生活还勉强可以，去那里，根本不行。现在一个年轻人出来进厂一个月三四千块钱，自己吃点，孩子们上学，给老嘞（父母）一点，剩下多少钱你算算？根本就没有经济能力让父母住养老院。唯一的办法就是政府拿出来一部分，孩子们拿出来一部分，这样的话，或许我们农村人还能住得起。（留守老人35）

恁些（那么多）孩子，他会不叫咱老嘞（父母）吃吗？闺女娃子（儿子）四五个，那还去养老院，让人家公家受那麻烦干啥来。再者说了，（住养老院）那给孩子们弄得多没面子呀，不知道他们该咋不孝顺，俺摸到那里头，对不对？我得给孩子们留点面子呀！那好比说就是你是我的孩子，我要去那里头（养老院），你可该说："那妈，俺又不是不养活你，不管你，你去养老院干啥？"对不对？恁（你）会这样想不会？所以，这去养老院也不是你说想去都得去嘞，还是得顾及这娃子们的面子。（留守老人49）

从以上三位留守老人的访谈中就可以发现，乡村振兴背景下社会主体在留守老人福祉治理中面临的困境主要在于：一是农村地区志愿服务的内容多以打扫卫生等形式为主，农村志愿服务的专业性非常欠缺，志愿服务的制度建设非常滞后。① 二是社会力量的薄弱，再加上留守老人经济条件和养儿防老传统观念的限制，绝大多数留守老人并不愿意入住专业养老机构，而农村地区也严重缺乏可以满足留守老人需求的专业化养老机构。因

---

① 万国威：《社会福利转型下的福利多元建构：西部农村留守儿童的实证研究》，中国社会科学出版社2016年版。

此，社会主体对提升留守老人福祉的作用亟待加强。

## 本章小结

　　本书的定量数据资料分析表明，社会主体的四个变量，即过去一个月是否参加过社会交往活动、是否获得过志愿服务、附近有无养老院、村里有无健康养老产业对留守老人的自评健康水平尚有一定的影响，而对留守老人福祉其他三个维度的影响微乎其微。这一研究结果充分说明，社会主体对提升留守老人福祉的作用极其有限。

　　本书通过定性的深度访谈资料发现，社会主体与留守老人福祉关系的背后，蕴含着深厚的社会养老制度和志愿服务文化。其主要内容包括志愿文化意味着个体对于他人、志愿服务组织和社会的一种责任担当，一种权利和义务相当的承诺；以"奉献、友爱、互助、进步"为主要内容的志愿精神，是"雷锋精神"在新时代的创新发展，是中国志愿服务实践活动的核心；农村志愿服务的随意性和形式化问题；留守老人眼中、留守老人子女眼中、养老院院长眼中的机构养老有着不同的看法和解读；总体来看，机构养老是现阶段传统的养老方式的重要补充，也将是留守老人未来养老的发展趋势。只有深入挖掘社区主体背后的社区福利制度与社区邻里互助文化，才能真正把握社区主体与留守老人福祉之间的因果关系。

　　定性研究最终还发现，乡村振兴背景下社会主体履行留守老人福祉治理的责任比较有限。社会主体在留守老人福祉治理中面临的困境主要在于：一是农村地区志愿服务的内容多以打扫卫生为主，志愿服务的专业性非常缺乏，志愿服务的制度建设非常滞后。二是社会力量的薄弱，再加上留守老人经济条件和养儿防老传统观念的限制，绝大多数留守老人并不愿意入住专业养老机构，而农村地区也严重缺乏可以满足留守老人需求的专业化养老机构。因此，社会主体对留守老人福祉治理的作用亟待加强。

# 第九章　留守老人福祉治理的主体责任履行

本章将在前面四章的基础上，从整体上对福利主体的责任履行情况进行一个全面的分析。第一节，综合定量资料和定性资料的分析，来对留守老人福祉治理中各个主体的福利责任进行分析，探讨各个主体的主要功能及存在问题。第二节，通过定性资料的分析，来探讨乡村振兴背景下坚持留守老人主体地位的困境，以及各个主体履行留守老人福祉治理责任的困境。

## 第一节　留守老人福祉治理的责任研究

本节的定量资料分别从留守老人福祉的年均收入、家庭生活水平、自评健康、生活自理能力、抑郁症状、生活满意度六个指标，探讨家庭、政府、社区、社会各个主体履行留守老人福祉治理的责任状况。定性资料从整体上来探讨乡村振兴背景下坚持留守老人主体地位的困境，以及各个福利主体履行留守老人福祉治理责任的困境。

### 一　留守老人福祉各指标的责任研究

福利治理理论认为，福利治理的实质就是政府、市场、家庭、社会等主体共同参与、共担责任、协同合作，从而实现社会福利供给的机制。[1]

---

[1] 雷雨若、王浦劬：《西方国家福利治理与政府社会福利责任定位》，《国家行政学院学报》2016年第2期。

福祉理论认为，福祉是人类的一种生存状态；是健康的、满意的、幸福的生活状态；是指一个人生活与存在要达到的终极目标；社会福利政策的终极目标就是提升人民的福祉水平。① 本书重在探讨政府、家庭、社区、社会四个福利主体履行留守老人福祉治理的责任状况。

(一) 各个主体对提升留守老人年均收入的责任履行

在本书中，由于因变量——年均收入（取自然对数）是连续变量，并且符合正态分布的模型假设，因此采用 OLS 回归模型来进行统计分析。为分别估计控制变量和自变量（家庭主体、政府主体）对因变量（留守老人年均收入）的影响效应，本书采用了嵌套模型的建模策略，模型 1 是仅包含控制变量的基准模型。模型 2 在模型 1 的基础上增加了家庭主体变量，以检验家庭主体对留守老人年均收入的影响。模型 3 在模型 2 的基础上增加了政府主体变量，以检验政府主体对留守老人年均收入的影响。具体统计结果如表 9-1 所示。

表 9-1　各个主体与留守老人年均收入的 OLS 回归模型

| 变量 | 模型 1 | 模型 2 | 模型 3 |
| --- | --- | --- | --- |
| 年龄 | -0.012*** (0.003) | -0.012*** (0.003) | -0.013*** (0.003) |
| 性别（男性=1） | 0.086 (0.053) | 0.105* (0.052) | 0.098+ (0.051) |
| 婚姻状况（在婚=1） | -0.286*** (0.056) | -0.300*** (0.055) | -0.330*** (0.054) |
| 受教育年限 | 0.029*** (0.007) | 0.028*** (0.007) | 0.027*** (0.007) |
| 家庭生活水平（非贫困=1） | 0.306*** (0.056) | 0.248*** (0.056) | 0.273*** (0.055) |
| 患慢性病数量 | 0.007 (0.023) | 0.011 (0.023) | -0.002 (0.022) |

---

① 彭华民等：《中国社会福利理论与制度构建——以适度普惠社会福利制度为例》，经济科学出版社 2019 年版。

续表

| 变量 | 模型1 | 模型2 | 模型3 |
|---|---|---|---|
| 地区类型（东部地区=1） | 0.410*** (0.054) | 0.416*** (0.053) | 0.442*** (0.055) |
| 过去一年子女经济支持（自然对数） | | 0.060*** (0.010) | 0.069*** (0.010) |
| 生活需要时子女照顾（是=1） | | -0.179* (0.070) | -0.148* (0.069) |
| 与子女见面频率（次/年） | | 0.003** (0.001) | 0.003** (0.001) |
| 与子女通过电话（微信）联系频率（次/半年） | | 0.004*** (0.001) | 0.004*** (0.001) |
| 医疗保险解决了看病难问题（是=1） | | | -0.133+ (0.072) |
| 每月领取的养老金（自然对数） | | | 0.039+ (0.022) |
| 过去一年得到的低保金（自然对数） | | | 0.049*** (0.008) |
| 过去一年得到的政府补偿金（自然对数） | | | 0.019** (0.007) |
| N | 1296 | 1296 | 1296 |
| $R^2$ | 0.105 | 0.147 | 0.180 |

注：括号里的数字为标准误；+ $p<0.1$，* $p<0.05$，** $p<0.01$，*** $p<0.001$（双尾检验）。

表9-1报告了各个主体对留守老人年均收入影响的模型估计结果。从模型1可以发现，在七个控制变量中，年龄、婚姻状况、受教育年限、家庭生活水平、地区类型五个变量对留守老人年均收入均有显著的效应；性别、患慢性病数量两个变量对留守老人年均收入没有显著的效应。

表9-1的模型2在模型1的基础上增加了家庭主体变量，目的是检验家庭主体对留守老人年均收入的影响效应。模型估计结果显示，过去一年

子女经济支持、生活需要时子女照顾、与子女见面频率、与子女通过电话（微信）联系频率对留守老人年均收入均有显著的效应。具体而言，在控制了其他因素之后，过去一年子女经济支持每增加一个单位，留守老人年均收入就会增加 6% 左右（$e^{0.060}-1\approx 0.062$，$p<0.001$）；生活需要时有子女照顾的留守老人的年均收入比没有子女照顾的要低 16% 左右（$1-e^{-0.179}\approx 0.164$，$p<0.05$）；与子女见面频率每增加一个单位，留守老人年均收入就会增加 0.3% 左右（$e^{0.003}-1\approx 0.003$，$p<0.01$）；与子女通过电话（微信）联系频率每增加一个单位，留守老人年均收入就会增加 0.4% 左右（$e^{0.004}-1\approx 0.004$，$p<0.001$）。这里的研究结果支持假设 1a、假设 1c、假设 1d，而与假设 1b 刚好相反。这说明，过去一年子女经济支持、与子女见面频率、与子女通过电话（微信）联系频率对提升留守老人年均收入水平具有积极作用。

这里需要强调的是，加入家庭主体的四个变量之后，伪决定系数（Pseudo $R^2$）从模型 1 的 0.105 提高到模型 2 的 0.147，表明家庭主体对留守老人年均收入有较强的解释力，它对提升留守老人年均收入有显著的作用。也就是说，来自家庭主体的过去一年子女经济支持、与子女见面频率、与子女通过电话（微信）联系频率在提升留守老人年均收入方面起着至关重要的作用。

表 9-2 的模型 3 在模型 2 的基础上增加了政府主体变量，目的是检验政府主体对留守老人年均收入的影响效应。模型估计结果显示，农村医疗保险是否解决了看病难的问题、每月得到的养老金、过去一年得到的低保金、过去一年得到的政府补偿金对留守老人年均收入均有显著的效应。具体而言，医疗保险解决了看病难问题的留守老人年均收入比没有解决的要低 13% 左右（$1-e^{-0.133}\approx 0.125$，$p<0.1$）；每月得到的养老金每增加一个单位，留守老人年均收入就会增加 4% 左右（$e^{0.039}-1\approx 0.040$，$p<0.1$）；过去一年得到的低保金每增加一个单位，留守老人的年均收入水平就会增加 5% 左右（$e^{0.049}-1\approx 0.050$，$p<0.001$）；过去一年得到的政府补偿金每增加一个单位，留守老人的年均收入就会增加 2% 左右（$e^{0.019}-1\approx 0.019$，$p<0.01$）。这里的研究结果支持假设 8b、假设 8c、假设 8d，而与假设 8a 刚好相反。这说明，每月得到的养老金、过去一年得到的低保金、过去一

年得到的政府补偿金对留守老人年均收入对提升留守老人年均收入水平具有积极作用。

这里需要强调的是,加入政府主体的四个变量之后,伪决定系数(Pseudo $R^2$)从模型2的0.147提高到模型3的0.180,表明政府主体对留守老人年均收入有较强的解释力,它对提升留守老人年均收入有显著的作用。也就是说,来自政府主体的每月得到的养老金、过去一年得到的低保金、过去一年得到的政府补偿金在提升留守老人年均收入方面起着至关重要的作用。

总体来说,表9-1嵌套模型中伪决定系数(Pseudo $R^2$)的变化显示,家庭主体对留守老人年均收入的解释力非常大,政府主体的解释力也比较大。因此,从某种意义上说,各个主体在提升留守老人年均收入的责任履行方面,家庭履行最为重要的福利责任,政府也履行重要的福利责任。

(二)各个主体对提升留守老人生活水平的责任履行

由于因变量——家庭生活水平是有序的五分类变量,因此采用序次Logistic回归模型来进行统计分析。为分别估计控制变量和自变量(家庭主体、政府主体)对因变量(留守老人生活水平)的影响效应,本书采用了嵌套模型的建模策略,模型1是仅包含控制变量的基准模型。模型2在模型1的基础上增加了家庭主体变量,以检验家庭主体对留守老人生活水平的影响。模型3在模型2的基础上增加了政府主体变量,以检验政府主体对留守老人生活水平的影响。具体统计结果如表9-2所示。

表9-2　各个主体与留守老人生活水平的序次Logistic回归模型

| 变量 | 模型1 | 模型2 | 模型3 |
| --- | --- | --- | --- |
| 年龄 | 0.028** <br> (0.009) | 0.031*** <br> (0.009) | 0.032*** <br> (0.009) |
| 性别<br>(男性=1) | 0.002 <br> (0.126) | 0.055 <br> (0.127) | 0.081 <br> (0.128) |
| 婚姻状况<br>(在婚=1) | 0.282* <br> (0.131) | 0.237+ <br> (0.132) | 0.243+ <br> (0.133) |

续表

| 变量 | 模型1 | 模型2 | 模型3 |
| --- | --- | --- | --- |
| 受教育年限 | 0.099*** (0.017) | 0.093*** (0.018) | 0.091*** (0.018) |
| 患慢性病数量 | -0.227*** (0.054) | -0.221*** (0.055) | -0.209*** (0.055) |
| 地区类型（东部地区=1） | -0.010 (0.126) | 0.036 (0.128) | -0.151 (0.137) |
| 过去一年子女经济支持（自然对数） |  | 0.098*** (0.024) | 0.090*** (0.024) |
| 生活需要时子女照顾（是=1） |  | 0.329+ (0.169) | 0.248 (0.171) |
| 与子女见面频率（次/年） |  | 0.001 (0.004) | 0.001 (0.004) |
| 与子女通过电话（微信）联系频率（次/半年） |  | 0.010*** (0.002) | 0.009*** (0.002) |
| 医疗保险解决了看病难问题（是=1） |  |  | 0.309+ (0.171) |
| 每月领取的养老金（自然对数） |  |  | 0.112* (0.054) |
| 过去一年得到的低保金（自然对数） |  |  | -0.068*** (0.019) |
| 过去一年得到的政府补偿金（自然对数） |  |  | 0.014 (0.018) |
| N | 1296 | 1296 | 1296 |
| Log-likelihood | -1312.06 | -1286.77 | -1274.81 |
| Pseudo $R^2$ | 0.028 | 0.047 | 0.055 |

注：括号里的数字为标准误；+ $p<0.1$，* $p<0.05$，** $p<0.01$，*** $p<0.001$（双尾检验）。

表9-2报告了各个主体对留守老人生活水平影响的模型估计结果。从模型1可以发现，在六个控制变量中，性别和地区类型对留守老人生活水平两个变量没有显著的影响效应，年龄、婚姻状况、受教育年限、患慢性

病数量四个变量对留守老人生活水平都有显著的影响效应。

表9-2的模型2在模型1的基础上增加了家庭主体变量,目的是检验家庭主体对留守老人生活水平的影响效应。模型估计结果显示,与子女见面频率变量对留守老人生活水平没有显著的效应,而过去一年子女经济支持、生活需要时子女照顾、与子女通过电话(微信)联系频率三个变量对留守老人生活水平都有显著的效应。具体而言,在控制了其他因素之后,子女经济支持每增加一个单位,留守老人生活水平更好的几率就会增加10%左右($e^{0.098}-1\approx0.103$,$p<0.001$);生活需要时有子女照顾的留守老人的生活水平比没有子女照顾的要高出39%左右($e^{0.329}-1\approx0.390$,$p<0.1$);与子女通过电话(微信)联系频率每增加一个单位,留守老人生活水平更好的几率就会增加1%左右($e^{0.010}-1\approx0.010$,$p<0.001$)。研究结果支持假设2a、假设2b、假设2d,不能支持假设2c。这说明,过去一年子女经济支持、生活需要时子女照顾、与子女通过电话(微信)联系频率对提升留守老人的生活水平具有积极作用。

需要强调的是,加入家庭主体的四个变量之后,伪决定系数(Pseudo $R^2$)从模型1的0.028提高到模型2的0.047,表明家庭主体对留守老人生活水平有较强的解释力,它对提升留守老人生活水平有显著的作用。也就是说,来自家庭主体的过去一年子女经济支持、生活需要时子女照顾、与子女通过电话(微信)联系频率在提升留守老人生活水平方面起着至关重要的作用。

表9-2的模型3在模型2的基础上增加了政府主体变量,目的是检验政府主体对留守老人生活水平的影响效应。模型估计结果显示,过去一年得到的政府补偿金变量对留守老人生活水平没有显著的效应,而医疗保险是否解决了看病难问题、每月领取的养老金、过去一年得到的低保金三个变量对留守老人生活水平都有显著的效应。具体而言,在控制了其他因素之后,医疗保险解决了看病难问题的留守老人的生活水平更高的几率比没有解决的要高出36%左右($e^{0.309}-1\approx0.362$,$p<0.1$);每月领取的养老金每增加一个单位,留守老人生活水平更高的几率就会上升12%左右($e^{0.112}-1\approx0.119$,$p<0.05$);过去一年得到的低保金每增加一个单位,留守老人的生活水平更高的几率就会下降7%左右($1-e^{-0.068}\approx0.066$, p<0.001)。研究结果支持假设9a和假设9b,与假设9c刚好相反,不能支持假设9d。这说明,医疗保险是否解决了看病难问题、每月领取的养老金对提升留守老人生活水平具有积极作用,过去一年得到的低保金对提升低保户的留守老人生活水平具有积极作用。

需要强调的是,模型2中在0.1水平上显著的生活需要时子女照顾变量,到了模型3中却不显著了,而且回归系数也在下降,这表明生活需要时子女照顾的部分功能被新加入的政府主体所解释。另外,加入政府主体的四个变量之后,伪决定系数(Pseudo $R^2$)从模型2的0.047提高到模型3的0.055,表明政府主体对留守老人生活水平有一定的解释力,它对提升留守老人生活水平有显著的作用。也就是说,医疗保险是否解决了看病难问题、每月领取的养老金、过去一年得到的低保金对提升留守老人生活水平起着重要的作用。

综上所述,表9-2嵌套模型中伪决定系数(Pseudo $R^2$)的变化显示,家庭主体对留守老人生活水平的解释力非常大,政府主体的解释力也很大。因此,从某种意义上说,各个主体在提升留守老人生活水平的责任履行方面,家庭履行了最为重要的福利责任,政府也履行了重要的福利责任。

(三)各个主体对提升留守老人自评健康的责任履行

由于因变量——自评健康是有序的五分类变量,因此采用序次Logistic回归模型来进行统计分析。为分别估计控制变量和自变量(家庭主体、政府主体、社区主体、社会主体)对因变量(留守老人自评健康)的影响效应,本书采用了嵌套模型的建模策略,模型1是仅包含控制变量的基准模型。模型2在模型1的基础上增加了家庭主体变量,以检验家庭主体对留守老人自评健康的影响。模型3在模型2的基础上增加了政府主体变量,以检验政府主体对留守老人自评健康的影响。模型4在模型3的基础上增加了社区主体变量,以检验社区主体对留守老人自评健康的影响。模型5在模型4的基础上增加了社会主体变量,以检验社会主体对留守老人自评健康的影响。具体统计结果如表9-3所示。

表9-3 各个主体与留守老人自评健康的序次 Logistic 回归模型

| 变量 | 模型1 | 模型2 | 模型3 | 模型4 | 模型5 |
| --- | --- | --- | --- | --- | --- |
| 年龄 | -0.003<br>(0.008) | -0.005<br>(0.008) | -0.004<br>(0.008) | -0.005<br>(0.008) | -0.007<br>(0.008) |
| 性别<br>(男性=1) | 0.023<br>(0.117) | 0.035<br>(0.117) | 0.039<br>(0.117) | 0.029<br>(0.117) | 0.007<br>(0.118) |
| 婚姻状况<br>(在婚=1) | -0.068<br>(0.123) | -0.069<br>(0.124) | -0.053<br>(0.125) | -0.019<br>(0.125) | -0.020<br>(0.127) |
| 受教育年限 | 0.016<br>(0.016) | 0.016<br>(0.016) | 0.017<br>(0.016) | 0.015<br>(0.016) | 0.015<br>(0.016) |
| 家庭生活水平<br>(非贫困=1) | 0.886***<br>(0.127) | 0.869***<br>(0.130) | 0.873***<br>(0.131) | 0.871***<br>(0.133) | 0.817***<br>(0.134) |
| 患慢性病数量 | -0.829***<br>(0.060) | -0.829***<br>(0.060) | -0.821***<br>(0.060) | -0.833***<br>(0.061) | -0.858***<br>(0.061) |
| 地区类型<br>(东部地区=1) | 0.482***<br>(0.120) | 0.474***<br>(0.122) | 0.502***<br>(0.130) | 0.496***<br>(0.134) | 0.528***<br>(0.138) |
| 过去一年子女经济支持<br>(自然对数) | | 0.042+<br>(0.023) | 0.035<br>(0.023) | 0.036<br>(0.023) | 0.030<br>(0.023) |
| 生活需要时子女照顾<br>(是=1) | | -0.111<br>(0.163) | -0.131<br>(0.164) | -0.118<br>(0.164) | -0.120<br>(0.164) |
| 与子女见面频率(次/年) | | 0.007*<br>(0.003) | 0.007*<br>(0.003) | 0.004<br>(0.003) | 0.004<br>(0.003) |
| 与子女通过电话(微信)联系频率(次/半年) | | -0.001<br>(0.002) | -0.001<br>(0.002) | -0.002<br>(0.002) | -0.002<br>(0.002) |
| 医疗保险解决了看病难问题(是=1) | | | 0.072<br>(0.166) | 0.039<br>(0.170) | 0.052<br>(0.170) |
| 每月领取的养老金<br>(自然对数) | | | 0.088+<br>(0.049) | 0.096*<br>(0.049) | 0.075<br>(0.050) |
| 过去一年得到的低保金<br>(自然对数) | | | -0.030+<br>(0.018) | -0.035+<br>(0.018) | -0.030+<br>(0.018) |
| 过去一年得到的政府补偿金<br>(自然对数) | | | -0.011<br>(0.017) | -0.020<br>(0.017) | -0.018<br>(0.018) |

续表

| 变量 | 模型1 | 模型2 | 模型3 | 模型4 | 模型5 |
|---|---|---|---|---|---|
| 社区老年活动中心<br>(有=1) | | | | 0.188<br>(0.120) | 0.122<br>(0.122) |
| 社区卫生服务站<br>(有=1) | | | | 0.188<br>(0.143) | 0.166<br>(0.144) |
| 村干部认可度<br>(认可=1) | | | | 0.230<sup>+</sup><br>(0.132) | 0.252<sup>+</sup><br>(0.132) |
| 邻里互助文化建设<br>(好=1) | | | | 0.137<br>(0.141) | 0.107<br>(0.142) |
| 过去一个月社会交往活动<br>(参加过=1) | | | | | 0.326*<br>(0.127) |
| 是否获得过志愿服务<br>(是=1) | | | | | 0.565*<br>(0.256) |
| 附近有无养老院<br>(有=1) | | | | | -0.194<br>(0.139) |
| 村里有无健康养老产业<br>(有=1) | | | | | 0.443<br>(0.352) |
| N | 1287 | 1287 | 1287 | 1287 | 1287 |
| Log-likelihood | -1495.32 | -1491.57 | -1488.51 | -1482.87 | -1473.91 |
| Pseudo $R^2$ | 0.098 | 0.100 | 0.102 | 0.105 | 0.111 |

注：括号里的数字为标准误；+ $p<0.1$，* $p<0.05$，** $p<0.01$，*** $p<0.001$（双尾检验）。

表9-3报告了各个主体对留守老人自评健康影响的模型估计结果。从模型1可以发现，在七个控制变量中，年龄、性别、婚姻状况、受教育年限四个变量对留守老人自评健康均没有显著的影响，而家庭生活水平、患慢性病数量、地区类型三个变量对留守老人自评健康都有显著的影响。

表9-3的模型2在模型1的基础上增加了家庭主体变量，目的是检验家庭主体对留守老人自评健康的影响效应。模型估计结果显示，生活需要时子女照顾、与子女通过电话（微信）联系频率两个变量对留守老人自评健康都没有显著的效应，过去一年子女经济支持、与子女见面频率两个变量对留守老人自评健康均有显著的效应。具体而言，在控制了其他变量之

后，过去一年子女经济支持每增加一个单位，留守老人自评健康更好的几率就会增加4%左右（$e^{0.042}-1 \approx 0.043$，$p<0.1$）；与子女见面频率每增加一个单位，留守老人自评健康更好的几率就会增加1%左右（$e^{0.007}-1 \approx 0.007$，$p<0.05$）。这里的研究结果支持假设3a、假设3c，不能支持假设3b、假设3d。这说明，过去一年子女经济支持、与子女见面频率对提升留守老人自评健康水平具有显著的作用。

需要强调的是，加入家庭主体的四个变量之后，伪决定系数（Pseudo $R^2$）从模型1的0.098提高到模型2的0.100，表明家庭主体对留守老人自评健康有一定的解释力，它对提升留守老人自评健康水平有显著的作用。也就是说，来自家庭主体的过去一年子女经济支持、与子女见面频率在提升留守老人自评健康水平方面起着重要的作用。

表9-3的模型3在模型2的基础上增加了政府主体变量，目的是检验政府主体对留守老人自评健康的影响效应。模型估计结果显示，医疗保险是否解决了看病难问题、过去一年得到的政府补偿金两个变量对留守老人生活水平均没有显著的效应，而每月领取的养老金、过去一年得到的低保金两个变量对留守老人生活水平都有显著的效应。具体而言，在控制了其他因素之后，每月领取的养老金每增加一个单位，留守老人自评健康更好的几率就会增加9%左右（$e^{0.088}-1 \approx 0.092$，$p<0.1$）；过去一年得到的低保金每增加一个单位，留守老人自评健康更好的几率就会下降3%左右（$1-e^{-0.030} \approx 0.030$，$p<0.1$）。这里的研究结果支持假设10b，不能支持假设10a、假设10d，而与假设10c刚好相反。这表明相对于没有得到低保金的留守老人来说，得到低保金的留守老人自评健康反而更差，也就是说，农村低保制度仅对低保户的留守老人群体的自评健康具有积极作用。

这里需要强调的是，模型2中在0.1水平上显著的过去一年子女经济支持变量，到了模型3中却不显著了，而且回归系数也在下降，这表明过去一年子女经济支持变量的部分功能被新加入的政府主体变量所解释，尤其是每月领取的养老金和过去一年得到的低保金两个变量。也就是说，过去一年子女经济支持对提升留守老人自评健康水平的部分功能，被每月领取的养老金和过去一年得到的低保金两个变量所替代。另外，加入政府主体的四个变量之后，伪决定系数（Pseudo $R^2$）从模型2的0.100提高到模型3的0.102，表明政府主体对留守老人自评健康有一定的解释力，它对提升留守老人自评健康水平有一定的作用。也就是说，每月领取的养老金对提升留守老人自评健康水平具有显著的作用，而过去一年得到的低保金对提升享有低保的留守老人的自评健康水平具有积极的作用。

表9-3的模型4在模型3的基础上增加了社区主体变量，目的是检验社区主体变量对留守老人自评健康的影响效应。模型估计结果显示，社区老年活动中心、社区卫生服务站、邻里互助文化建设三个变量对留守老人自评健康都没有显著的效应，而村干部认可度变量对留守老人自评健康有显著的效应。具体而言，在控制了其他因素之后，对村干部认可的留守老人自评健康更好的几率比不认可的要高出26%左右（$e^{0.230} - 1 \approx 0.259$，$p < 0.1$）。这里的研究结果支持了假设14c，不能支持假设14a、假设14b、假设14d。这说明对村干部的认可度对提升留守老人自评健康水平有显著的作用。

这里需要说明的是，加入社区主体的四个变量之后，伪决定系数（Pseudo $R^2$）从模型3的0.102提高到模型4的0.105，表明社区主体对留守老人自评健康有一定的解释力，它对提升留守老人自评健康水平有显著的作用。也就是说，来自社区主体的村干部认可度在提升留守老人自评健康水平方面起着一定的作用。

表9-3的模型5在模型4的基础上增加了社会主体变量，目的是检验社会主体变量对留守老人自评健康的影响效应。模型估计结果显示，附近有无养老院和村里有无健康养老产业两个变量对留守老人自评健康都没有显著的影响效应，而过去一个月社会交往活动和是否获得过志愿服务两个变量对留守老人均有显著的效应。具体而言，在控制了其他因素之后，过去一个月参加过社会交往活动的留守老人自评健康更好的几率比没有的要高出39%左右（$e^{0.326} - 1 \approx 0.385$，$p < 0.05$）；获得过志愿服务的留守老人自评健康更好的几率比没获得过的要高出76%左右（$e^{0.565} - 1 \approx 0.759$，$p < 0.05$）。这里的研究结果支持假设18a、假设18b，不能支持假设18c、假设18d。这说明过去一个月社会交往活动、是否获得过志愿服务对提升留守老人自评健康水平均有显著的作用。

这里需要强调的是，模型4中在0.05水平上显著的每月领取的养老金变量，到了模型 5 中却不显著了，并且回归系数也在下降，这说明每月领取的养老金变量的部分功能被模型 5 中新加入的社会主体变量所解释，尤其是过去一个月社会交往活动和是否获得过志愿服务两个变量。也就是说，每月领取的养老金变量的部分作用，被过去一个月社会交往活动和是否获得过志愿服务两个变量所替代。另外，加入社会主体的四个变量之后，伪决定系数（Pseudo $R^2$）从模型 4 的 0.105 提高到模型 5 的 0.111，表明社会主体对留守老人自评健康有一定的解释力，它对提升留守老人自评健康水平有显著的作用。也就是说，过去一个月社会交往活动、是否获得过志愿服务对提升留守老人的自评健康水平均具有积极的作用。

总体来说，表 9-3 嵌套模型中伪决定系数（Pseudo $R^2$）的变化显示，家庭主体、政府主体、社区主体、社会主体对留守老人自评健康的解释力基本一致，这里需要强调的是来自社会主体的过去一个月社会交往活动、是否获得过志愿服务两个变量，它们在提升留守老人自评健康方面具有较大的作用。这也足以说明志愿服务作为农村地区新兴的社会力量，其在提升留守老人自评健康水平方面起着积极的作用。综上所述，各个主体在提升留守老人自评健康水平的责任履行方面，家庭、政府、社区、社会主体都履行了一定的福利责任，而且责任履行相对均衡。

（四）各个主体对提升留守老人生活自理能力的责任履行

由于因变量——生活自理能力是二分类变量，因此采用二元 Logistic 回归模型来进行统计分析。为分别估计控制变量和自变量（家庭主体、政府主体、社区主体、社会主体）对因变量（留守老人生活自理能力）的影响效应，本书采用了嵌套模型的建模策略，模型 1 是仅包含控制变量的基准模型。模型 2 在模型 1 的基础上增加了家庭主体变量，以检验家庭主体对留守老人生活自理能力的影响。模型 3 在模型 2 的基础上增加了政府主体变量，以检验政府主体对留守老人生活自理能力的影响。模型 4 在模型 3 的基础上增加了社区主体变量，以检验社区主体对留守老人生活自理能力的影响。模型 5 在模型 4 的基础上增加了社会主体变量，以检验社会主体对留守老人生活自理能力的影响。具体统计结果如表 9-4 所示。

表 9-4　各个主体与留守老人生活自理能力的二元 Logistic 回归模型

| 变量 | 模型 1 | 模型 2 | 模型 3 | 模型 4 | 模型 5 |
|---|---|---|---|---|---|
| 年龄 | -0.074*** <br> (0.010) | -0.080*** <br> (0.011) | -0.079*** <br> (0.011) | -0.080*** <br> (0.011) | -0.082*** <br> (0.011) |
| 性别（男性=1） | 0.298* <br> (0.151) | 0.295+ <br> (0.153) | 0.296+ <br> (0.153) | 0.289+ <br> (0.155) | 0.268+ <br> (0.157) |
| 婚姻状况（在婚=1） | -0.138 <br> (0.155) | -0.133 <br> (0.157) | -0.172 <br> (0.159) | -0.098 <br> (0.161) | -0.045 <br> (0.164) |
| 受教育年限 | 0.026 <br> (0.022) | 0.030 <br> (0.022) | 0.026 <br> (0.022) | 0.020 <br> (0.023) | 0.019 <br> (0.023) |
| 家庭生活水平（非贫困=1） | 0.568*** <br> (0.148) | 0.582*** <br> (0.153) | 0.580*** <br> (0.154) | 0.591*** <br> (0.158) | 0.563*** <br> (0.161) |
| 患慢性病数量 | -0.362*** <br> (0.062) | -0.386*** <br> (0.064) | -0.395*** <br> (0.064) | -0.427*** <br> (0.066) | -0.448*** <br> (0.068) |
| 地区类型（东部地区=1） | 0.640*** <br> (0.161) | 0.640*** <br> (0.164) | 0.598*** <br> (0.173) | 0.658*** <br> (0.185) | 0.763*** <br> (0.193) |
| 过去一年子女经济支持（自然对数） | | 0.054+ <br> (0.028) | 0.057* <br> (0.028) | 0.062* <br> (0.028) | 0.060* <br> (0.029) |
| 生活需要时子女照顾（是=1） | | 0.399* <br> (0.193) | 0.400* <br> (0.194) | 0.437* <br> (0.197) | 0.419* <br> (0.199) |
| 与子女见面频率（次/年） | | -0.003 <br> (0.004) | -0.002 <br> (0.004) | -0.004 <br> (0.004) | -0.004 <br> (0.004) |
| 与子女通过电话（微信）联系频率（次/半年） | | -0.008** <br> (0.003) | -0.008** <br> (0.003) | -0.010*** <br> (0.003) | -0.010*** <br> (0.003) |
| 医疗保险解决了看病难问题（是=1） | | | -0.020 <br> (0.211) | -0.009 <br> (0.219) | -0.077 <br> (0.223) |
| 每月领取的养老金（自然对数） | | | 0.028 <br> (0.063) | 0.019 <br> (0.065) | 0.004 <br> (0.067) |
| 过去一年得到的低保金（自然对数） | | | 0.012 <br> (0.022) | 0.003 <br> (0.023) | 0.009 <br> (0.023) |
| 过去一年得到的政府补偿金（自然对数） | | | 0.048* <br> (0.022) | 0.038+ <br> (0.023) | 0.032 <br> (0.023) |

续表

| 变量 | 模型1 | 模型2 | 模型3 | 模型4 | 模型5 |
|---|---|---|---|---|---|
| 社区老年活动中心<br>（有=1） | | | | 0.543***<br>(0.164) | 0.548**<br>(0.167) |
| 社区卫生服务站<br>（有=1） | | | | 0.180<br>(0.188) | 0.155<br>(0.190) |
| 村干部认可度<br>（认可=1） | | | | 0.215<br>(0.166) | 0.219<br>(0.168) |
| 邻里互助文化建设<br>（好=1） | | | | 0.259<br>(0.190) | 0.254<br>(0.191) |
| 过去一个月社会交往活动<br>（参加过=1） | | | | | 0.592***<br>(0.159) |
| 是否获得过志愿服务<br>（是=1） | | | | | -0.391<br>(0.328) |
| 附近有无养老院<br>（有=1） | | | | | 0.114<br>(0.183) |
| 村里有无健康养老产业<br>（有=1） | | | | | 0.109<br>(0.519) |
| N | 1288 | 1288 | 1288 | 1288 | 1288 |
| Log – likelihood | -659.87 | -651.14 | -648.41 | -636.79 | -629.04 |
| Pseudo $R^2$ | 0.096 | 0.108 | 0.111 | 0.127 | 0.138 |

注：括号里的数字为标准误；+ $p<0.1$，* $p<0.05$，** $p<0.01$，*** $p<0.001$（双尾检验）。

表9-4报告了各个主体对留守老人生活自理能力影响的模型估计结果。从模型1可以发现，在七个控制变量中，婚姻状况、受教育年限两个变量对留守老人的生活自理能力均没有显著的影响，而年龄、性别、家庭生活水平、患慢性病数量、地区类型五个变量对留守老人生活自理能力都有显著的影响。在控制了其他因素之后，年龄越大，留守老人的生活自理能力越弱；相对于女性来说，男性留守老人的生活自理能力更强；相对于中西部地区来说，东部地区的留守老人的生活自理能力更强。这里需要强调的是，代表相对收入的家庭生活水平变量和代表客观身体健康状况的患慢性病数量变量，不仅对留守老人生活自理能力有显著的影响，而且都是

在 0.001 的水平上显著,这充分说明,家庭生活水平和患慢性病数量是影响留守老人生活自理能力的最为关键的控制变量。

表 9-4 的模型 2 在模型 1 的基础上增加了家庭主体变量,目的是检验家庭主体对留守老人生活自理能力的影响效应。模型估计结果显示,与子女见面频率变量对留守老人生活自理能力没有显著的影响效应,而过去一年子女经济支持、生活需要时子女照顾、与子女通过电话(微信)联系频率三个变量对留守老人生活自理能力均有显著的影响效应。具体而言,在控制了其他变量之后,过去一年子女经济支持每增加一个单位,留守老人日常生活能够自理的几率就会增加 6% 左右($e^{0.054}-1\approx0.055$,$p<0.1$);生活需要时子女照顾的留守老人生活能够自理的几率比没有子女照顾的要高出 49% 左右($e^{0.399}-1\approx0.490$,$p<0.05$);与子女通过电话(微信)联系频率每增加一个单位,留守老人生活能够自理的几率就会下降 1% 左右($1-e^{-0.008}\approx0.008$,$p<0.01$)。这里的研究结果支持假设 4a 和假设 4b,不能支持假设 4c,与假设 4d 刚好相反。这说明,过去一年子女经济支持、生活需要时子女照顾对提升留守老人的生活自理能力均有显著的作用。

需要强调的是,加入家庭主体的四个变量之后,伪决定系数(Pseudo $R^2$)从模型 1 的 0.096 提高到模型 2 的 0.108,表明家庭主体对留守老人的生活自理能力有较强的解释力,它对提升留守老人的生活自理能力有显著的作用。也就是说,来自家庭主体的过去一年子女经济支持、生活需要时子女照顾在提升留守老人生活自理能力方面起着重要的作用。

表 9-4 的模型 3 在模型 2 的基础上增加了政府主体变量,目的是检验政府主体对留守老人生活自理能力的影响效应。模型估计结果显示,医疗保险解决了看病难问题、每月领取的养老金、过去一年得到的低保金三个变量对留守老人生活自理能力均没有显著的影响,而过去一年得到的政府补偿金对留守老人生活自理能力有显著的影响。具体而言,在控制了其他因素之后,过去一年得到的政府补偿金每增加一个单位,留守老人生活能够自理的几率就会增加 5% 左右($e^{0.048}-1\approx0.049$,$p<0.05$)。这里的研究结果支持假设 11d,不能支持假设 11a、假设 11b 和假设 11c。这说明过去一年得到的政府补偿金对提升留守老人的生活自理能力具有显著的

## 第九章 留守老人福祉治理的主体责任履行

作用。

需要注意的是，模型2中在0.1水平上显著的过去一年子女经济支持变量，到了模型3中却在0.05水平上显著，并且其回归系数也在上升。这说明过去一年子女经济支持变量解释了模型3中新加入的政府主体变量的部分功能，尤其是每月领取的养老金和过去一年得到的养老金两个变量，也就是说，在提升留守老人生活自理能力的作用方面，每月领取的养老金和过去一年得到的养老金的部分功能被过去一年子女经济支持所替代。另外，加入政府主体的四个变量之后，伪决定系数（Pseudo $R^2$）从模型2的0.108提高到模型3的0.111，表明政府主体对留守老人的生活自理能力有一定的解释力，但其解释力并不强。也就是说，政府主体在提升留守老人的生活自理能力方面的作用并不是很大；家庭主体在提升留守老人生活自理能力上的作用远远大于政府主体。

表9-4的模型4在模型3的基础上增加了社区主体变量，目的是检验社区主体对留守老人生活自理能力的影响效应。模型估计结果显示，社区卫生服务站、村干部认可度、邻里互助文化建设三个变量对留守老人生活自理能力均没有显著的影响效应，而只有社区老年活动中心变量对留守老人生活自理能力有显著的影响效应。具体而言，在控制了其他变量之后，社区有老年活动中心的留守老人生活能够自理的几率比没有的要高出72%左右（$e^{0.543}-1 \approx 0.721$，$p<0.001$）。这里的研究结果支持假设15a，不能支持假设15b、假设15c和假设15d。这说明社区老年活动中心对提升留守老人的生活自理能力具有显著的作用。

需要强调的是，模型3中在0.05水平上显著的过去一年得到的政府补偿金变量，到了模型4中却在0.1水平上显著，并且其回归系数也在下降。这说明过去一年得到的政府补偿金的部分功能被新加入的社区主体所解释，尤其是社区老年活动中心变量，也就是说，在提升留守老人生活自理能力的作用方面，过去一年得到的政府补偿金的部分功能被社区老年活动中心所替代。另外，加入社区主体的四个变量之后，伪决定系数（Pseudo $R^2$）从模型3的0.111提高到模型4的0.127，表明社区主体对留守老人的生活自理能力有较强的解释力。也就是说，社区主体对提升留守老人生活自理能力的作用比较大；社区主体的作用要远远大于政府主体。

表 9-4 的模型 5 在模型 4 的基础上增加了社会主体变量，目的是检验社会主体对留守老人生活自理能力的影响效应。模型估计结果显示，是否获得过志愿服务、附近有无养老院、村里有无健康养老产业三个变量对留守老人的生活自理能力均没有显著的影响，而只有过去一个月是否参加社会交往活动变量对留守老人生活自理能力有显著的影响。具体而言，在控制了其他因素之后，过去一个月参加过社会交往活动的留守老人生活能够自理的几率比没有参加过的要高出 81% 左右（$e^{0.592} - 1 \approx 0.808$，$p < 0.001$）。这里的研究结果支持假设 19a，不能支持假设 19b、假设 19c 和假设 19d。这说明过去一个月参加社会交往活动对提升留守老人生活自理能力具有显著的作用。

值得注意的是，加入社会主体的四个变量之后，伪决定系数（Pseudo $R^2$）从模型 4 的 0.127 提高到模型 5 的 0.138，表明社会主体对留守老人的生活自理能力有一定的解释力。也就是说，社会主体对提升留守老人生活自理能力具有一定的作用。

总体来说，表 9-4 嵌套模型中伪决定系数（Pseudo $R^2$）的变化显示，家庭主体对留守老人生活自理能力的解释力最大，社区主体的解释力次之，而政府主体和社会主体的解释力最小。综上所述，各个主体在提升留守老人生活自理能力的责任履行不均衡。其中，家庭主体履行着最为重要的福利责任，社区主体履行着一定的福利责任，而政府主体和社会主体履行的责任较小。

（五）各个主体对降低留守老人抑郁症状的责任履行

由于因变量——抑郁症状是二分类变量，因此采用二元 Logistic 回归模型来进行统计分析。为分别估计控制变量和自变量（家庭主体、政府主体、社区主体、社会主体）对因变量（留守老人抑郁症状）的影响效应，本书采用了嵌套模型的建模策略，模型 1 是仅包含控制变量的基准模型。模型 2 在模型 1 的基础上增加了家庭主体变量，以检验家庭主体对留守老人抑郁症状的影响。模型 3 在模型 2 的基础上增加了政府主体变量，以检验政府主体对留守老人抑郁症状的影响。模型 4 在模型 3 的基础上增加了社区主体变量，以检验社区主体对留守老人抑郁症状的影响。模型 5 在模型 4 的基础上增加了社会主体变量，以检验社会主体对留守老人抑郁症状的影响。具体统计结果如表9-5所示。

表9-5　　各个主体与留守老人抑郁症状的二元 Logistic 回归模型

| 变量 | 模型1 | 模型2 | 模型3 | 模型4 | 模型5 |
| --- | --- | --- | --- | --- | --- |
| 年龄 | -0.003<br>(0.010) | -0.002<br>(0.010) | -0.003<br>(0.010) | -0.004<br>(0.010) | -0.003<br>(0.010) |
| 性别<br>(男性=1) | -0.219<br>(0.139) | -0.240$^+$<br>(0.140) | -0.264$^+$<br>(0.142) | -0.251$^+$<br>(0.142) | -0.232<br>(0.143) |
| 婚姻状况<br>(在婚=1) | -0.407$^{**}$<br>(0.145) | -0.393$^{**}$<br>(0.146) | -0.369$^*$<br>(0.149) | -0.415$^{**}$<br>(0.150) | -0.433$^{**}$<br>(0.151) |
| 受教育年限 | -0.024<br>(0.019) | -0.023<br>(0.020) | -0.024<br>(0.020) | -0.024<br>(0.020) | -0.024<br>(0.020) |
| 家庭生活水平<br>(非贫困=1) | -1.444$^{***}$<br>(0.142) | -1.374$^{***}$<br>(0.145) | -1.373$^{***}$<br>(0.147) | -1.371$^{***}$<br>(0.150) | -1.340$^{***}$<br>(0.151) |
| 患慢性病数量 | 0.510$^{***}$<br>(0.064) | 0.518$^{***}$<br>(0.064) | 0.507$^{***}$<br>(0.065) | 0.511$^{***}$<br>(0.065) | 0.522$^{***}$<br>(0.066) |
| 地区类型<br>(东部地区=1) | -0.357$^*$<br>(0.145) | -0.369$^*$<br>(0.147) | -0.436$^{**}$<br>(0.158) | -0.517$^{**}$<br>(0.167) | -0.544$^{**}$<br>(0.173) |
| 过去一年子女经济支持<br>(自然对数) | | -0.085$^{**}$<br>(0.026) | -0.079$^{**}$<br>(0.027) | -0.080$^{**}$<br>(0.027) | -0.076$^{**}$<br>(0.027) |
| 生活需要时子女照顾<br>(是=1) | | -0.092<br>(0.187) | -0.047<br>(0.190) | -0.056<br>(0.191) | -0.054<br>(0.192) |
| 与子女见面频率(次/年) | | -0.002<br>(0.004) | -0.003<br>(0.004) | -0.002<br>(0.004) | -0.002<br>(0.004) |
| 与子女通过电话(微信)联系频率(次/半年) | | -0.001<br>(0.003) | -0.001<br>(0.003) | 0.001<br>(0.003) | 0.001<br>(0.003) |
| 医疗保险解决了看病难问题<br>(是=1) | | | -0.566$^{**}$<br>(0.198) | -0.564$^{**}$<br>(0.204) | -0.557$^{**}$<br>(0.207) |
| 每月领取的养老金<br>(自然对数) | | | -0.116$^+$<br>(0.062) | -0.131$^*$<br>(0.063) | -0.127$^*$<br>(0.064) |
| 过去一年得到的低保金<br>(自然对数) | | | 0.023<br>(0.021) | 0.030<br>(0.021) | 0.026<br>(0.022) |

续表

| 变量 | 模型1 | 模型2 | 模型3 | 模型4 | 模型5 |
|---|---|---|---|---|---|
| 过去一年得到的政府补偿金<br>（自然对数） | | | -0.008<br>(0.020) | -0.007<br>(0.021) | -0.007<br>(0.021) |
| 社区老年活动中心<br>（有=1） | | | | -0.376*<br>(0.149) | -0.345*<br>(0.151) |
| 社区卫生服务站<br>（有=1） | | | | 0.089<br>(0.175) | 0.107<br>(0.176) |
| 村干部认可度<br>（认可=1） | | | | -0.205<br>(0.156) | -0.224<br>(0.157) |
| 邻里互助文化建设<br>（好=1） | | | | -0.129<br>(0.172) | -0.116<br>(0.172) |
| 过去一个月社会交往活动<br>（参加过=1） | | | | | -0.299*<br>(0.150) |
| 是否获得过志愿服务<br>（是=1） | | | | | -0.043<br>(0.326) |
| 附近有无养老院<br>（有=1） | | | | | 0.101<br>(0.168) |
| 村里有无健康养老产业<br>（有=1） | | | | | -0.540<br>(0.489) |
| N | 1281 | 1281 | 1281 | 1281 | 1281 |
| Log-likelihood | -736.52 | -730.12 | -723.78 | -719.08 | -715.96 |
| Pseudo $R^2$ | 0.141 | 0.148 | 0.156 | 0.161 | 0.165 |

注：括号里的数字为标准误；+ $p<0.1$，* $p<0.05$，** $p<0.01$，*** $p<0.001$（双尾检验）。

表9-5报告了各个主体对留守老人抑郁症状影响的模型估计结果。从模型1可以发现，在七个控制变量中，年龄、性别、受教育年限三个变量对留守老人的抑郁症状均没有显著的影响，而婚姻状况、家庭生活水平、患慢性病数量、地区类型四个变量对留守老人的抑郁症状都有显著的影响。在控制了其他因素之后，相对于非在婚来说，在婚的留守老人有抑郁症状的几率更低；相对于贫困家庭来说，非贫困家庭的留守老人有抑郁症状的几率更低；患慢性病数量越多，留守老人有抑郁症状的几率就越高；

## 第九章 留守老人福祉治理的主体责任履行

相对于中西部地区来说，东部地区的留守老人有抑郁症状的几率更低。这里需要强调的是，代表相对收入的家庭生活水平变量和代表客观身体健康状况的患慢性病数量变量，不仅对留守老人有抑郁症状的几率有显著的影响，而且都是在0.001的水平上显著。这充分说明，家庭生活水平和患慢性病数量是影响留守老人抑郁症状的最为关键的控制变量。

表9-5的模型2在模型1的基础上增加了家庭主体变量，目的是检验家庭主体对留守老人抑郁症状的影响效应。模型估计结果显示，生活需要时子女照顾、与子女见面频率、与子女通过电话（微信）联系频率三个变量对留守老人抑郁症状均没有显著的影响效应，只有过去一年子女经济支持变量对留守老人抑郁症状有显著的影响效应。具体而言，在控制了其他变量之后，过去一年子女经济支持每增加一个单位，留守老人有抑郁症状的几率就会下降8%左右（$1 - e^{-0.085} \approx 0.081$，$p < 0.01$）。这里的研究结果支持假设5a，不能支持假设5b、假设5c和假设5d。这说明过去一年子女经济支持对降低留守老人有抑郁症状的几率、提升其精神健康水平具有显著的作用。

需要强调的是，加入家庭主体的四个变量之后，伪决定系数（Pseudo $R^2$）从模型1的0.141提高到模型2的0.148，表明家庭主体对留守老人抑郁症状有一定的解释力，它对降低留守老人有抑郁症状的几率、提升其精神健康水平有显著的效应。也就是说，来自家庭主体的过去一年子女经济支持在降低留守老人有抑郁症状的几率方面起着重要的作用。

表9-5的模型3在模型2的基础上增加了政府主体变量，目的是检验政府主体对留守老人抑郁症状的影响效应。模型估计结果显示，过去一年得到的低保金和过去一年得到的政府补偿金两个变量对留守老人抑郁症状均没有显著的效应，而医疗保险解决了看病难问题和每月领取的养老金两个变量对留守老人抑郁症状均有显著的效应。具体而言，在控制了其他因素之后，医疗保险解决了看病难问题的留守老人有抑郁症状的几率比没有解决的要低43%左右（$1 - e^{-0.566} \approx 0.432$，$p < 0.01$）；每月领取的养老金每增加一个单位，留守老人有抑郁症状的几率就会下降11%左右（$1 - e^{-0.116} \approx 0.110$，$p < 0.1$）。这里的研究结果支持假设12a和假设12b，而不能支持假设12c和假设12d。这说明来自政府主体的医疗保险解决了看病

难问题和每月领取的养老金两个变量在降低留守老人有抑郁症状的几率、提升其精神健康水平方面起着重要的作用。

这里需要强调的是,加入政府主体的四个变量之后,伪决定系数(Pseudo $R^2$)从模型2的0.148提高到模型3的0.156,表明政府主体对留守老人抑郁症状有一定的解释力,它对降低留守老人有抑郁症状的几率有一定的作用。也就是说,医疗保险解决了看病难问题和每月领取的养老金在降低留守老人有抑郁症状的几率方面发挥着积极的作用。

表9-5的模型4在模型3的基础上增加了社区主体变量,目的是检验社区主体对留守老人抑郁症状的影响效应。模型估计结果显示,社区卫生服务站、村干部认可度、邻里互助文化建设三个变量对留守老人抑郁症状均没有显著的影响效应,而只有社区老年活动中心变量对留守老人抑郁症状有显著的影响效应。具体而言,在控制了其他变量之后,社区有老年活动中心的留守老人有抑郁症状的几率比没有的要低31%左右($1 - e^{-0.376} \approx 0.313$, $p < 0.05$)。这里的研究结果支持假设16a,不能支持假设16b、假设16c和假设16d。这说明社区老年活动中心变量在降低留守老人有抑郁症状的几率、提升其精神健康水平方面起着重要的作用。

这里需要强调的是,加入社区主体的四个变量之后,伪决定系数(Pseudo $R^2$)从模型3的0.156提高到模型4的0.161,表明社区主体对留守老人抑郁症状有一定的解释力,它对降低留守老人有抑郁症状的几率有一定的作用。也就是说,社区老年活动中心在降低留守老人有抑郁症状的几率、提升其精神健康水平方面发挥着积极的作用。

表9-5的模型5在模型4的基础上增加了社会主体变量,目的是检验社会主体对留守老人抑郁症状的影响效应。模型估计结果显示,是否获得过志愿服务、附近有无养老院、村里有无健康养老产业三个变量对留守老人的抑郁症状均没有显著的影响,而只有过去一个月是否参加社会交往活动变量对留守老人抑郁症状有显著的影响。具体而言,在控制了其他因素之后,过去一个月参加过社会交往活动的留守老人有抑郁症状的几率比没有参加的要低26%左右($1 - e^{-0.299} \approx 0.258$, $p < 0.05$)。这里的研究结果支持假设20a,不能支持假设20b、假设20c和假设20d。这说明过去一个月是否参加社会交往活动变量在降低留守老人有抑郁症状的几率、提升其

精神健康水平方面起着显著的作用。

这里需要强调的是,加入社会主体的四个变量之后,伪决定系数(Pseudo $R^2$)从模型4的0.161提高到模型5的0.165,表明社会主体对留守老人抑郁症状有一定的解释力,它对降低留守老人有抑郁症状的几率有一定的作用,但其作用并不大。也就是说,过去一个月是否参加社会交往活动在降低留守老人有抑郁症状的几率方面发挥的作用并不大。

总体来说,表9-5嵌套模型中伪决定系数(Pseudo $R^2$)的变化显示,家庭主体和政府主体对留守老人抑郁症状的解释力最大,社区主体的解释力次之,社会主体的解释力最小。综上所述,各个主体在降低留守老人有抑郁症状几率的责任履行不均衡。其中,家庭和政府主体履行着最为重要的福利责任,社区主体履行着一定的福利责任,而社会主体履行的责任最小。

(六)各个主体对提升留守老人生活满意度的责任履行

由于因变量——生活满意度是有序的五分类变量,因此采用序次Logistic回归模型来进行统计分析。为分别估计控制变量和自变量(家庭主体、政府主体、社区主体、社会主体)对因变量(留守老人生活满意度)的影响效应,本书采用了嵌套模型的建模策略,模型1是仅包含控制变量的基准模型。模型2在模型1的基础上增加了家庭主体变量,以检验家庭主体对留守老人生活满意度的影响。模型3在模型2的基础上增加了政府主体变量,以检验政府主体对留守老人生活满意度的影响。模型4在模型3的基础上增加了社区主体变量,以检验社区主体对留守老人生活满意度的影响。模型5在模型4的基础上增加了社会主体变量,以检验社会主体对留守老人生活满意度的影响。具体统计结果如表9-6所示。

表9-6　各个主体与留守老人生活满意度的序次 Logistic 回归模型

| 变量 | 模型1 | 模型2 | 模型3 | 模型4 | 模型5 |
| --- | --- | --- | --- | --- | --- |
| 年龄 | 0.009<br>(0.008) | 0.009<br>(0.009) | 0.010<br>(0.009) | 0.007<br>(0.009) | 0.007<br>(0.009) |
| 性别<br>(男性=1) | 0.105<br>(0.122) | 0.158<br>(0.123) | 0.169<br>(0.123) | 0.167<br>(0.124) | 0.157<br>(0.124) |

续表

| 变量 | 模型1 | 模型2 | 模型3 | 模型4 | 模型5 |
| --- | --- | --- | --- | --- | --- |
| 婚姻状况<br>（在婚=1） | 0.114<br>(0.127) | 0.083<br>(0.127) | 0.045<br>(0.129) | 0.109<br>(0.130) | 0.121<br>(0.131) |
| 受教育年限 | 0.026<br>(0.017) | 0.018<br>(0.017) | 0.015<br>(0.017) | 0.013<br>(0.017) | 0.013<br>(0.017) |
| 家庭生活水平<br>（非贫困=1） | 1.276***<br>(0.128) | 1.164***<br>(0.130) | 1.145***<br>(0.131) | 1.151***<br>(0.135) | 1.147***<br>(0.136) |
| 患慢性病数量 | -0.146**<br>(0.052) | -0.141**<br>(0.052) | -0.139**<br>(0.053) | -0.186***<br>(0.054) | -0.196***<br>(0.054) |
| 地区类型<br>（东部地区=1） | 0.109<br>(0.123) | 0.096<br>(0.124) | 0.036<br>(0.133) | -0.097<br>(0.141) | -0.041<br>(0.145) |
| 过去一年子女经济支持<br>（自然对数） | | 0.072**<br>(0.023) | 0.071**<br>(0.024) | 0.075**<br>(0.024) | 0.073**<br>(0.024) |
| 生活需要时子女照顾<br>（是=1） | | 0.643***<br>(0.164) | 0.601***<br>(0.165) | 0.665***<br>(0.167) | 0.640***<br>(0.168) |
| 与子女见面频率（次/年） | | 0.011**<br>(0.004) | 0.012***<br>(0.003) | 0.009**<br>(0.003) | 0.009**<br>(0.003) |
| 与子女通过电话（微信）<br>联系频率（次/半年） | | 0.006**<br>(0.002) | 0.005*<br>(0.002) | 0.005*<br>(0.002) | 0.005*<br>(0.002) |
| 医疗保险解决了看病难问题<br>（是=1） | | | 0.329+<br>(0.170) | 0.244<br>(0.176) | 0.211<br>(0.177) |
| 每月领取的养老金<br>（自然对数） | | | -0.010<br>(0.053) | -0.026<br>(0.054) | -0.025<br>(0.055) |
| 过去一年得到的低保金<br>（自然对数） | | | -0.017<br>(0.018) | -0.036+<br>(0.019) | -0.035+<br>(0.019) |
| 过去一年得到的政府补偿金<br>（自然对数） | | | 0.047**<br>(0.017) | 0.021<br>(0.018) | 0.018<br>(0.018) |
| 社区老年活动中心<br>（有=1） | | | | 0.085<br>(0.127) | 0.098<br>(0.129) |
| 社区卫生服务站<br>（有=1） | | | | 0.767***<br>(0.152) | 0.769***<br>(0.153) |

续表

| 变量 | 模型1 | 模型2 | 模型3 | 模型4 | 模型5 |
|---|---|---|---|---|---|
| 村干部认可度<br>（认可=1） | | | | 0.365**<br>(0.137) | 0.365**<br>(0.137) |
| 邻里互助文化建设<br>（好=1） | | | | 0.809***<br>(0.152) | 0.804***<br>(0.152) |
| 过去一个月社会交往活动<br>（参加过=1） | | | | | 0.132<br>(0.129) |
| 是否获得过志愿服务<br>（是=1） | | | | | -0.066<br>(0.284) |
| 附近有无养老院<br>（有=1） | | | | | -0.143<br>(0.143) |
| 村里有无健康养老产业<br>（有=1） | | | | | -0.326<br>(0.401) |
| N | 1290 | 1290 | 1290 | 1290 | 1290 |
| Log-likelihood | -1416.25 | -1387.62 | -1381.14 | -1341.74 | -1340.27 |
| Pseudo R² | 0.046 | 0.065 | 0.069 | 0.096 | 0.097 |

注：括号里的数字为标准误；+ $p<0.1$，* $p<0.05$，** $p<0.01$，*** $p<0.001$（双尾检验）。

表9-6报告了各个主体对留守老人生活满意度的影响效应的模型估计结果。从模型1可以发现，在七个控制变量中，年龄、性别、婚姻状况、受教育年限、地区类型五个变量对留守老人的生活满意度均没有显著的影响，只有家庭生活水平和患慢性病数量两个变量对留守老人的生活满意度有显著的影响。从模型1可以看出，家庭生活水平是影响留守老人生活满意度的最为重要的控制变量。

表9-6的模型2在模型1的基础上增加了家庭主体变量，目的是检验家庭主体对留守老人生活满意度的影响效应。模型估计结果显示，来自家庭主体的过去一年子女经济支持、生活需要时子女照顾、与子女见面频率、与子女通过电话（微信）联系频率四个变量对留守老人的生活满意度均有显著的效应。具体而言，在控制了其他变量之后，子女经济支持每增加一个单位，留守老人生活满意度更高的几率就会增加8%左右（$e^{0.072}-1\approx$

0.075, p<0.01); 生活需要时有子女照顾的留守老人生活满意度更高的几率比没有子女照顾的要高出90%左右（$e^{0.643}-1≈0.902$，p<0.001）；与子女见面频率每增加一个单位，留守老人生活满意度更高的几率就会增加1%左右（$e^{0.011}-1≈0.011$，p<0.01）；与子女通过电话（微信）联系的频率每增加一个单位，留守老人生活满意度更高的几率就会增加1%左右（$e^{0.006}-1≈0.006$，p<0.01）。这里的研究结果支持假设6a、假设6b、假设6c和假设6d。这说明过去一年子女经济支持、生活需要时子女照顾、与子女见面频率、与子女通过电话（微信）联系频率四个变量对提升留守老人的生活满意度都起着重要的作用。

需要强调的是，加入家庭主体的四个变量之后，伪决定系数（Pseudo $R^2$）从模型1的0.046提高到模型2的0.065，表明家庭主体对留守老人生活满意度有非常强的解释力，它对提升留守老人的生活满意度有显著的效应。也就是说，家庭主体对提升留守老人的生活满意度起着极其重要的作用。

表9-6的模型3在模型2的基础上增加了政府主体变量，目的是检验政府主体对留守老人生活满意度的影响效应。模型估计结果显示，每月领取的养老金和过去一年得到的低保金两个变量对留守老人的生活满意度都没有显著的影响效应；而医疗保险解决了看病难问题和过去一年得到的政府补偿金两个变量对留守老人的生活满意度都有显著的影响效应。具体而言，在控制了其他因素之后，医疗保险解决了看病难问题的留守老人的生活满意度更高的几率比没有解决的要高出39%左右（$e^{0.329}-1≈0.390$，p<0.1）；过去一年得到的政府补偿金每增加一个单位，留守老人生活满意度更高的几率就会增加5%左右（$e^{0.047}-1≈0.048$，p<0.01）。这里的研究结果支持假设13a和假设13d，不能支持假设13b和假设13c。这说明医疗保险解决了看病难问题和过去一年得到的政府补偿金对提升留守老人的生活满意度发挥了一定的作用。

需要强调的是，加入政府主体的四个变量之后，伪决定系数（Pseudo $R^2$）从模型2的0.065提高到模型3的0.069，表明政府主体对留守老人生活满意度有一定的解释力，但其解释力并不强。也就是说，政府主体对提升留守老人的生活满意度起着一定的作用，但其作用并不大。

表 9-6 的模型 4 在模型 3 的基础上增加了社区主体变量，目的是检验社区主体对留守老人生活满意度的影响效应。模型估计结果显示，只有社区老年活动中心变量对留守老人生活满意度没有显著的影响效应，而社区卫生服务站、村干部认可度、邻里互助文化建设三个变量对留守老人生活满意度均有显著的影响效应。具体而言，在控制了其他变量之后，有社区卫生服务站的留守老人生活满意度更高的几率比没有的要高出 115% 左右（$e^{0.767}-1\approx1.153$，$p<0.001$）；对村干部认可的留守老人生活满意度更高的几率比不认可的要高出 44% 左右（$e^{0.365}-1\approx0.441$，$p<0.01$）；邻里互助文化建设得好的留守老人生活满意度更高的几率比不好的要高出 125% 左右（$e^{0.809}-1\approx1.246$，$p<0.001$）。这里的研究结果支持假设 17b、假设 17c 和假设 17d，不能支持假设 17a。这说明社区卫生服务站、村干部认可度、邻里互助文化建设对提升留守老人的生活满意度具有重要的作用。

需要注意的是，模型 3 中在 0.1 水平上显著的医疗保险解决了看病难问题变量，到了模型 4 中却不显著了，并且其回归系数也在下降。这说明医疗保险解决了看病难问题变量的部分功能被模型 4 中新加入的社区主体所解释，尤其是社区卫生服务站变量所解释。也就是说，在提升留守老人生活满意度方面，医疗保险解决了看病难问题的部分功能被社区卫生服务站所替代。另外，模型 3 中在 0.01 水平上显著的过去一年得到的政府补偿金变量，到了模型 4 中竟然不显著了，并且其回归系数也在下降。这说明过去一年得到的政府补偿金变量的部分功能被模型 4 中新加入的社区主体所解释，尤其是村干部认可度和邻里互助文化建设变量。也就是说，在提升留守老人生活满意度方面，过去一年得到的政府补偿金变量的部分功能被村干部认可度和邻里互助文化建设变量所替代。

这里重点强调的是，加入社区主体的四个变量之后，伪决定系数（Pseudo $R^2$）从模型 3 的 0.069 提高到模型 4 的 0.096，表明社区主体对留守老人生活满意度有非常强的解释力，它对提升留守老人的生活满意度有显著的效应。也就是说，社区主体对提升留守老人的生活满意度起着极其重要的作用。

表 9-6 的模型 5 在模型 4 的基础上增加了社会主体变量，目的是检验社会主体对留守老人生活满意度的影响效应。模型估计结果显示，来自社

会主体的过去一个月是否参加社会交往活动、是否获得过志愿服务、附近有无养老院、村里有无健康养老产业四个变量对留守老人的抑郁症状均没有显著的影响。这里的研究结果不能支持假设21a、假设21b、假设21c和假设21d。加入社会主体的四个变量之后，伪决定系数（Pseudo $R^2$）从模型4的0.096仅仅提高到模型5的0.097，表明社会主体对留守老人生活满意度基本没有解释力，也就是说，社会主体对提升留守老人生活满意度基本没有发挥作用。

总体来说，表9-6嵌套模型中伪决定系数（Pseudo $R^2$）的变化显示，家庭主体和社区主体对留守老人生活满意度的解释力比较大，政府主体的解释力很小，而社会主体几乎没有解释力。综上所述，各个主体对提升留守老人生活满意度的责任履行不均衡。其中，家庭和社区主体履行着非常重要的福利责任，政府主体履行着较少的福利责任，而社会主体履行的责任微乎其微。

## 二 留守老人福祉治理的总体责任研究

### （一）留守老人福祉治理总体责任的定量分析

为了进一步探析各个主体对留守老人福祉各个指标的影响效应，本书将所有控制变量和构成福利多元主体的四个自变量——家庭主体、政府主体、社区主体、社会主体变量合在一起，分别与六个因变量——年均收入、家庭生活水平、自评健康、生活自理能力、抑郁症状、生活满意度变量纳入模型，形成模型1、模型2、模型3、模型4、模型5、模型6，从而比较各个主体对留守老人福祉各指标的影响。其中，模型1是OLS回归模型，模型2、模型3和模型6是序次Logistic回归模型，模型4和模型5是二元Logistic回归模型。具体统计数据结果如表9-7所示。

从表9-7可以发现，模型中控制变量和福利主体的四个自变量对六个因变量的影响效应存在一定的差异。总体来看，在七个控制变量中，仅对留守老人福祉的部分维度有显著影响的变量共六个，即年龄、性别、婚姻状况、受教育年限、患慢性病数量、地区类型。而对留守老人福祉的各个维度都有显著影响的变量，仅仅只有家庭生活水平一个变量。其中，家庭生活水平变量对留守老人的年均收入、自评健康、生活自理能力和生活满意度都有显著的正向效应，而对其抑郁症状有显著的负向效应。患慢性病数量变量对留守老人的家庭生活水平、自评健康、生活自理能力和生活满意度都有显著的负向效应，而对其抑郁症状有显著的正向效应。因此，在所有七个控制变量中，家庭生活水平和患慢性病数量这两个变量对留守老人福祉的影响最大，也就是说，家庭生活水平和患慢性病数量是影响留守老人福祉最重要的控制变量。

表9-7 各个主体与留守老人福祉各指标的回归模型

| 变量 | 模型1—年均收入 | 模型2—家庭生活水平 | 模型3—自评健康 | 模型4—生活自理能力 | 模型5—抑郁症状 | 模型6—生活满意度 |
|---|---|---|---|---|---|---|
| 年龄 | -0.013*** (0.003) | 0.032*** (0.009) | -0.007 (0.008) | -0.082*** (0.011) | -0.003 (0.010) | 0.007 (0.009) |
| 性别（男性=1） | 0.098+ (0.051) | 0.081 (0.128) | 0.007 (0.118) | 0.268+ (0.157) | -0.232 (0.143) | 0.157 (0.124) |
| 婚姻状况（在婚=1） | -0.330*** (0.054) | 0.243+ (0.133) | -0.020 (0.127) | -0.045 (0.164) | -0.433** (0.151) | 0.121 (0.131) |
| 受教育年限 | 0.027*** (0.007) | 0.091*** (0.018) | 0.015 (0.016) | 0.019 (0.023) | -0.024 (0.020) | 0.013 (0.017) |
| 家庭生活水平（非贫困=1） | 0.273*** (0.0549) | — | 0.817*** (0.134) | 0.563*** (0.161) | -1.340*** (0.151) | 1.147*** (0.136) |
| 患慢性病数量 | -0.002 (0.022) | -0.209*** (0.055) | -0.858*** (0.061) | -0.448*** (0.068) | 0.522*** (0.066) | -0.196*** (0.054) |
| 地区类型（东部地区=1） | 0.442*** (0.055) | -0.151 (0.137) | 0.528*** (0.138) | 0.763*** (0.193) | -0.544** (0.173) | -0.041 (0.145) |
| 过去一年子女经济支持（自然对数） | 0.069*** (0.010) | 0.090*** (0.024) | 0.030 (0.023) | 0.060* (0.029) | -0.076** (0.027) | 0.073** (0.024) |
| 生活需要时子女照顾（是=1） | -0.148* (0.069) | 0.248 (0.171) | -0.120 (0.164) | 0.419* (0.199) | -0.054 (0.192) | 0.640*** (0.168) |
| 与子女见面频率（次/年） | 0.003** (0.001) | 0.001 (0.004) | 0.005 (0.004) | -0.004 (0.004) | -0.002 (0.004) | 0.009** (0.003) |

续表

| 变量 | 模型1—年均收入 | 模型2—家庭生活水平 | 模型3—自评健康 | 模型4—生活自理能力 | 模型5—抑郁症状 | 模型6—生活满意度 |
| --- | --- | --- | --- | --- | --- | --- |
| 与子女通过电话（微信）联系频率（次/半年） | 0.004*** (0.001) | 0.009*** (0.002) | -0.002 (0.002) | -0.009*** (0.002) | 0.001 (0.003) | 0.005* (0.002) |
| 医疗保险解决了看病难问题（是=1） | -0.133+ (0.072) | 0.309+ (0.171) | 0.052 (0.170) | -0.077 (0.223) | -0.557** (0.207) | 0.211 (0.177) |
| 每月领取的养老金（自然对数） | 0.039+ (0.022) | 0.112* (0.054) | 0.075 (0.050) | 0.004 (0.067) | -0.127* (0.064) | -0.025 (0.055) |
| 过去一年得到的低保金（自然对数） | 0.049*** (0.008) | -0.068*** (0.019) | -0.030+ (0.018) | 0.009 (0.023) | 0.026 (0.022) | -0.035+ (0.019) |
| 过去一年得到的政府补偿金（自然对数） | 0.019** (0.007) | 0.014 (0.018) | -0.018 (0.018) | 0.032 (0.023) | -0.007 (0.021) | 0.018 (0.018) |
| 社区老年活动中心（有=1） | | | 0.122 (0.122) | 0.548** (0.167) | -0.345* (0.151) | 0.098 (0.129) |
| 社区卫生服务站（有=1） | | | 0.166 (0.144) | 0.155 (0.190) | 0.107 (0.176) | 0.769*** (0.153) |
| 村干部认可度（认可=1） | | | 0.252+ (0.132) | 0.219 (0.168) | -0.224 (0.157) | 0.365** (0.137) |
| 邻里互助文化建设（好=1） | | | 0.107 (0.142) | 0.254 (0.191) | -0.116 (0.172) | 0.804*** (0.152) |
| 过去一个月社会交往活动（参加过=1） | | | 0.326* (0.127) | 0.592*** (0.159) | -0.299* (0.150) | 0.132 (0.129) |
| 是否获得过志愿服务（是=1） | | | 0.565* (0.256) | -0.391 (0.328) | -0.043 (0.326) | -0.066 (0.284) |
| 附近有无养老院（有=1） | | | -0.194 (0.139) | 0.114 (0.183) | 0.101 (0.168) | -0.143 (0.143) |
| 村里有无健康养老产业（有=1） | | | 0.443 (0.352) | 0.109 (0.519) | -0.540 (0.489) | -0.326 (0.401) |
| N | 1296 | 1296 | 1287 | 1288 | 1281 | 1290 |

续表

| 变量 | 模型1—年均收入 | 模型2—家庭生活水平 | 模型3—自评健康 | 模型4—生活自理能力 | 模型5—抑郁症状 | 模型6—生活满意度 |
|---|---|---|---|---|---|---|
| Log-likelihood | — | -1274.81 | -1473.91 | -629.04 | -715.96 | -1340.27 |
| $R^2$/Pseudo $R^2$ | 0.180 | 0.055 | 0.111 | 0.138 | 0.165 | 0.097 |

注：括号里的数字为标准误；+ $p<0.1$，* $p<0.05$，** $p<0.01$，*** $p<0.001$（双尾检验）。

表9-7的第9—12行显示，家庭主体的四个变量对提升留守老人福祉有极其重要的作用。首先，过去一年得到子女经济支持能够显著提升留守老人的年均收入水平、家庭生活水平、生活自理能力和生活满意度，降低其有抑郁症状的几率。其次，生活需要时有子女照顾能够显著提升留守老人的生活自理能力和生活满意度，却反而降低了其年均收入水平。其原因可能在于，生活需要时有子女照顾的留守老人，其身体条件原本就不好，甚至生活不能自理需要子女们照顾。而身体健康状况较差或生活不能自理就需要花费大量的医疗费用，导致了经济收入水平的下降。再次，与子女见面频率能够显著提升留守老人的年均收入水平和生活满意度。最后，与子女通过电话（微信）联系频率能够显著提升留守老人的年均收入、家庭生活水平和生活满意度，降低其生活自理能力。

总体来看，家庭主体的四个自变量对留守老人福祉的六个因变量共24对变量影响关系中，有14对都有显著的影响效应；其中，有12对都是正面的积极作用。这说明家庭主体是提升留守老人福祉水平的最重要的责任主体，家庭养老依然是农村地区最传统的、最基本的养老方式。

表9-7的第13—16行显示，政府主体的四个变量对提升留守老人福祉水平有重要的作用，尤其是对提升经济福祉水平的作用。首先，医疗保险解决了看病难问题能够显著提升留守老人的家庭生活水平，降低其年均收入水平和有抑郁症状的几率。其次，每月领取的养老金能够显著提升留守老人的年均收入和家庭生活水平，降低其有抑郁症状的几率。再次，过去一年得到的低保金能够显著提升留守老人的年均收入，降低其家庭生活水平、自评健康水平和生活满意度。其原因可能在于，有低保金的留守老人是农村最为弱势的老年人群体，他们往往经济收入难以维持生计，贫困

与疾病交加，因病致贫，其家庭生活水平较低。而经济上的贫困又导致疾病得不到及时治疗，其自身健康状况较差，并导致生活满意度较低。最后，过去一年得到的政府补偿金能够显著提升留守老人的年均收入水平。

总体来看，在政府主体的四个自变量对留守老人福祉的六个因变量共24对变量影响关系中，有11对都有显著的影响效应。这里强调的是，在政府主体的四个自变量对留守老人经济福祉的两个因变量共八对变量影响关系中，有七对都有显著的影响效应；而与其健康福祉和心理福祉的共16对变量影响关系中，仅有四对有显著的影响效应。这充分说明政府主体是提升留守老人福祉水平的重要的责任主体，但其责任主要集中在提升留守老人的经济福祉水平方面。

表9-7的第17—20行显示，社区主体的四个变量对提升留守老人福祉水平有一定的作用，尤其是对提升健康福祉和心理福祉水平的作用。首先，社区老年活动中心能够显著提升留守老人生活自理能力，降低其有抑郁症状的几率。其次，社区卫生服务站能够显著提升留守老人的生活满意度。再次，村干部认可度能显著提升留守老人的自评健康水平和生活满意度。最后，邻里互助文化建设能够显著提升留守老人的生活满意度。总体来看，在社区主体的四个自变量与留守老人福祉的四个因变量共16对变量影响关系中，有六对有显著的影响效应。这说明社区主体在提升留守老人福祉水平方面履行着一定的责任，但其责任主要集中在提升留守老人的健康福祉和心理福祉方面。

表9-7的第21—24行显示，社会主体的四个变量对提升留守老人福祉的作用非常有限。其作用主要集中在过去一个月参加社会交往活动变量，获得过志愿服务活动仅仅对留守老人的自评健康有显著的效应，而附近有无养老院和村里有无健康养老产业两个变量对留守老人的四个因变量均没有显著的效应。总体来看，在社会主体的四个自变量与留守老人福祉的四个因变量共16对变量影响关系中，仅仅四对有显著的影响效应。这充分说明社会主体履行留守老人福祉治理的责任非常有限。

总体来看，在留守老人福祉治理的各个主体中，家庭主体履行着最为重要的福利责任；政府主体履行着重要的福利责任；社区主体履行着一定的责任；而社会主体履行的责任比较有限。也就是说，家庭主体履行的责任最大，即家庭仍然是留守老人赖以依靠的最重要的养老主体，农村养儿防老的传统格局已经逐渐弱化，但其总体格局并没有发生根本性变化。政府、社区、社会主体履行的责任依次递减，社会主体履行的责任最小。

(二) 留守老人福祉治理总体责任的定性分析

在福利供给体系的重构过程中，政府、市场、社会、社区、家庭之间福利责任的重新平衡和界限的重新划分成为福利改革的关键议题。由谁在何种领域承担何种福利责任，不仅仅是一个福利意识形态或福利文化的偏好问题，还是一个不同福利责任主体之间相互平衡、相互建构的动态过程。①

上文的定量研究结果显示，在留守老人福祉治理的各个主体中，家庭主体履行着最重要的责任；政府主体履行着重要的责任，其责任主要在于提升留守老人的经济福祉方面；社区主体也履行着一定的责任，其责任主要在于提升留守老人的健康福祉和心理福祉方面；而社会主体履行的责任比较有限。本书定性的深度访谈也印证了定量研究得出来的这些观点。

> 咱说句实话，现在政府好得很，政府每年都给我发1000多块钱的养老金，真不赖。政府现在也挺好的，贪污腐败也变少了，也为老百姓干了一些事儿吧。村里边也挺好的，这几年给我送米送面送油啥的都挺好的。对那个养老院呢，咱农村人估计都这样想的，咱有孩子，你住在养老院，给村里人看笑话呀，都觉得你孩子不孝顺，才把你送到养老院里面的。还有就是，谁有恁多钱去住那养老院嘞。所以我觉得养老这事吧，肯定还是孩子们承担的责任更多一点。养儿防老嘛。(留守老人03)
>
> 谁承担的责任多呀，政府承担的肯定没有孩子们的多呀，政府基本上都不咋管，给我们就发一个养老金。那医疗保险有时候还用不了，买药的话还挺贵的。平常生病了全凭孩子们照看着。村里边穷得很，我连村长都不知道是谁，他也没来看过我。养老院更不用提了，住在那里面让孩子们多丢人嘛。所以我觉得还是孩子们承担得更多一

---

① 胡薇：《国家回归：社会福利责任结构的再平衡》，知识产权出版社2012年版。

点，孩子们现在孝顺得很呢，我老伴躺床上恁（很）多年，全凭俺娃子（儿子）闺女照顾呀，政府和村里咋会去管你呀。所以说呢，我觉得肯定是孩子们承担最大的责任啊。（留守老人05）

总的来说，我觉得孩子们出力更多一点，承担的责任肯定也更多一点，你想如果我躺在床上的话，就全凭孩子们伺候了。当然政府每年也发给我们养老金，也享受着合作医疗的政策，有些政策也挺好的。但是吧，还是不能替代孩子们的作用，我给他们养这么大，就想着他们最后给我弄个棺材板都行了，不是有那句话"父母欠孩子一个媳妇，而孩子只欠父母一副棺材板儿"，老了就得靠孩子啊。村里面也挺好的，过年也送些东西，社会上基本不承担啥责任吧，咱也不问别人要，咱自己能照顾住自己。这事嘛，还得靠这闺女娃子们，到老了得服老，跟我说那一样，父养子，子养父，这是一种亘古不变的道理。所以我说还是得靠娃子（孩子）嘛。（留守老人07）

政府又不是补助你一家，那是说补助都补助的吗？主要还得靠娃子们。那就是个人能揍（干）动了，闺女娃子回来看看你，说说话就行了，都怪美。干不动了，娃子们肯定也会伺候你呗。不用靠村儿里，都不用想靠他们，咱有闺女娃子就行。木那（语气词），将来社会真发展到那一步了，村儿里也可能建一个养老院。要是咱这真有那（养老院）的话，俺要老了也可能去住，其实年纪大了，都想跟年纪大的一起玩玩，下下棋、聊聊天啥的，也怪美，关键是住那里面得交钱呀！谁有恁多钱啊。（留守老人36）

这养老肯定要靠娃子们嘛，闺女娃子们应该负主要责任。村儿里也应该照顾照顾、慰问慰问一下这留守老人和孤寡老人，提供一些帮助了啥的，可俺村里基本没有这些帮助。俺这邻里之间在这村里都生活快一辈子了，这关系都处得很美，大家一起聊聊天，相互做个伴，也不会孤单，有事了都相互帮个忙，都同好嘞。养老院只是一个机构、一个部门，专业养老院咱这里还不兴（流行），专业养老院只是有这种可能跟趋势，那跟现在的家庭保姆一门样儿，孩子们工作老忙，老人木人照顾，只能靠着养老院养老了。（留守老人39）

只要说国家经济强大了，养老公寓建成了，老人们不缺吃、不缺

### 第九章　留守老人福祉治理的主体责任履行

穿、有处住。那孩子们的责任很好说，国家可以适当给在职期间的年轻人加大压力嘛。比如说可以适当加大税收力度，在60岁之前可以让他们多交一点儿养老税，因为父母是靠国家养着，相当于孩子们变相地把这养老的钱给交了。到时候，村儿里边就更好办了。村干部的任务就是发动老年群体去做做志愿服务，也可以举办老年群体集体娱乐活动，以此来提高我们老年人的幸福感。另外还可以发动社会力量来把这养老公寓建设得更好。比如说社会上的一些组织、机构、企业可以给养老公寓提供志愿捐款、志愿捐物，以此来改善养老公寓的基础设施和后勤保障工作。总而言之，农村留守老人养老问题得靠政府、子女、村里、社会力量共同合力来解决才行。（留守老人40）

先从家庭来说，首先子女要孝顺，承担起照顾老人的责任，提供经济支持和生活照顾。政府的话，就是希望多投入点经济支持，咱们农村老年人的养老金是不高的，今年扶贫也结束了，希望能把养老金当作重点来进行。还有就是村里了，它是最基础的单位，连接政府和家庭的，应该多关心老人，及时发现问题，年轻子女们不在家，希望村里能多上点心。另外就是，我们这也没有什么特别好的专业养老机构，也不放心，真是以后出现这种专业的了，父母也想去了，那就支持他们。（留守老人子女02）

那还是家庭，主要还是靠子女们养老。咱农村，还都是那养儿防老，你要是给你老人送到养老院，人家还会说你不孝顺，自己父母都不管。并且这老人们也都希望跟子女住到一起，各方面都比较方便，一家人也热闹。这村里边都是应该趁着子女们出去打工了，村里应该经常有些帮扶活动，能帮忙照顾一下这留守老人。政府这现在也挺好，对老年人的各项政策都不赖，养老金也一直在涨，投入养老保障的钱也越来越多，政府在这养老金方面的福利供给还是很重要的。（留守老人子女05）

通过对以上几位留守老人和留守老人子女的访谈就可以发现，乡村振兴背景下各个主体履行留守老人福祉治理的责任不均衡，家庭主体履行的责任最大，家庭、政府、社区、社会四个主体履行的责任依次递减，社会主体履行的责任最小。其责任履行状况可以总结为：

第一，家庭主体在留守老人福祉治理中履行着最为重要的福利责任。这一观点从对留守老人的访谈内容中明显可以看出，当谈到养老主要靠谁时，绝大多数留守老人都会毫不犹豫地选择儿女，认为靠儿女养老是天经地义的事情，养儿防老是一种亘古不变的道理。这也印证了家庭代际互惠蕴含的假设，即子女是老人晚年物质生活的基本保障，同时也是老人晚年精神世界的快乐之源。正如留守老人所说："所以我觉得养老这事吧，肯定还是孩子们承担的责任更多一点。养儿防老嘛"，"（养老）这事嘛，还得靠这闺女娃子们，到老了得服老，跟我说那一样，父养子、子养父，这是一种亘古不变的道理"，"我给他们养这么大，就想着他们最后给我弄个棺材板都行了，不是有那句话'父母欠孩子一个媳妇，而孩子只欠父母一副棺材板儿'，老了就得靠孩子啊"。在我国，家庭一直承担着最主要的养老责任，为老年人提供了物质保障、服务保障、精神保障。① 家庭在绝大多数留守老人看来，依然是最为可靠和最为经济的养老主体。因此，家庭主体处于留守老人福利供给的绝对核心地位。

第二，政府主体在留守老人福祉治理中也履行着重要的责任，其责任主要在于提升留守老人的经济福祉方面。从对留守老人和留守老人子女的访谈中都能够真切感觉到政府主体的福利供给正在变得越来越充足，从某种意义上说，政府主体已经成为除了家庭主体之外最重要的福利责任主体。其原因应该在于，政府所提供的农村医疗保险、养老保险、低保金、政府补偿金有效地改善了留守老人的经济状况，尤其是贫困户的留守老人群体。正如留守老人和留守老人子女所说："现在政府好得很，政府每年都给我发1000多块钱的养老金，真不赖"，"政府这现在也挺好，对老年人的各项政策都不赖，养老金也一直在涨，投入养老保障的钱也越来越多，政府在这养老金方面的福利供给还是很重要的"。因此，政府主体对留守老人福祉治理起着重要的作用，尤其是明显提升了贫困留守老人群体的经济福祉水平。

---

① 郭瑜、张寅凯：《代际关系、养老保险与中国城镇养老新图景》，《社会学研究》2021年第2期。

## 第九章 留守老人福祉治理的主体责任履行

第三，社区主体在留守老人福祉治理中履行着一定的责任，其责任主要在于提升留守老人的健康福祉和心理福祉方面。社区主体对留守老人福祉治理的作用主要集中在邻里互助方面，而农村社区组织很少有针对留守老人的福利供给。正如留守老人和留守老人子女所说："村里边穷得很，我连村长都不知道是谁，他也没来看过我"，"村儿里也应该照顾照顾、慰问慰问一下这留守老人和孤寡老人，提供一些帮助了啥的，可俺村里基本没有这些帮助"，"俺这邻里之间在这村里都生活快一辈子了，这关系都处得很美，大家一起聊聊天，相互做个伴，也不会孤单，有事了都相互帮个忙，都同好嘞"。由此可以看出，社区主体在留守老人福利供给中起着一定的作用，其作用主要倾向于其健康福祉和心理福祉方面。

第四，社会主体在留守老人福祉治理中履行的责任比较有限。由于农村地区经济发展水平较低，留守老人养儿防老传统比较固化，造成了专业养老机构在农村地区发展较为滞后。正如留守老人所说："对那个养老院呢，咱农村人估计都这样想的，咱有孩子，你住在养老院，给村里人看笑话呀，都觉得你孩子不孝顺，才把你送到养老院里面的"，"要是咱这真有那（养老院）的话，俺要老了也可能去住，其实年纪大了，都想跟年纪大的一起玩玩，下下棋、聊聊天啥的，也怪美，关键是住那里面得交钱呀！谁有恁多钱啊"。因此，社会主体在留守老人福利供给中的作用比较有限。

从以上对留守老人的访谈内容可以得知，在各个福利主体的责任期待方面，留守老人可能会游离于政府和家庭之间，一方面期待从政府那里多获得政策性养老支持，另一方面又期待子女的照料支持，留守老人并不把两者的行为看作是可替代的，他们认为两者的作用是不可替代的。现在的问题是在家庭养老日益弱化的情况下，经济养老转向政府，生活养老转向社区和社会，精神养老依靠谁呢？往往这是最容易被忽视的一个方面。[①] 但问题的关键在于社会力量是否能够成为多元化力量中的一员，以及它的出现是否能够最终导致适合中国农村留守老人的新型福利责任结构的产生，却并未得到充分的考量。

整体来看，目前留守老人的福利供给体系仍然坚持了传统的家庭养老

---

① 胡薇：《国家回归：社会福利责任结构的再平衡》，知识产权出版社2012年版。

模式，家庭处于其福利供给的绝对核心地位。政府主体在提升留守老人经济福祉方面起着重要的作用，社区主体在提升其健康福祉和心理福祉方面起到了一定的作用，而社会主体的作用比较有限。因此，积极构建新型的养老福利多元治理机制，形成各个福利主体大致均衡的责任分担体系，才是乡村振兴背景下农村养老福利制度体系构建的主要方向，同时也是留守老人福祉治理的必然选择。

## 第二节 乡村振兴背景下留守老人福祉治理的困境

### 一 乡村振兴背景下坚持留守老人主体地位的困境

本书通过定性的访谈分析发现，在乡村振兴战略实施过程中，留守老人依然处于弱势地位，属于边缘群体，无论是政府主体、家庭主体、社区主体还是社会主体，在具体实践中都很难真正从留守老人日常生活的实际需求出发，很难坚持留守老人的主体地位，这些都是留守老人福祉治理的困境和难题。

> 政府还给老党员有照顾，每个人大概两百块钱就是过节时候发，因为上面不允许发福利，政策不太行，这两年经济也不太景气。还有就是政府给一些种辣椒的贫困户有补助，但是现在种辣椒的贫困户已经很少了，大多数种辣椒的都是比较富裕的人，富的更富，贫困的更贫困，起不到啥带动作用。另外，现在可多都把地包给别人了，自己也不咋种，基本上没有啥种粮食的补贴，除养老金跟种辣椒补贴之外，也没有啥其他的补助了。政府难以给老年人个体提供精准的服务，光指望政府，肯定解决不了这老年人的日常生活需要。（村干部11）

> 儿子去深圳打工了，一般过年才回来。平时也不咋来电话，有电话了也和他们聊不了几句，有啥问的就说好。就算家里有活干，他们那么远也回不来，还让他们瞎担心。本来大孙子走了我还想让二孙子

## 第九章 留守老人福祉治理的主体责任履行

留下有个照应，可媳妇儿说二孙子还没成家，留在这儿也没有活干，挣不下钱，我也不能因为闷，不让孙子出去长见识啊。闺女也有自己的家，她那儿也一堆大小事儿，不能老是过来照顾。要是我老伴在，心里还能宽慰点，可现在就我一个人了，亲戚之间也不经常走动，我在家里一坐就是一天，有人来了，我还能说说话。习惯了，人老了，能有啥需求，就这样慢慢过吧。（留守老人56）

俺觉得这个村里头给老年人的基础设施还不能满足俺们的需求，这个吧，你像俺们这样的老人，子女又不在身边，这也木（没）个人来跟咱聊聊。俺觉着应该给老年人建设个活动中心，俺这平常木（没）啥事的时候也能去那儿活动活动，这也全都当作健身了，还可以去下下棋、听听戏。俺们老年人当然希望子女能陪伴在身边，那他们也都还有不少的事，也有他们的家庭生活。咱这也不想给他们添麻烦。俺知道你说的这个乡村振兴，这几年国家的政策扶持也不少，但总觉得还是没能走到俺们老百姓的心坎里去，这扶贫也不光是经济，这几年经济上确实好多了，啥都有补贴。但是咱村这个文化设施和老年设施还很差，平常也木（没）啥活动，要是给老年人建个活动中心就中了，村里头要多听听俺们这老年人的需求。（留守老人58）

咱村接受过志愿服务活动，但是很少，毕竟咱这里的这种活动比较少，所以接受的志愿服务活动也很少。之前接受的志愿者活动会去老人家帮帮忙打扫一下卫生之类的。平常老人也不是很接受志愿服务，这毕竟更多是做做形式。问题是志愿者并不知道老年人到底需要什么，志愿服务也并不能满足老人们真正的生活需要。（村干部10）

听说近几年城里的养老院发展得不错，但是农村的养老院发展得还不行，听说老人们在那里受到的照顾并不好，关键是乡村养老院的设施并不好。所以我们不想去。我还是希望政府能够多注意一些乡村养老设施。毕竟近年来，农村这老年人是越来越多，养老的需求是越来越大，真是希望政府多多考虑农村老人们的需求。（留守老人57）

从对以上三位留守老人和两位村干部的访谈可以发现，政府主体的福利供给仅仅局限于物质上的帮扶和救助，很难从留守老人个体的需求出发，坚持留守老人主体地位，正如村干部所说："政府难以给老年人个体提供精准的服务，光指望政府，肯定解决不了这老年人的日常生活需要。"由于建设经费、志愿服务的认可度和参与度、社会养老观念等因素，社区主体和社会主体同样都无法从留守老人个体的需求出发，坚持留守老人的主体地位，正如村干部和留守老人所说："咱村这个文化设施和老年设施还很差，平常也木（没）啥活动，要是给老年人建个活动中心就中了，村里头要多听听俺们这老年人的需求"，"之前接受的志愿者活动……更多是做做形式。问题是志愿者并不知道老年人到底需要什么，志愿服务也并不能满足老人们真正的生活需要"，"毕竟近年来，农村这老年人是越来越多，养老的需求是越来越大，真是希望政府多多考虑农村老人们的需求"。

综上所述，无论是政府、家庭主体，还是社区、社会主体，依然把留守老人当作"被赡养"的"客体"，很难坚持留守老人的主体地位，从留守老人的养老需求出发，来探讨养老福利供给。因此，当前以留守老人为客体的福利治理亟待转型为坚持留守老人主体地位的福祉治理。

**二 乡村振兴背景下留守老人福祉责任履行的困境**

通过定性的访谈分析，本书也进一步发现了乡村振兴背景下各个主体在留守老人福祉治理中的现实困境。目前农村养老福利多元主体的主要问题就在于，各个主体履行留守老人福祉治理责任的不均衡性。

第一个困境在于，家庭主体的福利供给具有结构性的漏洞，面临着较大的不稳定性和风险性。当前农村养老表现为传统家庭养老模式与代际关系受到冲击，而新的可补充或全面替代的养老模式尚未建立。[①] 由于留守老人子女长期在外务工，虽然留守老人的经济条件得到了一定程度的改善，但他们在生活照料和精神慰藉上面临着长期的空缺，家庭养老势必面临巨大的风险和漏洞。

俺肯定想让娃子们（儿子们）养，俺生他们养他们就是为了他们

---

① 孙薇薇、景军：《乡村共同体重构与老年心理健康——农村老年心理干预的中国方案》，《社会学研究》2020 年第 5 期。

## 第九章 留守老人福祉治理的主体责任履行

养活咱,现在关键是娃子们也顾不来,都有自己的负担,负担(养活)不了你。俺是想让人家(儿女)养,谁知人家养不养,不养俺了,俺也木门(没有办法)。再说了,娃子们都在外打工,都忙得很。别说陪俺说说话、聊个天了,就连俺生病了、住院了,他们一时半会儿也回不来呀,咋照顾咱嘛。(留守老人01)

俺那老伴儿死得早,他70岁就死了。我独孤远儿(一个人)过了21年,我记得很清楚,从他(老伴)生病开始,我一直伺候他吃喝拉撒,直到他死去。嘿嘿,说起来我们闺女娃子一大堆,俺俩都辛辛苦苦给他们拉扯大了,宣得很呐(好得很呐)!临了临了,竟没一个来给他养老送终,我心凉啊!他们一个个都在外工作,工作都忙嘛,大半年才回来一次,坐一会儿就走了,连陪我吃顿饭的工夫都木有呀!唉,乖娃儿呀!你心得放开(想开)呀!不想了,有些话,说再多也木用。有些事,只有我自己最懂,想得再多也改变不了什么。(留守老人38)

从对以上两位留守老人的访谈中就可以发现,农村留守老人得以依赖的养老方式依然是传统的家庭养老模式。然而,随着农村家庭结构的变迁,以及子女外出长期务工等原因,子女们很难再给父母提供生活照料和精神慰藉,家庭已经不能再承担养老的全部责任,因此,乡村振兴背景下家庭主体在留守老人的福利供给上面临着巨大的风险和困境。

第二个困境在于,政府主体的福利供给仍然较为不足,其责任分担局限于留守老人的经济福祉,很少分担其健康福祉和心理福祉。各地政府将"兜底"作为农村养老供给的基本功能定位,地区经济差异导致政府养老供给不均等。[①] 与此同时,政府针对留守老人的福利供给,无论是在福利资金上,还是在照顾性服务上,与城市养老福利体系相比都存在着巨大的差距。

---

① 李俏、许文:《农村养老服务供给侧改革的研究理路与实现方式》,《西北人口》2017年第5期。

> 这农民的养老金实在太少了，平时买点东西，也都花没了，更不用说是用来看病，或改善生活了。日常生活根本不能指望这养老金。虽然分工不同，国家没有农民也不中嘛，盖楼房为城里人提供住房，种粮食为城里人提供最基本的粮食保障，不都全靠农民嘛。现在年轻人去城里找个工作，也都会看这养老金怎么样。以前修铁路、水库，那不全是义务，记工分。国家的发展离开农民能行嘛？农民也为国家发展出了大力，但是给农民的养老金实在太少了。现在城里退休工人退休金每月好几千块，农民还是那一点点，每月就那一百多。而且每年这养老金涨的幅度，还赶不上物价的涨幅。现在就是这养老金的城乡待遇不平等。（留守老人33）

从以上访谈内容可以发现，与城镇老年人相比，政府提供的较低水平的养老保险金确实无法满足留守老人物质生活上的需要，也无法提升其健康福祉和心理福祉水平。因此，在乡村振兴战略实施过程中，政府主体履行留守老人福祉治理责任有较大程度的提升空间。

第三个困境在于，社区主体的福利供给主要集中在邻里互助方面，而农村基层社区组织的福利供给比较有限。农村社区邻里互助的自发性、临时性和应急性特征比较突出，难以提供较为稳定的福利供应。农村社区组织在资金上和人才队伍上都较为薄弱，并不能给留守老人提供有效的福利供给。

> 这养老肯定要靠娃子们嘛，闺女娃子们应该负主要责任。村儿里也应该照顾照顾、慰问慰问一下这留守老人和孤寡老人，提供一些帮助了啥的，可俺村里基本没有这些帮助。俺这邻里之间在这村里都生活快一辈子了，这关系都处得很美，大家一起聊聊天，相互做个伴，也不会孤单，有事了都相互帮个忙，都同好嘞。养老院只是一个机构、一个部门，专业养老院咱这里还不兴（流行），专业养老院只是有这种可能跟趋势，那跟现在的家庭保姆一门样儿，孩子们工作老忙，老人木人照顾，只能靠着养老院养老了。（留守老人39）

### 第九章 留守老人福祉治理的主体责任履行

从以上访谈内容可以发现，农村社区主体的福利供给仍然是传统的以邻里互助形式进行的，这说明农村地区以社区组织为基础的制度化养老福利体系仍然没有形成，农村基层社区组织的发展极其艰难，其在留守老人福祉提升中的作用非常有限，这些都是乡村振兴和乡村治理亟待解决的问题。

第四个困境在于，社会主体的福利供给比较有限。由于农村地区经济发展水平较低、留守老人养儿防老传统固化、民众志愿服务意识淡薄，造成了志愿服务和专业养老机构在农村社会发展滞后，农村地区的社会化养老服务体系尚未形成，这些困境在对留守老人的访谈中就可以清晰地呈现出来。

> 咱说句实话，现在政府好得很，政府每年都给我发1000多块钱的养老金，真不赖。政府现在也挺好的，贪污腐败也变少了，也为老百姓干了一些事儿吧。村里边也挺好的，这几年给我送米送面送油啥的都挺好的。对那个养老院呢，咱农村人估计都这样想的，咱有孩子，你住在养老院，给村里人看笑话呀，都觉得你孩子不孝顺，才把你送到养老院里面的。还有就是，谁有恁多钱去住那养老院嘞。所以我觉得养老这事吧，肯定还是孩子们承担的责任更多一点。养儿防老嘛。（留守老人03）

综上所述，乡村振兴背景下各个主体履行留守老人福祉治理的责任不均衡。其中，家庭主体的责任过于沉重，政府主体的责任主要在贫困留守老人的经济福祉方面，社区主体的责任主要在留守老人的健康福祉和心理福祉方面，而社会主体的责任不但相对有限，而且很难呈现出分担家庭责任的趋势，因而目前农村养老福利供给中各个主体履行的责任不均衡。在我国农村地区，基层政府长期坚持补缺型的养老福利制度，无法给留守老人群体提供普惠型的福利供给，再加上农村基层社区建设的长期滞后和社会化养老力量的边缘化，这些都使乡村振兴过程中留守老人养老体系面临诸多的风险和困境。

## 本章小结

本书通过福利主体与留守老人福祉之间关系的探讨发现：第一，家庭主体在留守老人福祉治理中履行着最为重要的福利责任；第二，政府主体在留守老人福祉治理中也履行着重要的责任，其责任主要在于提升留守老人的经济福祉方面；第三，社区主体在留守老人福祉治理中履行着一定的责任，其责任主要在于提升留守老人的健康福祉和心理福祉方面；第四，社会主体在留守老人福祉治理中履行的责任比较有限。因此，乡村振兴背景下各个主体履行留守老人福祉治理的责任不均衡，家庭履行着最为重要的责任，家庭、政府、社区、社会四个主体承担的责任依次递减，社会主体履行的责任最小，留守老人养老面临越来越多的风险和困境。

本书发现，乡村振兴背景下坚持留守老人主体地位的困境在于，政府主体的福利供给仅仅局限于物质上的帮扶和救助，很难从留守老人个体的需求出发，坚持留守老人主体地位。由于建设经费、志愿服务的认可度和参与度、社会养老观念等因素，社区主体和社会主体同样都无法从留守老人个体的需求出发，坚持留守老人的主体地位，增进留守老人的福祉。

本书还发现，乡村振兴背景下各个主体履行留守老人福祉治理责任面临的困境在于：第一，家庭主体的福利供给具有结构性的漏洞，面临着较大的不稳定性和风险性；第二，政府主体的福利供给仍然较为不足，其责任履行局限于留守老人的经济福祉，很少分担其健康福祉和心理福祉；第三，社区主体的福利供给主要集中在邻里互助方面，而社区组织的福利供给比较有限；第四，社会主体的福利供给比较有限。整体来看，家庭主体的责任过于沉重，政府主体的责任主要在贫困留守老人的经济福祉方面，社区主体的责任主要在留守老人的健康福祉和心理福祉方面，而社会主体的责任不但相对有限，而且很难呈现出分担家庭责任的趋势，因而农村养老福利供给中各个主体履行的责任不均衡。

# 第十章 结论与展望

本章的第一节将总结出主要的研究发现,即留守老人的健康福祉和心理福祉亟须改善;各个主体履行留守老人福祉治理责任不均衡;留守老人福利治理亟待转型为福祉治理。第二节提出政策性建议:一是发挥政府在留守老人福祉治理中的角色和作用;二是完善家庭政策延续家庭养老的核心功能;三是在乡村振兴过程中发展社区服务和机构养老。第三节将引出有待以后研究的课题:一是乡村振兴战略理论与实践的深入研究;二是福利治理和福祉理论的深入研究;三是农村为老志愿服务的深入探讨和研究。

## 第一节 研究发现

本书的实证分析部分通过对留守老人福祉困境进行详细的描述,并对各个主体与留守老人福祉之间的内在关系,进行了定量的研究假设来检验变量之间的因果关系。同时,对访谈对象的深度访谈资料进行定性分析,来验证定量研究结果,对定量研究结果进行深入解释,并通过深挖各个主体背后蕴含的制度和文化因素,阐释各个主体履行留守老人福祉治理的责任状况,在此基础上,得出主要的研究发现。

### 一 留守老人的健康福祉和心理福祉亟须改善

本书立足于贵州省大方县、甘肃省清水县、河南省嵩县和汝阳县、吉林省抚松县、江苏省泗阳县、福建省石狮市和晋江市,共6个省份的8个县（县级市）的实证研究，通过定量和定性的研究资料发现，农村留守老人在年均收入和家庭生活水平上都相对较低，农村留守老人的年均收入水平不但低于农村居民收入水平，更是远远低于城镇居民收入水平，也就是说，留守老人总体上仍处于相对贫困状况，其面临着一定程度的经济困境。然而从其自身纵向的对比来看，留守老人的家庭经济收入水平是在逐步提高，其物质生活状况逐年得以改善，基本的物质生活能够得以保障。

从本书的定量和定性资料还可以发现，留守老人子女通过外出打工确实提升了其家庭生活水平，留守老人的经济生活水平也在一定程度上得到了提升。在当今农村社会，子女供养和自我劳动收入是留守老人经济来源的两大支柱。另外，农村养老保险金、农村低保金、各种社会救助金等社会保障性收入也起到了重要的补充作用。再加上党的十八大以来国家在农村地区强力实施的脱贫攻坚政策及其配套的"两不愁三保障"政策，留守老人家庭的经济收入水平有了较大的提升。因此，留守老人在物质生活上已经脱离了绝对贫困，其养老得以依赖的经济福祉基本上得到了保障。

留守老人子女外出务工确实改善了留守老人的经济状况，提升了其经济福祉水平。然而由于子女常年不在身边，农村基层社区能够提供的养老服务极其有限，社会化养老体系在农村地区也较为匮乏，留守老人的生活照料面临严重的缺失，其健康福祉水平较为低下。本书的定量分析显示，留守老人自评很不健康和不健康的比例要高于农村老年人，更远远高于城市老年人；约有1/4的留守老人日常生活不能够自理，这意味着1/4的留守老人日常生活需要帮助。从本书的定性资料分析中也可以发现，在当前农村社会，失去生活自理能力而又缺少家庭照料是留守老人面临的最严重问题。

由于新型农村合作医疗保险的报销和子女经济上的支持，留守老人的医疗和经济问题反倒不是问题。然而一旦失去生活自理能力，又缺少家庭成员的照料，留守老人的生活质量就得不到保障。面对家庭照料功能的弱化，社会化机构照料资源的不足，如何为那些失能半失能的、高龄、独居、贫困的留守老人提供基本的照料服务成为当今我国农村养老的难题。因而，养老服务行业发展的必然趋势是推进智慧养老，以节省人力成本，提高照料效能。总体来看，留守老人的健康福祉水平较低，其身体健康状况非常不容乐观，他们时常经受着身体健康问题的困扰，亟待全社会高度关注和重视。

留守老人作为农村老年人中特殊的群体，除了面临身体健康问题之外，大多数人还经受着心理问题的困扰，他们的心理福祉困境更应引起高度的重视。从本书的定量分析可以发现，留守老人的抑郁症状程度总体较高。其抑郁症状的平均分高于全国老年人，更高于城市老年人的平均分。通过定性的深度访谈同样可以发现留守老人的心理福祉存在着诸多的问题和困境，正如留守老人所说："我老伴，走了好几年了，孩子们平时也都不在家，对我最大的影响就是觉得孤单寂寞，没人和自己说话，再不能够和老伴聊天了，去街上转转也是一个人，其他老人都是两个人，一路来一路去，生活上互相照顾。人老了，最怕的就是孤单。"精神慰藉的缺失导致情感上的孤单是目前留守老人日常生活面临的最严重的问题和困境。

农村大量劳动力外流带来的另一个严峻问题是加剧了留守老人的孤独感和抑郁程度。实证分析表明，有子女外出打工的留守老人感到孤独的比例更高，经常感到孤独的留守老人比例要明显高于非留守老人。[①] 由于子女长期不在身边，留守老人一旦丧偶，大部分都是独自居住，孤独寂寞、生活乏味、无所依靠的问题就会较为突出。因孤独和抑郁等心理健康问题引发的留守老人自杀现象屡见不鲜，特别是高龄、独居的留守老人群体更是频发。除了贫困和疾病之外，情感支持的缺失是导致留守老人群体自杀的重要原因。因此，留守老人的心理福祉问题必须引起高度重视，亟须在乡村振兴过程中加以解决。

综上所述，留守老人在经济福祉方面依然较为贫困，也面临很多的困境，然而在国家精准脱贫战略、乡村振兴战略和"两不愁三保障"等相关配套措施的帮扶下，当前我国农村留守老人的经济福祉基本上得到了保障。然而，留守老人在健康福祉和心理福祉方面都存在着较多的问题和困难，这些问题都亟待整合家庭、政府、社区和社会等主体，从而形成多元化的力量来破解留守老人的健康福祉和心理福祉困境。

---

① 孙鹃娟：《城镇化、农村家庭变迁与养老》，知识产权出版社2018年版。

## 二 各个主体履行留守老人福祉治理责任不均衡

对于福利主体问题进行讨论，首先应当明确目前福利主体与农村留守老人福祉之间的关系如何，这样才能以提升留守老人福祉为基础和导向，构建一个相对完善的福利多元治理机制。也就是说，提升人民福祉是福利多元体系建构的基本导向和终极目标。① 本书的定量和定性资料分析发现，在当前农村福利多元体系中，各个福利主体对留守老人福祉治理的作用并不一致。其中，家庭主体的责任过于沉重，政府主体的责任主要在贫困留守老人的经济福祉方面，社区主体的责任主要在留守老人的健康福祉和心理福祉方面，而社会主体的责任不但相对有限，而且很难呈现出分担家庭责任的趋势，因而目前农村养老福利提供中各个主体的责任履行不均衡。

从本书的定量分析可以发现，在留守老人福祉治理的各个主体中，家庭主体履行着最重要的责任，也是留守老人养老所能依赖的绝对核心主体。政府主体履行着重要的责任，其责任主要在于提升贫困留守老人的经济福祉。社区主体也履行着一定的责任，其责任主要在于提升留守老人的健康福祉和心理福祉方面。社会主体履行的责任比较有限。

第一，在提升留守老人经济福祉方面。在家庭主体的四个变量中，过去一年子女经济支持、与子女见面频率、与子女通过电话（微信）联系频率三个变量对留守老人的年均收入均有显著的正向影响；而过去一年子女经济支持、与子女通过电话（微信）联系频率两个变量对留守老人的家庭生活水平均有显著的正向影响。在政府主体的四个变量中，每月领取的养老金、过去一年得到的低保金、过去一年得到的政府补偿金三个变量对留守老人的年均收入都有显著的正向影响；而医疗保险解决了看病难问题、每月领取的养老金两个变量对留守老人的家庭生活水平均有显著的正向影响。从定量分析模型的伪决定系数的变化也可以发现，无论是在福利主体对留守老人年均收入影响的模型中，还是在福利主体对留守老人家庭生活水平影响的模型中，家庭主体的解释力都非常大，政府主体的解释力次

---

① 彭华民等：《中国社会福利理论与制度构建——以适度普惠社会福利制度为例》，经济科学出版社 2019 年版。

## 第十章 结论与展望

之,但其作用也比较大。因此,从某种意义上说,福利主体在提升留守老人经济福祉的责任履行方面,家庭履行着最为重要的福利责任,政府也履行着重要的福利责任。

第二,在提升留守老人健康福祉方面。家庭主体的四个变量对留守老人的自评健康均没有显著的正向影响;而过去一年子女经济支持、生活需要时子女照顾两个变量对留守老人的生活自理能力均有显著的正向影响。政府主体的四个变量对留守老人的自评健康和生活自理能力均没有显著的正向影响。在社区主体的四个变量中,村干部认可度变量对留守老人的自评健康有显著的正向影响;而社区老年活动中心变量对留守老人的生活自理能力有显著的正向影响。在社会主体的四个变量中,过去一个月社会交往活动、是否获得过志愿服务两个变量对留守老人的自评健康均有显著的正向影响;而过去一个月社会交往活动变量对留守老人的生活自理能力有显著的正向影响。从定量分析模型的伪决定系数的变化也可以发现,在各个主体对留守老人自评健康影响的模型中,家庭主体、政府主体、社区主体、社会主体的解释力基本一致;而在各个主体对留守老人生活自理能力影响的模型中,家庭主体的解释力最大,社区主体和社会主体的解释力次之,政府主体的解释力最小。综上所述,各个主体在提升留守老人健康福祉的责任履行方面,家庭主体履行着最为重要的福利责任,社区主体履行着一定的福利责任,而政府主体和社会主体履行的责任较小。

第三,在提升留守老人心理福祉方面。家庭主体的四个变量对留守老人的生活满意度均有显著的正向影响;而过去一年子女经济支持变量对降低留守老人有抑郁症状的几率有显著的正向影响。政府主体的四个变量对留守老人的生活满意度均没有显著的正向影响;而医疗保险解决了看病难问题、每月领取的养老金两个变量对降低留守老人有抑郁症状的几率均有显著的正向影响。在社区主体的四个变量中,社区老年活动中心变量对降低留守老人有抑郁症状的几率有显著的正向影响;而社区卫生服务站、村干部认可度、邻里互助文化建设三个变量对留守老人的生活满意度均有显著的正向影响。社会主体的四个变量对留守老人的生活满意度均没有显著的正向影响;而过去一个月社会交往活动对降低留守老人有抑郁症状的几率均有显著的正向影响。从定量分析模型的伪决定系数的变化也可以发现，在各个主体对留守老人抑郁症状影响的模型中，家庭主体和政府主体的解释力最大，社区主体的解释力次之，社会主体的解释力最小。而在各个主体对留守老人生活满意度影响的模型中，家庭主体和社区主体的解释力比较大，政府主体的解释力很小，而社会主体几乎没有解释力。总体来看，各个主体在提升留守老人心理福祉的责任履行方面，家庭主体履行的责任最大，社区主体履行的责任次之，政府主体履行的责任很小，而社会主体履行的责任极其有限。

从本书的定性访谈资料分析中同样可以发现，各个主体履行留守老人福祉治理的责任不均衡性。

首先，家庭主体在留守老人福祉治理中履行着最为重要的养老福利责任。在社会变迁进程中，代际关系弱化不可逆转，家庭不再是唯一的养老福利主体，但家庭依然是养老责任的最主要承担者。[1] 我国社会过去几十年的改革虽然带来了生活方式的变化，但家庭依然是社会的基本单元，家庭建设一直都是社会建设的重要组成部分。[2] 这一观点从对留守老人的深度访谈中明显可以发现，当谈到养老主要靠谁时，绝大多数留守老人都毫不犹豫地选择依靠儿女、依靠家庭，因此，家庭依然处于农村养老福利提供的绝对核心地位，家庭养老依然是留守老人养老的首要选择。

其次，政府主体在留守老人福祉治理中也履行着重要的责任，是除家庭之外最重要的主体，尤其是履行贫困留守老人群体的经济福祉责任方面。定性访谈的结果也可以发现，目前政府在对低保户和建档立卡等贫困留守老人群体经济上的帮扶发挥着极为重要的作用。各地政府将"兜底"作为农村养老福利供给的基本功能定位，这就意味着不同地区之间的经济差异必然会导致政府养老福利供给的不均等。[3] 而且政府针对留守老人的福利供给，无论是在福利资金上，还是在照顾性服务上，与城市养老福利体系相比都存在着巨大的差距。

---

[1] 贾玉娇、范家绪：《从断裂到弥合：时空视角下家庭养老保障功能的变迁与重塑》，《社会科学战线》2019年第7期。

[2] 胡安宁：《老龄化背景下子女对父母的多样化支持：观念与行为》，《中国社会科学》2017年第3期。

[3] 李俏、许文：《农村养老服务供给侧改革的研究理路与实现方式》，《西北人口》2017年第5期。

再次,社区主体在留守老人福祉治理中承担着一定的责任,集中于留守老人的健康福祉和心理福祉方面。从对留守老人的深度访谈可以发现,社区主体对留守老人福祉治理的作用主要集中在邻里互助方面,而农村社区组织很少有针对留守老人的福利提供。农村留守老人自身和乡邻则扮演着互助与关爱的同伴友邻角色,守望相助自古以来就是乡村共同体的基本特征。①

最后,社会主体在留守老人福祉治理中承担的责任极其有限。从定性的深度访谈中可以发现,志愿服务在农村地区还是凤毛麟角,专业养老机构的作用并不被看好,其在农村养老福利提供中的责任最为边缘化。这些定性访谈分析的观点也进一步印证了本书的定量分析所呈现出来的结果。

乡村振兴背景下各个主体履行留守老人福祉治理的责任失衡,这意味着农村养老福利多元体系面临较大的漏洞和风险,其背后体现出的深层次原因在于我国农村家庭在养老福利提供中被赋予了过于沉重的责任。从整体上看,当前我国农村养老福利体系仍然坚持了传统的家庭依赖模式,因此,家庭处于农村养老福利提供的绝对核心地位。政府主体在农村养老福利提供中也具有重要的作用,尤其是在贫困留守老人的经济救助方面。然而,与城镇养老福利体系相比,政府在对留守老人的养老福利提供上相当有限。农村基层社区组织的作用并未充分发挥,社区主体的责任仅仅局限在邻里互助方面。另外,志愿服务在农村地区还是凤毛麟角,社会化养老机构的发展极其艰难,社会主体的作用极其有限。因此,积极建设新型养老福利多元治理机制,形成养老福利多元主体大致均衡的责任分担体系,才是农村养老福利制度构建的主要方向,同时也是提升留守老人福祉的必然选择。

### 三 留守老人福利治理亟待转型为福祉治理

福祉治理的目标是建构福利体制,福利体制的生成应该遵循特定的逻辑,而提升人类福祉就是其必然的价值追求和特定逻辑。福祉这一概念包括五个方面的内容:一是积极思考,即有效地提出制度安排规划;二是积

---

① 景军、赵芮:《互助养老:来自"爱心时间银行"的启示》,《思想战线》2015年第4期。

极行动,即通过福利提供行动实现福祉目标;三是美好拥有,即人民共享发展成果,满足福利需要,拥有绿色的环境、富裕的生活和良好的人际关系;四是成功避免风险,即成功避免经济、社会和自然风险;五是共享和获得幸福感。只有提升了人民的福祉水平,才能真正提升人民的幸福感。福祉的水平是人类生活质量水平的表现。社会福利政策的终极目标就是提升人民的福祉,增进人民的幸福。①

留守老人的福祉治理并不等同于福利治理。首先,留守老人福利治理是把留守老人当作客体,即福利治理的对象,来探讨社会福利供给对留守老人需求的满足程度;而留守老人福祉治理是把留守老人当作主体,坚持留守老人的主体地位,从留守老人个体出发,来探讨留守老人对福利满足的主观感受。其次,留守老人福利治理主要是探讨留守老人的经济需求层面;而留守老人福祉治理在探讨留守老人经济需求的基础上,更为关注留守老人的健康需求和心理需求层面,是更高的精神需求层面。最后,留守老人福利治理重在提升留守老人生活层面的获得感;而留守老人福祉治理重在提升留守老人终极状态的幸福感,生活满意度和幸福感都是留守老人对自己生活状态是否满意的较为稳定的认知评价和情感体验,是概括性的、结果导向的主观心理反应。福祉治理正是在坚持留守老人主体地位的基础上,通过提升留守老人的获得感,旨在提升其生活满意度和幸福感。

习近平总书记在 2015 年 2 月中央全面深化改革领导小组会议上,首次使用"获得感"一词,随后"获得感"迅速成为社会各界热议的重要概念。2017 年 10 月召开的党的十九大进一步指出:"不断满足人民日益增长的美好生活需要,促进社会公平正义,形成有效的社会治理、良好秩序,使人民获得感、幸福感、安全感更加充实、更有保障、更可持续。"这些都标志着中国社会福利制度发展从福利治理转向以"获得感、幸福感、安全感"为标志的福祉治理。本书也同样发现,近几年随着脱贫攻坚战的顺利完成和小康社会的全面建成,国家正在巩固拓展脱贫攻坚成果同乡村振兴有效衔接,留守老人的福利治理亟须向福祉治理转变。留守老人已经由

---

① 彭华民等:《中国社会福利理论与制度构建——以适度普惠社会福利制度为例》,经济科学出版社 2019 年版。

## 第十章 结论与展望

被动接受福利的客体，亟须转向追求福祉水平提升的主体；而且留守老人在物质生活需求得以满足之后，亟须转向追求自身健康和更高层次的心理福祉需求。另外，他们在满足了生活的获得感之后，亟须转向追求自身的幸福感和安全感水平的提升。也就是说，留守老人的福利治理亟须转型为更高层次的福祉治理。因此，乡村振兴战略必须坚持留守老人的主体地位，旨在提升留守老人的福祉水平。

福祉治理的本质是人类满足需要后获得的幸福，个人因能实现自己的价值而获得的快乐和幸福是一个动态过程，它必须具备使能条件，即社会使个人具备提升和发挥能力的条件，心理健康的资源，即通过社会功能正常发挥，满足人类心理健康的需要，从而实现幸福的目标。福祉治理水平是人类生活质量水平的表现。社会发展的终极目标就是提升全部社会成员的福祉，增进他们的幸福。福祉治理是中国特色社会福利制度构建中的新议题。福祉治理是从管理向参与的转型。中国特色社会福利制度构建过程中，必须坚持留守老人的主体地位，让每一位留守老人都可能成为参与者，兼有管理者、提供者、接收者的多元角色，从而形成使能增权的积极福利。

中国特色社会主义福利制度进入新时代，就应该突出共享共治的积极意义，将社会福利提供者和社会福利接收者都视为社会治理的主体。将共享视为社会福利的原则。在共享共治的指引下，建立有差别、有层次、有目标的中国特色的组合式普惠型社会福利制度。当社会问题受到控制、人类需要得到满足、社会流动机会得到最大保障时，人类美满存在的状态或条件就会出现。这种美满存在状态就是福祉。提升人民福祉水平就是共享发展的社会福利制度的终极目标。[①] 也就是说，实现留守老人福祉治理，提升留守老人幸福感、安全感和获得感是共享发展的留守老人福利治理的终极目标和价值内涵。因此，以留守老人为客体的福利治理亟须转型为以留守老人为主体的福祉治理，这也是乡村振兴战略顺利实施的重要保障措施。

---

① 彭华民等：《中国社会福利理论与制度构建——以适度普惠社会福利制度为例》，经济科学出版社2019年版。

## 第二节 政策建议

根据第一节的研究发现，即留守老人的健康福祉和心理福祉亟须改善；各个主体履行留守老人福祉治理责任不均衡；留守老人福利治理亟待转型为福祉治理，本书提出以下政策建议：一是发挥政府在留守老人福祉治理中的角色和作用；二是完善家庭政策延续家庭养老的核心功能；三是在乡村振兴过程中发展社区服务和机构养老。

### 一 发挥政府在留守老人福祉治理中的角色和作用

乡村振兴背景下如何确定政府在养老保障中的介入程度，或者说区分政府相对于其他养老责任主体的角色比重，构成了当前实务界与理论界关注的核心。一方面，在人口老龄化加剧的当代中国，由家庭承担全部的养老责任会给子女造成过重的负担，影响劳动积极性，抑制经济活力。另一方面，在中国当前的新发展阶段，有限的物质资源意味着政府在养老保障上的过度投入将减少在其他政策上的资源分配。基于此，在考虑政府承担养老责任的同时，如何达到政府与家庭在责任分担上的最优分配就成为最关键的问题。① 同时也是乡村振兴战略实施过程中的核心议题。

前文的定量和定性的研究结果均表明，农村中并不是所有的留守家庭都有强大而稳定的养老能力；而家庭养老建立在中国传统敬老和孝老文化的基础上，并不是所有的留守老人家庭成员都有足够的养老意愿。这两个方面都需要政府通过制度、文化、政策等因素来发挥作用。政府在留守老人养老服务中承担的角色包括基本养老服务的兜底者、社会化养老服务体系的主导者和推动者。从留守老人的群体特征来看，还有相当一部分留守老人的收入相对较低，政府对贫困、高龄、失能的留守老人的兜底任务依然艰巨，这需要政府继续健全提高留守老人的兜底功能。

---

① 范梓腾、宁晶：《技术变革中的福利态度转变——自动化替代对个体养老责任偏好的影响》，《社会学研究》2021年第1期。

国家"十四五"规划指出:"完善经济困难高龄失能老年人补贴制度,以及特殊困难失能留守老人探访关爱制度。构建养老、孝老、敬老的社会环境,强化老年人权益保障。"因此,在留守老人养老服务体系的建构过程中,政府是制度和政策的规划者与主导者。尤其是在养老资源相对匮乏的农村,必须要有政府强有力的推动才能使多方力量共同介入,才能形成政府、家庭、社区、社会多方力量共同参与的养老机制。

随着更多的社会化力量介入养老服务,政府在留守老人养老服务体系中的监管职能更为重要。[①] 另外,政府应着力引导养老事业发展,与社会、市场和家庭共同优化资源配置,以克服养老照料"不可能三角"。养老服务业发展推进的过程也是政府实现治理现代化的过程。作为养老服务事业的责任主体和养老服务产业的监管主体,政府如何在"放管服"改革中寻求"有效职能",合理引入市场和社会力量提供养老服务,是提高老年人福祉的关键问题。[②]

## 二 完善家庭政策延续家庭养老的核心功能

本书通过定量与定性相结合的实证分析已经发现,乡村振兴背景下,家庭主体在留守老人养老中依然承担着最为重要的福利责任,家庭依旧是留守老人养老所能依赖的绝对核心主体。然而,随着城镇化的推进和家庭结构的变迁,当前留守老人家庭代际关系正走向下移化,即"恩往下流",传统反哺式的养老模式在当今农村留守老人家庭已面临重重障碍。如何解决农村留守老人养老问题,依靠家庭养老还是依靠社会养老,两者孰轻孰重,如何走出一条适合中国农村实际状况的养老之路,同时也是乡村振兴战略实施过程中亟待解决的问题。

在社会化养老极其薄弱的农村地区,试图单纯依靠社会化养老来解决数千万的留守老人养老问题几乎是不可能的。我国有着悠久的家庭养老传统和文化底蕴,虽然目前农村家庭养老功能弱化,但家庭养老的基础地位是不可能动摇的。因此,在家庭养老功能不断弱化的情况下,政府应当通

---

① 孙鹃娟:《城镇化、农村家庭变迁与养老》,知识产权出版社 2018 年版。
② 郭瑜、张寅凯:《代际关系、养老保险与中国城镇养老新图景》,《社会学研究》2021 年第 2 期。

过实施家庭养老支持政策,强化家庭养老功能,是解决留守老人养老问题的必由之路。一方面要继承传统孝道文化中尊老敬老的价值取向;另一方面要以平等对话、情感理解等思想取代等级和服从观念,塑造新型孝道文化并构建新型代际关系,实现家庭内部的代际互惠,提升老年人的整体福祉。①

在家庭支持政策方面。国家"十四五"规划指出:"加强家庭建设,充分发挥家庭在基层社会治理中的作用。支持家庭承担养老功能,构建居家社区机构相协调、医养康养相结合的养老服务体系。"因此,应从重视留守老人个体的需求转向留守家庭的需求,制定相关的家庭政策来支持家庭中照料留守老人的成员,为照料留守老人的家庭成员提供经济上的补贴、精神上的关怀等,因而农村社区服务应着重于弥补而非替代家庭照料功能的不足。

政府要尽快建立并实施长期护理保险制度②,各种家庭支持政策一定要包括对留守老人照顾提供者的支持。只有及时对留守老人家庭成员的照顾性劳动给予补偿性、激励性的经济补贴,才能使有限的家庭照料资源可持续发展,这不但能够有效缓解老年照料负担,也能够应对人口老龄化带来的劳动力资源压力。通过建立实施孝亲假制度,构建现代农村养老、孝老、敬老的社会环境,鼓励成年子女照料其老年父母。③

## 三 在乡村振兴过程中发展社区服务和机构养老

乡村振兴战略的一个重要方面就是组织振兴和人才振兴,即通过现代乡村社会治理方式,来解决农村基层存在的一系列社会问题。在乡村振兴战略实施过程中,农村留守老人是亟待关注和照顾的一个弱势群体,也是亟须解决的社会问题。中共中央、国务院《乡村振兴战略规划》明确指出:"推动各地通过政府购买服务,设置基层公共管理和社会服务岗位,

---

① 郭瑜、张寅凯:《代际关系、养老保险与中国城镇养老新图景》,《社会学研究》2021年第2期。

② 姜向群、丁志宏:《我国建立长期照料社会保险制度的意义及基本构想》,《中州学刊》2011年第6期。

③ 秦永超:《农村老年人福祉困境及多元治理机制研究》,中国社会科学出版社2019年版。

引入社会工作专业人才和志愿者等方式，为农村留守老人提供关爱服务。"

由于农村人口老龄化日益严峻，农村的社会化养老基础又极其薄弱，家庭养老也已经陷入独木难支的困境。当前留守老人养老问题将置身于新时代和新发展阶段中，而乡村振兴战略的提出为应对留守老人养老问题带来了新的机遇。[1] 在乡村振兴战略实施过程中，应将低龄留守老人组织起来，依托村庄进行互助养老，让留守老人在熟人社会"老有所依"，这将是解决留守老人养老的有效举措。[2] 在我国一些农村地区，互助养老已经成为应对农村养老资源不足的有效方式。[3]

因此，必须把乡村振兴这一国家战略与农村社区养老服务、专业养老机构发展结合起来进行系统规划，制定具体的实施措施，从而真正解决我国农村留守老人养老服务面临的问题。在社区养老服务方面，国家"十四五"规划指出："完善社区居家养老服务网络，推进公共设施适老化改造，推动专业机构服务向社区延伸，整合利用存量资源发展社区嵌入式养老。"另外，在专业养老机构发展方面，国家"十四五"规划指出："深化公办养老机构改革，提升服务能力和水平，完善公建民营管理机制，加强对护理型民办养老机构的政策扶持，加强老年健康服务，深入推进医养康养结合。"

在社区层面启动养老支持体系，是解决留守老人养老困境，特别是居家养老保障不足的有效途径，这与乡村振兴战略的理念相吻合[4]。因此，应把发展社区服务和机构养老纳入乡村振兴战略的整体规划中，通过建立留守老人专项养老服务资金、升级改造现有乡村养老机构、调动社会力量参与留守老人服务供给、以留守老人的需求为目标构建乡村养老专业服务队伍，统筹推进和发展社区养老服务和专业养老机构服务。

---

[1] 孙鹃娟：《城镇化、农村家庭变迁与养老》，知识产权出版社2018年版。
[2] 贺雪峰：《大国之基：中国乡村振兴诸问题》，东方出版社2019年版。
[3] 孙薇薇、景军：《乡村共同体重构与老年心理健康——农村老年心理干预的中国方案》，《社会学研究》2020年第5期。
[4] 孙薇薇、景军：《乡村共同体重构与老年心理健康——农村老年心理干预的中国方案》，《社会学研究》2020年第5期。

## 第三节 未来研究方向

本书通过定量与定性相结合的多元研究方法，对农村养老福利多元主体与留守老人福祉之间的关系进行了实证研究，分析了各个主体在履行留守老人福祉治理的责任中存在的问题，并在此基础上提出了留守老人福祉治理的政策性建议。由于受时间、研究资料和研究者能力的限制，还有不少问题在本书中没有涉及，另外，本书也引出了一些有待以后研究的课题：

第一，乡村振兴战略理论与实践的深入研究。当前我国脱贫攻坚战取得了全面胜利，区域性整体贫困得到解决，完成了消除绝对贫困的艰巨任务。然而我国的乡村振兴战略还处于起步阶段，乡村振兴战略理论和实践领域还有很多值得深入研究的问题，比如：如何实现巩固拓展脱贫攻坚成果同乡村振兴有效衔接？如何在乡村振兴战略实施过程中推动全体人民共同富裕？如何在乡村振兴过程中推进乡村治理体系和治理能力现代化？这些都是乡村振兴理论与实践领域有待进一步研究的重要课题。

第二，福利治理和福祉理论的深入研究。福利治理和福祉理论是一个跨学科研究领域，在西方已经有很成熟的研究，而且不同学科之间对福利治理和福祉的研究相互补充和趋向融合。然而我国的福利治理和福祉理论研究仍处于起步阶段，福利治理和福祉理论领域中仍然还有不少值得深入研究的问题，比如：如何更加科学地量化福利治理和福祉的概念？福利治理与福祉治理的区别和联系分别是什么？这些问题都有更加深入而广阔的研究空间，本书对福利治理和福祉理论的研究只是一个抛砖引玉的探索性研究。未来研究可以沿着以上的问题，继续探讨各个主体与留守老人福祉之间的关系，并对二者之间的关系有一定的理论思考，提出更加符合本土实践的社会政策建议。

第三，农村为老志愿服务的深入探讨和研究。在当前中国农村留守老人的养老方面，家庭主体履行的责任过于沉重，面临着较大的不稳定性和风险性；政府主体的福利供给仍然较为不足，其责任履行局限于留守老人的经济福祉；社区主体的福利供给主要集中在邻里互助方面，其福利供给比较有限；社会主体的机构养老受到农村养老观念和经济条件的制约，其短时期难以在广大农村地区普及。来自社会主体的农村为老志愿服务由于其易组织、低成本、高效率等特点，在一定程度上可以弥补其他主体的不足和局限。然而，当前乡村为老志愿服务面临诸多问题，比如：如何提升乡村为老志愿服务的法治化和制度化进程？如何完善乡村为老志愿服务的财政资金和激励机制？如何提升乡村为老志愿服务的组织建设和项目管理水平？如何提升乡村为老志愿服务队伍的专业化水平？这些都是有待进一步研究的重要课题。

# 参考文献

## 一 中文

### (一) 著作

陈功：《社会变迁中的养老和孝观念研究》，中国社会出版社 2009 年版。

陈振明：《公共管理学》（第二版），中国人民大学出版社 2017 年版。

狄金华、钟涨宝：《变迁中的乡村养老》，中国社会科学出版社 2016 年版。

方勇、李波译注：《荀子》，中华书局 2011 年版。

风笑天：《社会研究方法》，中国人民大学出版社 2013 年版。

国家卫生计生委家庭司：《中国家庭发展报告 2015》，中国人口出版社 2015 年版。

韩央迪：《第三部门视域下的中国农民福利治理》，上海三联书店 2012 年版。

贺雪峰：《大国之基：中国乡村振兴诸问题》，东方出版社 2019 年版。

贺雪峰：《南北中国：中国农村区域差异研究》，社会科学文献出版社 2017 年版。

贺雪峰：《治村》，北京大学出版社 2017 年版。

胡平生、陈美兰译注：《礼记·孝经》，中华书局 2007 年版。

胡薇：《国家回归：社会福利责任结构的再平衡》，知识产权出版社 2012 年版。

景天魁等：《福利社会学》，北京师范大学出版社 2010 年版。

乐国安：《社会心理学》（第 3 版），中国人民大学出版社 2017 年版。

李小龙译注：《墨子》，中华书局 2007 年版。

刘燕：《制度化养老、家庭功能与代际反哺危机——以上海市为例》，上海世纪出版集团、上海人民出版社 2016 年版。

陆玖译注：《吕氏春秋》，中华书局 2011 年版。

骆为祥：《中国老年人的福祉：贫困、健康及生活满意度》，社会科学文献出版社 2016 年版。

彭华民：《西方社会福利理论前沿：论国家、社会、体制与政策》，中国社会出版社 2009 年版。

彭华民等：《中国社会福利理论与制度构建——以适度普惠社会福利制度为例》，经济科学出版社 2019 年版。

秦永超：《农村老年人福祉困境及多元治理机制研究》，中国社会科学出版社 2019 年版。

沈可：《中国老年人居住模式之变迁》，社会科学文献出版社 2013 年版。

史柏年：《社会保障概论》（第二版），高等教育出版社 2012 年版。

孙鹃娟：《城镇化、农村家庭变迁与养老》，知识产权出版社 2018 年版。

同雪莉：《抗逆力：留守儿童研究新视角》，中国社会科学出版社 2017 年版。

万国威：《社会福利转型下的福利多元建构：西部农村留守儿童的实证研究》，中国社会科学出版社 2016 年版。

万丽华、蓝旭译注：《孟子》，中华书局 2006 年版。

万树：《国民福祉理论与实证研究》，中国财政经济出版社 2012 年版。

王国维：《殷周制度论》，载《观堂集林》，河北教育出版社 2003 年版。

王国轩译注：《大学·中庸》，中华书局 2006 年版。

王晶：《找回家庭：农村代际合作与老年精神健康》，社会科学文献出版社 2016 年版。

王莉莉：《老年人健康自评和生活自理能力》，中国社会出版社 2009 年版。

王萍、李树茁：《农村家庭养老的变迁和老年人的健康》，社会科学文献出版社 2011 年版。

王栻主编：《严复集》（第 1 册），中华书局 1986 年版。

王思斌：《社会学教程》（第三版），北京大学出版社 2010 年版。

王振海等：《社会组织发展与国家治理现代化》，人民出版社 2015 年版。

魏娜：《志愿服务概论》，中国人民大学出版社 2018 年版。

徐永祥：《社区发展论》，华东理工大学出版社 2000 年版。

徐永祥：《社区工作》，高等教育出版社 2004 年版。

杨国枢：《中国人孝道的概念分析》，载杨国枢《中国人的心理》，（中国台湾）桂冠图书公司 1989 年版。

叶敬忠、贺聪志：《中国农村留守人口之留守老人：静寞夕阳》，社会科学文献出版社 2014 年版。

应星：《农户、集体与国家——国家与农民关系的六十年变迁》，中国社会科学出版社 2014 年版。

余秋雨：《中国文化课》，中国青年出版社 2019 年版。

俞国良：《社会心理学》（第 3 版），北京师范大学出版社 2015 年版。

俞可平：《走向善治：国家治理现代化的中国方案》，中国文史出版社 2016 年版。

张敏杰：《新中国 60 年人口老龄化与养老制度研究》，浙江工商大学出版社 2009 年版。

张品兴主编：《梁启超全集》（第 1 卷），北京出版社 1999 年版。

张燕婴译注：《论语》，中华书局 2006 年版。

中国志愿服务联合会：《中国志愿服务发展报告（2017）》，社会科学文献出版社 2017 年版。

周福林：《我国家庭结构变迁研究》，经济管理出版社 2016 年版。

[澳]黄有光：《福祉经济学：一个趋于更全面分析的尝试》，张清津译，东北财经大学出版社 2005 年版。

（二）期刊

敖翔：《子女外出务工对农村留守老人精神健康的影响》，《南方人口》2018 年第 4 期。

陈东、张郁杨：《不同养老模式对我国农村老年群体幸福感的影响分析——基于 CHARLS 基线数据的实证检验》，《农业技术经济》2015 年第 4 期。

陈皆明：《中国养老模式：传统文化、家庭边界和代际关系》，《西安交通大学学报》（社会科学版）2010 年第 6 期。

陈静、栾文敬：《变化中的孝悌：乡土文化振兴视域下留守老人的生活记忆和社会关怀研究——基于 H 省 T 村的口述史分析》,《兰州学刊》2019 年第 6 期。

陈丽等:《株洲地区农村留守老人抑郁水平及影响因素》,《中国老年学杂志》2017 年第 9 期。

陈涛、徐其龙:《社会工作介入乡村振兴模式研究——以北京市 Z 村为例》,《国家行政学院学报》2018 年第 4 期。

陈小萍、赵正:《亲子支持对农村留守老人主观幸福感的影响》,《中国老年学杂志》2017 年第 17 期。

慈勤英、宁雯雯:《家庭养老弱化下的贫困老年人口社会支持研究》,《中国人口科学》2018 年第 4 期。

狄金华、郑丹丹:《伦理沦丧抑或是伦理转向——现代化视域下中国农村家庭资源的代际分配研究》,《社会》2016 年第 1 期。

丁志宏:《中国老年人经济生活来源变化:2005—2010》,《人口学刊》2013 年第 1 期。

杜鹏、丁志宏、李全棉、桂江丰:《农村子女外出务工对留守老人的影响》,《人口研究》2004 年第 6 期。

范梓腾、宁晶:《技术变革中的福利态度转变——自动化替代对个体养老责任偏好的影响》,《社会学研究》2021 年第 1 期。

方菲:《劳动力迁移过程中农村留守老人的精神慰藉问题探讨》,《农村经济》2009 年第 3 期。

方黎明:《社会支持与农村老年人的主观幸福感》,《华中师范大学学报》(人文社会科学版)2016 年第 1 期。

费孝通:《家庭结构变动中的老年赡养问题——再论中国家庭结构的变动》,《北京大学学报》(哲学社会科学版)1983 年第 3 期。

高歌、高启杰:《农村老年人生活满意度及其影响因素分析——基于河南省叶县的调研数据》,《中国农村观察》2011 年第 3 期。

高瑞琴、叶敬忠:《生命价值视角下农村留守老人的供养制度》,《人口研究》2017 年第 2 期。

郭瑜、张寅凯:《代际关系、养老保险与中国城镇养老新图景》,《社会学研究》2021 年第 2 期。

韩央迪：《从福利多元主义到福利治理：福利改革的路径演化》，《国外社会科学》2012年第2期。

贺聪志、安苗：《发展话语下我国农村留守老人的福利之"痛"》，《中国农业大学学报》（社会科学版）2011年第3期。

贺聪志、叶敬忠：《农村劳动力外出务工对留守老人生活照料的影响研究》，《农业经济问题》2010年第3期。

贺海波：《贫困文化与精准扶贫的一种实践困境——基于贵州望谟集中连片贫困地区村寨的实证调查》，《社会科学》2018年第1期。

贺雪峰：《关于实施乡村振兴战略的几个问题》，《南京农业大学学报》（社会科学版）2018年第3期。

贺雪峰：《论中坚农民》，《南京农业大学学报》（社会科学版）2015年第4期。

贺雪峰：《农村家庭代际关系的变动及其影响》，《江海学刊》2008年第4期。

胡安宁：《老龄化背景下子女对父母的多样化支持：观念与行为》，《中国社会科学》2017年第3期。

贾玉娇、范家绪：《从断裂到弥合：时空视角下家庭养老保障功能的变迁与重塑》，《社会科学战线》2019年第7期。

姜向群、丁志宏：《我国建立长期照料社会保险制度的意义及基本构想》，《中州学刊》2011年第6期。

金恩焘、王圣云、姜婧、郑克强：《21世纪以来中国城乡福祉差距的时空分异与政策研究》，《公共行政评论》2019年第4期。

景军、赵芮：《互助养老：来自"爱心时间银行"的启示》，《思想战线》2015年第4期。

雷雨若、王浦劬：《西方国家福利治理与政府社会福利责任定位》，《国家行政学院学报》2016年第2期。

黎春娴：《新农保背景下农村老年人的社会支持与生活满意度研究》，《华南农业大学学报》（社会科学版）2013年第4期。

李昌凤：《困境与突破：乡村振兴战略中农民主体地位的实现路径》，《领导科学》2020年第12期。

李芬、高向东:《农村老年人生活自理能力性别差异分析——基于CHARLS（2015）数据的实证分析》,《人口与发展》2019年第2期。

李建新、李春华:《城乡老年人口健康差异研究》,《人口学刊》2014年第5期。

李建新、李嘉羽:《城市空巢老人生活质量研究》,《人口学刊》2012年第3期。

李金坤等:《山东省农村留守老人生活质量及抑郁状况调查》,《中华疾病控制杂志》2015年第9期。

李强:《怎样理解"创新社会治理体制"》,《毛泽东邓小平理论研究》2014年第7期。

李俏、许文:《农村养老服务供给侧改革的研究理路与实现方式》,《西北人口》2017年第5期。

李三辉:《河南农村志愿服务发展及其问题审视》,《云南农业大学学报》（社会科学版）2019年第4期。

李韬:《论乡村振兴战略实施中村庄结构性分化困境及其化解路径》,《社会主义研究》2019年第6期。

李鑫远、雷敏、郗家祺、曹晓丽、赵志卿:《生态移民福祉影响因素研究——基于陕西省蓝田县农村抽样调研》,《地理研究》2018年第6期。

李迎生、李泉然、袁小平:《福利治理、政策执行与社会政策目标定位——基于N村低保的考察》,《社会学研究》2017年第6期。

李宗华、张风:《农村空巢老人生活满意度差异及影响因素分析》,《东岳论丛》2012年第6期。

廖和平、付睿:《社会转型背景下农村空巢老人面临的主要问题及原因分析——基于五省18个自然村的调查数据》,《湖南科技大学学报》（社会科学版）2012年第6期。

刘继同:《现代社会福祉概念与中国特色社会福利制度框架建设研究》,《黑龙江社会科学》2012年第5期。

刘祖云、张诚:《重构乡村共同体：乡村振兴的现实路径》,《甘肃社会科学》2018年第4期。

卢海阳、钱文荣:《农村留守老人生活调查与影响因素分析》,《调研世界》

2014年第3期。

卢海阳、钱文荣：《子女外出务工对农村留守老人生活的影响研究》，《农业经济问题》2014年第6期。

陆杰华、汪斌：《乡村振兴背景下农村老年人健康老龄化影响机理探究——基于CLHLS 2018年数据》，《中国农业大学学报》（社会科学版）2021年第5期。

梅立润：《乡村振兴研究如何深化——基于十九大以来的文献观察》，《内蒙古社会科学》（汉文版）2018年第4期。

聂鑫、汪晗、张安录：《城镇化进程中失地农民多维福祉影响因素研究》，《中国农村观察》2013年第4期。

聂志平、傅琼：《农村空巢老人的社会支持网络构建研究——基于江西部分农村地区的调查》，《农林经济管理学报》2014年第3期。

彭华民、孙维颖：《福利制度因素对国民幸福感影响的研究——基于四个年度CGSS数据库的分析》，《社会建设》2016年第3期。

钱宁：《多方参与的社会治理创新：发展社会福利的新路径》，《山东社会科学》2014年第9期。

秦永超：《生态系统视角下农村留守老人福祉的影响因素》，《社会科学家》2019年第5期。

曲延春、阎晓涵：《晚年何以幸福：农村空巢老人养老困境及其治理》，《理论探讨》2019年第2期。

任德新、楚永生：《伦理文化变迁与传统家庭养老模式的嬗变创新》，《江苏社会科学》2014年第5期。

尚海涛、任宗哲：《公共性和效率性观点下公共产品供给模式多元化及其潜在问题》，《青海社会科学》2010年第5期。

宋洁、石作荣、崔宁：《空巢老人生活自理能力及其心理、社会相关因素》，《中国老年学杂志》2010年第12期。

宋月萍：《精神赡养还是经济支持：外出务工子女养老行为对农村留守老人健康影响探析》，《人口与发展》2014年第4期。

隋佳、张会君：《辽宁省贫困地区留守老人的生存质量现状及其影响因素》，《中国老年学杂志》2017年第11期。

孙鹃娟：《劳动力迁移过程中的农村留守老人照料问题研究》，《人口学刊》2006年第4期。

孙薇薇、景军：《乡村共同体重构与老年心理健康——农村老年心理干预的中国方案》，《社会学研究》2020年第5期。

檀学文、吴国宝：《福祉测量理论与实践的新进展——"加速城镇化背景下福祉测量及其政策应用"国际论坛综述》，《中国农村经济》2014年第9期。

唐踔：《构建以需求为导向的农村留守老人社会支持体系》，《中国老年学杂志》2016年第8期。

唐丹、徐瑛：《应对方式、社会网络对留守老人抑郁症状的作用及机制分析》，《人口研究》2019年第5期。

陶艳兰：《代际互惠还是福利不足？——城市双职工家庭家务劳动中的代际交换与社会性别》，《妇女研究论丛》2011年第4期。

王德福、陈文琼：《弹性城市化与接力式进城——理解中国特色城市化模式及其社会机制的一个视角》，《社会科学》2017年第3期。

王名、蔡志鸿、王春婷：《社会共治：多元主体共同治理的实践探索与制度创新》，《中国行政管理》2014年第12期。

王萍、李树茁：《代际支持对农村老年人生活满意度影响的纵向分析》，《人口研究》2011年第1期。

王萍、张雯剑、程亚兰：《居住安排对农村老年人日常生活自理能力影响的跟踪研究》，《人口学刊》2018年第3期。

王浦劬：《国家治理、政府治理和社会治理的基本含义及其相互关系辨析》，《社会学评论》2014年第3期。

王思斌：《社会生态视角下乡村振兴发展的社会学分析——兼论乡村振兴的社会基础建设》，《北京大学学报》（哲学社会科学版）2018年第2期。

王思斌：《社会治理结构的进化与社会工作的服务型治理》，《北京大学学报》（哲学社会科学版）2014年第6期。

王小龙、兰永生：《劳动力转移、留守老人健康与农村养老公共服务供给》，《南开经济研究》2011年第4期。

王晓亚:《农村留守老人的生活照料问题探讨》,《郑州大学学报》(哲学社会科学版) 2014 年第 3 期。

王雪峤:《农村留守老人情感与精神需求困境破解》,《人民论坛》2015 年第 7 期。

王彦方、王旭涛:《影响农村老人生活满意度和养老模式选择的多因素分析——基于对留守老人的调查数据》,《中国经济问题》2014 年第 5 期。

吴理财:《近一百年来现代化进程中的中国乡村——兼论乡村振兴战略中的"乡村"》,《中国农业大学学报》(社会科学版) 2018 年第 3 期。

吴理财、吴侗:《乡村振兴社会建设应先行》,《江汉论坛》2018 年第 4 期。

吴愈晓、黄超:《中国教育获得性别不平等的城乡差异研究——基于 CGSS 2008 数据》,《国家行政学院学报》2015 年第 2 期。

伍海霞:《农村留守与非留守老人的生存现状:来自七省区调查数据的分析》,《财经论丛》2015 年第 5 期。

伍小兰、刘吉:《中国老年人生活自理能力发展轨迹研究》,《人口学刊》2018 年第 4 期。

熊跃根:《中国城市家庭的代际关系与老人照顾》,《中国人口科学》1998 年第 6 期。

阎云翔、杨雯琦:《社会自我主义:中国式亲密关系——中国北方农村的代际亲密关系与下行式家庭主义》,《探索与争鸣》2017 年第 7 期。

杨金龙:《村域社会资本、家庭亲和对老年人生活满意度影响的实证分析》,《统计与决策》2013 年第 15 期。

杨素雯:《农村留守老人健康评价及影响因素的结构分析》,《河北大学学报》(哲学社会科学版) 2017 年第 6 期。

姚树荣、周诗雨:《乡村振兴的共建共治共享路径研究》,《中国农村经济》2020 年第 2 期。

叶敬忠、贺聪志:《农村劳动力外出务工对留守老人经济供养的影响研究》,《人口研究》2009 年第 4 期。

叶敬忠、张明皓、豆书龙:《乡村振兴:谁在谈,谈什么?》,《中国农业大学学报》(社会科学版) 2018 年第 3 期。

银平均、王丽：《欠发达地区农村留守老人社会支持机制建构的思考——基于江西的实证研究》，《广东工业大学学报》（社会科学版）2012 年第 3 期。

于长永、代志明、马瑞丽：《现实与预期：农村家庭养老弱化的实证分析》，《中国农村观察》2017 年第 2 期。

岳秀红：《乡村振兴战略背景下农民主体地位的有效实现途径研究》，《农业经济》2021 年第 8 期。

张邦辉、陈乙酉：《邻里关系对农村留守老人身心健康的影响研究——基于劳动力流出地 10 省市调查数据的实证分析》，《管理世界》2017 年第 11 期。

张邦辉、李为：《农村留守老人心理需求的社会支持系统构建》，《重庆大学学报》（社会科学版）2018 年第 1 期。

张东辉：《美国教育研究方法论的最新进展：混合法研究的兴起与应用》，《教育研究与实验》2013 年第 4 期。

张桂蓉、史景军：《赡养与自理的均衡：农村留守老人家庭养老的代际伦理——以湖南省新田县 SH 镇的调查为例》，《伦理学研究》2012 年第 3 期。

张化楠、方金、毕红霞：《基于有序 Logit – ISM 模型的农村空巢老人生活质量满意度的研究》，《南方人口》2015 年第 5 期。

张军：《乡村价值定位与乡村振兴》，《中国农村经济》2018 年第 1 期。

张若恬、张丹、李树茁：《当代中国老年人养老资本、策略与福祉——基于 2014 年中国老年社会追踪调查数据的分析》，《西安交通大学学报》（社会科学版）2018 年第 4 期。

张友琴：《城市化与农村老年人的家庭支持——厦门市个案的再研究》，《社会学研究》2002 年第 5 期。

张友琴：《老年人社会支持网的城乡比较研究——厦门市个案研究》，《社会学研究》2001 年第 4 期。

张有春、杜婷婷：《居住方式、家庭策略、老年人主动生存与乡村振兴——基于广西一个贫困村落的调查》，《思想战线》2021 年第 4 期。

赵志强：《农村互助养老模式的发展困境与策略》，《河北大学学报》（哲学社会科学版）2015 年第 1 期。

郑莉、李鹏辉：《社会资本视角下农村留守老人精神健康的影响因素分析——基于四川的实证研究》，《农村经济》2018 年第 7 期。

郑晓冬、方向明：《农村空巢老人主观福利：经济支持还是情感支持》，《华南理工大学学报》（社会科学版）2016 年第 6 期。

郑晓冬、方向明：《社会养老保险与农村老年人主观福利》，《财经研究》2018 年第 9 期。

钟曼丽：《农村留守老人生存与发展状况研究——基于湖北省的调查》，《湖北社会科学》2017 年第 1 期。

钟涨宝、李飞：《动员效力与经济理性：农户参与新农保的行为逻辑研究——基于武汉市新洲区双柳街的调查》，《社会学研究》2012 年第 3 期。

周俊、谢丽琴、陈晓岗：《农村留守老人轻度认知障碍患者抑郁状况》，《中国老年学杂志》2016 年第 21 期。

周立：《乡村振兴战略与中国的百年乡村振兴实践》，《人民论坛·学术前沿》2018 年第 3 期。

周湘莲、刘英：《论农村空巢老人精神养老的政府责任》，《湖南师范大学社会科学学报》2014 年第 4 期。

周祝平：《农村留守老人的收入状况研究》，《人口学刊》2009 年第 5 期。

左冬梅、李树茁：《基于社会性别的劳动力迁移与农村留守老人的生活福利——基于劳动力流入地和流出地的调查》，《公共管理学报》2011 年第 2 期。

（三）网站

中华人民共和国国家统计局：《第七次全国人口普查主要数据情况》，2021 年 5 月 11 日，中华人民共和国中央人民政府网（http：//www. gov. cn/xinwen/2021‐05/11/content_ 5605760. htm）。

中华人民共和国国家统计局：《中华人民共和国 2019 年国民经济和社会发展统计公报》，2020 年 2 月 28 日，中华人民共和国国家统计局网（http：//www. stats. gov. cn/tjsj/zxfb/202002/t20200228_ 1728913. html）。

## 二 外文

Bode, I., "Disorganized Welfare Mixes: Voluntary Agencies and New Governance Regimes in Western Europe", *Journal of European Social Policy*, Vol. 16, No. 4, 2006.

Crisp, R., "Well-Being", In Zalta, E. N. (ed.), *The Stanford Encyclopedia of Philosophy*, 2013, http://plato.stanford.edu/archives/sum2013/entries/Well-Being.

Easterlin, R. A., "Does Economic Growth Improve the Human Lot? Some Empirical Evidence", In Paul A. David and Melvin W. Reader (eds.), *Nations and Households in Economic Growth: Essays in Honor of Moses Abramowitz*, New York: Academic Press, 1974.

Edwards, M., J. Halligan, B. Horrigan and G. Nicoll, *Public Sector Governance in Australia*, Canberra: ANU Press, 2013.

Elinor Ostrom, *Governing the Commons: The Evolution of Institutions for Collective Action*, New York: Harvard University Press, 1990.

Gasper, D., "Human Well-Being: Concepts and Conceptualizations", *WIDER Discussion Papers//World Institute for Development Economics (UNU-WIDER)*, No. 06, 2004.

Krishna Mazumdar, "Causal Flow Between Human Well-Being and per Capita Real Gross Domestic Product", *Social Indicators Research*, Vol. 50, 2000.

Lyubomirsky, S. and H. S. Lepper, "Measure of Subjective Happiness: Preliminary Reliability and Construct Validation", *Social Indicators Research*, Vol. 46, 1999.

Raymo, J. M., S. Kikuzawa, J. Liang and E. Kobayashi, "Family Structure and Well-Being at Older Ages in Japan", *Journal of Population Research*, Vol. 25, No. 3, 2008.

Silverstein, M. and X. Chen, "Too Much of a Good Thing? Intergenerational Social Support and the Psychological Well-Being of Older Parents", *Journal of Marriage and Family*, Vol. 58, No. 4, 1996.

Silverstein, M., Z. Cong and S. Li, "Intergenerational Transfers and Living Arrangements of Older People in Rural China: Consequences for Psychological Well-Being", *Journal of Gerontology*, Vol. 61, No. 5, 2006.

The Commission on Global Governance, *Our Global Neighborhood*, Oxford: Oxford University Press, 1995.

Verdeyen V. and B. V. Buggenhout, "Social Governance: Corporate Governance in Institutions of Social Security, Welfare and Healthcare", *International Social Security Review*, Vol. 56, No. 2, 2003.

Xu, L. and I. Chi, "Life Satisfaction Among Rural Chinese Grandparents: the Roles of Intergenerational Family Relationship and Support Exchange with Grandchildren", *International Journal of Social Welfare*, Vol. 20, 2011.

Zimmer, J. and J. Kwong, "Family Size and Support of Older Adults in Urban and Rural China: Current Effects and Future Implications", *Demography*, Vol. 40, No. 1, 2003.

Zunzunegui, M. V., F. Béland and A. Otero, "Support from Children, Living Arrangements, Self-Rated Health and Depressive Symptoms of Older People in Spain", *International Journal of Epidemiology*, Vol. 30, No. 5, 2001.

# 后　　记

本书是我主持的国家社会科学基金项目"乡村振兴战略下留守老人福祉困境与治理研究"的研究成果，同时也是河南省高校科技创新人才支持计划项目（人文社科类）的研究成果。

国家社会科学基金项目"乡村振兴战略下留守老人福祉困境与治理研究"于2018年6月正式立项，至2022年5月顺利结项，课题研究工作历时整整四年。其中，课题组的调研工作从2019年7月开始，至2020年10月结束，历经一年三个月的时间，前后参与课题调研的人员有40多人。

课题组于2019年7月到2020年1月，分别到贵州省大方县、甘肃省清水县、河南省嵩县、吉林省抚松县、江苏省泗阳县、福建省石狮市和晋江市，共6个省份的7个县（县级市）的农村地区进行问卷资料收集，最终共收集1305位留守老人的有效样本。调查样本涵盖了我国的西南地区、西北地区、中部地区、东北地区、东部地区、东南地区，具备了全国代表性。根据研究需要，课题组还进行了定性的深度访谈的调研。深度访谈于2020年9月至10月，在河南省汝阳县农村地区进行。访谈对象主要包括汝阳县58名留守老人，另外，还包括汝阳县12名留守老人子女、4名乡镇干部、11名村干部、2名驻村干部、1名养老院院长，共计88份个案访谈资料。历经一年三个月时间横跨大半个中国的课题调研，投入的人力、物力、财力之多，让我深深地体会到社会学研究收集资料的艰辛。当然这种艰辛也从一个侧面说明了本课题研究的学术价值。

在国家社科基金项目的研究报告即将出版之际，首先要感谢恩师彭华民教授。从本课题的选题、申报书的撰写、课题的申报、调研的设计，到研究报告的撰写，彭老师都给予了学生悉心的指导和帮助。在学术道路上，彭老师一直身体力行地将做学问与做人相结合，认识社会、研究社会、服务社会相结合的精神将成为引领我前行的一盏明灯。

此外，本课题还得到了多位社会学领域专家的指导、建议和帮助，在此深表谢意。他们是：南京大学童星教授、周晓虹教授、风笑天教授、周沛教授、方长春教授，山东大学林聚任教授，华东师范大学万国威教授，河海大学李静教授，苏州大学臧其胜教授，西北大学同雪莉教授，集美大学姚进忠教授，常州大学刘玉兰教授，贵州民族大学胡彬彬教授。课题的研究工作还得到了洛阳师范学院领导、专家和同事们的支持，他们是：曹玉涛教授、王建国教授、李正学教授、王文参教授，科研管理处刘恒处长、赵雨皓科长，法学与社会学院王磊副院长、科研秘书卫小怡老师，在此也深表感谢。

还要感谢热心接受调研的 1363 名留守老人，12 名留守老人子女、4 名乡镇干部、11 名村干部、2 名驻村干部、1 名养老院院长，正是有了他们的大力配合，才让本课题的定量分析和定性分析成为可能。最后要感谢洛阳师范学院 2017 级、2018 级、2019 级社会工作本科班的 30 多名同学，积极参与课题的调研工作，认真整理好每一份调查问卷和访谈资料，为课题研究报告的撰写提供了详尽的数据和资料。

中国社会科学出版社刘艳编辑精编细校，对本书的编辑与出版费力甚多，感激之情难以言表。

秦永超<br>2023 年 1 月 14 日于洛阳